Beck / Klieme (Hrsg.) · Sprachliche Kompetenzen

Bärbel Beck / Eckhard Klieme (Hrsg.)

Sprachliche Kompetenzen

Konzepte und Messung

DESI-Studie
(Deutsch Englisch Schülerleistungen International)

Beltz Verlag · Weinheim und Basel

Dr. *Bärbel Beck* ist Diplompsychologin und Projektkoordinatorin am
Deutschen Institut für Internationale Pädagogische Forschung (DIPF)
in Frankfurt a.M.

Prof. Dr. *Eckhard Klieme* ist Direktor des Deutschen Instituts für
Internationale Pädagogische Forschung (DIPF) in Frankfurt a.M.

Diese Studie wurde im Auftrag der Kultusministerkonferenz erstellt.
Für die Richtigkeit des Ergebnisses der Studie trägt das »Deutsche Institut
für Internationale Pädagogische Forschung« allein die Verantwortung.

Das Werk und seine Teile sind urheberrechtlich geschützt.
Jede Nutzung in anderen als den gesetzlich zugelassenen Fällen
bedarf der vorherigen schriftlichen Einwilligung des Verlages.
Hinweis zu § 52a UrhG: Weder das Werk noch seine Teile dürfen
ohne eine solche Einwilligung eingescannt und in ein Netzwerk
eingestellt werden. Dies gilt auch für Intranets von Schulen
und sonstigen Bildungseinrichtungen.

Lektorat: Peter E. Kalb

© 2007 Beltz Verlag · Weinheim und Basel
www.beltz.de
Herstellung: Klaus Kaltenberg
Satz: Deutsches Institut für Internationale Pädagogische Forschung
Druck: Druckhaus »Thomas Müntzer«, Bad Langensalza
Printed in Germany

ISBN 978-3-407-25398-9

Inhaltsverzeichnis

Bärbel Beck / Eckhard Klieme
Einleitung 1

Übergreifende Konzeptualisierung sprachlicher Kompetenzen

Nina Jude / Eckhard Klieme
Sprachliche Kompetenz aus Sicht der
pädagogisch-psychologischen Diagnostik 9

Günter Nold / Heiner Willenberg
Lesefähigkeit 23

Claudia Harsch / Astrid Neumann / Rainer Lehmann / Konrad Schröder
Schreibfähigkeit 42

Wolfgang Eichler / Günter Nold
Sprachbewusstheit 63

Messung sprachlicher Kompetenzen

Johannes Hartig
Skalierung und Definition von Kompetenzniveaus 83

Jürgen Rost
Definition von Kompetenzniveaus mit Hilfe von
Mischverteilungsmodellen 100

Kompetenzmodelle und Kompetenzniveaus im Bereich des Deutschen

Heiner Willenberg
Lesen 107

Heiner Willenberg / Steffen Gailberger / Michael Krelle
Argumentation 118

Heiner Willenberg
Wortschatz 130

Günther Thomé / Jens Gomolka
Rechtschreiben 140

Wolfgang Eichler
Sprachbewusstheit 147

Albert Bremerich-Vos / Rüdiger Grotjahn
Lesekompetenz und Sprachbewusstheit:
Anmerkungen zu zwei aktuellen Debatten 158

Kompetenzmodelle und Kompetenzniveaus im Bereich des Englischen

Günter Nold / Henning Rossa
Hörverstehen 178

Günter Nold / Henning Rossa
Leseverstehen 197

Claudia Harsch / Konrad Schröder
Textrekonstruktion: C-Test 212

Günter Nold / Henning Rossa
Sprachbewusstheit 226

Günter Nold / John H. A. L. De Jong
Sprechen 245

Hermann-Günter Hesse / Kerstin Göbel
Interkulturelle Kompetenz... 256

Günther Schneider
Auf dem Weg zu Skalen für die rezeptiven
Kompetenzen im Bereich des Englischen............................ 273

Ausblick

Konrad Schröder
Kompetenz, Bildungsstandards und Lehrerbildung
aus fachdidaktischer Sicht.. 290

Günter Nold
DESI im Kontext des Gemeinsamen
Europäischen Referenzrahmens für Sprachen 299

Sauli Takala
Relating Examinations to the Common European Framework............ 306

Hermann Lange
Abschließendes Statement.. 314

Die Autorinnen und Autoren... 318

Bärbel Beck / Eckhard Klieme

Einleitung

Ziele des DESI-Projekts und der vorliegenden Publikation

In den Jahren 2001 bis 2006 führten Autorinnen und Autoren des vorliegenden Buches zusammen mit weiteren Bildungsforschern[1] eine repräsentative Schulleistungsstudie durch, die Kompetenzen von Schülerinnen und Schülern der neunten Jahrgangsstufe in Deutschland beschreiben und Bedingungen der Kompetenzentwicklung analysieren sollte. Die DESI-Studie verbindet zwei zentrale Anliegen, die vorangegangene *large-scale-assessments* wie TIMSS, PISA und IGLU angeregt hatten:
- *Modellierung und Messung von Kompetenzen:* Die zum Teil unbefriedigenden Ergebnisse der Schulleistungsstudien zwingen Bildungspolitik, Bildungsforschung und Praxis, präziser auf die Lernergebnisse der Schülerinnen und Schüler in allgemeinbildenden Schulen zu schauen. Sowohl auf der Ebene der einzelnen Klassen und Schulen als auch für das Bildungssystem insgesamt fehlt es an Erkenntnissen darüber, welches Wissen und Können tatsächlich vermittelt worden ist. Offensichtlich halten Erwartungen, die über Jahrzehnte hinweg in fachdidaktischen Konzepten und Lehrplänen niedergelegt worden sind, einer empirischen Überprüfung häufig nicht stand. Auch wenn die Messung von Lernergebnissen allein noch keine pädagogische Entwicklungsmaßnahme darstellt, ist sie für eine realistische Einschätzung des Handlungsbedarfs unerlässlich. In enger Kooperation von pädagogisch-psychologischer Diagnostik, Fachwissenschaften und Fachdidaktiken müssen Modelle des Wissens und Könnens entwickelt, in konkrete Aufgaben umgesetzt (operationalisiert) und empirisch überprüft werden. Nur auf der Basis solcher Modelle lassen sich professionelle Bildungsstandards formulieren, die Zielmarken für die Evaluation im Schulsystem vorgeben und zugleich den Beteiligten (insbesondere den Lehrkräften, aber auch Schülern, Eltern und der interessierten Öffentlichkeit) Orientierung geben. Einem modernen Bildungsverständnis folgend, spricht man in diesem Kontext inzwischen von „Kompetenzmodellen", in denen Grunddimensionen von Wissen und Können in zentralen Lernbereichen dargestellt und Kompetenzstufen bzw. -niveaus abgegrenzt werden. Für den Bereich sprachlicher Kompetenzen liegt mit dem

---
1 Dem DESI-Konsortium gehören an: Eckhard Klieme (DIPF, Sprecher), Wolfgang Eichler (Oldenburg), Andreas Helmke (Landau), Rainer, H. Lehmann (Berlin), Günter Nold (Dortmund), Hans-Günter Rolff (Dortmund), Günther Thomé (Osnabrück) und Heiner Willenberg (Hamburg).

Gemeinsamen Europäischen Referenzrahmen (GER) für das Sprachenlernen seit Ende der 1990er Jahre ein Dokument vor, das als Raster für eine solche Kompetenzmodellierung dienen kann. DESI gehört zu den ersten groß angelegten Schulleistungsstudien, in denen der Versuch unternommen wird, dieses Rahmenkonzept in der Entwicklung konkreter Tests zu berücksichtigen.

- *Aufklärung des Zusammenwirkens von unterrichtlichen und schulischen, individuellen und familiären Bedingungsfaktoren beim Kompetenzerwerb:* Kompetenzmodelle und Daten zum tatsächlich erreichten Kompetenzniveau der Schülerinnen und Schüler können die pädagogische Praxis und die Bildungspolitik nur begrenzt anleiten. Wenn jedoch systematische Erkenntnisse darüber vorliegen, unter welchen Bedingungen die Förderung von Kompetenzen gelingt, lassen sich Empfehlungen zur Qualitätsverbesserung im Unterricht, in den Schulen und für das gesamte System ableiten. DESI leistet hierzu einen wichtigen Beitrag, indem es die Messung sprachlicher Kompetenzen mit einer ausführlichen Befragung von Schülern, Lehrkräften, Eltern und Schulleitungen verbindet und zusätzlich – für das Fach Englisch – Videoaufzeichnungen verwendet. Neben allgemeinen Aussagen zu schulischen Lernangeboten, deren Nutzung durch Schülerinnen und Schüler und die möglichen Lerneffekte kommt es vor allem darauf an, differenzielle Analysen zu Lernprozessen bestimmter Schülergruppen (Mädchen und Jungen, Schüler mit und ohne Migrationshintergrund) vorzulegen.

Die Ergebnisse des Projekts für diese beiden Zielstellungen publiziert das DESI-Konsortium nunmehr in zwei Bänden. Das hier vorliegende erste Buch präsentiert die Konzepte zur Messung sprachlicher Kompetenzen und beschreibt auf der Basis der Testleistungen von mehreren tausend Schülerinnen und Schülern Dimensionalität und Niveaus sprachlicher Kompetenz. Im Vordergrund stehen Fragen folgender Art:
- Mit welchen Testaufgaben und welchen psychometrischen Methoden kann man Kompetenzen messen?
- Wie gelangt man zu Kompetenzmodellen, die Teilbereiche und Niveaus klar abbilden?

Die Antworten, die hierzu in DESI gefunden wurden, können die Arbeit an Bildungsstandards für die Fächer Deutsch und Englisch voranbringen und auch einen Beitrag zur Weiterentwicklung des GER leisten. Tatsächlich hat ein solcher Transfer bereits stattgefunden, da sowohl die Entwicklung und Operationalisierung der Standards der Kultusministerkonferenz (KMK) als auch die europaweiten Bemühungen zur Sprachdiagnostik parallel zum DESI-Projekt voranschritten; Mitglieder und Mitarbeiter des DESI-Konsortiums waren und sind an diesem Transfer beteiligt. Diese Arbeiten werden wesentlich von Fachdidaktikern getragen, die von Experten für pädagogisch-psychologische Diagnostik und Psychometrie unterstützt werden. Dementsprechend präsentiert der vorliegende Band im Wesentlichen Arbeitsergebnisse der Fachdidaktiker im DESI-Team.

Die Beiträge des vorliegenden Bandes sollen theoretische Grundlagen, Kompetenzkonstrukte und Messmodelle so transparent wie möglich machen. Weitere

Details werden in nachfolgenden Zeitschriftenpublikationen und in Dissertationen, die im Projekt entstanden sind (Kerstin Göbel, Claudia Harsch, Nina Jude, Astrid Neumann und Henning Rossa) vorgestellt.

Der in Kürze erscheinende Anschlussband wird den zweiten Themenkomplex untersuchen und dabei vor allem die Perspektive der empirischen Schul- und Unterrichtsforschung in den Vordergrund stellen. Zentrale Ergebnisse hat das DESI-Konsortium bereits im März 2006 vorgestellt.[2]

Entstehungsgeschichte, Verlauf und Design der Studie

Als Ergänzung des nationalen Bildungsmonitoring, das mit TIMSS und PISA zunächst auf die mathematisch-naturwissenschaftliche Bildung sowie auf die Lesefähigkeit und andere fächerübergreifende Kompetenzen bezogen war, hatte die KMK im Jahr 2000 eine gesonderte Untersuchung zu sprachlichen Fähigkeiten deutscher Schülerinnen und Schüler in Auftrag gegeben. Diese Studie wurde seit Mitte 2001 von einem interdisziplinären Konsortium durchgeführt, dem unter Federführung des DIPF sowohl Bildungsforscher als auch Deutsch- und Englischdidaktiker angehörten. Sie erhielt den Namen „DESI", der für *Deutsch Englisch Schülerleistungen International* steht. Im Herbst 2002 wurden die eigens entwickelten Test- und Fragebogeninstrumente in einer umfangreichen Pilotierungs- und Validierungsstudie mit insgesamt ca. 1200 Schülerinnen und Schülern erprobt. Die Hauptuntersuchung fand in der Zeit von September 2003 bis Juni 2004 in 219 Schulen, darunter 40 Schulen mit bilingualem Sachfachunterricht, statt. Von insgesamt 10.639 Schülern zum ersten Messzeitpunkt (Anfang des Schuljahres) beteiligten sich 94,4% an den Leistungstests und 91,5% an der Beantwortung der Fragebögen. Von 10.632 Schülern zum zweiten Messzeitpunkt (Ende des Schuljahres) beteiligten sich 94,6% an den Leistungstests und 92,1% an der Beantwortung der Fragebögen. Dies stellt im Vergleich zu anderen Schulleistungsstudien eine sehr gute Teilnahmequote dar.

Die Erfassung sprachlicher Kompetenzen erfolgt in DESI in einem Längsschnittdesign. Dieses Forschungsdesign war erforderlich, um gezielt analytisches Wissen über die Wirksamkeit von Schule und Unterricht zu gewinnen und um dem Anspruch gerecht zu werden, Erklärungsansätze für unterschiedliche Leistungsniveaus sowie Grundlagenwissen für bildungs- und schulpolitische Aktivitäten, die Revision von Curricula, Lehrtexten und Unterrichtsmaterialien, die Lehreraus- und -fortbildung und vor allem für die Unterrichtsgestaltung zu erhalten. Für die Studie bedeutete dies, dass eine Auswahl der DESI-Leistungstests und Fragebögen zu zwei Messzeitpunkten, nämlich am Anfang und Ende der neunten Klasse, eingesetzt wurde.

Die Gewinnung von Grundlagenwissen für schulpolitische und unterrichtliche Konsequenzen setzte ferner voraus, eine klassenstufenbezogene und keine altersba-

---

2   Der Bericht ist unter *www.desi.de* verfügbar.

sierte Stichprobe zu ziehen, denn nur wenn komplette Klassen für die Stichprobe zu Grunde gelegt werden, können Unterrichtszusammenhänge und Lehrer-Schüler-Interaktionen in Bezug auf die aktive Sprachproduktion in Englisch und Deutsch angemessen untersucht werden. Und gerade diese genannten Zusammenhänge bilden einen Schwerpunkt des DESI-Projekts. Deshalb wurden aus jeder Schule – wenn vorhanden – zwei komplette Klassen bzw. Kurse der neunten Jahrgangsstufe in die Erhebung einbezogen.

Entsprechend der Forschungslage zur Dimensionalität von mutter- und fremdsprachlichen Kompetenzen wurden jeweils mehrere Kompetenzbereiche unterschieden: Sowohl im Deutschen als auch im Englischen wurden die Sprachdomänen Lesen und Schreiben abgedeckt, während die Bereiche Hören und Sprechen – nicht zuletzt aus erhebungstechnischen Gründen – nur im Englischen betrachtet wurden. In beiden Sprachen wurden zudem sprachpragmatische sowie grammatikalische Aspekte der Sprachbewusstheit erfasst. Eine zusätzliche Betonung erfuhr der kommunikative Aspekt sprachlichen Handelns, indem im Deutschen ein Test zum Argumentieren – wenn auch in einer schriftsprachlichen Variante – vertreten war, während im englischsprachigen Untersuchungsbereich die interkulturelle Kompetenz gesondert geprüft wurde. Lexikalische und orthografische Aspekte wurden im Deutschen in gesonderten Tests abgebildet und im Englischen als Komponenten von C-Tests erfasst.

Kontroverse Grundfragen der Sprachdiagnostik

Der kritische Leser wird feststellen, dass auch das DESI-Projekt mit fundamentalen Fragen der Sprachforschung und -diagnostik konfrontiert war, auf die beim gegenwärtigen Forschungsstand keine einheitlichen oder gar endgültigen Antworten gegeben werden können.

- *Kompetenz vs. Performanz*: Der Kompetenzbegriff selbst ist eine populäre, aber durchaus unscharfe Kategorie, die in den beteiligten Disziplinen unterschiedlich verstanden wird. In der linguistischen Tradition (vgl. etwa den Beitrag von Schröder in diesem Band) werden sprachliche Strukturen und ihnen zu Grunde liegende generative Prozesse idealtypisch beschrieben; die tatsächliche Sprachproduktion und -rezeption mit unterschiedlichen Varianten wird demgegenüber als Performanz bezeichnet. Im Sprachgebrauch der Psychologie und Pädagogik hingegen bezeichnet Kompetenz den je individuell unterschiedlich ausgeprägten Grad der Beherrschung sprachlicher Anforderungen (vgl. Jude/Klieme im vorliegenden Band). Im Vordergrund steht hier die Beschreibung und Erklärung interindividueller Unterschiede, etwa unterschiedlicher Lernstände von Schülerinnen und Schülern in einer Jahrgangsstufe. Mittels psychometrischer Modelle wird von der „Performanz" beim Lösen von Testaufgaben auf die individuelle „Kompetenz" im Sinne eines latenten Fähigkeitskonstrukts geschlossen. Die beiden hier skizzierten Sichtweisen sind nicht immer konsistent.

- *Produkt vs. Prozess:* Theorien sprachlicher Kompetenz – seien sie linguistischer, neurolinguistischer, sprach- oder entwicklungspsychologischer Art – zielen auf Prozesse, d. h. auf kognitive, letztlich neuronal bestimmte Prozesse der Sprachverarbeitung, auf Sprachhandlungsprozesse im kommunikativen Austausch oder auf ontogenetische Entwicklungs- und Lernprozesse. Diese Theorieebenen werden in den Beiträgen des vorliegenden Bandes ausführlich aufgearbeitet. Indes muss festgehalten werden, dass Tests selbst immer nur Produkte erfassen und bewerten können: gesprochene oder geschriebene Worte oder Wortteile (Grapheme, Morpheme), Reaktionen auf sprachliche Stimuli in Form von Ankreuzungen in einer *multiple choice*-Aufgabe und andere Aufgabenformate. Mit Hilfe von Skalierungstechniken – insbesondere der Verankerung unterschiedlich schwieriger Aufgaben auf einer Kompetenzskala und der Beschreibung ihrer jeweiligen Anforderungsmerkmale – werden Kompetenzmodelle konstruiert, die Qualitätsabstufungen der „Produkte" beschreiben und damit potenziell auf Qualitäten der zugrunde liegenden Verarbeitungs- und Lernprozesse schließen lassen. Nicht zufällig hinterfragen jedoch Bremerich-Vos und Grotjahn (in diesem Band) in ihrer Außensicht auf DESI die Gültigkeit derartiger Schlussfolgerungen. In der Tat sind Annahmen über Lösungsprozesse nur durch gesonderte psychologische Experimente und Beobachtungen stichhaltig prüfbar. Diese hätten jedoch den Rahmen des Projekts gesprengt, denn Zweck einer Studie wie DESI ist die Identifizierung von Kompetenzunterschieden zwischen Schülerinnen und Schülern, nicht jedoch die sprachpsychologische Grundlagenforschung. Aussagen zu kognitiven Prozessen bei der Bearbeitung von DESI-Aufgaben stützen sich auf die Einschätzungen von Experten
- *Aufgaben vs. Deskriptoren*: Ähnlich wie die Experten des Europarates, die den GER für das Sprachenlernen erarbeiteten, verwendeten die DESI-Autoren so genannte Deskriptoren zur Beschreibung sprachlicher Anforderungsmerkmale. Der Europarat bezog jedoch diese Deskriptoren nicht auf tatsächliche (Test-) Leistungen, sondern betrachtete sie lediglich als Beschreibungsmerkmale für Selbst- und Fremdbeurteilung sprachlicher Leistungen. Insofern ist die „Skalierung von Deskriptoren", von der beispielsweise Schneider (in diesem Band) als Mitautor des Referenzrahmens spricht, deutlich zu unterscheiden von der Nutzung solcher Deskriptoren für die Skalierung von Testaufgaben, wie sie etwa Hartig (in diesem Band) und die jeweiligen Testautoren beschreiben. Die Anforderungsmerkmale oder Deskriptoren für DESI-Tests waren von vorne herein pragmatisch auf das jeweilige Aufgabenmaterial bezogen, um dieses zu strukturieren. Sie erheben nicht den Anspruch, eine allgemeine Struktur- oder gar Prozessbeschreibung sprachlicher Phänomene darzustellen – schon gar nicht über verschiedene Messbereiche hinweg. Inzwischen nähern sich die beiden Betrachtungsweisen an: Im Jahr 2003, als die DESI-Tests bereits entwickelt waren, legte der Europarat Vorschläge dafür vor, wie man Prüfungsaufgaben den Referenzniveaus zuordnen könne. Die Umsetzung die-

ser Konzeption, die gegenwärtig in einem europäischen Kooperationsprojekt unter Beteiligung auch von DESI-Mitarbeitern geschieht, greift u. a. auf DESI-Items als „Musteraufgaben" zurück. DESI selbst beansprucht jedoch in keiner Weise, die Niveaus des GER unmittelbar zu operationalisieren.

- *Differenzierung vs. Kombination von Teilkompetenzen*: Die Frage, inwieweit unterschiedliche Aspekte sprachlichen Wissens und Könnens eine einheitliche Fähigkeitsdimension bilden oder – auf theoretischer und empirischer/messtechnischer Ebene – unterschieden werden können und müssen, ist innerhalb und zumal zwischen den Disziplinen umstritten. Das DESI-Konsortium hat sich gezielt für eine möglichst weitgehende Ausdifferenzierung von Teilkompetenzen entschieden, um die Reduktion des Leistungsstands in Deutsch und Englisch auf eindimensionale Globalmaße oder einzelne Teilaspekte (z. B. die Lesefähigkeit) zu vermeiden. Nur wenn die verschiedenen Komponenten möglichst klar abgegrenzt und getrennt erfasst werden, lassen sich deren Zusammenhänge empirisch rekonstruieren. Versucht man diese Maxime unter den Bedingungen begrenzter Ressourcen (vor allem an verfügbarer Testzeit in den untersuchten Klassen) zu realisieren, stellen sich notwendigerweise Begrenzungen ein, die aus Sicht einer „ganzheitlichen" Sprachdidaktik kritisierbar sind.

- *Inhalte und Formate – flexible vs. konzentrierte Nutzung*: Testkonstrukteure stehen immer wieder vor der Entscheidung, angesichts sehr begrenzter Testbearbeitungszeiten nur einen Ausschnitt aller möglichen Aufgabeninhalte und -formate einsetzen zu können. Häufig wird in dieser Situation die Forderung gestellt, jeden einzelnen Test möglichst vielseitig und authentisch zu gestalten (vgl. etwa Schneider in diesem Band). Dem steht jedoch entgegen, dass dadurch die Messgenauigkeit (Reliabiltät) deutlich beeinträchtigt werden kann. Beispielsweise zeigen vertiefende Analysen zum PISA-Lesetest, dass die dort prominent vorkommenden so genannten diskontinuierlichen Texte (Abbildungen, Tabellen, Fahrpläne usw.) nicht wirklich mit klassischen (kontinuierlichen) Texten eine gemeinsame, homogene Kompetenzdimension bilden. In dieser Situation hat sich DESI für ein Arrangement von mehreren, von einander deutlich getrennten Testbereichen (Lesen, Sprachbewusstheit, Textproduktion usw.) entschieden, die jeweils relativ kurz ausfallen und daher möglichst homogen ausgelegt werden mussten, um die für weiterführende schul- und unterrichtsbezogene Analysen erforderliche Reliabilität zu garantieren. Dies mag in Kontexten der Selbst- und Fremdbeurteilung individueller Kompetenzstände, für die beispielsweise der GER ursprünglich erarbeitet wurde, anders entschieden werden. Allerdings stellt der GER selbst kein Instrument zur Testentwicklung dar, wie gerade das europäische Projekt zum Dutch CEF GRID gezeigt hat (vgl. den Beitrag von Nold zum GER in diesem Band). Das Aufgabenformat (*multiple choice* oder offene Frage) spielt nach dem Erkenntnisstand der Psychometrie nicht die entscheidende Rolle, die ihm aus der Nutzerperspektive häufig zugeschrieben wird. Professionelle Tests sind durch-

aus in der Lage, auch komplexe Anforderungen im gebundenen Format zu prüfen. DESI verwendete für die Messbereiche Textproduktion (Schreibaufgaben) extrem aufwändige offene Formate; ebenso für Rechtschreibung, Wortschatz, Argumentationsverständnis und Sprachbewusstheit. Die rezeptiven Fähigkeiten (Leseverstehen sowie Hörverstehen/Englisch) wurden aus testökonomischen Gründen und im Interesse einer klaren Abgrenzung zu produktiven Leistungen im wesentlichen mit *multiple choice*-Aufgaben erfasst.
- *Erst-, Zweit-, Mutter-, Verkehrs- und Fremdsprache:* Eine differenzielle Theorie sprachlicher Kompetenzen muss die Sprachbiografie des Lernenden berücksichtigen. Konkret spielt die Unterscheidung zwischen Schülerinnen und Schülern mit Deutsch als Erstsprache und jenen mit anderer Erstsprache vor allem im Fach Deutsch eine zentrale Rolle. Hinzu kommt die Unterscheidung zwischen Erst- bzw. Zweitsprache (Deutsch) einerseits sowie schulisch erworbener Fremdsprache (Englisch) andererseits. Die systematische Problematik des „natürlichen" Zweitspracherwerbs (Deutsch als Fremdsprache, beispielsweise für Personen mit Migrationshintergrund) kann im vorliegenden Bericht nicht systematisch aufgearbeitet werden; dies muss nachfolgenden Publikationen überlassen werden. Die Datenbasis von DESI bietet jedoch eine besondere Chance, diese Problematik empirisch zu untersuchen.

DESI als Beitrag zur fachlichen Diskussion

Das DESI-Konsortium hat die theoretischen und methodischen Grundlagen seiner Arbeit im interdisziplinären Diskurs intern sowie – auf einer Fachtagung im September 2004 – mit externen Experten aus Sprachwissenschaft, Fachdidaktiken und Bildungsforschung diskutiert. Der vorliegende Band dokumentiert nicht nur die Arbeit des Konsortiums, sondern auch die Ergebnisse dieser Fachdiskussion.

Die theoretischen Anstrengungen der DESI-Mitarbeiter werden vor allem in den Übersichtsbeiträgen zur Lesefähigkeit, Schreibfähigkeit und Sprachbewusstheit deutlich, die von Deutsch- und Englischdidaktikern gemeinsam verfasst wurden. Die Intensität der Zusammenarbeit zwischen Psychometrie und Diagnostik (vor allem am DIPF) einerseits und Fachdidaktik andererseits bei empirischen Analysen kommt in den Beiträgen von Hartig und Jude/Klieme im vorliegenden Band nur ansatzweise zum Ausdruck. Vor allem Johannes Hartig hat durch seine entscheidenden und innovativen Beiträge zu den Skalierungsverfahren das gesamte Projekt nachhaltig geprägt.

Dass die Modellierung von Kompetenzen in DESI viele Fragen offen lassen muss und dass an vielen Punkten – vor allem im Rückblick - Alternativen denkbar wären, wird nicht zuletzt in den Beiträgen der Diskutanten deutlich (Rost, Bremerich-Vos/Grotjahn, Schneider, Takala und Lange in diesem Band). Das Projekt sah seine Aufgabe jedoch in der Realisierung pragmatischer, für die Bildungsforschung brauchbarer Lösungen und im Anstoß eines weiterführenden interdisziplinären Diskurses.

Wir denken, dass der vorliegende Band dies zum Ausdruck bringt. Daher wurde an mehreren Stellen auch der Duktus von Diskussionsbeiträgen der Fachtagung beibehalten. Etliche Anregungen der Kommentatoren sind in der Endversion der Kompetenzmodelle, die zum Teil im Internet verfügbar sind, eingearbeitet worden.

Der Dank der Herausgeber richtet sich vor allem an die Diskussionspartner der Tagung. Neben den im vorliegenden Band vertretenen Autoren sind die Professoren Ludwig Eichinger, Helmut Feilke, Gerhard Rupp, Stefan Schmid, Joachim Grabowski, Wolfgang Butzkamm und Wolfgang Zydatiß zu nennen, die als Diskutanten mitwirkten und Reviews zu hier veröffentlichten Beiträgen zur Verfügung stellten. Die wissenschaftlichen Berater im DESI-Beirat der KMK haben sich auch unabhängig von der Fachtagung über mehrere Jahre kontinuierlich engagiert; unser Dank gilt Rainer Bromme, Helmut Fend, Kurt Heller, Klaus Klemm, Friederike Klippel, Reinhard Pekrun, Kristina Reiss und Kaspar Spinner. Der Kultusministerkonferenz und den Ländern danken wir für den mutigen Entschluss, DESI als erste nationale Schulleistungsstudie in Auftrag gegeben zu haben, und für die gute Zusammenarbeit. Auf Seiten des Auftraggebers ist insbesondere Hermann Lange zu nennen, der als Staatsrat der Hamburger Schulbehörde und Vorsitzender der Amtschefkommission Qualitätssicherung DESI auf den Weg gebracht und seine Grundzüge mitgestaltet hat, sowie Doris Keller-Riemer, die das Projekt im Sekretariat der KMK fachkundig und engagiert begleitet hat.

Der Dank gilt schließlich den Mitarbeiterinnen und Mitarbeitern in den am DESI-Konsortium beteiligten Instituten sowie den Mitarbeiterinnen und Mitarbeitern im Data Processing Center der IEA (Hamburg), die für die Felderhebungen verantwortlich waren, insbesondere Svenja Bundt, Jens Gomolka und Heiko Sibberns. Ellen McKenney danken wir für die sorgfältige Gestaltung des Druckmanuskripts in allen Phasen der Herstellung.

Wir möchten die Leserinnen und Leser einladen, den Publikationsweg der DESI-Ergebnisse mitzugehen und damit sowohl den wissenschaftlichen Diskurs als auch die praktische Unterrichtsgestaltung in den Fächern Deutsch und Englisch zu bereichern.

Frankfurt am Main, im Juli 2006

Bärbel Beck und Eckhard Klieme

Nina Jude / Eckhard Klieme

Sprachliche Kompetenz aus Sicht der pädagogisch-psychologischen Diagnostik

Empirische Studien, die an einer großen Stichprobe repräsentative Leistungsdaten mit normierten Tests erfassen, ermöglichen die Überprüfung von allgemeinen fachlichen Kompetenzen und Sprachkompetenz im Besonderen. Damit stellen sie einen wesentlichen Bestandteil für die Verbesserung des schulischen Lehrens und Lernens dar (National Research Council 2001). Diese *Large-Scale-Assessments* auf internationaler Ebene, wie das *Programme for International Student Assessment* (PISA) oder die *Internationale Grundschul Lese Untersuchung* (IGLU) sind durch ihre aktuellen Befunde zu den sprachlichen Fähigkeiten deutscher Schülerinnen und Schüler in der politischen und wissenschaftlichen Diskussion (Bos/Lankes/Prenzel et al. 2003; Deutsches PISA-Konsortium 2001; PISA-Konsortium Deutschland 2004). Sie versprechen detaillierte Ergebnisse und Rückmeldungen über Lernerfolge an alle Beteiligten in Bildungssystemen sowie Aufschluss über die Entstehung von sprachlichen Fähigkeiten und mögliche Förderungsansätze. Dabei bedarf es eines Auswertungsdesigns, das nicht nur globale Einschätzungen der jeweiligen Kompetenzen ermöglicht, sondern darüber hinaus deren Differenzierung, d.h. kriteriumsorientierte Aussagen über erreichte Niveaustufen in Teilbereichen der Sprachkompetenz. Die Studie *Deutsch-Englisch-Schülerleistungen-International* (DESI) betrachtet in diesem Rahmen die Sprachkompetenz von Schülerinnen und Schülern als ein komplexes Phänomen, das es in seinen Facetten abzubilden gilt. Dazu gehört die Berücksichtigung verschiedener Sprachen, in diesem Fall der Verkehrssprache Deutsch und der Fremdsprache Englisch. Neben der Erhebung von Schülerleistungen in den einzelnen Teilbereichen und der Entwicklung möglicher Erklärungsansätze für sprachliche Leistung zielt das Projekt auch auf die Analyse der *Struktur von Sprachkompetenz*. Diese wird verstanden als interagierendes Gefüge von Teilkompetenzen in Deutsch und Englisch. Durch die Analyse struktureller Zusammenhänge können nicht nur didaktische Schwerpunkte ermittelt, sondern auch Unterschiede zwischen der Kompetenzstruktur von Verkehrs- und Fremdsprache offen gelegt werden.

Was ist Sprachkompetenz?

„Unter Sprachkompetenz verstehen wir das Wissen, das die Sprecher beim Sprechen und bei der Gestaltung des Sprechens anwenden" (Coseriu 1988, S. 1). Diese sehr einfache Definition von Sprachkompetenz fasst Sprechen als eine Form des Handelns auf und bezieht sich damit auf einen pragmatischen Aspekt vorhandenen Wissens. Bei näherer Betrachtung der unterschiedlichen Forschungsbereiche mit ihren jeweils eigenen Begriffsbildungen und Modellansätzen ist damit jedoch die Frage danach, was Sprachkompetenz genau ist, kaum zu beantworten. Aufgrund der divergenten theoretischen Verortungen der Forschung zu Sprachkompetenz im Spannungsfeld zwischen Linguistik, Psycholinguistik, Sprachdidaktik und Erziehungswissenschaften wird der Begriff der Sprachkompetenz in unterschiedlicher Weise verwendet:

Aus *linguistischer* Sicht ist Sprache ein System, das unterschiedliche Komponenten integriert, z.B. die Phonologie, Morphologie und Syntax sowie pragmatische und soziolinguistische Aspekte. Diese Komponenten können als eigenständige mentale Repräsentationen angesehen werden, die in kognitiven Verarbeitungsprozessen interagieren (Schwarz 1996). Die *Psycholinguistik* analysiert die Vorgänge bei der Rezeption und Produktion linguistischer Elemente sowie den Einfluss der Sprachstruktur auf das Denken (Hartig 1999; Schwarz 1996). *Soziolinguistische* Modelle rekurrieren stärker auf den vermittelnd-interaktiven Aspekt von Sprache und analysieren Funktionen und Ziele im Sprechakt (Bühler 1992). Insgesamt liegt der Fokus von Linguistik und Psycholinguistik auf einer theoretisch-kognitiven Definition von Sprachkompetenz. Ihre Modelle fokussieren auf Strukturen, Grammatiken und sprachbezogenen Kognitionen und grenzen sich damit von der stärker handlungsbezogenen pädagogisch-psychologischen Theorie- und Modellbildung ab. *Neurolinguistische* und *entwicklungspsychologische* Ansätze erforschen Sprachkompetenz im Hinblick auf zugrunde liegende neuronale Vernetzungen im Gehirn und deren Veränderungen im Prozess des Spracherwerbs (Jusczyk 2003). Sie basieren auf Annahmen der Linguistik und untersuchen auf unterschiedlichen Ebenen phonologisches Verstehen und Produzieren, morphologische Mechanismen des Regelverstehens und der Assoziation oder semantisches und syntaktisches Wissen (Plaut 2003). Überschneidungen bestehen zum Forschungsbereich der Entwicklungspsychologie, welche die Entwicklung des aktiven Sprechaktes als psychologisches Element integriert (Szagun 2000). Untersucht wird bspw. der Zusammenhang zwischen sprachlichen Strukturelementen und situationsspezifischem Sprachverhalten in konkreten (Test-) Situationen (Brown/Malmkjaer/Williams 1996; Shohamy 1996). *Differentialdiagnostische Ansätze* der Psychologie und Pädagogik erforschen Sprachkompetenzen vor dem Hintergrund des *Sprachlehrens und -lernens* und basieren auf der Annahme, dass sich sprachliche Gesamtkompetenz in spezifische Teilkompetenzen aufschlüsseln lässt. Deren empirische Erfassung ermöglicht Aussagen über individuelle Leistungsprofile von Sprachlernenden (Bachman 1990b; Bolton 2000; Butler/Stevens 2001). Einerseits werden Elemente der Linguistik und ihrer Nachbardisziplinen analysiert (bspw. Morphologie, Syntax oder Lexik) um spezifische Fähigkeiten des Lesens oder Schreibens individuell zu diagnostizieren und zu fördern (Groeben/Hurrelmann 2002). Andererseits wird nach Strukturen auf einer übergeordneten Ebene gesucht, die diese spezifischen Teilbereiche von Sprachkompetenz z.B. in produktiven und rezeptiven Teilkompetenzen verbinden (vgl. Tabelle 1).

Tabelle 1: Klassifikation sprachlicher Teilbereiche.

	produktiv	rezeptiv
Auditiv	Sprechen	Hörverstehen
schriftsprachlich	Schreiben	Lesekompetenz

Die Konzeptionen von Sprachkompetenz in der DESI-Studie beziehen sich auf die letztgenannten, sprachdiagnostischen Ansätze mit einem Schwerpunkt auf empirisch überprüfbaren Operationalisierungen, wie sie im Bereich der Diagnostik und Lehr-Lernforschung vertreten sind (Beck/Klieme 2003). Sprachkompetenz wird dabei definiert als Komplex von Teilfähigkeiten, die durch den schulischen Unterricht vermittelt werden sollen, die Kompetenzmessung nimmt dabei die Rolle der Lernerfolgsüberprüfung ein (vgl. auch die Einleitung zu diesem Band). Ziel ist es, Leistungsunterschiede im sprachlichen Bereich in den untersuchten Bildungssystemen zu beschreiben und zu erklären. Gefragt wird nach dem Verlauf der Entwicklung von Sprachkompetenz im 9. Schuljahr ebenso wie nach förderlichen oder hinderlichen Faktoren in der Lernumwelt. In diesem Bereich der *empirischen Bildungsforschung* lässt sich die Definition dessen, was Sprachkompetenz ausmacht, durch eine Doppelfunktion charakterisieren: Einerseits referiert der Begriff auf Sprachkönnen in dem Sinne, dass eine bestimmte Sprache verwendet werden kann, andererseits kann Sprachkompetenz auch als Voraussetzung und Instrumentarium zur Aneignung von neuem Wissen angesehen werden (Bos/Lankes/Schwippert 2003). Damit kommt der sprachlichen Kompetenz in schulischen Lehr-Lernprozessen eine Schlüsselfunktion zu. Im angelsächsischen Sprachraum wird das Konzept der Sprachkompetenz in erweiterter Form auch auf das Konzept von „literacy" bezogen. Mit reading literacy wird bspw. die Fähigkeit bezeichnet, Lesen in unterschiedlichen, für die Lebensbewältigung praktisch bedeutsamen Verwendungssituationen einsetzen zu können (OECD 2001). Sprachkompetenz wird dabei funktional definiert und als kognitive Disposition angesehen, die dazu befähigt, situative Anforderungen erfolgreich zu bewältigen. Dieser Kompetenzbegriff, der auch in der deutschen Erziehungswissenschaft und Didaktik zunehmend Verwendung findet, lässt sich weiter differenzieren in allgemeine Fähigkeiten, funktional bezogene Leistungsdispositionen, motivationale Voraussetzungen, anforderungsbezogene Handlungsfähigkeiten sowie strategische und übergreifende Kompetenzen (Weinert 1999). Besonders im Sprachlernbereich nicht auszuklammern sind dabei motivationale, volitionale und soziale Aspekte, die den Kompetenzerwerb sowie die Kompetenzmessung beeinflussen können (Dörnyei 2003). An die Messung von Kompetenz stellen sich dann besondere Herausforderungen, wenn sie als Verbindung zwischen Wissen und Können zur Bewältigung unterschiedlicher Situationen angesehen wird (Klieme 2004). DESI übernimmt diese Definition von Kompetenz, bezieht sie auf sprachliche Fähigkeiten und zielt mit der Operationalisierung der multidimensionalen Konzepte auf unterschiedliche Sprachgebiete, um eine differenzierte Sprachdiagnostik zu ermöglichen (vgl. die Kapitel „Lesefähigkeit", „Schreibfertigkeit" und „Sprachbewusstheit" in diesem Band). Neben allgemeinen Aussagen über den Stand der erreichten

Fähigkeiten interessiert dabei vor allem eine differenzierte Analyse der Kompetenz, d.h. kriteriumsorientierte Aussagen über erreichte Niveaustufen in Teilbereichen der Sprachkompetenz (vgl. das Kapitel „Methoden der Skalierung und Ableitung von Kompetenzniveaus" in diesem Band). Dazu bedarf es einer Auswahl der zu erfassenden sprachlichen Kompetenzbereiche ebenso wie angemessener, theoretisch fundierter diagnostischer Verfahren. Mit diesen neueren sprachdiagnostischen Verfahren wird nicht mehr rein deklaratives Faktenwissen erfasst, vielmehr wird eine Integration unterschiedlicher Testverfahren und Instrumente angestrebt, um Sprachkompetenz in ihren unterschiedlichen rezeptiven, produktiven und nicht zuletzt wissensbasierten Facetten abbilden zu können (Kunnan 1999).

Differenzierungen in der Diagnostik von Sprachkompetenz

Vorangestellt sei die Bemerkung, dass Sprachkompetenz als facettenreiches menschliches Verhalten in ihrer Komplexität empirisch nur schwer erfassbar ist. In der aktuellen Diskussion um die Konzeptualisierung einer allgemeinen Sprachkompetenz mit spezifischen Teilkomponenten sind deshalb bisher weder verbindlich einheitliche Definitionen noch Befunde aufzufinden (Alderson/Benerjee 2002; North 2000). Theoretische Modelle zur Sprachkompetenz sind oft sehr fein differenziert, situationsspezifisch und postulieren viele Dimensionen und Facetten, deren empirische Abbildung nicht immer gelingt. Von Interesse für die angewandte empirische Bildungsforschung im Unterschied zur theoretischen Linguistik und ihren Nachbardisziplinen sind jedoch vor allem jene Kompetenzbereiche, die unabhängig von einander gemessen werden können. Fähigkeitskonstrukte, die miteinander hoch korreliert sind, liefern im Hinblick auf die Leistungsfeststellung nur redundante Informationen, auch wenn sie unter theoretischen Aspekten von Interesse sein könnten. Bedingt durch die jeweils eigene Auswahl der zu erhebenden sprachlichen Teilkompetenzen in unterschiedlichsten empirischen Ansätzen lassen sich die diversen Ergebnisse unterschiedlicher Verfahren der Sprachdiagnostik nur schwer vergleichen. Dies betrifft auch die jeweils verwendeten Testinstrumente und Auswertungsmethoden. Die Heterogenität der bisherigen Befunde lässt sich u.a. zurückführen auf folgende Rahmenbedingungen:
- die untersuchte Sprache, d.h. die Muttersprache oder Zweit- bzw. Fremdsprache als Untersuchungsgegenstand,
- die Annahmen zur Dimensionalität und unterschiedliche Operationalisierung von Kompetenzen in Tests und Testaufgaben,
- die Methode der Auswertung der erhobenen Daten und
- die untersuchte Personengruppe.

Sprachspezifische Konzeptualisierung

Forschungen zur *allgemeinen Sprachkompetenz*, deren Struktur und Entstehung beziehen sich zumeist auf die Erstsprache und sind im Bereich der psychologischen Entwicklungstheorien zu finden. Diese belegen, dass der Spracherwerb bedingt wird durch die individuelle Wahrnehmungsentwicklung, spezifische Lernmechanismen sowie die Ausprägung sprachspezifischer, kognitiver Informationsverarbeitungsstrukturen (Grimm 2000; Szagun 2000). Besonders im Bereich der Defizitdiagnostik spielt die gezielte Untersuchung sprachlicher Teilkompetenzen eine wesentliche Rolle (Grohnfeldt 1993). Im Normalfall bildet sich die muttersprachliche Gesamtkompetenz jedoch relativ früh in der menschlichen Entwicklung zu einem eher homogenen Faktor aus, d.h. Teilfähigkeiten korrelieren sehr hoch miteinander und sind oft schwer empirisch zu trennen (Oerter/Montada 2002). Besonders jene muttersprachlichen Fähigkeiten, denen ähnliche kognitive Verarbeitungsprozesse zugeschrieben werden, weisen mit zunehmender allgemeiner Sprachkompetenz ein ähnliches Niveau auf (Rost 1992).

Fraglich bleibt, inwieweit die Kompetenzen in der Erst- und Fremdsprache zusammenhängen bzw. sogar gemeinsame Modelle formuliert werden können (Wolff 2001). In aktuellen Studien wird davon ausgegangen, dass die muttersprachlichen Kenntnisse den Erwerb und Gebrauch einer Zweit- bzw. Fremdsprache sowohl allgemein als auch in strukturellen Teilkompetenzen beeinflussen (Grotjahn 2000). In den empirischen Studien von Sparks et al. (1998) zeigen sich Zusammenhänge zwischen der Kompetenz von Mutter- und Fremdsprache in unterschiedlichen Teilbereichen sowie Einflüsse der allgemeinen phonologischen Gedächtnisleistung auf die mündlichen und schriftlichen Leistungen in beiden Sprachen. Die Autoren kommen zu folgendem Schluss:

„[…] the results of these studies suggest that one's performance on standard measures of native language skill relates to one's level of foreign language proficiency. […] Thus, groups of students who show significant differences in oral and written proficiency in a foreign language may also show significant differences in native-language skills." (ebd., S. 207).

Auch scheint eine funktionale Lesekompetenz in einer Zweit- bzw. Fremdsprache erst dann möglich, wenn in der Muttersprache eine bestimmte Schwelle der Kompetenz erreicht ist (Klein 2000). Die in der Erstsprache einmal erworbenen Lesefertigkeiten und Strategien können dann auf weitere zu erwerbende Sprachen übertragen werden (Meschyan/Hernandez 2002). Eine einheitliche oder gar umfassende Bestimmung des spezifischen Zusammenhangs zwischen Muttersprache und der Fremdsprachenkompetenz ist jedoch dabei gegenwärtig nicht in Sicht (Timmermann 2000).

Dimensionalität und diagnostische Differenzierung

Die Frage nach der Dimensionalität von Sprachkompetenz durchzieht die Sprachforschung als ein Phänomen, das bisher nicht eindeutig zu beurteilen ist (North 2000). Dabei gilt es zu berücksichtigen, dass die *Operationalisierung* eben dieser Kompetenz, also die Umsetzung in *empirisch fassbare Konstrukte und damit in Testaufgaben und Fragebögen*, abhängig von den verwendeten Theorieansätzen und Modellen ist (North/ Schneider 1998). Einfacher gesagt: Tests, die auf einen globalen Kompetenzindikator abzielen, können entweder ganzheitliche Screening-Instrumente verwenden (Raatz 1985) oder solche Testverfahren, die konkrete Einzelfähigkeiten erfassen. In beiden Fällen kann ein globaler Kompetenzindikator gebildet werden, jedoch nur im letzteren sind Aussagen über Einzelfacetten und deren Zusammenhänge möglich. Beachtet werden muss besonders die Spezifik von Testaufgaben, z.B. entstanden aus curricularen Vorgaben oder für spezielle diagnostische Zwecke. Sprachtests zur Einstufung von Studienanfängern beinhalten demnach andere Testaufgaben als solche für Berufsanfänger (Deutscher Industrie - und Handelstag 2000). Seit den 1990er Jahren nimmt die Entwicklung unterschiedlicher Testinstrumente der Sprachkompetenz zu diagnostischen Zwecken zu, einige repräsentieren einen allgemeinen theoretischen Ansatz, andere spezialisieren sich auf differenzierte Kompetenzen in spezifischen anwendungsbezogenen Situationen. Während ältere Studien eine globale sprachliche Gesamtkompetenz über verschiedene Sprechsituationen oder Sprachanforderungen hinweg favorisieren (Oller 1976), gehen neuere Ansätze zunehmend von einer potentiell in Teilkompetenzen unterscheidbaren sprachlichen Fähigkeit aus und erforschen deren Zusammenwirken (Chalhoub-Deville 1997). Dabei sind die Ergebnisse nicht unabhängig von den verwendeten Erhebungsinstrumenten. So wird die Annahme eines Generalfaktors der Sprachkompetenz oft dadurch gestärkt, dass in viele Studien nur wenige Teilkompetenzen und vor allem kaum Daten zur mündlichen Produktion einbezogen werden (Gräfe-Bentzien 2000). Für die Analyse der Dimensionalität von Sprachkompetenz bedeutet dies, dass die Operationalisierung der Testinhalte zu berücksichtigen ist (Shohamy 1984). Eine wichtige zu reflektierende Frage ist auch die Angemessenheit der jeweiligen Testmodule für diagnostische Einzelfragestellungen, nur dann können sich theoretische Annahmen und psychometrische Möglichkeiten konstruktiv ergänzen, d.h. theoretisch angenommene Dimensionen empirisch differenziert werden (Luoma 2001). Es kann erwartet werden, dass sich je nach Fokus der Methodik die Struktur von Sprachkompetenz unterschiedlich differenziert abbilden lässt (Skehan 1989).

Empirische Studien, die auf spezifische Leistungsaspekte wie z.B. schriftliche, auditive, kommunikative oder interaktive Kompetenzaspekte fokussieren, kommen so zu unterschiedlichen Aussagen bezüglich der Dimensionalität von Sprachkompetenz. Für die IEA-Fremdsprachenstudien zur Kompetenz im Französischen berichtet Caroll (1975) ein hierarchisches drei Faktoren-Modell, das sich in die Dimensionen „Schriftsprachliche Fähigkeit" (Lesen und grammatikalische Kompetenz), „Schreib- und Sprechflüssigkeit" sowie „allgemeiner Umgang mit gesprochener und geschriebener

Sprache" aufgliedern lässt, die stark miteinander zusammenhängen. Kunnan (1992) findet auf der Grundlage eines Sprachtests mit den Komponenten Hörverstehen, Leseverstehen und Grammatik Hinweise für eine zweifaktorielle Struktur mit der Differenzierung zwischen dem *auditiven* Teil (Hörverstehen) und den *schriftsprachlichen* Fähigkeiten (Leseverstehen, Grammatik). Demgegenüber zeigen sich in Studien von DeMauro (1992) und Kunnan (1994) unter Rückgriff auf Daten des TOEFL *rezeptive* (Lesen, Hörverstehen) versus *produktive* (Schreiben, Sprechen) Kompetenzfaktoren. Zu diesen Ergebnissen kommen auch Rost und Hartmann (1992) in einer Studie zu muttersprachlichen Kompetenzen von Grundschulkindern, sie weisen jedoch gleichzeitig darauf hin, dass eine steigende Gesamtkompetenz zu stärkeren Interkorrelationen der Einzeldimensionen führt.

Einen weiteren Schwerpunkt in der Diskussion um sprachliche Differenzierung bildet die theoretische Abgrenzung zwischen kommunikativen und formalsprachlichen Aspekten. Obwohl formalsprachliches Wissen (language knowledge) Grundlage jeder sprachlichen Interaktion ist, kann es theoretisch von rein kommunikativem Sprachhandeln (communicative performance) abgegrenzt werden. Diese Unterscheidung treffen empirische Studien zur Fremdsprachkompetenz von Bachman/Palmer (1982) oder auch Blais/Laurier (1995), die mittels Strukturmodellen diese Hypothese konfirmatorisch stützen konnten. Sie identifizierten spezifische Faktoren für grammatikalische Kompetenzen einerseits und pragmatisch-soziolinguistische andererseits. Jedoch weisen sie darauf hin, dass die pragmatisch-kommunikative Sprachkompetenz stark von den verwendeten Testaufgaben (bspw. kommunikative Situationen) und Testmodalitäten (schriftliche versus mündliche Interaktion) abhängt. Hinweise hierauf finden sich auch bei Kunnan (1994), der auditive Kompetenz weiter differenziert in interaktive Sprech-Hörfähigkeit und nicht-interaktive Sprech-Hörfähigkeit.

Neben der empirischen Erfassbarkeit ist die Frage nach der Vergleichbarkeit von Ergebnissen ein relevanter Aspekt, da oft das theoretisch gleiche Konstrukt (z.B. Lesekompetenz) nicht nur im Vorfeld unterschiedlich definiert wird, sondern darüber hinaus mit verschiedenen Testaufgaben erfasst wird (Krekeler 2002). So unterscheidet bspw. der in der IGLU-Studie verwendete Test zum Leseverständnis zwischen den beiden Leseintentionen ‚Lesen literarischer Texte' und ‚Ermittlung und Gebrauch von Informationen' (Bos/Lankes/Prenzel 2003). Entsprechend wird die Schülerfähigkeit im Lesen auf zwei Dimensionen abgebildet. PISA hingegen differenziert Lesekompetenz in die Sub-Skalen „Informationen ermitteln", „textbezogenes Interpretieren" und „Reflektieren und Bewerten" (Deutsches PISA-Konsortium 2001). Die für die allgemeine Interpretation jeweils bei PISA und IGLU gebildete „Gesamtskala Lesen" vereint also unterschiedliche Aspekte unter dem gleichen Namen, was bei Vergleichen von Ergebnissen zu berücksichtigen ist. Insgesamt zeigt sich in diesen durchaus divergenten Ergebnissen abermals die Abhängigkeit potentieller Dimensionen und Facetten von Kompetenz nicht nur von spezifischen Fragestellungen und angewendeten Testinstrumenten, sondern auch von der verwendeten Auswertungsmethodik (Barnard 1999).

Auswertungsmethodik

Viele der aktuell angewendeten Tests zur Diagnostik fremdsprachlicher Kompetenz erheben Leistungen in verschiedenen Teilbereichen (bspw. Lesen und Schreiben) und errechnen *Summenwerte als bereichsspezifische Leistungsindikatoren* (Bolton 2000; Grotjahn/Kleppin 2001). Der Annahme der Mehrdimensionalität von Sprachkompetenz wird durch separate Auswertung auf unterschiedlichen Skalen Rechnung getragen. Mit den Skalenwerten werden dann einerseits spezifische Profile gebildet (z.B. beim TOEFL), andererseits Gesamtsummenwerte für eine allgemeine Sprachkompetenz berechnet (Hamp-Lyons/Kroll 1997). Zur näheren Untersuchung von Teilfähigkeiten werden hingegen *faktorenanalytische Vorgehen* angewandt, um theoretisch angenommene Teilkomponenten mittels explorativer Faktorenanalyse zu suchen oder theoriegeleitet Zusammenhänge zwischen Testitems, Teilkompetenzen und ggf. externen Faktoren wie Erstsprache oder Geschlecht konfirmatorisch zu überprüfen (Gardner/Lalonde/Pierson 1983). Weiterhin kann die Analyse und Validierung unterschiedlicher Testinstrumente mit gleicher inhaltlicher Ausrichtung (bspw. verschiedener Lesetests) mittels Multitrait-Multimethod-Analysen oder gemeinsamer Faktorenanalyse erfolgen (Bachman 1990a). Hierbei geht es vornehmlich im methodischen Sinne um die Erhöhung der Qualität der Messinstrumente, weniger um die inhaltliche Interpretation sprachlicher Zusammenhänge.

Stichprobenabhängigkeit der Ergebnisse

Ergebnisse zur Sprachkompetenz können nicht unabhängig von der untersuchten Stichprobe interpretiert werden (Kunnan 1994). Relevante Faktoren sind hierbei der sprachliche Entwicklungsstand der Lernenden, das Alter, die Sprachbiografie, die Art der Sprache (Erst- oder Fremdsprache) sowie Kontextfaktoren des Unterrichts (Rost 1998). So ist die Struktur unterschiedlicher Teilkompetenzen verschieden stark ausgeprägt in Abhängigkeit von der Kompetenzstufe der untersuchten Personen – je höher die Gesamtkompetenz, desto stärker korrelieren die Teilkompetenzen untereinander und umso schwieriger wird die Feststellung von Einzelkomponenten (Claire 1994). Weiterhin diskutiert werden kompetenzbeeinflussende Faktoren auf individueller Ebene wie bspw. Mehrsprachigkeit oder altersabhängige kognitive Strukturierung (Cummins 1980; Robinson 2001). Insgesamt stellt die Auswahl der jeweils untersuchten Stichprobe einen nicht zu unterschätzenden Einflussfaktor bei Analysen von Sprachkompetenz dar, spezifische Ergebnisse können daher nicht ohne weiteres verallgemeinert werden.

Die Differenzierung sprachlicher Leistungen – Schulleistungsstudien

Während spezifische anwendungsbezogenen Sprachtests wie der *Test of English as a foreign language* (TOEFL) oder der *Test Deutsch als Fremdsprache* (TestDaF) inzwischen standardisiert zur Diagnostik, Selektion und Beurteilung von Studienanfängern eingesetzt werden (Arras/Grotjahn 2002; Hamp-Lyons/Kroll 1997), integrieren Leistungsmessungen in deutschen Schulen das Phänomen Sprache selten mit repräsentativen Stichproben, bzw. nur spezialisiert auf bestimmte Teilbereiche (Bos/Schwippert 2002). Auch bei international koordinierten Studien bspw. der International Association for the Evaluation of Educational Achievement (IEA), die Leseverstehen, Schreiben und Englisch als Fremdsprache untersuchten, beschränkte sich die deutsche Beteiligung oft auf einzelne Bundesländer und spezifische sprachliche Teilkompetenzen (Keeves 1995). Dabei zeigen sich Einflussfaktoren wie die muttersprachlichen und allgemeinen kognitiven Fähigkeiten, der sozio-ökonomische Hintergrund oder auch Geschlechtsunterschiede als relevant für (fremd)sprachliche Fähigkeiten (Walker 1976; Elley 1994; Purves 1992). Aktuell lassen sich nur wenige Studien auffinden, die sprachliche Leistungen deutscher Schülerinnen und Schüler differenziert und repräsentativ erheben. Dazu gehört neben PISA und IGLU, die jeweils verschiedene Aspekte der Lesekompetenz messen, die Hamburger Studie „Aspekte der Lernausgangslage und Lernentwicklung" (LAU) (Lehmann/Peek/Gänsfuß/Husfeldt 2001). LAU beabsichtigt eine längsschnittliche Analyse von Lernbedingungen und -entwicklungen in Hamburger Schulen von Beginn der Sekundarstufe I und erfasst Lernstände am Ende der Klassenstufen 5, 7 und 9 mittels standardisierter Schulleistungstests. Differenziert untersucht werden die sprachlichen Teilbereiche Leseverstehen, Rechtschreibung, Textproduktion und Sprachverständnis sowie die Fremdsprachenleistungen in Englisch, Französisch und Latein. Wesentliche aktuelle Ergebnisse in Bezug auf die Weiterentwicklung sprachlicher Fähigkeiten sind der positive Effekt leistungsheterogener Lerngruppen und der eher negative Einfluss des Migrationshintergrunds auf Leistungen in Deutsch und der Fremdsprache Englisch.

Das Konzept von Sprachkompetenz in DESI

DESI erhebt repräsentative Daten zu den rezeptiven und produktiven sprachlichen Leistungen in Deutsch und Englisch in einer Zielpopulation von Schülerinnen und Schülern der 9. Klasse aller Schulformen in Deutschland. Testinstrumente im Kontext solcher Large-Scale-Assessments können nur gewisse Ausschnitte der Sprachkompetenz erfassen, hierbei werden aufgrund testorganisatorischer Überlegungen überwiegend schriftbasierte Verfahren verwendet. Diese können sich realistischen Sprachverwendungssituationen nur annähern, stellen aber Testverfahren dar, wie sie auch im Schulalltag verwendet werden. Angesichts der Komplexität von Sprachkompetenz wurden in DESI jene Teilbereiche ausgewählt, die curriculare Schwerpunkte in der schulischen Sprachvermittlung darstellen und anhand derer eine differenzierte Beurteilung des Leistungsstandes von Schülerinnen und Schülern am Ende der Pflichtschulzeit möglich ist. Besonders die Teilkompetenzen Lesen, Schreiben, Sprechen und Hören, die auch Bestandteil anderer klassischer Schulleistungstests sind, bilden den Schwerpunkt. Ergänzt werden sie durch Testinstrumente für die Teilkompetenzen Wortschatz, Rechtschreibung und Sprachbewusstheit. Sprachkompetenz in DESI ist also ein mehrdimensionales Konstrukt, das bestimmte sprachliche Teilkompetenzen im Deutschen und Englischen mit eigenen Testmodulen erfasst. So können differenzierte Profile von Sprachkompetenz abgebildet werden (vgl. Abb. 1).

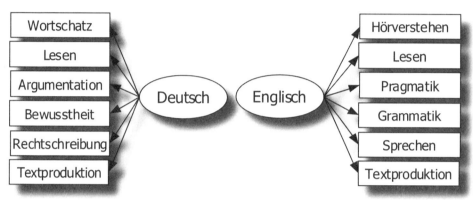

Abbildung 1: Gesamtmodell DESI-Kompetenzen.

Relevant ist diese Differenzierung von Teilbereichen in der Diagnostik, um mittels reliabler Messinstrumente valide Kompetenzmessungen durchführen zu können. Ergebnis der Messung sind individuelle Werte für jede Schülerin und jeden Schüler in allen Teilbereichen. Anhand der Testwerte erfolgt eine Zuordnung der sprachlichen Fähigkeiten von Schülerinnen und Schülern zu sog. Kompetenzniveaus. Alle Teilbereiche lassen sich nebeneinander betrachtet zu einem Kompetenzprofil zusammenstellen, unterschiedliche Ausprägungen der Fähigkeiten zeigen sich in der Verortung auf jeweils unterschiedlichen Niveaustufen. Diese Teilbereiche sind jedoch nicht ausschließlich vereinzelt zu betrachten, im Sinne der Annahme einer Mehrdimensionalität von Sprachkompetenz ist von einer Interaktion der sprachlichen Facetten auszugehen, die eine übergeordnete Gesamtsprachkompetenz bilden. Inhaltliche Schwerpunkte des DESI-Projekts liegen hierbei in der Analyse derjenigen Teilfähigkeiten, denen parallel ablaufende Aneignungsvorgänge und/oder ähnliche kognitive Prozesse zugeschrieben werden können. Insbesondere sind dies die Bereiche der produktiven (Sprechen, Schreiben) und der rezeptiven (Lesen, Hören) Sprachkompetenz (Rost/Hartmann 1992) (vgl. Abb. 2).

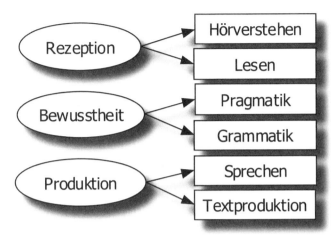

Abbildung 2: Theoretisches Modell von Kompetenzzusammenhängen.

In DESI interessieren dabei vor allem jene Kompetenzen, die im Unterricht in ähnlicher Weise vermittelt und in Leistungsüberprüfungen bewertet werden. Im einzelnen soll die Beantwortung folgender Fragen Aufschluss über sprachliche Lehr-Lernprozesse im Verlauf des 9. Schuljahres geben:
- Welche Binnenstruktur besitzen die sprachlichen Kompetenzen von Schülerinnen und Schülern und wie unterscheiden sich diese zwischen Erst- und Fremdsprache?
- Inwiefern sind strukturelle Zusammenhänge auf unterrichtliche Faktoren zurückzuführen?
- Welcher Zusammenhang besteht zwischen Teilleistungen in der Erst- und Fremdsprache und wird dieser durch schulische Faktoren beeinflusst?

Durch die facettenreiche und differenzierte Erfassung von Sprachkompetenz in DESI ist es neben der ganzheitlichen Betrachtung des Phänomens Sprachkompetenz möglich, ein spezifisches Kompetenzmodell für jede Teilfacette zu entwickeln. Für die strukturellen Zusammenhänge zwischen den Skalen bedeutet dies neben einer rein numerischen Aussage (z.B. durch Korrelationen) zusätzlich inhaltlich zusammenhängende Kompetenzzuschreibungen und somit Aufschluss bspw. über gemeinsame Testanforderungen. So ermöglicht die Kombination aus spezifischen Kompetenzmodellen und umfassenden Strukturmodellen Rückschlüsse auf unterrichtliche Schwerpunkte, kognitive Aufgabenanforderungen und gruppenspezifische Kompetenzniveaus und trägt dazu bei, das Phänomen Sprachkompetenz in seiner Komplexität besser abbilden zu können.

Literatur

Alderson, J.C./Benerjee, J. (2002): Language testing and assessment (Part 2). Language Teaching 35(1), S. 79-113.

Arras, U./Grotjahn, R. (2002): TestDaF: Aktuelle Entwicklungen. Fremdsprachen und Hochschule 66, S. 65-88.

Bachman, L.F. (1990a): Constructing measures and measuring constructs. In: Harley, B./Allen, P./ Cummins, J./Swain, M. (Eds.): The development of second language proficiency (pp. 26-38). Cambridge: Cambridge University Press.

Bachman, L.F. (1990b): Fundamental considerations in language testing. Oxford: Oxford University Press.

Bachman, L.F./Palmer, A.S. (1982): The construct validation of some components of communicative proficiency. TESOL Quarterly, S16(4), S. 449-465.

Barnard, J.J. (1999): Item Analysis in Test Construction. In: Masters, G.N./Keeves, J.P. (Eds.): Advances in Measurement in Educational Research and Assessment (pp. 195-206). Oxford: Pergamon.

Beck, B./Klieme, E. (2003): DESI – Eine Längsschnittstudie zur Untersuchung des Sprachunterrichts an deutschen Schulen. Empirische Pädagogik 17(3), S. 380-393.

Blais, J.-G./Laurier, M.D. (1995): The dimensionality of a placement test from several analytical perspectives. Language Testing 12(1), S 72-98.

Bolton, S. (Hrsg.) (2000): TESTDAF: Grundlagen für die Entwicklung eines neuen Sprachtests. Köln: Gilde-Verlag.

Bos, W./Lankes, E.-M./Prenzel, M./Schwippert, K./Walther, G./Valtin, R. (Hrsg.) (2003): Erste Ergebnisse aus IGLU. Schülerleistungen am Ende der vierten Jahrgangsstufe im internationalen Vergleich. Münster: Waxmann.

Bos, W./Lankes, E.-M./Schwippert, K./Valtin, R./Voss, A./Badel, I./Plaßmeier, N. (2003): Lesekompetenz deutscher Grundschülerinnen und Grundschüler am Ende der vierten Jahrgangsstufe im internationalen Vergleich. In Bos, W./Lankes, E.-M./Prenzel, M./Schwippert, K./Walther, G./Valtin, R. (Hrsg.): Erste Ergebnisse aus IGLU. Schülerleistungen am Ende der vierten Jahrgangsstufe im internationalen Vergleich. Münster: Waxmann, S. 69-142.

Bos, W./Schwippert, K. (2002): TIMSS, PISA, IGLU & Co. Vom Sinn und Unsinn internationaler Schulleistungsuntersuchungen. Bildung und Erziehung 55(1), S 5-24.

Brown, G./Malmkjaer, K./Williams, J. (Eds.) (1996): Performance and competence in second language acquisition. Cambridge: Cambridge University Press.

Bühler, K. (1992): Sprachtheorie. Die Darstellungsfunktion der Sprache. Stuttgart/New York: Fisher.

Butler, F. A./Stevens, R. (2001): Standardized assessment of the content knowledge of English language learners K-12: current trends and old dilemmas. In: Language Testing 18(4), S. 409-427.

Caroll, J.B. (1975): The teaching of French as a foreign language in eight countries. New York: John Wiley & Sons.

Chalhoub-Deville, M. (1997): Theoretical models, assessment frameworks and test construction. In: Language Testing 14(1), S. 3-22.

Claire, B.-B. (1994): The construct of oral and written language. In Verhoeven, L. (Ed.): Functional literacy. Theoretical issues and educational implications (Vol. 1). Amsterdam: John Benjamins, S. 61-74.

Coseriu, E. (1988): Sprachkompetenz: Grundzüge der Theorie des Sprechens. Tübingen: Francke.

Cummins, J. (1980): The cross-lingual dimension of language proficiency: Implications for bilingual education and the optimal age issue. TESOL Quarterly 14(2), S. 175-187.

DeMauro, G. (1992): Examination of the relationships among TSE, TWE and TOEFL scores. In: Language Testing 9(2), S. 149-161.

Deutscher Industrie - und Handelstag (2000): Arbeitsplatz Europa: Sprachkompetenz wird messbar. Meckenheim.

Deutsches PISA-Konsortium (Hrsg.) (2001): PISA 2000. Basiskompetenzen von Schülerinnen und Schülern im internationalen Vergleich. Opladen: Leske + Budrich.

Dörnyei, Z. (2003): Attitudes, orientations, and motivation in language learning: Advances in theory, research, and applications. In: Dörnyei, Z. (Ed.): Attitudes, orientations, and motivation in language learning: Advances in theory, research and applications. Oxford: Blackwell Publishing, Ltd. S. 3-32.

Elley, W.B. (Ed.) (1994): The IEA-Study of reading literacy: Achievement and instruction in thirty-two school systems. Oxford: Pergamon Press.

Gardner, R.C./Lalonde, R.N./Pierson, R. (1983): The socio-educational model of second language aquisition: An investigation using LISREL causal modeling. Journal of language and social psychology, 2, S. 1-15.

Gräfe-Bentzien, S. (2000): Evaluierung bilingualer Kompetenz. Eine Pilotstudie zur Entwicklung der deutschen und italienischen Sprachfähigkeiten in der Primarstufe beim Schulversuch der Staatlichen Europa-Schule Berlin (SESB). Berlin: Freie Universität Berlin.

Grimm, H. (Hrsg.) (2000): Sprachentwicklung (Bd. 3). Göttingen: Hogrefe.

Groeben, N./Hurrelmann, B. (Hrsg.) (2002): Lesekompetenz: Bedingungen, Dimensionen, Funktionen. Weinheim/München: Juventa 2002.

Grohnfeldt, M. (1993): Störungen der Sprachentwicklung. Berlin: Marhold.

Grotjahn, R. (2000): Determinanten der Schwierigkeit von Leseverstehensaufgaben: Theoretische Grundlagen und Konsequenzen für die Entwicklung des TESTDAF. In: Boltin, S./Institut, G. (Hrsg.): TESTDAF: Grundlagen für die Entwicklung eines neuen Sprachtests. Beiträge aus einem Expertenseminar. Köln: VUB Printmedia.

Grotjahn, R./Kleppin, K. (2001): TestDaF: Stand der Entwicklung und einige Perspektiven für Forschung und Praxis. In Aguado, K./Riemer, C. (Hrsg.): Wege und Ziele: Zur Theorie, Empirie und Praxis des Deutschen als Fremdsprache (und anderer Fremdsprachen). Balt-mannsweiler, S. 419-434.

Hamp-Lyons, L./Kroll, B. (1997): TOEFL 2000 writing: composition, community and assessment. Princeton, NJ: Educational Testing Service.

Hartig, M. (1999): Psycholinguistik des Deutschen (Bd. 17). Berlin: Weidler.

Jusczyk, P.W. (2003): The role of speech perception capacities in early language acquisition. In Banich, M.T./Mack, M. (Eds.): Mind, brain, and language. Mahwah: Lawrence Erlbaum Associates. S. 61-86.

Keeves, J.P. (1995): The world of school learning: Selected key findings from 35 years of IEA research. The Hague: IEA.

Klein, W. (2000): Prozesse des Zweitspracherwerbs. In: Grimm, H. (Hrsg.): Sprachentwicklung (Bd. C/III/3). Göttingen: Hogrefe, S. 537-570.

Klieme, E. (2004): Was sind Kompetenzen und wie lassen sie sich messen? In: Pädagogik 6/04.

Krekeler, C. (2002): TestDaF und DSH – ungleiche Sprachtests im Vergleich. Essener Linguistische Skripte – elektronisch, 2(2), S. 19-50.

Kunnan, A.J. (1992): An investigation of a criterion-referenced test using G-theory, and factor and cluster analyses. In: Language Testing 9(1), S. 30-44.

Kunnan, A.J. (1994): Modelling relationships among some tests-taker characteristics and performance on EFL tests: an approach to construct validation. In: Language Testing 11, S. 225-251.

Kunnan, A.J. (1999): Recent developments in language testing. Annual Review of Applied Linguistics, 19, S. 235-253.

Lehmann, R.H./Peek, R./Gänsfuß, R./Husfeldt, V. (2001): LAU 9. Aspekte der Lernausgangslage und der Lernentwicklung - Klassenstufe 9. Hamburg: Behörde für Bildung und Sport.

Luoma, S. (2001): What does your test measure? Construct definition in language test development and validation. Unpublished manuscript, Jyväskylä.

Meschyan, G./Hernandez, A. (2002): Is native-language decoding skill related to second-language learning? In: Journal of educational psychology 94(1), S. 14-22.

National Research Council (Ed.) (2001): Knowing what students know. The science and design of educational assessment. Washington, D.C.: National Academy Press.

North, B. (2000): The development of a common framework scale of language proficiency (Vol. 8). Frankfurt am Main: Peter Lang.

North, B./Schneider, G. (1998): Scaling descriptors for language proficiency scales. Language Testing, 15(2), S. 217-263.

OECD (2001): PISA. Knowledge and skills for life: First results from PISA 2000.

Oerter, R./Montada, L. (2002): Entwicklungspsychologie. Weinheim: Psychologie Verlags Union.

Oller, J.W. (1976). Evidence for a general language proficiency factor: An expectancy grammar. In: Die Neueren Sprachen 76, S. 165-174.

PISA-Konsortium Deutschland (Hrsg..) (2004): PISA 2003. Der Bildungsstand der Jugendlichen in Deutschland – Ergebnisse des zweiten internationalen Vergleichs. Münster: Waxmann.

Plaut, D.C. (2003): Connectionist modeling of language: Examples and implications. In: Banich, M.T./Mack, M. (Eds.): Mind, brain, and language. Mahwah: Lawrence Erlbaum Associates, S. 143-167.

Purves, A.C. (Ed.) (1992): The IEA study of written composition II: Education and performance in fourteen countries. Oxford: Pergamon Press.

Raatz, U. (1985): Test of reduced redundancy - the C-test, a practical example. In: S. u. F. B. Ständige Kommission des Arbeitskreises Sprachzentren (Hrsg.): Fremdsprachen und Hochschule, AKS Rundbrief (Bd. 13/14). Bochum: Ruhr-Universität Bochum, S. 66-71.

Robinson, P. (2001): Individual differences, cognitive abilities, aptitude complexes and learning conditions in second language acquisition. Second language research 17(4), S. 368-392.

Rost, D.H. (1998): Leseverständnis. In: Rost, D.H. (Hrsg.): Handwörterbuch Pädagogische Psychologie. Weinheim: Psychologie Verlags Union, S. 334-339.

Rost, D.H./Hartmann, A. (1992): Lesen, Hören, Verstehen. In: Zeitschrift für Psychologie 200, S. 345-361.

Schwarz, M. (1996): Einführung in die kognitive Linguistik. Tübingen: UTB Wissenschaft.

Shohamy, E. (1984): Does the testing method make a difference? The case of reading comprehension. In: Language Testing 1, S. 147-170.

Shohamy, E. (1996): Competence and performance in language testing. In: Brown, G./Malmkjaer, K./Williams, J. (Eds.): Performance and competence in second language acquisition. Cambridge: Cambridge University Press, S. 138-151.

Skehan, P. (1989): Language testing (part II). In: Language Teaching 22, S. 1-13.

Sparks, R.L./Artzer, M./Ganschow, L./Siebenhar, D./Plageman, M./Patton, J. (1998): Differences in native-language skills, foreign-language aptitude, and foreign-language grades among high-, average-, and low-proficiency foreign-language learners: two studies. In: Language Testing 15(2), S. 181-216.

Szagun, G. (2000): Sprachentwicklung beim Kind. Weinheim: Beltz.

Timmermann, W. (2000): Transfer: ein altbekanntes Konzept im Kontext neuerer kognitiver Sprach(erwerbs)theorie. In: Riemer, C. (Hrsg.): Kognitive Aspekte des Lehrens und Lernens von Fremdsprache. Tübingen: Günter Narr, S. 171-185.

Walker, D.A. (1976): The IEA six-subject survey: An empirical study of education in twenty-one countries. Stockholm: Almquist & Wiksell.

Weinert, F.E. (1999): Concepts of competence. Definition and selection of competencies. München: Max Planck Institut für Psychologische Forschung.

Wolff, D. (2001): Einige Anmerkungen zum Erwerb bereits gelernter Fremdsprachen auf den Erwerb weiterer Sprachen. In: Schröder, H./Kumschlies, P./Gonzalez, M. (Hrsg.): Linguistik als Kulturwissenschaft. Festschrift für Bernd Spillner zum 60. Geburtstag. Frankfurt am Main: Peter Lang, S. 377-390.

Günter Nold / Heiner Willenberg

Lesefähigkeit

Lesefähigkeit – eine Definition

Lesen ist eine der Schlüsselkompetenzen und zentralen Kulturtechniken, die einerseits mit schulischem Lernen und andererseits mit der Kultur des Alltags in Verbindung gebracht werden. Menschen lesen, da sie in der Schule dazu angeregt oder aufgefordert werden; sie lesen aus Vergnügen, zum Zeitvertreib, zur Entspannung oder um mit anderen über das Gelesene reden zu können. Menschen lesen um herauszufinden, wie etwas funktioniert; sie lesen, um zu lernen, um einen Test oder eine Prüfung zu bestehen. Das Lesen ist von daher in einen individuellen und sozialen Kontext eingebettet. Die Zielorientierung von Lesen hat entsprechend einen Einfluss auf den Leseprozess.

Lesen stellt eine spezifische, zielorientierte Form der rezeptiven Informationsverarbeitung dar, bei der sich die Leser sowohl auf die graphischen Zeichen und damit eine visuell orientierte Verarbeitungsweise stützen als auch auf sprachlich formale Kompetenzen und auf domänenspezifisches Weltwissen. Dementsprechend werden drei grundlegende Fähigkeiten beim Lesen aktiv eingesetzt, und zwar die Fähigkeit

- Wörter und Sätze möglichst schnell zu erkennen und zu verarbeiten (Dekodieren),
- sprachliche Kompetenzen bei der Konstruktion von Bedeutung textueller Zusammenhänge einzusetzen und
- diese mit passendem Weltwissen zu verknüpfen, um ein mentales Modell eines Textes im Detail und Gesamtzusammenhang zu entwickeln (vgl. Kintsch 1998; Alderson 2000).

Entsprechend den Zielsetzungen bei der Bearbeitung unterschiedlicher Textsorten lassen sich differenzierte Formen des Lesens unterscheiden, die vom sehr intensiven genauen bis zum überfliegenden Lesen reichen (wie *skimming, scanning, extensive* und *close reading*). Zur Steuerung des Leseprozesses können jeweils spezifische Strategien eingesetzt werden.

Die Besonderheiten des Leseverstehens im Deutschen und Englischen sind vor allem in den unterschiedlichen sprachlichen Kompetenzen bei Schülerinnen und Schülern der 9. Jahrgangsstufe – der DESI-Zielgruppe – begründet. Das Deutsche als Mutter- oder Zweitsprache befindet sich in einer Phase des späten vorwiegend schriftsprachlichen Ausbaus, während das Englische als Fremdsprache sich noch mitten im Aufbau vor oder an der Schwelle zu einer selbständigeren Sprachkompetenz befindet („*Threshold Level*" entsprechend dem Gemeinsamen Europäischen Referenzrahmen für Sprachen 2001). Das Leseverstehen in Englisch kann infolgedessen auf entsprechenden Elementen der Lesekompetenz Deutsch aufbauen.

Forschung zum Leseprozess – ein Abriss

In der Forschung zum Lesen sind verschiedene wissenschaftliche Disziplinen beteiligt. Vor allem in der Psycholinguistik und der Kognitionsforschung sind empirische Untersuchungen durchgeführt und Lesetheorien entwickelt worden, um den komplexen aktiven Leseprozess zu erfassen. In der empirischen Forschung zu Dekodierprozessen beim Lesen werden bspw. Augenmessungen eingesetzt, um zu erkunden, wie die Textoberfläche entschlüsselt wird. Die Ergebnisse vermitteln Erkenntnisse darüber, wie Wörter mit relativ schnellen Augensprüngen (Sakkaden) aufgenommen und verarbeitet werden und lassen darauf schließen, dass auch jüngere Leser mehrere Wörter auf einmal erfassen, es sei denn, sie stoßen auf ein neues, schwieriges Wort, wie z.B. „Refrinshaw" (Lüer 1988; vgl. Willenberg 2004).

In der Textforschung hat Iser (1976) schon früh ausgiebig beschrieben, dass ein Text auf der Oberfläche niemals alles genauestens beschreiben oder aussprechen kann, so dass die Leerstellen zwischen den Aussagen beim Lesen schlussfolgernd gefüllt werden müssen (vgl. Willenberg 2004). Moskalskaja (1984) zeigte, wie Schlüsselwörter an entscheidenden Stellen, v.a. zu Beginn eines Absatzes, die semantische Spur im Text legen, die von den Lesern aufgenommen werden kann. Voraussetzung ist, dass sie über die entsprechenden Kenntnisse verfügen, um diese hervorgehobenen Textaussagen zu erkennen.

Den Leseverstehensprozess selbst hat als einer der ersten Frederic Bartlett 1932 erforscht und dabei die wichtige Einsicht gewonnen, dass Leser Texte auf der Basis ihres vorhandenen Vorwissens verstehen und dabei auch wichtige Textstellen neu nuancieren. Er führte den Begriff des Wissensschemas ein, das die Folie beschreibt, auf der die Lesenden die Texte aufnehmen.

Nachdem dieser Ansatz zunächst wenig Folgeuntersuchungen hervorgerufen hatte, war es Frank Smith (1971), der neue Impulse setzte. Er versuchte, Lesen generell an Hand des Leseprozesses zu verstehen und nicht primär auf der Grundlage des Leseprodukts, dem erreichten Verständnis. Er betrachtete den Leseprozess als eine Text-Leser-Beziehung im Sinne von „reduction of uncertainty", als ein Antizipieren der graphischen, phonetischen, syntaktischen und semantischen Informationen eines Textes (vgl. Wallace 1992, S. 39f). Für den Bereich der Semantik bezog er sich auf Schemata, um mit deren Hilfe Bedeutungen vorhersagen zu können.

Zur gleichen Zeit hat Gough (1972) Lesen als einen vom Text angestoßenen Prozess („text-driven process") verstanden, in dem der Leseprozess in Serie abläuft, und zwar ausgehend vom Buchstaben, über Laute und Wörter und schließlich weiter zu einer Erschließung von Bedeutung. Der erste Ansatz steht am Anfang der Top-down-Theorien des Lesens, während der zweite exemplarisch für die Entwicklung von Bottom-up-Theorien steht. Im weiteren Verlauf entwickelten sich schema-theoretische und serielle Modelle des Lesens nebeneinander und wurden schließlich zunehmend in einem interaktiven Lesemodell, in dem von einer Synthese von *bottom-up-* und *top-down*-Prozessen ausgegangen wird, integriert (Rumelhart 1977; Grabe 1991).

Zusammenfassend wird Lesen in dieser Tradition als ein interaktiver Prozess verstanden. Der Text wird vom Leser auf mehreren Ebenen analysiert und zwar vom Buchstaben bis zum Textganzen. Zusätzlich bringt der Leser sein Vorwissen in den Verstehensprozess ein. In einem Austausch von Text- und Wissenselementen entsteht Leseverstehen. Stanovich (1980) hat dieses Modell zu einem interaktiven Kompensationsmodell modifiziert, in dem davon ausgegangen wird, dass die verschiedenen Komponenten vor allem bei auftretenden Defiziten kompensatorisch zum Einsatz kommen (s. auch Alderson 2000).

Bereits 1974 hatten LaBerge/Samuels sehr genau die Phasen des Lesens gekennzeichnet und gezeigt, wie die Lesenden einen Schritt im schnellen automatisierten Dekodieren zurückgehen müssen, wenn sie an Stolperstellen kommen. Sie müssen ihren Blick quasi auf die schwierige Stelle fokussieren, im Extremfall setzen sie die Zeichen zusammen wie ein Leseanfänger.

Von diesen theoretischen Ansätzen her lassen sich Brücken bauen zu Theoriebildungen in der kognitionswissenschaftlichen Richtung. Alderson weist mit Recht darauf hin, dass Leseprozessvorstellungen wie „Vorhersagen" oder „Bestätigen" oder „Korrigieren" sich auch als allgemeine kognitive Prozesse unabhängig vom Lesen einordnen lassen (Alderson 2000, S. 21). In kognitionswissenschaftlichen Ansätzen wird Lesen u.a. als ein Problemlöseprozess verstanden (vgl. Thorndike 1917; Hölsken 1987; Urquhart/Weir 1998; Alderson 2000) und in Teilkompetenzen oder unterschiedliche Fähigkeiten untergliedert. Ein großes Problem dieser Gliederungsversuche ist es, dass die Anzahl der Fähigkeiten außerordentlich variiert.

Beach und Hynds (1991) führten eine Liste von etwa zwanzig Forschern auf, die seit den 1920er Jahren immer wieder fünf bis sieben Teilfähigkeiten postulierten, die meisten von ihnen allerdings eher interpretativ als empirisch begründet. In einer der neuesten Listen beschreibt Grabe (1991) sechs Komponenten, die in vielen Darstellungen zum Lesen vorkommen:
Fähigkeiten zur automatischen Dekodierung;
Wissen im Bereich Wortschatz und grammatische Strukturen;
Wissen im Bereich formaler Diskursstrukturen;
Hintergrundwissen zu Inhaltswörtern;
Fähigkeiten und Strategien zur Synthese und Evaluation;
Kontrollwissen zur Steuerung des Leseprozesses.
Die interpretierenden Textforscher haben das Problem zu begründen, warum gerade ihre Aufzählung von Leseprozesskomponenten die entscheidende sei. Empirische Forschungsansätze hingegen stehen vor der Frage, ob und wie sich die angenommenen Teilkompetenzen in empirischen Untersuchungen differenziert erfassen lassen. Alderson beurteilt diese Frage aus der Sicht der Sprachtestentwicklung vorsichtig, indem er darauf verweist, dass im Leseprozess die verschiedenen Fähigkeiten

zugleich und „overlapping", d.h. nicht isoliert eingesetzt werden und damit empirisch als nicht abgesichert gelten (vgl. Alderson 1990a, b; 2000).

Die Position von Walter Kintsch

In einer Synthese verschiedener Ansätze differenziert Kintsch zwischen zwei Fähigkeitsbereichen (Dekodieren und sprachliche Fähigkeiten) und einer domänenspezifischen Wissenskomponente, die am Leseprozess beteiligt sind (Kintsch 1998). Zusätzlich unterscheidet er Prozesse auf der Mikro- bzw. Makro-Ebene des Verstehens von Texten (vgl. Kintsch/Yarbrough 1982). Mit diesen Unterscheidungen werden unterschiedliche Dekodierweisen und insbesondere Verstehensprozesse auf der lokalen bzw. globalen Ebene angesprochen. Dabei ist es das Ziel des Leseprozesses, ein Situationsmodell (andere bezeichnen dies als ein mentales Modell) auf der globalen Ebene zu konstruieren, um den Gesamtzusammenhang eines Textes erfassen zu können (vgl. Kintsch 1998). Entsprechend gibt Kintsch Leser- und Textkriterien an, die einen Einfluss auf den Leseprozess ausüben:

- Schnelles Dekodieren erleichtert den Leseprozess. Gute Dekodierer sind weniger darauf angewiesen, andere Elemente des Leseprozesses (z.B. Diskursstruktur oder domänenspezifisches Wissen) kompensatorisch zu aktivieren.
- Ein hohes vor allem domänenspezifisches Wissen wirkt sich ebenfalls leseeleichternd aus.
- Die Anzahl der in einem Textparagraphen enthaltenen neuen Ideen erleichtert oder erschwert den Textleseprozess. Hier gibt es eine enge Beziehung zur Textkohärenz, die für die Entwicklung eines mentales Modells bedeutsam ist.
- Fragen zum Text, deren Antworten explizit in einem Text enthalten sind, reduzieren die Bedeutung des domänenspezifischen Vorwissens.
- Ein Text, der die zu transportierenden Ideen umfassend und explizit auf der globalen und lokalen Ebene darstellt, verhindert tendenziell die aktive Rolle des Lesers beim Lesen, da wenig Problemlösen, Erschließen von Zusammenhängen und Schließen von sprachlichen oder inhaltlichen Lücken (Inferieren) erforderlich sind und damit die Tiefenverarbeitung eher unterbunden wird. Er hilft damit allerdings schwachen Lesern.
- Ein Text mit einer geringen Kohärenz erleichtert das Lesen für Leser mit einem hohen Wissensbestand, weil er eine höhere Stimulans ausübt. Schwächere oder wenig informierte Leser bekommen dabei Probleme.

Nach Kintsch findet Inferieren auf verschiedenen Ebenen ständig statt. Beispielsweise ist es schon zwischen zwei Sätzen nötig zu inferieren, um den Zusammenhang zu verstehen: Lisa ging in die Schule. Dort fand sie unter der Treppe etwas Überraschendes. Nur diejenigen verstehen diese Sätze, die während des Lesens schlussfolgern: Lisa ist – im zweiten Satz – angekommen, sie ist bereits im Haus, sie kennt sich dort aus usw.

Wie das Vorwissen für das Verstehen eines Textes eingesetzt wird, zeigen exemplarisch Helmke und Weinert (1997), indem sie darauf hinweisen, dass fußballerische Texte selbst für lesefreudige aber fußballferne Mädchen schwerer verständlich sind als für langsam lesende Jungen, die jedoch Erfahrung mit dem Kicken haben. Kintsch hat weiterhin gezeigt, welch elementare Fähigkeit darin liegt, vorhandene Wissensbereiche auch schnell genug kognitiv zu aktivieren. Es bringt keine Vorteile, irgendetwas über einen Kaiser Karl gehört zu haben, wenn bei einer Textstelle mit Karl dem Großen keine schnellen Assoziationen laufen – die rein verbal oder auch episodisch sein können.

Die in Abbildung 1 dargestellte Grafik von Kintsch, Patel und Ericsson (1999) bringt wesentliche Teile des Leseprozesses in einen Zusammenhang:
- Die dunklen Quadrate rechts oben zeigen die aktuell aufgenommenen Propositionen, deren Lexik gerade entschlüsselt wurde.
- Die hellen und die grauen Quadrate links davon indizieren die zeitlich zuvor verarbeiteten Aussagen des Textes, die noch präsent gehalten werden, in der Grafik mit *episodic text memory* gekennzeichnet. Sie tragen über die gestrichelten Linien nach unten zu einem Netzwerk von Sinnverbindungen bei, die aus dem Langzeitgedächtnis stammen, die aber auch – wie das Bild es zeigt – die aktuelle Textbedeutung stützen.
- Die grauen Kreise in der Tiefe symbolisieren dasjenige Wissensnetz, das durch die momentane Lektüre angesprochen wird. Die Autoren postulieren zu Recht, dass es eine Fähigkeit ist, dieses Langzeit-Arbeitsgedächtnis zu öffnen.
- Der kleine Bug unten rechts soll vorführen, dass der Leser bei jeder aktuellen Lektüre in Gedanken auch minimal voraus eilt und vage Erwartungen erzeugt.

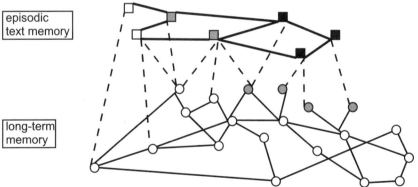

Abbildung 1: Der Leseprozess: sukzessive Verarbeitung von Informationen im Text unter Rückgriff auf das Langzeit- und Arbeitsgedächtnis (Kintsch/Patel/Ericsson 1999, S. 190)[1].

Zum Thema Wissen gehört ferner der Unterpunkt Textwissen, den Kintsch, Patel und Ericsson nicht erwähnen. Er bezieht sich auf Aspekte wie Erzählperspektive, Wertung, Szene oder Dramatik. Untersuchungen zeigen, dass strukturelle Kenntnisse

---

1 Abdruck mit freundlicher Genehmigung des Erstautors.

wie z.B. über Figur und Gegenspieler das Verstehen deutlich erleichtern (Goldman/ Rakestraw 2000).

Man kann den Sinn dieser Grafik auch auf längere Textstücke übertragen: Wenn die Lesenden dabei viele Absätze miteinander in Beziehung setzen, müssen sie eine größere Stoffmenge wenigstens in reduzierter Form präsent haben. Bei literarischen Texten wird diese Tätigkeit häufig gebraucht, um verborgene Motive von Figuren zu verbinden. Die benötigte Fähigkeit der Verknüpfung macht schwächeren Lesern im Deutschen größere Probleme, wie eine Lesestudie der IEA (International Association for the Evaluation of Educational Achievement) belegt: 16% der Teilnehmer waren hier nicht in der Lage, das unterste Kompetenzniveau zu erreichen (Willenberg 1995).

Um die erwähnten Beziehungen eines Textes im Kopf zu behalten, brauchen die Leser gleichsam eine innere Landkarte. Kintsch spricht davon, dass sie ein Situationsmodell aufbauen müssen. Andere ziehen den Terminus *„Mentales Modell"* vor, der sich so definiert, dass in ihm die Figuren, ihre Relation, Raum und Zeit sowie ein zentrales Motiv enthalten sein müssen. Diese Faktoren sind im Labor gut zu erforschen, in der Praxis eher schwierig (s.u.a. Dutke 1998; Rinck 2000). Besonders Sachtexte sind noch kaum in den Blick dieser Forschungen gelangt.

Hinweise zum Lesen in der Fremdsprache

Der individuelle und soziale Kontext des Lesens unterscheidet sich in der Fremdsprache erheblich vom dem der Muttersprache. Auch wenn der Anteil der Muttersprachenleser, die aus eigenem Antrieb lesen, in Deutschland vergleichsweise gering ist, wie gerade PISA 2000 (Deutsches PISA-Konsortium 2001) gezeigt hat, so ist dennoch die Motivation zum Lesen in der Muttersprache eher mit authentischen persönlichen Gründen verbunden als in der Fremdsprache. Für viele Schüler/innen bedeutet Lesen in der Fremdsprache Lesen, um die Sprache zu lernen – trotz der Versuche, Schüler/innen englischsprachige Texte und Bücher zum Selbstlesen nahe zu bringen. Die modernen Medien mögen hier Änderungen herbeiführen.

Bezogen auf den unterschiedlichen Sprachstand und den Zeitpunkt, zu dem Schüler/innen in der Fremdsprache zu lesen beginnen, stellt Alderson (1984) die Frage, ob der Unterschied mehr ein Lese- oder ein Sprachproblem sei. In entsprechenden Untersuchungen (vgl. Alderson/Urquhart 1984) stellt sich heraus, dass es vor allem folgende Unterschiede zwischen Lesen in der Mutter- und der Fremdsprache gibt: Unterschiede bezüglich des Ausmaßes,
- in dem einzelne Wörter und syntaktische Strukturen interpretiert werden,
- in dem Wortfolgen antizipiert werden können.

Alderson (1984) entwickelt angesichts dieser Befunde folgende Hypothesen, für die empirische Bestätigungen erbracht werden konnten:

- Geringer Leseerfolg in der Fremdsprache beruht auf unangepassten Lesestrategien. Es werden nicht die entsprechenden Lesestrategien der Muttersprache verwendet.
- Geringer Leseerfolg in der Fremdsprache hat seine Ursache in den Lesestrategien, die nicht aus der Muttersprache transferiert werden, da die fremdsprachliche Sprachbasis zu gering ist.

Diese Einschätzung stimmt auch mit den Aussagen von Urquhart und Weir (1998) überein. Zusammenfassend geht aus ihren Ausführungen hervor, dass abgesehen von den unterschiedlichen sprachlichen Kompetenzen sowohl in der Mutter- als auch in der Fremdsprache folgende kognitiven Aspekte berücksichtigt werden müssen: Dekodieren, Lesestrategien, sprachliche Kompetenzen, Bedeutungskonstruktion durch Inferieren und Interpretieren, Abrufen von Wissensbeständen aus dem Langzeitgedächtnis, Verknüpfen von Textinformation und Hintergrundwissen.

Curriculare Analyse

Lehrpläne Deutsch

Im Deutschen konzentrieren sich die meisten Lehrpläne auf die Lektüre literarischer Texte und betonen dort die Eigenheiten der verschiedenen Genres: Lyrik (Balladen), erzählende und dramatische Texte sowie deren Besonderheiten wie z.B. Sprachbilder, die Benutzung verschiedener Erzählperspektiven oder den Aufbau einer dramatischen Handlung (Ständige Konferenz der Kultusminister der Länder in der Bundesrepublik Deutschland 2005). Einige Pläne beziehen mediale Textsorten mit ein. Neuerdings werden auch Sachtexte stärker berücksichtigt. Ein Beispiel findet sich im Lehrplan Hamburgs von 1995, in dem von einem Umbruch gesprochen werden kann: Sachtexte sollten nur zusätzlich zur Erläuterung der literarischen Vorlagen herangezogen werden, sonst seien sie eher selten im Deutschunterricht einzusetzen. Es wird lediglich empfohlen, Sachtexte auf ihre Machart zu untersuchen. Der neue Hamburger Entwurf von 2002 geht hier deutlich weiter. Andere Länder wie Hessen, Rheinland-Pfalz oder Nordrhein-Westfalen haben für die Sachtexte bereits eine eigene Kategorientafel. Die im Folgenden genannten Schwerpunkte verdeutlichen Gemeinsamkeiten und Unterschiede der Lehrpläne:

1. Literaturgeschichte
Einige Lehrpläne (bspw. Bayern) stellen die literaturgeschichtlichen Epochen und die literarischen Textsorten deutlich ins Zentrum. Der Bezug zur Lebenswelt der Jugendlichen bestimmt die Auswahl aus der kulturellen Tradition. In anderen Curricula wird die Einführung in wichtige literarische Epochen festgelegt, z.T. mit dem Ziel, ein Orientierungswissen aufzubauen (z.B. Hamburg, Sachsen).

2. Strukturelemente
Eine größere Zahl von Curricula bezieht sich vielfältig auf die Strukturelemente des Literarischen: Aufbau einer Handlung, Rolle der Dialoge, Perspektive von Autor und Figuren, rhetorische Figuren usw. Ein klares Muster dafür ist der Lehrplan Berlins. Die methodischen Hinweise sind dementsprechend auch strukturell organisiert: Leitfragen beantworten, Kernaussagen finden, Schlüsselstellen besprechen (z.B. Lehrpläne des Saarlandes).

3. Rezeptionsprozesse der Lesenden
In den Lehrplänen wird der subjektive Zugang bei der Rezeption durch die Jugendlichen hervorgehoben. Dies führt zu einer stärkeren Gewichtung von Jugendliteratur, z.B. in Hessen. Die Curricula heben u.a. folgende didaktisch-methodischen Ratschläge hervor: den subjektiven Ersteindruck respektieren, das eigene Vorwissen aktivieren, Leerstellen der Texte ausfüllen, danach die genaue Lektüre fördern und schließlich den kreativen Umgang ermöglichen. Ziele sind u.a. Empathie und Fremdverstehen zu entwickeln. Ein deutlicher Vertreter dieser Position sind die Pläne Mecklenburg-Vorpommerns und Hessens. Eine Mischform stellt der Plan Baden-Württembergs dar, der zwar den subjektiven Leseeindruck betont, aber danach gleich zur Textwiedergabe und zur analytischen Untersuchung geht, also zu einem eher strukturnahen Verfahren. An diese Position schließen sich Lehrpläne an, die den kreativen Umgang mit Literatur besonders in den Mittelpunkt stellen, indem sie Aufgaben fördern wie Umschreiben, andere Schlüsse suchen, eigene Texte aller Art verfassen, wie z.B. der Plan aus Rheinland-Pfalz.

4. Kompetenztafeln
Eine Sonderrolle nimmt der Lehrplan von Schleswig-Holstein ein, der konsequent vier Aspekte der Kompetenzentwicklung durchbuchstabiert: Sach-, Methoden-, Selbst- und Sozialkompetenz. Auf diese Weise gelangen nicht mehr nur inhaltliche Vorschläge in den Blick, sondern auch methodische, die sich auf Leseverfahren beziehen (Analytik, Produktion) sowie Hinweise auf die Phantasien und Erfahrungen der Jugendlichen. Das Konzept der Lesekompetenz als Verbindung von Fähigkeiten und aufgabenspezifischen Anforderungen legt z.B. der Lehrplan Sachsen-Anhalts nahe, indem er jeweils angibt, welche didaktischen Vorgehensweisen spezifische Kompetenzen am ehesten fördern können. In ähnlicher Weise verbinden der hessische und der nordrhein-westfälische Plan Inhalte mit Kompetenzen. In Hamburg (2002) ist dabei der domänenspezifische Bezug einer Kompetenz klarer in den Vordergrund gestellt. Sehr deutlich beziehen sich auch die Kompetenzvorschläge im Plan Mecklenburg-Vorpommerns auf erkennbare Fähigkeiten im Umgang mit Texten: Wahrnehmen, analysieren, produzieren, das Fremde verstehen und schließlich Textsorten mitsamt ihren Eigenarten erkennen.

In der Folge der PISA-Diskussion haben sich die Bundesländer entschlossen, gemeinsame Bildungsstandards im Fach Deutsch für den mittleren Bildungsabschluss festzulegen, die man mit einem gewissen Recht als Grundlage eines gemeinsamen deutschen Lehrplans bezeichnen kann (Kultusministerkonferenz 2003). Die in DESI verwendeten Testaufgaben orientieren sich sowohl an den Lehrplänen der Länder mit ihren spezifischen Facetten der Lesefähigkeit, als auch am Konzept der Lesekompetenz, wie es in den Bildungsstandards vertreten wird. Die Schwerpunkte der DESI-Aufgaben sind der Tabelle 1 zu entnehmen.

Tabelle 1: Bezug der DESI Testkonzeption Lesen auf die Bildungsstandards.

Thematik der Bildungsstandards	DESI-Ausführung	Lücken oder Desiderate bei DESI
Verschiedene Lesetechniken beherrschen	- Flüssig lesen (Tempotest), sinnbezogen lesen	- überfliegendes Lesen
Strategien zum Leseverstehen kennen und anwenden	- Wortbedeutungen klären - Textaufbau erfassen - Textstrukturierung: wesentliche Textstellen kennzeichnen - Textaufnahme: Aussagen erklären, Texte und Textabschnitte zusammenfassen	- Vorwissen (nur einmal angeregt)
Texte verstehen und nutzen	- Wesentliche Elemente: Figuren, Raum-Zeit (eher knapp) - Fachbegriffe kennen: sprachliche Bilder, Metaphern. - Wertung und Komik erfragt - Eigene Deutungen entwickeln: In Kurzform - Analytische Methoden: untersuchen, vergleichen, kommentieren	- Historische und Genreaspekte - Konfliktverlauf - Erzählperspektive
Sach- und Gebrauchstexte verstehen	- Handlungen und Motive bewerten - Intentionen erkennen, Schlussfolgerungen ziehen, Information und Wertung erkennen	- Produktionsmethoden - Unterschiedliche Textsorten, längere Texte

Lehrpläne Englisch

In den Lehrplänen der Bundesländer wird Lesen im 8. und 9. Schuljahr ziemlich einheitlich als rezeptive Kompetenz definiert, die qualitativ und quantitativ besser und schneller ausgebildet werden kann als die produktiven Fertigkeiten. Es soll Erfahrungen reflektieren helfen, Freude bringen und die Phantasie anregen, Informationen vermitteln, das Wissen erweitern, Urteilsfähigkeit und Sinnorientierung ermöglichen.

Als Lernziel wird vorrangig die Ausbildung des intensiven und extensiven Lernens angegeben, und es werden mit einigen Variierungen je nach Schultyp das Bedeutungserschließen von Lexik, das Erkennen von Struktur und Bedeutung unterschiedlicher Textsorten, das gestaltende Lesen bzw. Vorlesen zur Übermittlung von Informationen (vorwiegend Gymnasium, Realschule) oder zur Übung der Aussprache und Intonation (vorwiegend Hauptschule) genannt.

Es wird darauf hingewiesen, dass Schüler möglichst früh (gewöhnlich ab Klasse 7) systematisch mit verschiedenen Lesearten vertraut gemacht werden sollten. Die Entwicklung des Lesens werde progressiv erzielt, indem beim Umgang mit Texten unbekannte Lexik erschlossen wird und Erschließungstechniken zur Sprache gebracht werden. Dabei kann die Textstruktur komplex sein. Ferner sind die Authentizität der Texte und der Schwierigkeitsgrad der Aufgabenstellung zu beachten.

Aus den Lehrplänen leiten sich dementsprechend Teilkompetenzen und Verstehensebenen ab, wobei in den meisten Ländern vergleichbare Aspekte hervorgehoben werden. Zur Überprüfung des Lernfortschritts werden in den Curricula der Mehrzahl der Länder sowohl offene (Verbindung von Lesen und Schreiben) als auch geschlossene Aufgabenstellungen wie Multiple-Choice genannt. Im Einzelnen lassen sich für die verschiedenen Schultypen die Lehrpläne der 8. und 9. Klasse in folgender Weise skizzieren:

Curricula der 8. und 9. Klasse GYMNASIUM
Im Mittelpunkt stehen die Fähigkeiten, fließend lesen und vorlesen zu können, den Sinngehalt und die Detailinformationen unterschiedlicher Textsorten erfassen und verarbeiten zu können, um sich über fachliche Inhalte korrekt zu äußern (z.B. BB, BW, HB, HE, NI, RP, SL, SN, TH). Ferner soll das Gelesene Grundlage für Klassengespräche (z.B. HH, MV, SL) und für schriftliche Kommunikation sein. In manchen Bundesländern wird auch darauf hingewiesen, dass durch das Lesen die häusliche Lektüre fremdsprachlicher Texte angeregt wird (z.B. NW, NI). Zu den Texten selbst gibt es unterschiedliche Hinweise: Es können didaktisierte, adaptierte und authentische Texte mit bekannter und zunehmend unbekannter Lexik zum Einsatz kommen, ferner literarische Texte wie Kurzgeschichten und Romanausschnitte, journalistische Texte, Gebrauchstexte (z.B. BW, HB, HE, HH, NI, SN, ST, TH), Reader (z.B. HB, MV) oder fiktionale Texte für freiere Unterrichtsgespräche (z.B. BY). Teilweise wird die Textlänge (400-500 Wörter) (z.B. NW) erwähnt sowie die Verwendung von Hilfsmitteln zur Texterschließung (Wörterbuch, Nachschlagewerke usw.).

Zum Umgang mit den Texten gibt es eine Reihe von Vorschlägen: Selbstständige aufgabenbezogene Texterschließung, Anfertigen von Notizen, Textanalyse sowie Text umformen oder erstellen, Fragen stellen und beantworten (z.B. BW, HB, HE, HH, NI, RP, SN, ST, TH). Ferner werden in einzelnen Bundesländern folgende Tätigkeiten genannt: sich durch rasches Überfliegen orientieren (*skimming*), Vorwissen nutzen (z.B. BY), ggf. sprachlich schwierigere Stellen übersetzen (z.B. BY, HE, HH, SL), Vermutungen über den Inhalt des Textes anstellen, Texte zusammenfassen (z.B. BB, HH, NI, NW, TH), Lückentexte vervollständigen, Textteile ordnen, Auswahlantworten auswählen, Überschriften finden, in Abschnitte gliedern (z.B. HH). Folgende mögliche Formen der Leistungsüberprüfung und -messung werden aufgezählt: Mündliche und schriftliche Überprüfungen im Unterricht, Kurztests, Hausaufgaben, Klassenarbeiten (z.B. SL, ST), das Beantworten von Fragen mit Textvorlage, Textbearbeitung (z.B. ST). Ferner gibt es Hinweise, dass Lehrende entscheiden sollen, welche Formen der Lernkontrolle der jeweiligen Unterrichtssituation angemessen sind (z.B. HB, HH, SH), oder es wird darauf verwiesen, dass informelle Tests im Vergleich zu den traditionellen Klassenarbeiten stärker zu berücksichtigen sind (z.B. HB). In anderen Bundesländern wird hervorgehoben, dass in Klassenarbeiten eine komplexe Form und Aufgabenstellung gewählt wird und mehrere Teilfertigkeiten zu berücksichtigen sind (SH, BB).

Curricula der 8. und 9. Klasse REALSCHULE/GESAMTSCHULE
Hier werden im Vergleich zum Gymnasium die Angaben zum Lesen stärker auf den reinen Leseprozess beschränkt: Lautes Lesen zur Übermittlung von Informationen, Erfassen und Erarbeiten des Sinngehalts (extensives Lesen), Erfassen und Erarbeiten von Detailinformationen (intensives Lesen), Bedeutungserschließen von Lexik (z.B. BW, HE, ST), unterschiedliche Bedeutung verschiedener Textsorten erkennen und damit umgehen (z.B. BW, HE, ST), Vorkenntnisse zur Erschließung von Bedeutungen nutzen (z.B. RP). Bezüglich der Texte selbst wird weniger Wert auf Authentizität gelegt (Ausnahme BW), und die Bedeutung literarischer Texte wird eingeschränkt. Ferner wird teilweise auf die Textlänge (300-350 Wörter) (z.B. NW) und auf eine vergleichsweise geringere sprachliche Textschwierigkeit verwiesen. Zum Umgang mit den Texten gibt es eine Reihe von Hinweisen, die im Vergleich zum Gymnasium weniger kreative oder eigenständige Verarbeitungsformen in den Mittelpunkt stellen. Bezüglich der Leistungsmessung konzentrieren sich die Aussagen stärker auf den Grad der inhaltlichen Richtigkeit sowie der Selbstständigkeit bei der Texterschließung. Zum Teil wird eine innere Differenzierung hinsichtlich des Grads der Lenkung der Textarbeit vorgeschlagen (z.B. NI).

Curricula der 8. und 9. Klasse HAUPTSCHULE
Hier werden bezüglich des Lesens das Global- und Detailverstehen sowie selektives Verstehen hervorgehoben (z.B. HH, NI, NW). Das laute Lesen wird als Übung für Aussprache und Intonation eingesetzt (z.B. HH, MV, NI, SN). Die Erschließung von Lexik wird wie in der Realschule angesprochen. Bezüglich der Texte werden in allen Bundesländern die geringere Textschwierigkeit (Inhalt und Sprachmaterial weitgehend bekannt) und teilweise auch Textlänge (150-200 Wörter) (z.B. NW, SN) erwähnt. Ferner wird der Anteil der Unterhaltungs- und Gebrauchstexte stärker hervorgehoben. In einzelnen Bundesländern werden auch Filme und Videokassetten vorgeschlagen (z.B. HH). In Hinsicht auf den Umgang mit den Texten wird deutlicher auf geschlossene und gelenkte Formen der Textverarbeitung abgehoben. Auch das Zusammenfassen und eine Stellungnahme auf Deutsch werden teilweise vorgeschlagen (z.B. BW, HH). Die Leistungsmessung beschränkt sich im Wesentlichen auf geschlossene Aufgabenstellungen. In einzelnen Bundesländern werden auch informelle Testformen erwähnt (z.B. HH, NW).

Neue Entwicklung in den Bildungsstandards der Kultusministerkonferenz

Die Bildungsstandards für die erste Fremdsprache (Kultusministerkonferenz 2003) orientieren sich unter anderem am Gemeinsamen Europäischen Referenzrahmen für Sprachen (2001). Für das Leseverstehen zeigt sich dies beispielsweise darin, dass die angestrebten Niveaus sowohl in der Wahl der sprachlichen Beschreibung als auch in der formellen Zuordnung (je nach Schulform von A2 über B1 bis B2 reichend – auf einer Skala von A1, A2, B1, B2, C1, C2) Bezüge zum Referenzrahmen aufweisen. Es werden ferner Textsorten (z.B. Korrespondenz, Anweisungen, literarische Texte, argumentative Texte) sowie verschiedene Arten des Lesens (z.B. *skimming/scanning*: „sich schnell einen Überblick verschaffen, einen Text nach gewünschten Informationen durchsuchen") und Leseverstehensprozesse wie „wesentliche Aussage erfassen" oder „Informationen aus verschiedenen Texten zusammentragen" erwähnt. Im DESI-Test Leseverstehen werden die Verstehensprozesse (Textdetails oder Hauptaussagen erkennen, erschließen, interpretieren) systematischer und deutlicher differenziert, während die Breite der Textsorten eingeschränkter ist.

Ein Vergleich der Lehrplankonzeptionen in Deutsch und Englisch lässt deutlich werden, dass die älteren Curricula im Muttersprachunterricht ein deutlich größeres Gewicht auf den Umgang mit Literatur und auf das Interpretieren legen als auf den Leseprozess an sich. Aspekte des Leseprozesses werden sehr stark von Zielen der literarischen Analyse und Interpretation bestimmt. Die neuen Lehrpläne haben die Sachtexte als Thema des Deutschunterrichts entdeckt. In den „Standards" sind sie gleichwertig angekommen. Dort sind auch deutliche Ansatzpunkte zu erkennen, mit denen die Schülerschaft ihre Lesefähigkeiten effektiver aufbauen könnte. Im Englischen wird mit Rücksicht auf den sprachlichen Entwicklungsstand der Schülerinnen und Schüler darauf Wert gelegt, dass das Lesen mit sprachlichen Zielen verbunden wird und häufiger auf die Mikro-Ebene der Textverarbeitung bezogen ist, auch wenn Fenster geöffnet werden, die auf ähnliche interpretatorische Zielvorstellungen auf der Makro-Ebene ausgerichtet sind wie im Deutschen. Die Bildungsstandards knüpfen an eine etablierte Tradition an, setzen allerdings neue Akzente in der Zuordnung zu europaweit angestrebten Vorstellungen von Kompetenzniveaus, die eine durch Tests zu garantierende Vergleichbarkeit der Leistungen zum Ziel haben.

Leseverstehen Deutsch und Englisch in DESI – ein Vergleich der Testkonstrukte

Im Kontext von DESI kann ein Lesetest kaum anders agieren, als die Jugendlichen aufzufordern, die ihnen vorgelegten Texte und Testitems genau zu lesen und möglichst entsprechend der Aufgabenstellung zu verarbeiten. Unter Berücksichtigung dieser Zielsetzung wird im Folgenden dargelegt, was unter Lesen im Deutschen und Englischen zu verstehen ist. Ein Vergleich der Testkonstrukte in Deutsch und

Englisch ermöglicht es abzuschätzen, in welcher Weise die Konzeptionen von Lesen in DESI sich überschneiden oder unterscheiden.

Testkonstrukt Deutsch

Drei Aspekte des Leseverstehens werden – mit unterschiedlicher Schwerpunktsetzung – in den Vordergrund gestellt: Lesetätigkeiten, sprachliche Schwierigkeiten und das Wissen der Leser.

Lesetätigkeiten
Was beim Lesen abläuft, wenn ein konzentrierter Mensch seinen Text aufnimmt, kann am besten durch die oben erwähnten Arbeiten zum Leseprozess beschrieben werden. Zentral für diesen Ansatz ist es, die Quantität des Textes in den Blick zu nehmen, die verarbeitet werden muss, und damit indirekt auch die Zeit, in der immer größere Lesestoffe verarbeitet und partiell präsent gehalten werden müssen.

Aus den eingangs vorgestellten Untersuchungen zum Lesen geht allerdings auch hervor, dass das Lesen während des gesamten Verstehensprozesses rekursiv abläuft: Es wird vom Vorwissen gesteuert, und die globalen Wissensschemata des Individuums greifen dabei ein (top-down-Prozesse) – zugleich strömen immer wieder neu gelesene Details in das fragmentarische Bild des Textes. Dieser zirkuläre Vorgang ist gut zu beschreiben, empirisch jedoch schwer im Ganzen zu erforschen oder in einen Leistungstest zu integrieren. Wird der Leseprozess als Weg vom Wort zum Textsinn angesehen, so kann versucht werden, die einzelnen Teilschritte in spezifische Testinstrumente umzusetzen. Nicht alle der folgenden Prozessschritte lassen sich dabei gleichermaßen operationalisieren:

Zunächst sollte der Leser anhand erster Signale sein Vorwissen aktivieren.

Wenn sein Blick dekodierend über die Textoberfläche springt, entschlüsselt er Wörter und Sätze fast gleich schnell.

An Leerstellen des Textes muss er Inferenzen bilden, um die Lücken zu schliessen. Bisweilen sollte er das Lesetempo verringern, um seinen Fokus auf eine bestimmte Stelle zu richten.

Angeregt durch die ersten Propositionen des Textes sollte er weitere Wissensschemata öffnen, um die neuen Aussagen einzusortieren. Das kann Alltagswissen sein aber auch spezielles Textwissen über Perspektivik, Wertungen, Metaphorik, Komik, Ironie etc.

Bei zunehmender Textmenge sollte er Verknüpfungen zwischen mehreren Aussagen herstellen, die nun schon in unterschiedlichen Absätzen stehen können.

Nach einer gewissen Weile bildet er eine innere Repräsentation des Textes, sein eigenes Mentales Modell, in dem z.B. Figuren, Zeit, Ort, ein oder zwei zentrale Motive enthalten sein sollten. Der jeweilige innere Modus dieser Textpräsentation bleibt den Individuen vorbehalten, er kann sich in bildlichen Vorstellungen manifestieren, aber auch in einfachen verbalen Mustern.

Gemeinsam ist allen Lesenden, dass sie mit einem mentalen Modell übersichtlicher argumentieren können.

Sinnvoll ist es, nach der ersten Lektüre eine Synthese – in welcher individuellen Form auch immer – aufzuschreiben.

Eine zweite Lektüre kann andere Sichtweisen finden, u.a. eine andere Perspektive oder eine differenzierte Wertung. Sie ändert das Grundmodell des Verstandenen i.A. nicht mehr.

Auf dieser Basis ist es möglich, Fragen zu finden, die unterschiedlich große Textmengen anvisieren und verschieden tiefe Textverarbeitung voraussetzen: Von einer engen lokale Stelle bis zum Überblick über eine Deutung des gesamten Textes. Mit diesem Ansatz können also sowohl einfache als auch qualitativ anspruchsvolle Aufgaben formuliert werden.

Sprachliche Schwierigkeiten

Die sprachliche Schwierigkeit eines Textes und die mit ihm verbundenen Aufgaben werden mit Kategorien aus der Textforschung beschrieben. Sie stehen aber nicht im Zentrum des Ansatzes, weshalb sie als sekundäre Merkmale bezeichnet werden. Sie richten sich im Wesentlichen auf den Wortschatz und den Satzbau aus:

Bereich Satzbau – Das „Drei-Sekunden-Fenster", mit dem die optimale Länge für eigenständige Satzabschnitte beschrieben wird.

Satzbau – Junktoren, die als Signale für logische oder temporale Verbindungen das Leseverstehen erleichtern.

Wortschatz – Schwierigkeitsbestimmende Merkmale der verwendeten Wörter wie Konkretion – Abstraktion, Geläufigkeit – Seltenheit, Basiswörter – Fachwörter.

Mittel der Vertextung – Schlüsselwörter in Absätzen weisen auf die Kohärenz hin; dabei gehen wir von drei Niveaus aus – Vom klar gegliederten Text über wenig Aufbauhilfen bis zu fehlenden Gliederungssignalen (s. auch Willenberg, 2005).

Ausführlicher wird dieses Konzept im Kapitel „Lesen" dargestellt.

Das Wissen der Leser

Beim Verstehen von Texten spielt das Vorwissen eine große Rolle. Um hinsichtlich des Vorwissens vergleichbare Ausgangsbedingungen zu schaffen wurden in DESI Lesetexte verwendet, die sich auf das zu erwartende Allgemeinwissen der Fünfzehnjährigen stützen. Des Weiteren wurden Sachtexte verwendet, die ihre neuen Informationen kohärent darstellen und erläutern. Der hier gewählte Zugriff auf einen Hauptaspekt, nämlich die zentralen Tätigkeiten beim Lesen, hat den Vorteil, dass er gute didaktische Förderungsmöglichkeiten eröffnet.

Testkonstrukt Englisch

Im Testkonstrukt Englisch wird die Fähigkeit in den Mittelpunkt gestellt, narrative Texte/Berichte, Erzählungen und Dramentexte mit unterschiedlichen sprachlichen und textpragmatischen Niveaus zu verstehen. Dazu ist es erforderlich:

explizit und implizit präsentierte Informationen (Ereignisse, Emotionen, Meinungen) mit curricular voraussetzbarem Weltwissen zu verknüpfen, um diese zu erkennen, zu erschließen und zu interpretieren,

Einzelinformationen (lokal) zu verstehen und

inhaltliche Aspekte (global) zu integrieren, um Hauptaussagen zu verstehen,

mentale Modelle zu bilden, um dadurch die Kohärenz des Gesamttextes und von Textteilen herzustellen sowie

unbekannte sprachliche Elemente aus dem Kontext zu erschließen.

Im Leseverstehen Englisch verbinden sich demnach in unterschiedlicher Intensität vom Text (*data-driven*) und von Wissensbeständen angestoßene (*schema-driven*) Prozesse. Wie Abbildung 2 zeigt, stehen die Prozesse des Erkennens, des Verknüpfens und des Inferierens (dritte Ebene unterhalb „Leseverstehen") und damit das Verstehen, Reflektieren und Interpretieren im Zentrum, auch wenn die Möglichkeit des Detailverstehens ohne Verknüpfen nicht ausgeschlossen wird. Letzteres wird in der Abbildung dadurch angedeutet, dass in Einzelfällen auch ein direktes Fokussieren eines Textdetails ohne Bezug auf den Gesamttext und ohne Verknüpfen von Textteilen erfolgen kann (Linien linke Seite von oben nach unten).

Die Testaufgaben differenzieren diesbezüglich in den Anforderungsprofilen. Erkennen, Verknüpfen und Inferieren sind in jedem Fall Prozesse, die auf verschiedenen Niveaus und sowohl auf globaler als auch lokaler Ebene des Leseprozesses erforderlich sein können.

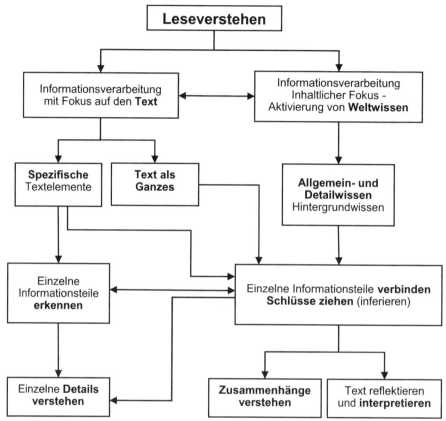

Abbildung 2: Testkonstrukt Leseverstehen Englisch.

Schwierigkeitsbestimmende Merkmale
Anders als im Deutschen sind für die schwierigkeitsbestimmenden Merkmale der Testaufgaben im Englischen nicht nur Kriterien aus der Leseforschung und den Curricula bestimmend, sondern zusätzlich auch Kriterien aus dem Gemeinsamen Europäischen Referenzrahmen für Sprachen (Europarat 2001). Damit wird auch eine Außensicht auf das Testkonstrukt und seine Umsetzung in den Testaufgaben eröffnet.

Folgende Merkmale werden als bestimmend für die Schwierigkeit der Lesetestaufgaben im Englischen erachtet, und zwar jeweils in einer Stufung von leichter zu schwieriger:

Merkmalsgruppe 1 Aufgabe – Inhaltlicher Fokus
Bezug auf konkrete bis abstrakte Aspekte in unterschiedlichen Kontexten.

Merkmalsgruppe 2 Aufgabe – Sprachliche Anforderungen der Testitems
Das in den Testitems verwendete Englisch unterscheidet sich im Wortschatz und der Grammatik (drei Niveaus der Komplexität).

Merkmalsgruppe 3 Verstehen – Absichten
Zur erfolgreichen Bewältigung der Aufgabe ist es nötig, ein Detail zu verstehen, oder mehrere inhaltliche Aspekte sind zu integrieren (Globalverstehen).

Merkmalsgruppe 4 Verstehen – Informationsverarbeitung
Die Verarbeitung reicht von dem Erkennen eindeutig im Text dargebotener Informationen bis zum Inferieren und Interpretieren von nur angedeuteten Inhalten.

Merkmalsgruppe 5 Textlevel insgesamt – sprachlich und textpragmatisch
Die zu bearbeitenden Texte lassen sich bestimmten Niveaus des Europäischen Referenzrahmens (von A2/B1 bis B2) in dem Sinne zuordnen, dass sie dem sprachlichen und textpragmatischen Anforderungsprofil dieser Niveaus mehr oder weniger entsprechen.

Merkmalsgruppe 6 Textpassage – Sprachliche Anforderungen der zu fokussierenden Textpassage(n)
Das Englisch der durch die Aufgabenstellung zu fokussierenden Textpassagen unterscheidet sich im Wortschatz und der Grammatik (drei Niveaus der Komplexität).

Abschließender Vergleich der beiden Konstrukte

Die bereits aufgeführten Gemeinsamkeiten und Unterschiede der beiden Testkonstrukte *Lesen im Deutschen* und *Lesen im Englischen* lassen sich wie folgt zusammenfassen:

- Das Testkonstrukt im Englischen stellt unterschiedliche Aspekte des Leseprozesses, sowohl allgemein als auch spezifisch, in der Fremdsprache (z.B. sprachliche Aspekte auf der Mikro-Ebene) in den Vordergrund. Dabei dominiert die Fragestellung, ob die Jugendlichen den Text sprachlich erschließen und seine wesentlichen Implikationen nachvollziehen, also eine gute Orientierung über das Thema/den Inhalt entwickeln können. Insofern beziehen sich die Testaufgaben in unterschiedlicher Mischung auf die Ebene des Wortverstehens, die direkte Informationsentnahme, das Inferieren sowie Interpretieren auf lokaler Ebene (d.h. innerhalb eines Absatzes) und – in einem beschränkteren Umfang – auf das Inferieren sowie Reflektieren und Interpretieren auf der Makroebene des Gesamttextes.
- Leseverstehen im Testkonstrukt Deutsch hebt stärker auf die interpretatorischen Leistungen ab und peilt ein Tiefenverständnis dessen an, was der Text anbietet.
- In den englischen Texten werden mehr Emotionen in den Mittelpunkt gerückt, wobei deutliche Hinweise im Text den Erschließungsprozess vielfach erleichtern. Teilweise sind jedoch auch erschließende Prozesse in größerem Umfang erforderlich. Darüber hinaus ist es in einer Reihe von Fällen notwendig, mentale Modelle auf der Basis des Gesamttextes zu entwickeln.

Die komplexeren Aufgaben des Deutschtests, bspw. das Verknüpfen über den Gesamttext, zweite Lektüre oder Textvergleich, kommen im Englischen in geringerem Umfang oder nicht vor.

Werden die Gemeinsamkeiten und Unterschiede zwischen den Testkonstrukten und den Testaufgaben für den Deutsch- und Englischunterricht insgesamt betrachtet und bewertet, so lassen sich deutlich Bezüge einerseits zum Stand des jeweiligen Spracherwerbsprozesses und andererseits zum je spezifischen Bildungsauftrag der beiden Sprachen im Schulsystem herstellen. Die Testkonzepte der DESI-Studie im Bereich Lesen in der Muttersprache und der Fremdsprache bilden somit einen Brennpunkt, in dem diese Bezüge konkrete Gestalt annehmen.

Literatur

Alderson, J. C. (1984): Reading in a foreign language: A reading problem or a language problem? In: Alderson, J./Urquhart, J. (Eds.): Reading in a foreign language. New York: Longman, S. 1-27.

Alderson, J. C. (1990a): Testing reading comprehension skills (Part One). In: Reading in a Foreign Language 6, H. 2, S. 425-438.

Alderson, J. C. (1990b: Testing reading comprehension skills (Part Two). In: Reading in a Foreign Language 7, H. 1, S. 465-503.

Alderson, J.C. (2000): Assessing reading. Cambridge: Cambridge University Press.

Alderson, J.C./Urquhart, A.H. (Hrsg.) (1984): Reading in a foreign language. New York, NY: Longman.

Bartlett, F. (1932): Remembering. Cambridge: Cambridge University Press.

Beach, R./Hynds, S. (1991): Research on response to literature. In: Barr, R./Kamil, M.L./Mosenthal, P./Pearson, D.E. (Eds.): Handbook of Reading Research, Vol. II. White Plains: Longman, S. 453-489.

Dutke, S. (1998): Zur Konstruktion von Sachverhaltsrepräsentationen beim Verstehen von Texten: Fünfzehn Jahre nach Johnson-Lairds Mental Models. In: Zeitschrift für Experimentelle Psychologie 54, H. 1, S. 42-59.

Europarat (2001): Gemeinsamer europäischer Referenzrahmen für Sprachen: Lernen, Lehren, Beurteilen. Berlin: Langenscheidt.

Goldman, S.R./Rakestraw, J.A. jr. (2000): Structural aspects of constructing meaning from text. In: Kamil, M.L./Mosenthal, P.B/Pearson, P.D/Barr, R. (Eds.): Handbook of Reading Research, Vol. III. Mahwah: Erlbaum, S. 311-335.

Gough, P.B. (1972): One second of reading. In: Kavanagh, J.F./Mattingley, L.G. (Eds.): Language by ear and by eye. Cambridge, MA: MIT Press.

Grabe, W. (1991): Current developments in second language reading research. In: TESOL Quarterly 25, H. 3, S. 375-406.

Helmke, A./Weinert, F.E. (1997): Bedingungsfaktoren schulischer Leistungen. In: Weinert, F.E. (Hrsg.): Psychologie des Unterrichts und der Schule. Göttingen: Hogrefe, S. 71-176.

Hölsken, H.-G. (1987): Der Text als Problem. Kognitive Textverarbeitung im Literaturunterricht. In: Willenberg, H. (Hrsg.): Zur Psychologie des Literaturunterrichts. Frankfurt a.M.: Diesterweg, S. 62-87.

Iser, W. (1976): Der Akt des Lesens. Heidelberg: UTB.

Kintsch, W. (1998): Comprehension. Cambridge: Cambridge University Press.

Kintsch, W./Yarbrough, J.C. (1982): Role of rhetorical structure in text comprehension. In: Journal of Educational Psychology 74, S. 828 - 834.

Kintsch, W./Patel, V.L./Ericsson, K.A. (1999): The role of long-term working memory in text comprehension. In: Psychologia 42, S. 186-198.
Kultusministerkonferenz (2003): Beschlüsse der Kultusministerkonferenz. Bildungsstandards im Fach Deutsch für den Mittleren Schulabschluss. http://www.kmk.org/schul/Bildungsstandards/Deutsch_MSA_BS_04-12-03.pdf
Kultusministerkonferenz (2003): Bildungsstandards für die erste Fremdsprache (Englisch/Französisch) für den Mittleren Schulabschluss. http://www.kmk.org/schul/Bildungsstandards/1.Fremdsprache_MSA_BS_04-12-2003.pdf
LaBerge, D./Samuels, S.J. (1974): Toward a theory of automatic information processing in reading. In: Cognitive Psychology 6, S. 293-323.
Lüer, G. (1988): Kognitive Prozesse und Augenbewegungen. In: Mandl, H./Spada, H. (Hrsg.): Wissenspsychologie. München: PVU, S. 386-399.
Moskalskaja, O. (1984): Textgrammatik. Leipzig: VEB Bibliographisches Institut.
PISA 2000 (2001): Basiskompetenzen von Schülerinnen und Schülern im internationalen Vergleich. Opladen: Leske + Budrich.
Rinck, M. (2000): Situationsmodelle und das Verstehen von Erzähltexten: Befunde und Probleme. In: Psychologische Rundschau 51, H. 3, S. 115-122.
Rumelhart, D.E. (1977): Toward an interactive model of reading. In: Dornic, S. (Hrsg.): Attention and performance VI. Hillsdale, NJ: Erlbaum, S. 573-603.
Smith, F. ([3]1971): Understanding reading: A psycholinguistic analysis of reading and learning to read. New York: Holt, Rinehart, & Winston.
Stanovich, K.E. (1980): Toward an interactive-compensatory model of individual differences in the development of reading fluency. In: Reading Research Quarterly 15, S. 10-29.
Ständige Konferenz der Kultusminister der Länder in der Bundesrepublik Deutschland (2005): Lehrplan-Datenbank. http://db.kmk.org/lehrplan/.
Thorndike, E.L. (1917): Reading as reasoning: A study of mistakes in paragraph reading. In: Journal of Educational Psychology 8, S. 323-332.
Urquhart, A.H./Weir, C.J. (1998): Reading in a second language: Process, product and practice. New York: Longman.
Wallace, C. (1992): Reading. Oxford: Oxford University Press.
Willenberg, H. (1995): Die Strategien des Lesens und Lernens sind individuell gemischt. In: Empirische Pädagogik 9, S. 263-283.
Willenberg, H. (2004): Lesestrategien. Vermittlung zwischen Eigenständigkeit und Wissen. In: Praxis Deutsch 187, S. 6-15.
Willenberg, H. (2005): Ein handhabbares System zur Einschätzung von Textschwierigkeiten. In: Fix/Jost (Hrsg.): Sachtexte. Baltmannsweiler: Schneider.

Claudia Harsch / Astrid Neumann / Rainer Lehmann / Konrad Schröder

Schreibfähigkeit

Im Folgenden soll die jeweilige theoretische Basis der DESI-Testmodule Textproduktion Deutsch und Englisch dargelegt werden, wobei auf Gemeinsamkeiten und Unterschiede zwischen den beiden Testmodulen eingegangen wird. Aus so einer theoretischen Verortung werden dann die jeweiligen Bewertungsschemata und Kompetenzskalen abgeleitet. Das Testmodul *Textproduktion Deutsch* in DESI ist dreifach theoretisch verankert:

in der linguistischen Text-, in der Schreibentwicklungs- und
    Schreibprozessforschung,
in Analysen der Deutsch-Curricula aller 16 Bundesländer und
in der empirischen Forschung zur Aufsatzbewertung.

Schreiben wird hier im Sinne der funktionalen Textlinguistik (DeBeaugrande/ Dressler 1981; Nussbaumer 1991; Brinker 1988) verstanden, die aus dem wissenschaftshistorischen Paradigmenwechsel (Kognitivierung der Textlinguistik und Pragmatisierung des Textbegriffes) hervorgegangen ist. Textualität ist in diesem Modell nicht mehr eine rein linguistische, sondern eine hermeneutische Kategorie, die mehr als nur sprachliches Wissen beinhaltet. Für die Auswertung wird ein Anforderungskatalog entwickelt, der das Textverständnis der Projektgruppe in Absprache mit dem Konsortium widerspiegelt. Die daraus entwickelte abstrakte Textnorm wird als grundlegendes Raster für alle Texte verwendet und für die jeweils spezifische Testaufgabe aktualisiert. Damit kann diese Norm als Maßstab zum Messen konkreter Texte verstanden werden. Primäres Ziel des Tests sind konkrete Aussagen über die geschriebenen Texte, diese können sekundär einen Beitrag zur allgemeinen Theoriebildung leisten.

Obige Aussagen gelten grundsätzlich auch für die *Textproduktion in der Fremdsprache*: Das Testmodul Textproduktion Englisch in DESI basiert neben der textlinguistischen Forschung auf der Forschung zum Spracherwerb und auf der didaktischen Forschung zur Schreibentwicklung; daneben treten Curriculumsanalysen, um valide Aufgaben und Bewertungskriterien ableiten zu können. Auch im fremdsprachlichen Textverständnis schlägt sich der oben erwähnte Paradigmenwechsel nieder: Texte in diesem Konstrukt werden verstanden als funktionaler Versuch, dem Adressaten eine bestimmte Sprechabsicht zu übermitteln: „Writing may be said to represent an attempt to communicate with the reader" (Grabe/Kaplan 1996, S. 41).

Schreibforschung

Funktionale Linguistik

Mit der funktionalen bzw. pragmatischen Linguistik rückt der Gebrauch, der zielgerichtete Einsatz der Sprache, in den Vordergrund. Für das Schreiben bedeutet dies, dass sich die Bedeutung eines Textes aus seiner Aufgabe innerhalb einer spezifischen Kommunikationssituation ergibt. Texte müssen somit in jeder Situation adressatenspezifisch sein, der Schreiber übernimmt eine Verantwortung für das Textverständnis des Lesers. Dabei muss er für die Überwindung der räumlichen Distanz zwischen Schreiber und Leser neben sprachsystematischem auch sein Welt- bzw. Sachwissen sowie sein Handlungs- und Interaktionswissen aktivieren und gleichzeitig die Kenntnisse seines Lesers in diesen Bereichen berücksichtigen. Geschieht dies nicht, so schreibt er den Text am Rezipienten „vorbei", der Text wird unverständlich. Für das Gelingen der Kommunikation ist eine Überlappung der Vorstellungen des Schreibers und des Lesers unerlässlich. Dazu muss der Schreiber seinen Standpunkt in die jeweilige gesellschaftliche Situation „übersetzen", er muss sich also sozialen und linguistischen Gepflogenheiten anpassen (vgl. Gormann/Purves/Degenhart 1988).

Ausgehend von den genannten Vorstellungen über Schreiben werden Texte in der Konzeption des Projektes nicht als rein linguistische Gebilde, sondern „… als (eine) Einheit[en] der (sprachlichen) Kommunikation, …" (Vater 1994, S. 25), somit als „Mittel und Resultate menschlichen Handelns" (Becker-Mrotzek 1997, S. 16) gesehen. Dazu müssen sie aber auch textinternen Kriterien genügen (Texte sollen etwa den Kriterien der Kohäsion und Kohärenz[1] genügen, also einen gewissen inneren Zusammenhang in inhaltlicher wie sprachlicher Hinsicht aufweisen). Daraus ableitend wird der Untersuchung der folgende Textbegriff zugrunde gelegt:

Ein Text ist eine komplex strukturierte, thematisch wie konzeptuell zusammenhängende sprachliche Einheit, mit der ein Sprecher eine sprachliche Handlung mit erkennbarem kommunikativem Sinn vollzieht (vgl. Linke/Nussbauer/Portmann 1996).

Für die schriftliche Kommunikation allgemein gilt: Damit der Prozess der Kommunikation zwischen Absender und Empfänger gelingt, werden sprachliche Muster auf unterschiedlichen Ebenen aktiviert. Bestimmte kommunikative Aufgaben müssen nicht jedes Mal neu erarbeitet werden, sondern der Schreiber kann auf gesellschaftlich entwickelte Handlungsmuster, z.B. orthographisches Regelwissen oder Textsortenmusterwissen, zurückgreifen (vgl. Becker-Mrotzek 1997).

Das Wissen um Textsorten als komplexe Muster der sprachlichen Kommunikation (vgl. Brinker 1988) ermöglicht es, in angemessener Weise auf die kommunikativen Bedürfnisse der Sprachgemeinschaft einzugehen, und entlastet besonders ungeübte Schreiber bei der Bewältigung ihrer Schreibaufgabe (vgl. Björk 2000).

---

1 Die Textlinguistik bietet zu diesem Thema vielfältige Veröffentlichungen, z. B. Brinker 2000; Linke/Nussbaumer/Portmann (1996); Vater (1994).

Dies kann so für das Schreiben in der *Fremdsprache* nicht angenommen werden. Das Wissen um textsortenspezifische Muster und um gesellschaftliche Handlungsmuster in der Fremdsprache kann bei einem Fremdsprachenlerner der 9. Jahrgangsstufe nicht vorausgesetzt werden, da die Schüler vermutlich nur wenige authentische Texte im realen Leben kennen gelernt haben dürften, im Unterricht vorrangig didaktisierten Texten begegnen und sich ihnen nur selten ein authentischer Schreibanlass bietet. Deshalb gibt es in Bezug auf die Automatisierung von Textsortenwissen und Handlungsmustern die oben erwähnte Entlastung bei der Produktion in der Fremdsprache nicht. Es muss vielmehr davon ausgegangen werden, dass gerade beim impliziten Wissen um Textsorten und deren Strukturen die Wissensbestände in Mutter- und Fremdsprache divergieren. Daher sind unterschiedliche Stimuli und Bewertungsschemata entwickelt worden, um diesen Ungleichheiten gerecht zu werden.

Schulische Aufsätze, wie sie auch den Testkonzepten in DESI zu Grunde liegen, sind Texte, die in einer künstlich geschaffenen Situation entstehen, in der die Probanden wissen, dass sie für einen fiktiven Empfänger schreiben. Dieser – in der schulischen Praxis normalerweise der Lehrer – bewertet ihre „Arbeiten". In dieser spezifischen Situation ist die Authentizität nur noch bedingt vorhanden: Vermutlich handeln Menschen, die realen Kommunikationszwängen ausgesetzt sind, anders als unter schulischen Rahmenbedingungen. Dennoch sind handlungsorientierte Testaufgaben zumindest Annäherungen an die außerschulische Wirklichkeit, weshalb sich von diesen in gewissem Rahmen Verallgemeinerungen auf die kommunikative Handlungsfähigkeit im realen Leben ableiten lassen. Es wird im Sinne des Kompetenz-Performanz-Modells davon ausgegangen, dass eine gezeigte Leistung ein Indikator für eine entsprechende dahinter liegende Schreibkompetenz ist.

Schriftsprachentwicklung

Spracherwerb: Mutterspracherwerb vs. Fremdspracherwerb

Beim Mutterspracherwerb und im natürlichen Zweitspracherwerb werden sprachliche Fertigkeiten und Teildimensionen in natürlichen Situationen und sinnstiftenden Kontexten erworben. Eine entscheidende Rolle beim Erwerb dürfte die Interdependenz und Interaktion dieser Fertigkeiten untereinander und zum Kontext der Situation spielen: Denn dieser *context of situation* und die jeweils angemessene Versprachlichung in einer bestimmten Situation beeinflussen sich gegenseitig.[2] Dieses Wissen um die Situationsangemessenheit und das „Sprachgefühl" werden im natürlichen Spracherwerb ganzheitlich und automatisiert erworben und dürften bei Jugendlichen der 9. Klassenstufe rezeptiv wie produktiv mehr oder weniger vorhanden sein.

Für den gesteuerten Fremdspracherwerb in der Schule hingegen ergibt sich eine ganz andere Ausgangslage: Die Welt ist in der Muttersprache/Herkunftssprache der Lernenden kategorisiert. Die traditionelle Sichtweise, dass weitgehend ein-

---
2 Vgl. zu dieser Thematik beispielsweise Halliday/Hasan (1989).

sprachiger Unterricht zu Denken in der Fremdsprache führe, wird heute differenzierter betrachtet. Ein durchgängiges Denken in der Fremdsprache, wie von Fremdsprachendidaktikern immer wieder erträumt, findet – unter schulischen Rahmenbedingungen – nicht statt; die Muttersprache/Herkunftssprache ist allgegenwärtig. Die fremdsprachlichen Fertigkeiten werden auf diesem Hintergrund vorwiegend im Rahmen eines Baukastensystems erworben und oft nicht als interagierendes Ganzes dargeboten. Zudem fehlt das unmittelbare „Sprachbad", die Erfahrung des sinnstiftenden Kontextes, der die jeweils angemessene Versprachlichung von Gedanken und Propositionen im realen Leben mitbestimmt. Die Funktionalität von konkreten sprachlichen Äußerungen (In welcher Situation benutzt man welche Formulierung?) lässt sich im Fremdsprachenunterricht oft nur schwer verdeutlichen.

Dadurch ergeben sich in Muttersprache und Fremdsprache zwei unterschiedliche mentale Bestände mit divergierenden sprachlichen Prototypen und Erwerbs- bzw. Lernformen, die nur bedingt vergleichbar sind.

Schreibentwicklungsforschung in der Muttersprache
Der Schriftspracherwerb i. w. S.[3] ist im Gegensatz zum mündlichen Erstspracherwerb ein sekundärer Lernprozess (vgl. Ott 2000, 2002). Er ist abhängig von Faktoren der allgemeinen Entwicklung, bestimmten Sozialisationserfahrungen und speziellen schriftsprachlichen Lernprozessen. Neben dem Erlernen basaler Schreibfähigkeiten steht die Entwicklung der Schreibfähigkeit im Mittelpunkt. Am Ende der Grundschulzeit verfügen die Schüler bereits über beachtliche sprachliche Fähigkeiten, doch unsere hoch literalisierte Gesellschaft stellt weit höhere Ansprüche (vgl. Ott 2000). In den ersten Schuljahren steht vor allem die Technik des Schreibens im Vordergrund, wogegen in der Sekundarstufe I der Ausbau der schriftsprachlichen Kompetenzen (z.B. Lexik, Syntax) sowie die Entwicklung spezifisch textueller Fähigkeiten von zentraler Bedeutung sind.

Unter Schreibkompetenz[4] wird hier die Fähigkeit verstanden, Texte adressatengerecht zu formulieren und, je nach Zielsetzung, präzise zu informieren, überzeugend zu argumentieren oder Sprache ästhetisch ansprechend und kreativ einzusetzen.

In der Literatur finden sich unterschiedliche Vorstellungen über den Verlauf der Schreibentwicklung[5] hin zu dieser Kompetenz. Relativ einig ist man sich nur über Beginn und Höhepunkt der Schreibentwicklung (vgl. Becker-Mrotzek 1997; Böttcher/Becker-Mrotzek 2003; Merz-Grötsch 2000). Hier angeführte Altersangaben müssen als sehr vage betrachtet werden, da die Schreibentwicklung weniger vom biologischen Alter als vielmehr von den Schreiberfahrungen i.w.S. abhängig ist (vgl. Feilke 1996, 2003). Die erste Schreibphase nach dem motorischen Erlernen des Schreibens beginnt mit ca. 8 Jahren und endet mit 10/12 Jahren. In dieser Zeit schrei-

---

3 Hier wird neben dem Erlernen der basalen Schreibfähigkeiten auch die Entwicklung der Schreibfähigkeit angesprochen.
4 Schreibfähigkeit und Schreibkompetenz werden synonym verwendet.
5 Modelle der Schreibentwicklung finden sich unter anderem bei Bereiter (1980); Ortner (1993) und Augst/Feilke (1989).

ben die Kinder assoziativ, egozentrisch und erlebnisorientiert (vgl. Becker-Mrotzek 1997). Das höchste Schreibniveau wird, wenn überhaupt, erst nach der Adoleszenz erreicht. Dem professionellen Schreiber gelingt es dann, alle Teilprozesse optimal zu integrieren und „... alle Handlungsmöglichkeiten von Texten auszuschöpfen" (ebd., S. 117).

Uneinigkeit herrscht besonders über die Entwicklung im Alter zwischen ca. 10 und 16 Jahren (vgl. ebd.). Bereiter nimmt an, dass sich die einzelnen Teilfertigkeiten des Schreibens unabhängig, aber simultan zueinander entwickeln. Die Phasen zwei und drei, „Kommunikatives Schreiben" und „Umfassendes Schreiben" (Bereiter 1980, S. 82-88, vgl. auch folgender Abschnitt) sind für die genannte Altersspanne von Bedeutung. Der Schreiber ist nun allmählich in der Lage, die Leserperspektive zu berücksichtigen (Phase 2) und darauf aufbauend auch eigene Ansprüche an den Text zu beachten (Phase 3). In dieser Phase gelingt es dem Schreiber zunehmend, sich an Textmustern zu orientieren.

Augst und Feilke hingegen gehen davon aus, dass die Schreibentwicklung den Handlungsmöglichkeiten von Texten dem Prinzip von einfachen zu komplexen Strukturen folgt (vgl. Augst/Feilke 1989). Für die Altersspanne von ca. 10-15 Jahren nehmen sie an, dass die eigene Sichtweise durch sachlogische Aspekte ergänzt wird. Dies findet auch in der Textstruktur seinen Ausdruck. Ab ca. 15 Jahren wird das „Prinzip der formalen Ordnung" (Feilke 1996, S. 1186) aufgebaut. Erst hier ist der Schreiber in der Lage, sich von der eigenen Perspektive zu lösen und damit unter anderem auch Textmuster umzusetzen.

In Bezug auf den Textaufbau als eine homogene interne Textstruktur fanden Augst und Faigel eine deutliche Verbesserung mit zunehmendem Alter (vgl. Augst/Faigel 1986). Kompetente Schreiber scheinen die verschiedenen Textfunktionen besser integrieren zu können sowie über bessere Planungsfähigkeiten zu verfügen. Schneuwly und Rosat gehen davon aus, dass Wissen über Sachstrukturen erst mit ca. 12 Jahren sprachlich umgesetzt werden kann (vgl. Feilke 1996).

Die Untersuchungsergebnisse zeigen, wie schwierig und langwierig sich der Prozess des Schreibenlernens gestaltet. Es kann also aufgrund der, wie oben gezeigt, sehr vagen Angaben kein Stufenmodell der Schreibentwicklung i.S. der Piagetschen Entwicklungspsychologie angenommen werden. Trotzdem können wir gemäß oben genannter Untersuchungen davon ausgehen, dass Schülerinnen und Schüler der 9. Jahrgangsstufe über ausreichend muttersprachliche Schreiberfahrung verfügen, um mit einem Text die ihnen vorgelegten Schreibimpulse kommunikativ bewältigen zu können.

Schreibentwicklungsforschung in der Fremdsprache
Eine fremdsprachliche Schreibforschung hat in den Fremdsprachendidaktiken der modernen Sprachen keine lange Tradition. Das *Handbuch Englisch als Fremdsprache* hat zu dieser Thematik zu vermerken, dass die angelsächsische Forschung im Gegensatz beispielsweise zur Prager Schule „anfänglich versucht war (...), in der Schrift eine bloße Aufzeichnung der gesprochenen Sprache zu sehen (...)"

(Ahrends/Bald/Hüllen 1995, S. 161). Zur Entwicklung der Schreibfähigkeit findet sich bei Bereiter (1980) das oben bereits erwähnte Modell, das aufbauend auf dem Modell der hierarchischen *Skill*-Integration von Schaeffer (1975) unterschiedliche Phasen der Entwicklung ansetzt, ohne jedoch zu behaupten, dass diese Phasen festgelegten Sequenzen einer natürlichen Erwerbsordnung entsprächen. Nach diesem Modell können Kinder (im Erstspracherwerb) und Jugendliche (beim Erlernen einer Fremdsprache) aufgrund mangelnder *information-processing capacities* (vgl. Bereiter 1980) erst nach und nach die benötigten (sprachlichen, intellektuellen, sozialen und kognitiven) Fertigkeiten in ihr Wissenssystem Schreiben integrieren und automatisieren. Jede Phase ist demnach gekennzeichnet durch die Nutzung und Integration bestimmter Fertigkeiten; erst wenn diese automatisiert sind, werden wieder Kapazitäten frei, um weitere Fertigkeiten zu integrieren.

Die erste Phase ist das *Associative Writing*, die einfachste Form des Schreibens, bei dem die Fertigkeiten *fluency of language* und *ideational fluency* integriert werden: Die Gedanken werden in der Reihenfolge niedergeschrieben, wie sie einem in den Kopf kommen, ohne Planung oder Beachtung formaler Regeln. Darauf aufbauend wird das System der Konventionen hinsichtlich Stil und sprachlicher Normen integriert und es kommt zur zweiten Phase, dem *Performative Writing*. Es werden Textsortenkonventionen, stilistische oder orthographische Konventionen beachtet. Wenn nun soziale Kognition, das Wissen um die Wirkungsweise von Texten, integriert wird, so tritt der Lerner in die dritte Phase des *Communicative Writing* ein. Hier wird die sprachliche Realisierung des Adressatenbezugs entwickelt. Dies setzt natürlich voraus, dass sich die Schreibenden der Leserperspektive bewusst werden. Die darauf folgenden Phasen des *Unified resp. Epistemic Writing* sind bezogen auf den Fremdsprachenunterricht der 9. Jahrgangsstufe relativ irrelevant, da sie nach maximal 5 Jahren Unterricht nur in Ausnahmefällen erreicht werden können. In diesen Phasen geht es vorrangig um die Integration kritischer und evaluativer Lesefertigkeiten und um die Integration reflexiver Kapazitäten.

Bereiter (1980) stellt ausdrücklich fest, dass verschiedene Fertigkeiten und Schreibphasen durchaus in verschiedener Reihenfolge entwickelt werden können, in Abhängigkeit von Lernervorwissen und Persönlichkeit und in Abhängigkeit vom Schreibunterricht. So kann beispielsweise das assoziative Schreiben als eine Schreibtechnik in allen Phasen genutzt werden; oder es kann sein, dass die Phase des *Performative Writing* niemals „gemeistert" wird, da nicht alle Subsysteme korrekt integriert werden. Dies verhindert aber keineswegs eine Weiterentwicklung hin zur nächsten Phase, wenn denn mentale Kapazitäten zur Integration weiterer Systeme frei sind.

Deshalb darf davon ausgegangen werden, dass sich in der 9. Jahrgangsstufe unterscheidbare Profile in den fremdsprachlichen Schreibkompetenzen ergeben werden. Es bietet sich in der Fremdsprache an, solch offene Aufgaben zu stellen, die den Lernenden die Möglichkeit geben, ihr sprachliches Ausdrucksvermögen im Sinne der kommunikativen Handlungsfähigkeit zu zeigen, wobei die Stimuli soviel Lenkung vorgeben müssen, dass vergleichbare Textprodukte entstehen, doch so viel Offenheit besitzen müssen, den unterschiedlichen Entwicklungsständen der Lernenden gerecht zu werden. Die semikreative Aufgabenstellung bietet genau dies.

Schreibprozessforschung

Die Schreibforschung richtet ihr Augenmerk in den letzten Jahren verstärkt auch auf die Untersuchung von Schreibprozessen (vgl. Feilke 1993; Fix 2000; Fix/Melenk 2002; Schneuwly 1996). Doch eine prozessorientierte Forschung ohne Blick auf das Ergebnis dreht sich um sich selbst, denn Ziel des Schreibens ist die Herstellung eines Textes (vgl. Frilling 1999).

Beim Schreiben werden reflexive und produktive Teilfähigkeiten auf der sprachlich-kognitiven Ebene aktiviert, die nicht immer unmittelbar zu beobachten sind (vgl. Hofen 1980). Diese werden wiederum von Fertigkeiten der Formulierung und der sprachlichen Gestaltung überlagert (vgl. ebd.). Schreiben als aktives problemlösendes kommunikatives Handeln setzt folgende Fähigkeiten voraus:
- Zielorientierung beim Schreiben – Die Schreibfunktion besteht darin, die Informationslücke zwischen Schreiber und Leser zu überbrücken;
- Rezeptionsleistung der Situation – Voraussetzung ist, dass diese verstanden wird;
- Reduktionsleistung, bei gleichzeitigem Anspruch der genauen Einführung des Lesers in das Problem;
- Abstraktion vom Ausgangsproblem, entspricht einer Interpretationsleistung;
- Distanzierungsfähigkeit, mit einer Einordnung in größere Zusammenhänge;
- Formulierungsfähigkeit, Erfüllung der Anforderungen der Schreibaufgabe.

Bei allen Schreibaufgaben „greifen die Schüler auf Wissensbestände und produktive Fähigkeiten zurück, die sie im Lauf ihrer Schreibsozialisation erworben haben, ..." (Fix/Melenk 2002, S. 34). Texte können somit als Produkte eines Schreibprozesses analysiert werden, in DESI steht jedoch die Analyse der Produkte im Vordergrund.

Gerade aber hinsichtlich der Schreibsozialisation, der am Schreiben beteiligten Wissensbestände, Fertigkeiten und Fähigkeiten und deren Grad an Automatisierung unterscheiden sich muttersprachliche von fremdsprachlichen Schreibprozessen, weshalb im Folgenden die Prozessforschung jeweils getrennt dargestellt werden soll.

Schreibprozessforschung in der Muttersprache

Beim Schreibprozess als kognitivem Problemlösen laufen interdependente Teilprozesse des Planens, Formulierens und Überarbeitens ab. Dazu geht der geübte Schreiber (meist automatisiert) in folgenden Schritten vor:
a) Sensibilität für die Situation/fehlenden Informationen
   - Text/kommunikative Situation/Adressaten verstehen
   - Informationsbedarf identifizieren
b) Wissen zum Thema aktivieren
   - Wissen zum Thema aus dem Weltwissen aktivieren

c) Disposition einer (Re-)Aktion
   - Aussagen/Argumente sammeln
   - Wichtigkeit der Argumente/Aussagen festlegen/bewerten
   - Reihenfolge herstellen
d) Komposition des Textes
   - Verschriftlichung der Gedanken
   - Gliederung des Textes
e) Korrekturphase/Überarbeitung
   - Kontrolle auf Adäquatheit des Geschriebenen (Sprachnormen)

Die Abfolge dieser Schritte ist durch rekursive Schlaufen gekennzeichnet, die eine immer bessere Lösung des Textes im Sinne des jeweiligen kommunikativen Handlungsziels ermöglichen. Über Schreibprodukte erhält man so immer auch Hinweise auf die zugrunde liegende Fähigkeit, Schreibprozesse adäquat umzusetzen, allerdings mit der oben genannten Einschränkung. Schreibprozess- und Schreibproduktforschung sollten deshalb ergänzend und aufeinander aufbauend agieren, denn:

> „[d]er aktuelle Sprachstand ist [somit, A. N.] immer auch in einem zeitlichen Kontinuum zu sehen, wobei nicht nur die Qualität des Erwerbsprozesses, sondern auch seine Dynamik eine Rolle spielen. Jedes Schreibprodukt steht quasi am Kreuzungspunkt aktuell synchron gegebener Kompetenzen und diachron verlaufender Prozesse, deren Komponente es gleichzeitig ist" (Ott 2002, S. 200).

Schreibprozessforschung in der Fremdsprache

Muttersprachliche Schreiberfahrungen dienen immer als Folie des fremdsprachlichen Schreibprozesses, weshalb obige Ausführungen zum Teil auch auf fremdsprachliche Schreibprozesse zu übertragen sind. Doch sind, wie bereits erwähnt, die Automatisierungsgrade und damit das Ausmaß an Vorentlastung nicht vergleichbar; auch der gesamte Komplex der Versprachlichung meist muttersprachlicher Gedanken in die Fremdsprache L_1 hinein hat keine Entsprechung im muttersprachlichen Schreibprozess.

In DESI werden nun aber nicht Schreibprozesse, sondern Schreibprodukte bewertet, weshalb prozessualen Aspekten nicht umfassend Rechnung getragen werden kann. Beispielsweise werden Planungs- und Prüfstrategien nur marginal zum Einsatz kommen können. Die fremdsprachliche Schreibkonzeption in DESI konzentriert sich auf den Aspekt der Aufgabenstellung (Interpretieren der Schreibziele und Adressaten) und auf das Formulieren des Zieltextes (mit marginalen Planungs- und Überarbeitungsphasen). Folgende prozedural orientierte Perspektive versucht, die semikreative Aufgabe in DESI in ihren kognitiven und inhaltlichen Anforderungen zu charakterisieren:

a) Ganzheitlicher Einstieg – Entwicklung eines Globalkonzepts der erwarteten Leistung und Aktivierung des hierzu notwendigen Vorwissens
b) Ausarbeitung der Aufgabe – Aktivierung textformbezogener, linguistischer

und pragmatischer Kompetenzen. Diese Teilkompetenzen werden verschränkt, nicht hintereinander, eingesetzt, wobei es zwischen ihnen weite überlappende Bereiche gibt:
- Textformbezogene Kompetenz – Aktivierung des prozeduralen Wissens um Textsorten und deren Gepflogenheiten,
- Pragmatische Kompetenz – Aktivierung prozeduralen Wissens und Entwicklung eines Globalkonzepts der intendierten kommunikativen Wirkung (Wie muss ich diesen Gedanken versprachlichen, um mein Ziel zu erreichen?),
- Linguistische Kompetenzen
  - Vokabular – Aktivierung von thematischem Vokabular, notionalem Vokabular (sachbezogen, partnerbezogen), Kollokationen und *fixed expressions and idioms*.
  - Syntax/Grammatik – Aktivierung kommunikativer Fertigbauteile (chunks), grammatischer Formen, grammatisch-syntaktischer Konstruktionen und kohäsiver Elemente und Textstrukturierungselemente.
  - Orthographie – Aktivierung internalisierter orthographischer Konventionen und Rechtschreibregeln.

c) Ein wenig ganzheitlicher Ausstieg – Der Ausstieg aus der Aufgabe dürfte sich (bedingt durch den zeitlichen Rahmen und schulische Gepflogenheiten) wenig ganzheitlich vollziehen und vorwiegend der Fehlerverhütung dienen.

Didaktik des Schreibens in der Fremdsprache

Die Vermittlung der Schreibfähigkeit in der Fremdsprache erfolgt im Allgemeinen „vom Wort zum Satz zum Text" (vgl. Kast 1999, S. 24 f.). Die Fertigkeit, einen kohärenten Text zu erstellen, bedarf gewisser Vorerfahrungen und Übungen. Um diese zu vermitteln, können grob drei schreibdidaktische Ansätze nach Portmann (1991) herangezogen werden:

Direktive Ansätze üben das gelenkte Schreiben durch geschlossene Aufgabenformen mit engen Vorgaben. Hier geht es noch nicht um freie Produktion, sondern um eine Vorstufe des produktiven Schreibens, um das „schriftliche Üben von (…) sprachlichen Elementen und Strukturen" (vgl. ebd., S. 376).

Der so genannte textlinguistische Ansatz dagegen stellt textkonstituierende Merkmale in den Mittelpunkt. Dementsprechend konzentriert sich der Unterricht auf die Erarbeitung dieser Merkmale und auf „Gegebenheiten, die fürs Herstellen von Texten relevant sind" (vgl. ebd., S. 381). Dieses Herangehen ist aber nicht als Vorstufe des produktiven Schreibens zu sehen, sondern als Zyklus „des Kennenlernens, der Erarbeitung und Anwendung spezifischer Mittel und Verfahren" (ebd., S. 381).

Als dritter Ansatz kann der prozessorientierte Ansatz genannt werden, der sich nicht mehr auf einzelne Teilfertigkeiten konzentriert, sondern Schreiben als Organisation verschiedener Arbeitsprozesse betrachtet, die die Erstellung angemessener Texte zum Ziel haben.

„Das Schreiben eines Textes (freies Schreiben, produktives Schreiben) steht nicht mehr notwendig am Ende einer sorgfältig geplanten Folge von Übungen, in welchen einzelne Teilfertigkeiten oder Teilstrukturen isoliert und geübt werden. Vielmehr wird das Schreiben eines Textes zum Anlass und Zentrum des ganzen Bestrebens überhaupt" (vgl. ebd., S. 385).

Ziel des fremdsprachlichen Unterrichts ist die kommunikativ angemessene Formulierung sprachlich eigenständiger Texte. Semikreatives Schreiben kann demnach auf jeder Lernstufe geübt werden. Es zeigt sich, inwieweit die Lernenden die Fremdsprache frei zu kommunikativen Zwecken einsetzen können und inwieweit sie auf Schreibprozesse, das Schreibprodukt und die Adressaten fokussieren. Aufgrund der besonderen Kunstsituation eines Fremdsprachentextes ist hierbei eine lebensnahe und authentische Aufgabenstellung angeraten.

Hinzu kommt, dass die von den Schülerinnen und Schülern gemachte beschränkte Textsortenerfahrung bezogen ist auf eine fremde Alltagskultur, die jedoch nur in didaktisierter Weise erfahren werden kann und die andere stilistische Maßstäbe setzt. Stilistische Varianz, wie sie in der Muttersprachenkompetenz von Neuntklässlern ausgeprägt sein sollte, ist bei Fremdsprachenlernern nicht systematisch vorhanden, wobei rezeptive Kenntnisse und Einsichten sprachlich nur sehr partiell im produktiven Bereich umgesetzt werden können.

Schreiben in den Curricula

Muttersprachcurricula

In der Muttersprachdidaktik werden verschiedene Formen des Schreibens unterschieden, die schwerpunktmäßig unterschiedlichen Leitbildern folgen:
- Informierendes Schreiben – Adressatenorientierung;
- Kommentierendes Schreiben – Problemsensibilität;
- Produktives Schreiben – Sprachliche Kreativität.

Diesen werden die verschiedenen Textsorten in Curricula und Lehrwerken zugeordnet. Es sollte dabei beachtet werden, dass „informierendes, kommentierendes und produktives Schreiben (...) als intentional-kommunikative Schreibhandlungen nicht isoliert nebeneinander [stehen]; sie unterscheiden sich lediglich durch die Dominanz einer dieser Intentionen innerhalb des jeweiligen Textes." (Sanner 1994, S. 236). Trotzdem wurde in der schulischen Ausbildung lange Zeit stark zwischen diesen Formen des Schreibens (Benennung der Textsorten und der Methoden ihrer Ausbildung, vgl. Curriculumanalyse) unterschieden, lediglich durch die situative Einbettung der konkreten Schreibaufgabe sollte die jeweilige „reine" Form in ein übergreifendes Konzept des Schreibens eingeordnet werden.

Die Analyse der zum Zeitpunkt der Tests gültigen Deutschcurricula bezüglich der Anzahl der Bundesländer mit explizitem curricularen Hinweis auf ausgewählte Textsorten, nach Klassenstufe und Schulform zeigt Tabelle 1.

Tabelle 1: Anzahl der Bundesländer mit explizitem curricularen Hinweis auf ausgewählte Textsorten getrennt nach Schulform (SF) und Klassenstufe (Kl).

SF	Kl	N_{max}	Formale Gebrauchs-texte	Bewerbungsschreiben	Lebenslauf	Bericht / Protokoll	Argumentation	Erörterung	Zusammenfassung	Inhaltsangabe	Nacherzählung	Beschreibung	freies Schreiben	kreatives Schreiben	Textanalyse	Textinterpretation
Gym	8	16	12	3	2	12	12	9	5	11	4	14	12	14	8	7
	9	16	10	14	14	12	14	14	6	7	3	9	13	11	14	13
GS	8	8	6	1	2	8	5	5	2	4	4	8	7	7	4	3
	9	8	6	6	6	8	8	7	4	3	3	7	6	6	7	4
RS	8	15	12	5	4	12	10	7	4	9	4	13	11	13	5	4
	9	15	10	11	11	13	10	10	4	3	3	7	11	8	12	8
HS	8	14	12	4	7	13	9	7	4	6	3	11	8	13	7	3
	9	14	11	10	10	12	10	10	6	3	3	9	9	10	9	7

Anmerkungen. Gym: Gymnasium; GS: Gesamtschule; RS: Realschule; HS: Hauptschule; N_{max} = maximale Anzahl analysierter Curricula der Bundesländer.

Generell hat die Textproduktion im Deutschunterricht laut Rahmenrichtlinien zwei große Schwerpunkte. Neben formalen Texten (Bsp. Bayern: Bewerbungen schreiben, Antrag stellen, Widerspruch einlegen, Formulare ausfüllen, Geschäftsbriefe, Bestellungen und Reklamationen schreiben) spielen kreative Verfahren eine große Rolle (Bsp. Saarland: Freisetzung des kreativen Potenzials). Einerseits sollen die Schülerinnen und Schüler lebenspraktische sprachliche Fertigkeiten wie standardisierte Schreibformen beherrschen, andererseits anhand künstlerischer Verfahren lernen, Texte aus einer anderen Perspektive zu betrachten und damit tiefere Bedeutungsschichten erschließen.

Beim Übergang in die neunte Jahrgangsstufe ist allgemein ein deutlicher Schritt von beschreibenden, lediglich repetierenden Verfahren zur argumentativen/erörternden Auseinandersetzung mit den Inhalten von Texten erkennbar. Daneben gibt es eine stärkere Akzentuierung der Auseinandersetzung mit „klassischen" literarischen Texten und die Ausbildung von Fähigkeiten, die den Eintritt ins spätere Berufsleben erleichtern.

In den Rahmenplänen für das Gymnasium ist generell ein ausgewogenes Verhältnis zwischen formalen und kreativen Verfahren zu erkennen. Zusätzlich wird hier mehr Wert auf erörtende Verfahren und eine größere Konzentration auf literarische Texte gelegt als an anderen Schulformen. Die Pläne für die eher berufsvorbereitenden

Sekundarschulen zeigen eine Tendenz, mehr Augenmerk auf den Umgang mit formalen Gebrauchstexten und auf formale Anforderungen an die Schüler zu richten.

In der Auswertung lassen sich also die Schwerpunkte informierend-argumentatives Schreiben und kreative Auseinandersetzung erkennen. Aus diesem Grund werden in DESI-Textproduktion Aufgaben vorgelegt, in denen in Briefform (häufig verwendete Textsorte beim kreativen Schreiben) auf einen Impuls informierend und problemlösend reagiert werden muss.

Schreiben in den Englischcurricula

Eine Curriculumsanalyse in Vorbereitung der Aufgabenstellung im Bereich des semikreativen Schreibens in den 8. und 9. Klassenstufen ergab folgende Befunde:

Mehrheitlich sind in den Englischcurricula freie, kommunikative Formen des Schreibens in allen Schulformen genannt, wobei die Lernenden von der 8. zur 9. Klassenstufe vom *guided writing* hin zu freieren Schreibformen geführt werden sollen. In einigen Bundesländern, beispielsweise in Hessen, Hamburg, Bremen und Niedersachsen, ist das (semi)-kreative Schreiben explizit als Aufgabenstellung und Übungsform erwähnt. Generell ist kreatives Schreiben eher an Realschulen und Gymnasien gefordert, doch wird freies Schreiben auch in einigen Hauptschul-Lehrplänen explizit genannt, so beispielsweise in Nordrhein-Westfalen, Niedersachsen oder Bayern.

Im überwiegenden Teil der Lehrpläne werden die Textsorten persönlicher Brief, Bericht, Beschreibung von Bildern oder Personen und Erzählung (auch unter Einbezug der Phantasie) explizit genannt. Im Vordergrund stehen die kommunikative Absicht beim Verfassen von Texten und der freie Umgang mit der Fremdsprache. Demgegenüber tritt das Verfassen formaler Texte deutlich in den Hintergrund.

In den meisten Lehrplänen tritt bei kommunikativen Formen des Schreibens die formale Korrektheit hinter die Verständlichkeit, hinter die Umsetzung der kommunikativen Absicht. So legen etwa Thüringen oder Hamburg bei der Bewertung offener Schreibaufgaben inhaltliche und kommunikative Kriterien neben formalen an, um die Subjektivität in der Bewertung zu minimieren. Sachsen-Anhalt oder Schleswig-Holstein beispielsweise fordern explizit, dass bei solchen Schreibanlässen die gelungene, verständliche Kommunikation vor die sprachliche Korrektheit tritt.

Bezüglich der Themenbereiche divergieren die Lehrpläne hinsichtlich ihrer Kategorisierungen und Präzision. Es lassen sich übergreifend drei Themenbereiche ausmachen, die sich zum einen auf Familie, Freunde, Schule, Ausbildung beziehen, zum anderen auf die beiden Bereiche Alltagsleben in den USA resp. Großbritannien. Des Weiteren finden sich Übereinstimmungen hinsichtlich der Bereiche Freizeitaktivitäten, Reisen, Probleme der Jugend, Beruf und Arbeitsleben, soziale Probleme sowie Kultur, Sport und Medien.

Die in DESI eingesetzte semikreative Aufgabenstellung in Form eines persönlichen Briefs bzw. eines Schülerzeitungsberichts zu den Themenbereichen Reise, Abenteuer und Erlebnisse, Beschreibung einer Person bzw. Probleme Jugendlicher ist somit in allen Bundesländern über alle Schulformen hinweg einsetzbar. Schreiben in sinnvollen kommunikativen Zusammenhängen steht im Zentrum. Dabei soll die kommunikative Absicht möglichst verständlich und angemessen umgesetzt werden.

Empirische Forschung

Texte als Ganzes sind zwar übersummativ, aber ihre Qualität ist auch abhängig von der Qualität einzelner Komponenten. Eine Untersuchung von Schreibfähigkeiten ist also von zwei Seiten möglich und notwendig. Es muss der Forschung gelingen, sowohl einzelne Komponenten als auch übergreifende textkonstituierende Merkmale objektiv, reliabel und valide zu messen.

In DESI-Textproduktion geht es um die Erfassung der Schreibkompetenzen von Schülerinnen und Schülern der Klassenstufe 9 mit Hilfe eines Aufsatzes. Die Fähigkeiten werden anhand der Bewertung eines Endproduktes erfasst. Die Sprachprodukte werden weder im historischen Vergleich, noch im Sinne der Schreibprozessforschung und Schreibontogenese beurteilt. Wir werden den aktuellen Sprachstand der Schülerinnen und Schüler an Maßstäben beurteilen, die uns für heute gültig erscheinen und die wir gemeinsam in der Diskussion mit der Fachöffentlichkeit festgelegt haben. Die traditionelle Textbeurteilung mit der Korrektur des Textes durch eine Person nach der dreigliedrigen Aufteilung in „Inhalt", „Ausdruck" und „Rechtschreibung/Grammatik" ohne Zuhilfenahme vergleichender Maßnahmen ist in vielfältigen Untersuchungen bezüglich ihrer unzureichenden Ergebnisse der wissenschaftlichen Gütekriterien Objektivität, Reliabilität und Validität kritisiert worden (vgl. Ingenkamp 1989, 1995, 1997; Weber 1973).

Eine objektive Bewertung ist „zwar anzustreben, bleibt aber ein unerreichbares Konstrukt. Gründe dafür liegen vor allem in der bewertenden Person selbst." (Fix/Melenk 2002, S. 46). „Unter textrezeptionstheoretischen Gesichtspunkten können Textbewertungen nicht frei von subjektiven Einflüssen des Bewerters sein, wenn man davon ausgeht, dass ein Text vom Leser selektiv wahrgenommen und individuell rezipiert wird." (ebd., S. 47). Klare Vorgaben verbunden mit Benchmark-Texten können diese Tendenz deutlich einschränken, aber nicht ganz unterbinden.

Vor diesem Hintergrund muss intensiv nach Wegen zur Steigerung der Gütekriterien in der Beurteilung gesucht werden. Hierbei erwiesen sich die Verfahren der Mehrfachbeurteilungen und der analytischen Beurteilung als günstig. Mehrfachbeurteilungen bewerten auf der Basis des ersten allgemeinen Eindrucks Stil, Wortwahl, Ausdrucksfähigkeit usw. Die analytische Aufsatzbewertung arbeitet hingegen mit so genannten Kriterienkatalogen. Hier stehen die Bemühungen um eine qualitative Auswertung im Vordergrund. Für beide Verfahren konnte in zahlreichen Studien eine Steigerung der Beurteilungsqualität nachgewiesen werden (vgl. Lehmann 1990; Ingenkamp 1989, 1995), doch für keines konnte bisher eine Überlegenheit gezeigt werden. Godshalk/Swineford/Coffman (1966) und Grzesik/Fischer (1984) geben Mehrfachbeurteilung bezüglich der Objektivität bei der Notengebung den Vorrang, wobei Grzesik/Fischer darauf verweisen, dass diese Ergebnisse nur mit „geübten" Beurteilern erreicht werden könnten. Gleichzeitig erwähnen sie, dass die Prüfer sich scheinbar auch bei der globalen Beurteilung auf so genannte „Kernkriterien" (vgl. ebd.) stützen.

Die empirischen Ergebnisse sprechen für die Mehrfachbeurteilung als Prüfinstrument (vgl. Grzesik/Fischer 1984), wohingegen der analytische Ansatz durch die Möglichkeit der Rückmeldung konkreter Stärken und Schwächen an die Schüler eher als didaktische Maßnahme geeignet ist (vgl. Lehmann 1990; Hofen 1980).

Fix/Melenk (2002) verweisen auf eine entscheidende Schwierigkeit bei der Beurteilung von Texten: „(dass) die Erfüllung einer bestimmten Textsortennorm [kann] nicht ohne Weiteres als direkter Indikator für Textgestaltungskompetenz interpretiert werden (kann)" (ebd., S. 11). Es ist mehr nötig, als das bloße Aufzählen von Inhaltselementen. Deshalb wird in dieser Studie bei Textproduktion Deutsch eine Kombination aus holistischem, analytischem und kriteriumsorientiert-detailliertem Inhaltsanalyseverfahren Grundlage der Beurteilung sein. Dabei geht es nicht um eine Beurteilung in der Art und Weise, wie sie von Lehrenden vorgenommen wird, die eine zensierende, pädagogisch-fördernde Rückmeldung für die Schreiber geben müssen, sondern es wird eine Optimierung von Beurteilungsverfahren im Sinne der Gütekriterien der Statistik mittels
- Dichotomisierungen der Antwortformate,
- Mehrfachbeurteilungen,
- Raterschulungen an Benchmarks angestrebt.

Die Gütekriterien Objektivität, Reliabilität und Validität gelten natürlich auch für fremdsprachliche Schreibtests. Ein hohes Maß an Validität wird erreicht durch den Einsatz kommunikativ-integrativer Testformate in lebensechten Situationen (Planspiel): die Schreibabsicht wird aus der Lebenswelt der Probanden gewonnen. Das semikreative Format besitzt die erforderliche Offenheit bei gleichzeitiger Lenkung.

Objektivität und Reliabilität werden durch die oben ausgeführten Bewertungsverfahren angestrebt. Deshalb wird bei dem Beurteilungsschema für Textproduktion Englisch ebenfalls mit Mehrfachbeurteilungen (Doppelt-Blind-Beurteilungen), Raterschulung und Benchmark-Texten gearbeitet, wobei holistische und analytische Kriterien angesetzt werden, die über Rating-Verfahren mehrstufig eingeschätzt werden.

Komponenten der Schreibkompetenz

Muttersprachliche Schreibkompetenz

An dieser Stelle werden jetzt einzelne Komponenten, die Schreibkompetenz in der Muttersprache ausmachen, als Grundlage für die Bildung verschiedener Subskalen muttersprachlicher Schreibkompetenz vorgestellt (vgl. Abbildung 1). Auf die Darstellung der Lesekompetenz als Voraussetzung für erfolgreiches Schreiben wird hier verzichtet.

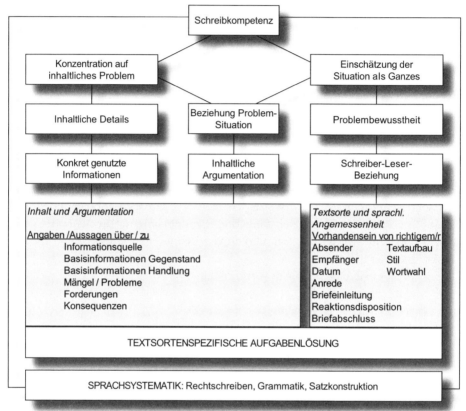

Abbildung 1: Schema Schreibkompetenz Muttersprache.

Kompetenzniveaus

Die Beschreibung von jeweils drei Kompetenzniveaus für das Schreiben in der Muttersprache für die angenommenen Subskalen enthält Tabelle 2.

Tabelle 2: Beschreibung von drei Kompetenzniveaus (KN) für das Schreiben in der Muttersprache hinsichtlich textsortenspezifischer Aufgabenlösung und Sprachsystematik.

	Textsortenspezifische Aufgabenlösung	Sprachsystematik
KN A	Briefform und Gegenstand des Schreibens erkennbar	einfache sprachl. Anforderungen auf sprachsyst. Ebene erfüllt
	stilistische Anforderungen nicht berücksichtigt	Kommunikation aufgrund sprachl. Qualität stark eingeschränkt
	Kommunikationspartner eher abgeschreckt	
KN B	Briefform und Kommunikationsziel erkennbar und an richtigen Gegenstand gebunden	sprachl. Anforderungen auf sprachsyst. Ebene im Wesentlichen erfüllt
	stilistische Anforderungen im Wesentlichen erfüllt	wegen sprachl. Qualität Kommunikation nicht belastet
	sprachlicher Ausdruck im Wesentlichen angemessen	
KN C	formal korrekter Brief mit annähernd vollständiger inhaltlicher Ausführung	meist fehlerfreier Text in korrektem Satzbau: die sprachl. Anforderungen erfüllt
	stilistische Anforderungen beherrscht und abwechslungsreich angewandt	gelegentliche Inkonsistenzen
	gelegentliche Inkonsistenzen	

Eine weitere differenziertere Abstufung erfolgt nach den jeweiligen für die Kommunikation nötigen Anteilen an den einzelnen inhaltlichen Teilbereichen (s. grau unterlegter Text der Abbildung 2).

Fremdsprachliche Schreibkompetenz

Die oben bei den Schreibprozessen analysierten kognitiven und inhaltlichen Anforderungen werden als Leistungsdimensionen angesetzt, aus denen die Bewertungskriterien wie folgt abgeleitet werden:
- Sprachliche Kompetenzen (neben pragmatischen Kompetenzen) bedingen die sprachlichen Kriterien *Orthographie, Lexik/Lexiko-Grammatik, Grammatik* und *linking language* (jeweils bezogen auf Umfang und Korrektheit der sprachlichen Mittel);
- Textsortenbezogene Kompetenzen führen zum Kriterium *Textsorte/Aufbau* (Makrostruktur);
- aus den pragmatischen Kompetenzen im weitesten Sinne werden die Kriterien *Inhalt, Länge* und *kommunikative Wirksamkeit* abgeleitet.

Allerdings muss vermerkt werden, dass diese Kriterien im strengen Sinn nicht unabhängig voneinander konstruiert werden können, da sich Teile der Kompetenzen überlappen, beziehungsweise sich einige Kriterien aus mehreren Kompetenzen ergeben. (Man denke beispielsweise an das Kriterium *kommunikative Wirksamkeit*, das sich etwa aus der angemessenen Versprachlichung relevanter Ideen und aus dem Adressatenbezug zusammensetzt.) Dennoch wurde darauf geachtet, den jeweiligen Fokus der einzelnen Kriterien weitestgehend unabhängig zu definieren. Um aber der Komplexität des Schreibens gerecht zu werden, wurde vor der Beurteilung dieser analytischen Kriterien ein Globalurteil erfasst, denn vermutlich ist das Ganze etwas anderes als die Summe seiner Teile.

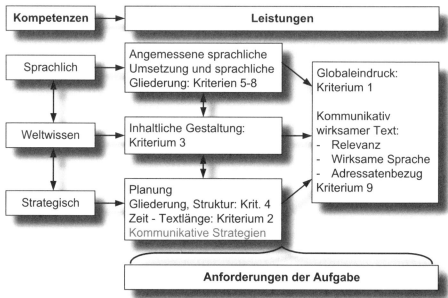

Abbildung 2: Leistungsdimensionen Englisch.

Die prozessualen Aspekte des Planens und des Einsetzens kommunikativer Strategien können in einer *large-scale* Studie wie DESI nicht erfasst werden, so dass die in Tabelle 3 aufgelisteten Bewertungskriterien aufgrund der analysierten Leistungsdimensionen abgeleitet wurden:

Tabelle 3: Bewertungskriterien zur Beurteilung der fremdsprachlichen Schreibkompetenz.

BEWERTUNGSKRITERIEN	
1. Globalurteil	5. Orthographie
	6. Lexik u. Lexiko-Grammatik
2. Länge	7. Grammatik
3. Inhalt	8. Sprachliche Organisation
4. Textsorte/Aufbau (Makrostruktur)	
	9. Kommunikative Wirkung

Diese Bewertungskriterien werden mithilfe detaillierter *Rating*-Skalen erfasst. Sie werden zur Rückmeldung auf drei Subskalen dargestellt: 1. Globaleindruck/kommunikative Wirksamkeit, 2. Taskspezifische Kriterien und 3. Sprachsystematik.

Kompetenzniveaus

Die Abstufungen der Kompetenzskalen erfolgt auf fünf Niveaus, in Anlehnung an die oben ausgeführte Schreibentwicklungsforschung, und – wo möglich – an die Kompetenzniveaus A1 bis B2+ des *Gemeinsamen Europäischen Referenzrahmens für Sprachen* (im Folgenden GER genannt), um eine Objektivierung in der Bewertung zu ermöglichen. Die Niveaus C1 und C2 des Referenzrahmens, *effective operational proficiency* respektive *mastery*, können in der 9. Jahrgangsstufe nicht erwartet werden, weshalb sie hier nicht angesetzt werden.

Am Beispiel der Globalskala soll das Vorgehen kurz erläutert werden: Die erste Entwicklungsphase des assoziativen Schreibens (vgl. oben: Bereiter 1980) lässt sich in Schüleraufsätzen daran erkennen, dass diese Aufsätze wenig Struktur aufweisen, sei es auf Makroebene oder auf der Ebene der einzelnen Propositionen. Häufig ist dabei auch ein Defizit bezüglich der Sprache und der Aufgabenanforderungen zu beobachten. Es scheint, dass diese Schüler noch nicht in der Lage sind, sprachliche, textuelle oder pragmatische Konventionen umzusetzen. Die nächste Phase des performativen Schreibens lässt theoretisch erwarten, dass die Schüler, die diese Stufe erreicht haben, Konventionen bezüglich des Aufbaus und der Sprache umsetzen können. Tatsächlich lässt sich bei den Aufsätzen im Mittelbereich feststellen, dass der Aufbau zunehmend logisch erfolgt und die sprachlichen Leistungen weniger kommunikationsbelastende Fehler aufweisen. Basierend auf den Annahmen der dritten Phase, des kommunikativen Schreibens, müssten die besten Aufsätze auch die kommunikativ wirkungsvollsten sein, bei denen der Aufbau das Lesen erleichtert, ein Adressatenbezug feststellbar ist und sprachliche Mittel wirkungsvoll eingesetzt werden können. Diese Annahmen lassen sich anhand der Charakteristika der Schüleraufsätze im oberen Bereich bestätigen.

Diese theoretischen Annahmen und empirischen Beobachtungen decken sich teilweise mit den Niveaubeschreibungen des Referenzrahmens aus den Skalen *Schriftliche Produktion, Briefe und Aufsätze schreiben, Kreatives Schreiben* und den Skalen zu den linguistischen Kompetenzen, der Skala *Themenentwicklung* und der Skala *Kohärenz und Kohäsion* (vgl. GER). Wo angemessen, wurden die Deskriptoren der DESI-Kompetenzskalen an die Formulierungen des GER angelehnt. Es wird jedoch nicht der Anspruch erhoben, die DESI-Kompetenzniveaus an die Niveaus des GER anzubinden.

Die Beschreibung der Inhalte von jeweils drei Kompetenzniveaus für das Schreiben in der Fremdsprache für die drei angenommenen Subskalen enthält die Tabelle 4:

Tabelle 4: Beschreibung von drei Kompetenzniveaus (KN) für das Schreiben in der Fremdsprache hinsichtlich global/kommunikativer Wirkung, aufgabenspezifischer Kriterien und Sprachsystematik.

	Global / kommunikative Wirkung	Taskspezifische Kriterien (Inhalt, Aufbau, Textsorte)	Sprachsystematik
KN A	Botschaft erkennbar, doch nur ansatzweise und oft missverständlich. Text bruchstückhaft und fehlerhaft.	Gegenstand des Schreibens erkennbar. Themenentwicklung und Struktur nicht erkennbar. Brief-/Berichtform bedingt erkennbar. Text weit unter geforderter Länge.	Begrenzte Beherrschung weniger, elementarer sprachlicher Mittel. Verständlichkeit der Mitteilung stark eingeschränkt durch sprachliche Qualität und muttersprachliche Einflüsse.
KN C	Botschaft wird grundsätzlich kommunikativ wirksam vermittelt. Gewisse narrative Grundqualitäten gegeben. Fehler im Text vorhanden, gelegentliche Einschränkung des Textverständnisses.	Inhaltlich befriedigende Ausführung, Text zu Ende geführt. Themenentwicklung meist linear, Struktur erkennbar. Brief-/Berichtform ausreichend eingehalten. Text von befriedigender Länge.	Im Allgemeinen hinreichende Beherrschung der Orthographie und der sprachlichen Mittel (Grundwortschatz; frequente Strukturen) trotz gelegentlicher Einflüsse der Muttersprache. Zwar kommen Fehler vor, aber die Botschaft bleibt grundsätzlich verständlich.
KN E	Kommunikative Wirkung wird umfassend erzielt. Text ist durchgehend flüssig, in lesergerechtem, abwechslungsreichem, persönlichem und natürlichem Stil verfasst und besitzt durchgehend narrative Qualität.	Inhaltlich relevante und elaborierte Ausführungen in sehr guter Qualität. Themenentwicklung klar und konsistent, Struktur und Aufbau erleichtern das Verständnis. Text entspricht den Konventionen eines Briefs / Berichts. Text von geforderter Länge.	Sichere Beherrschung auch seltener Wörter, Wendungen, Strukturen; großer Umfang an sprachlichen Mitteln; gute Beherrschung idiomatischer Ausdrücke und Kollokationen. Keine kommunikationsbelastenden Fehler.

Fazit

Zum Testen der muttersprachlichen wie fremdsprachlichen Kompetenzen bedarf es partiell unterschiedlicher Testinstrumentarien, denn der Spracherwerb und der Grad der Sprachbeherrschung unterscheiden sich erheblich. Dennoch lassen sich Berührungspunkte (u. a. im Testmodul, in den Auswertungskategorien) und

Vergleichsmöglichkeiten (u. a. in der Interpretation der Ergebnisse) ausmachen. Sie sind auch erforderlich, um Beziehungen, die zwischen den Schulleistungen in den Fächern Deutsch und Englisch existieren, aufarbeiten zu können.

Das umfassende muttersprachliche Wissen in Verbindung mit Strategienwissen und Weltwissen kann in dieser Tiefe und Breite in der Fremdsprache nach durchschnittlich fünf Jahren Sprachunterricht produktiv nicht zur Verfügung stehen (vgl. Interimsprachniveau, Spracherwerbsbedingungen, und z. B. den Bereich der rezeptiven Sprachkenntnisse gerade in Bezug auf formalen vs. informellen Stil in den Curricula).

Vielmehr soll, soweit irgend möglich, geprüft werden, inwieweit prozedurales Sprachwissen im Alltag anwendbar ist, inwieweit die *skills* vernetzt angewandt werden können, welche automatisierten Prozesse zur Verfügung stehen und über welches strategische Wissen die Schülerinnen und Schüler prozedural verfügen.

Literatur

Ahrends, R./Bald, W.-D./Hüllen, W. (Hrsg.) (1995): Handbuch Englisch als Fremdsprache. Berlin: Schmidt.
Augst, G./Faigel, H. (1986): Von der Reihung zur Gestaltung. Frankfurt a.M.: Peter Lang.
Augst, G./Feilke, H. (1989): Zur Ontogenese der Schreibkompetenz. In: Antos, G./Krings, H. P. (Hrsg.): Textproduktion. Ein interdisziplinärer Forschungsüberblick. Tübingen: Niemeyer, S. 297-327.
Becker-Mrotzek, M. (1997): Schreibentwicklung und Textproduktion. Opladen: Westdeutscher Verlag GmbH.
Bereiter, C. (1980): Development in Writing. In: Gregg, L. W./Steinberg, E. R. (Eds): Cognitive Processes in Writing. Hilldale, NJ: Erlbaum, S. 73-93.
Björk, L. (2000): Über Textmuster und Schreibprozesse in der Oberstufe. In: Deutschunterricht 1, S. 33-42.
Böttcher, I./Becker-Mrotzek, M. (2003): Texte bearbeiten, bewerten und benoten. Schreibdidaktische Grundlagen und unterrichtspraktische Anregungen. Berlin: Cornelson scriptor.
Brinker, K. (^{2}1988): Linguistische Textanalyse. Eine Einführung in Grundbegriffe und Methoden. Berlin: Schmidt Verlag.
Brinker, K. (2000): Text- und Gesprächslinguistik. Ein internationales Handbuch zeitgenössischer Forschung. 1. Halbband. Berlin: de Gruyter.
DeBeaugrande, R./Dressler, W. (1981): Einführung in die Textlinguistik. Tübingen: Niemeyer.
Europarat (2001): Gemeinsamer europäischer Referenzrahmen für Sprachen: lernen, lehren, beurteilen. Berlin: Langenscheidt.
Feilke, H. (1993): Schreibentwicklungsforschung. In: Diskussion Deutsch 123, S. 17-34.
Feilke, H. (1996): Die Entwicklung der Schreibfähigkeiten. In: Günther, H./Ludwig, O. (Hrsg.): Schrift und Schriftlichkeit. Berlin, New York: de Gruyter, S. 1178-1191.
Feilke, H. (2003): Entwicklung schriftlich-konzeptualer Fähigkeiten. In: Bredel, U./ Günther, H./ Klotz, P./Ossner, J./Sieber-Ott, G. (Hrsg.): Didaktik der deutschen Sprache. Band 1. Paderborn: Schöningh, S. 178-192.
Fix, M. (2000):Textrevisionen in der Schule. Baltmannsweiler: Schneider Verlag Hohengehren.
Fix, M./Melenk, H. (2002): Schreiben zu Texten – Schreiben zu Bildimpulsen. Das Ludwigsburger Aufsatzkorpus. Mit 2300 Schülertexten, Befragungsdaten und Bewertungen auf CD-ROM. Baltmannsweiler: Schneider.

Frilling, S. (1999): Schreibforschung und Aufsatzunterricht. In: Deutschunterricht 1, S. 54-59.
Godshalk, F. I./Swineford, F./Coffman, W. E. (1966): The measurement of writing ability. New York: College Entrance Examination Board.
Gormann, T. P./Purves, A. C./Degenhart, R. E. (1988): The IEA Study of Written Composition. Oxford: Pergamon Press.
Grabe, W./Kaplan, R. B. (1996): Theory and Practice of Writing: An Applied Linguistics Perspective. New York: Longman.
Grzesik, J./Fischer, M. (1984): Was leisten Kriterien für die Aufsatzbeurteilung? Opladen: Westdeutscher Verlag.
Halliday, M. A. K./Hasan, R. (1989): Language, context, and text: aspects of language in a social-semiotic perspective. Oxford: University Press.
Hofen, N. (1980): Messen und Beurteilen sprachlich-produktiver Leistungen im Deutschaufsatz. Dissertation. Mannheim.
Ingenkamp, K. (1989): Diagnostik in der Schule. Weinheim/Basel: Beltz.
Ingenkamp, K. (Hrsg.) (^{9}1995): Die Fragwürdigkeit der Zensurengebung. Weinheim/Basel: Beltz.
Ingenkamp, K. (^{4}1997): Lehrbuch der pädagogischen Diagnostik. Weinheim/Basel: Beltz.
Kast, B. (1999): Fertigkeit Schreiben. Berlin: Langenscheidt.
Lehmann, R. H. (1990): Aufsatzbeurteilung – Forschungsstand und empirische Daten. In: Ingenkamp, K./Jäger, R. (Hrsg.): Tests und Trends. Jahrbuch der pädagogischen Diagnostik, Bd. 8. Weinheim, Basel: Beltz.
Linke, A./Nussbaumer, M./Portmann, P. R. (^{3}1996): Studienbuch Linguistik. Tübingen: Niemeyer.
Merz-Grötsch, J. (2000): Schreiben als System. Band 1: Schreibforschung und Schreibdidaktik. Ein Überblick. Freiburg im Breisgau: Fillibach-Verlag.
Nussbaumer, M.: Was Texte sind und wie sie sein sollen. Tübingen: Niemeyer, 1991.
Ortner, H. (1993): Die Entwicklung der Schreibfähigkeit. In: Informationen der Deutschdidaktik 3, S. 94-125.
Ott, M. (2000): Schreiben in der Sekundarstufe I. Baltmannsweiler: Schneider.
Ott, M. (2002): Erforschung schriftsprachlicher Erwerbsprozesse in der Sekundarstufe I bei Muttersprachlern und Zweitsprachenlernern unter didaktischem Aspekt. In: Kammler, C./Knapp, W. (Hrsg.): Empirische Unterrichtsforschung und Deutschdidaktik. Baltmannsweiler: Schneider, S. 200-214.
Portmann, P. (1991): Schreiben und lernen. Tübingen: Niemeyer.
Sanner, R. (^{5}1994): Aufsatzunterricht. In: Lange, G./Neumann, K./Ziesenis, W.: Taschenbuch des Deutschunterrichts, Band 1. Baltmannsweiler: Schneider, S. 224-251.
Schaeffer, B. (1975): Skill integration during cognitive development. In: Kennedy, A./Wilkes, A. (Eds.): Studies in long-term memory. London: Wiley.
Schneuwly, B. (1996): Der Nutzen psychologischer Schreibforschung für die Didaktik des Schreibens. In: Feilke, H./Portmann, P. R.: Schreiben im Umbruch. Schreibforschung und schulisches Schreiben. Stuttgart: Klett, S. 29-39.
Vater, H. (^{2}1994): Einführung in die Textlinguistik. München: Fink.
Weber, A. (1973): Dialektik der Aufsatzbeurteilung. Donauwörth: Auer.

Wolfgang Eichler / Günter Nold

Sprachbewusstheit

Die DESI-Module der Sprachbewusstheit Deutsch und Englisch knüpfen an theoretische und unterrichtspraktische Entwicklungen an, die einen Einfluss sowohl auf den Deutsch- als auch den Englischunterricht ausüben. Im Folgenden wird dargelegt, in welchen wissenschaftlichen und curricularen Kontext der Begriff der Sprachbewusstheit einzuordnen ist und welche spezifische Bedeutung dem Begriff zugeschrieben wird. Auf diesem Wege werden die theoretischen Grundlagen der DESI-Testentwicklung im Bereich der Sprachbewusstheit mehrperspektivisch erläutert. Erkenntnisse der Spracherwerbsforschung und der sprachdidaktischen Lehr-/Lernforschung spielen dabei ebenso eine Rolle wie curriculare Analysen. Dabei werden die Gemeinsamkeiten und Unterschiede der Testinstrumente zur Erfassung von Sprachbewusstheit im Deutschen und im Englischen erläutert.

Sprachbewusstheit: eine Definition

Sprachbewusstheit wird als eine Fähigkeit verstanden, die sich in der Mutter-, Zweit- und Fremdsprache auf Grund der bewussten und aufmerksamen Auseinandersetzung mit Sprache entwickelt. Sie befähigt Lernende, sprachliche Regelungen kontrolliert anzuwenden und zu beurteilen sowie Verstöße zu korrigieren. Im Vordergrund des Interesses stehen dabei vor allem zwei Teilbereiche der Sprache: Grammatik und sprachliches Handeln. Es wird untersucht, welches Wissen die Schüler/innen abrufen und einsetzen können, um entweder über entsprechende Regelungen reflektieren und sie einordnen oder gegebenenfalls Verstöße korrigieren zu können. Die Fähigkeit zur Sprachreflexion beruht dabei eher auf Wissen über Sprache (explizites/deklaratorisches/verbalisierbares Wissen), während die sprachliche Korrekturfähigkeit stärker vom Wissen des Sprachgebrauchs oder des Sprachgefühls (vorwiegend implizites und prozedurales Wissen) geleitet sein kann. Die Gründe für die spezifische Ausprägung des Begriffs der Sprachbewusstheit in DESI lassen sich auf folgende Tatbestände zurückführen:
- In der Lehr-/Lernforschung zum muttersprachlichen Unterricht wird dem Aspekt der Sprachreflexion im Bereich der Grammatik eine differenzierte Rolle für die Entwicklung des Wissens über Sprache zuerkannt.
- In der Zweitspracherwerbs- und in der Lehr-/Lernforschung zum Fremdsprachenunterricht wird bewusstem und aufmerksamem Umgang mit sprachlichen Regelungen eine bedeutende Rolle für den Spracherwerb zuerkannt.

- In den Lehrplänen beider Fächer wird der Aspekt Sprachbewusstheit differenziert im Zusammenhang mit Grammatik sowie Aspekten des Sprachgebrauchs berücksichtigt.
- Mit dem Konzept der Sprachbewusstheit wird im Fach Deutsch neueren Entwicklungen in der Unterrichtspraxis Rechnung getragen. In Englisch steht eher die Frage eines sinnvoll begrenzten Einsatzes bewusstmachender Unterrichtsverfahren im Vordergrund.

Die unterschiedlichen Arten des Sprachwissens werden in den Testinstrumenten zu Sprachbewusstheit sowohl in Deutsch als auch in Englisch berücksichtigt. Ihre Gewichtung unterscheidet sie jedoch. In Deutsch liegt ein deutlicher Schwerpunkt auf formaler und stilistischer Sprachreflexion, während die Korrekturfähigkeit partiell hinzu tritt. In Englisch werden in Grammatik und Sprachhandeln (Soziopragmatik) unterschiedliche Akzente gesetzt. Im Bereich des Sprachhandelns steht stärker die Reflexionsfähigkeit im Vordergrund, im Bereich der Grammatik die Korrekturfähigkeit.

Im Gegensatz zu Deutsch wird im Testinstrument Sprachbewusstheit Englisch das Sprachhandeln (Soziopragmatik) explizit als ein separater Teilbereich ausgewiesen. Soziopragmatik bildet hier verstärkt eine Brücke zu Aspekten der interkulturellen Sensibilität der Schüler/innen, die in einer eigenen Teilstudie untersucht wird (vgl. Kapitel Hesse/Göbel in diesem Band), denn interkulturellen Lernzielen kommt im Fremdsprachenunterricht zunehmend eine herausragende Bedeutung zu. Im Folgenden wird der Begriff Sprachbewusstheit zunächst theoretisch hinterfragt. Danach wird auf curriculare Festlegungen und unterrichtliche Realisierungen Bezug genommen.

Konzeptionen von Sprachbewusstheit und mögliche Anknüpfungen in DESI

In der Entwicklung von Modellen der Sprachbewusstheit lassen sich verschiedene Richtungen in der Forschung feststellen. Einerseits gibt es eine Konzeption, die im Sprachunterricht kulturelle, gesellschaftliche und sprachenpolitische Fragen verknüpft. Dies trifft vor allem auf die Forschung zu Sprachbewusstheit in Großbritannien zu. Vergleichbare Tendenzen lassen sich auch in Deutschland feststellen. Beispielsweise ist hier auf die Bestrebungen zu verweisen, Elemente eines Sprachbewusstheitskonzepts auf der Basis von „alltagstheoretischen Intuitionen, Reflexion über und Spielen mit Sprache" in der Primarstufe einzuführen oder zu festigen (vgl. Luchtenberg 1997). Andererseits führen Untersuchungen insbesondere in der Zweitspracherwerbsforschung und in der fremdsprachlichen Lehr-Lernforschung zu einer lernorientierten Konzeption von Sprachbewusstheit. Diese übt großen Einfluss auf die Theorie des Fremdsprachenlernens im schulischen Kontext aus. Im Folgenden wird zunächst auf die Konzeption eingegangen, die in Großbritannien entwickelt wurde und die einen nachhaltigen Einfluss auch in anderen Ländern hat.

Das Konzept Sprachbewusstheit aus Großbritannien

Die aus Großbritannien kommende *language awareness*-Konzeption wurde aus dem Anliegen entwickelt, eine Brücke zwischen dem muttersprachlichen und fremdsprachlichen Unterricht zu schlagen. Sie ist im Sinne eines Wissens über Sprache stärker ganzheitlich, soziolinguistisch und auch politisch-gesellschaftlich orientiert. Dabei wird dem Reden über Sprache der Vorrang gegenüber der Sprachverwendung oder dem (Fremd-)Sprachenlernen eingeräumt (vgl. Garrett/James 2000; Little 1997; van Lier 1996; Fairclough 1992). Tendenziell wird mit dieser Konzeption auch der Verzicht auf Fremdsprachenlernen gerechtfertigt. Die Weite dieser Konzeption wird deutlich, wenn man sich die Aufgliederung der Domänen von *language awareness* bei Gnutzmann (1997a, S. 232-235) anschaut:

- **Affektive Domäne**: „[…] kommt in der Herausbildung von Einstellungen und Gefühlsäußerungen der Lerner zu sprachlichen Phänomenen zum Tragen. Es geht um Sprachsensibilisierung, um die Entwicklung von Neugierde und Interesse an der Sprache, aber auch um das Wissen darum, dass jedes sprachliche Verhalten eine bewußte und oder unbewußte Reaktion der Rezipienten hervorruft. Die affektive Seite betrifft somit vor allem die emotionale Seite der Sprecher."
- **Soziale Domäne**: „[…] kann sich manifestieren in der Beziehung von Sprecher und Hörer und dem daraus resultierenden Sprachverhalten, […] den Zusammenhang von Sprachgebrauch und sozialer Schicht oder von Sprache und Geschlecht. Sie wird ebenfalls deutlich an der unterschiedlichen gesellschaftlichen Akzeptanz sprachlicher Varietäten […], aber auch Einzelsprachen."
- **Politische Domäne**: „[…] die Erziehung zum kritischen Umgang mit Texten mit besonderem Schwerpunkt auf der Beziehung von Sprache und Herrschaft. Insbesondere geht es darum, Lernende für das Manipulationspotential von Sprache zu sensibilisieren […], wie sie in persuasiven Texten wie politischen und Werbetexten vorzufinden sind."
- **Performanz-Domäne**: „Hier geht es darum, ob und inwieweit Schüler durch Wissen über die Sprache in ihrer sprachlichen Kompetenz und in ihrer Fähigkeit, Grammatik und Wortschatz in bezug auf ein Kommunikationsziel möglichst effektiv zu verwenden, gefördert werden können."
- **Kognitive Domäne**: „[…] all jene Prozesse, durch die ein Individuum Kenntnis von Gegenständen erhält und durch die es seine Umwelt, also auch seine sprachliche, bewusst wahrnimmt. Es geht also um die geistige Durchdringung des Systems Sprache, somit um das Erkennen von sprachlichen Einheiten, von Kontrasten und Regularitäten auf den verschiedenen sprachlichen Ebenen einschließlich ihrer Funktionen und Verwendungen."

In dieser Darstellung wird deutlich, dass sich die affektive Domäne insbesondere auf Aspekte wie Einstellung und Motivation bezieht, während die soziale und politische Domäne die Beziehungen zwischen sozialen Gruppen thematisiert; dabei wird auch die Gestaltung von Machtverhältnissen zwischen Personen ins Auge gefasst. Mit der Performanz-Domäne und vor allem der kognitiven Domäne werden Fähigkeiten zur

Analyse von Sprache in den Vordergrund gerückt, und zwar sowohl in grammatischen Fragen als auch bezüglich des Sprachgebrauchs und der kommunikativen Funktionen von Sprache (vgl. Garrett/James 2000).

In den DESI-Sprachbewusstheitsmodulen Deutsch und zum Teil auch Englisch lässt sich eine deutliche Beziehung zu der kognitiven Domäne dieser Konzeption feststellen. So wird im Deutschen dem Wissen über Sprache und dabei vor allem über Grammatik ein besonderes Gewicht zuerkannt. Allerdings bleiben pragmatische und stilistische Aspekte nicht unbeachtet. Sie gehören für das Modul Deutsch zu einem um Semantik, Pragmatik und Text erweiterten Grammatikbegriff. Im Englischen lassen sich auf Grund der sichtbaren Festlegung auf Grammatik (insbesondere Syntax und Semantik) und Sprachhandeln (Soziopragmatik) verschiedene Bezüge sowohl zu den affektiven, sozialen als auch kognitiven Domänen erkennen, wie die Darlegungen zur Entwicklung der Tests im weiteren Verlauf zeigen. Auf den curricularen Hintergrund dieser Gewichtungen wird im Zusammenhang der Ausführungen zu den Lehrplananalysen näher eingegangen.

Eine vergleichsweise deutliche Reduktion der Breite der Konzeption von Sprachbewusstheit in DESI ergibt sich aus dem Bestreben, die Messinhalte der Testinstrumente zu präzisieren und begrenzen. Allerdings wird die affektive Domäne zumindest teilweise im DESI-Modul Sprachbewusstheit in Schülervorstellungen (vgl. Jude/Klieme 2004) sowie im interkulturellen Kompetenzfragebogen (vgl. Göbel/Hesse in diesem Band) zusätzlich angesprochen.

Sprachbewusstheit vor dem Hintergrund der Forschung zum Mutter-, Zweit- und Fremdspracherwerb

In der Forschung zum Mutterspracherwerb und zum natürlichen Zweitspracherwerb (Spracherwerb ohne Sprachunterricht) wird der hohe Grad der inneren Selbstorganisation für weite Bereiche der mündlichen Sprache betont. So entwickeln Kleinkinder beispielsweise die Grammatik (Morphosyntax) ihrer Muttersprache stark selbstgesteuert in Kommunikationssituationen. Sie verfügen jedoch noch nicht über ein Wissen über Sprache. Im frühkindlichen Mutterspracherwerb geht es um den Aufbau von Sprachstrukturen in einem Prozess, der sich der Einflussnahme von außen wie beispielsweise durch Korrektur weitgehend verschließt (vgl. O'Grady u.a. 2001; vgl. Ellis 1994). Weinert betont, dass im frühkindlichen Spracherwerb bewusst gesteuerte Lernfähigkeiten keine wichtige Rolle spielen, vielmehr „implizite Lernprozesse" im Vordergrund stehen (Weinert 2000, S. 347). Dagegen entwickelt sich ein Wissen über Sprache in der mittleren Kindheit nach dem Erwerb der linguistischen Basiskompetenzen. Kinder hören zu diesem Zeitpunkt auf, Sprache nur zu produzieren oder zu verarbeiten und zu korrigieren, und beginnen sie als ein Objekt, über das es sich lohnt nachzudenken, zu begreifen (Ellis 2004; Han/Ellis 1998; Tunmer/Pratt/Herriman 1984). In diesem Zusammenhang entsteht ein explizites Sprachwissen: „They <children> demonstrate awareness about language" (Ellis 2004, S. 231). In der Muttersprache (Zweitsprache für bestimmte Populationen) hängen der institutionelle Schriftspracherwerb und der Erwerb von formalen Sprachstilen entscheidend von Lernprozessen ab, für die ein bewusster und aufmerksamer Umgang mit sprachlichen Regelungen kennzeichnend ist. Dies trifft in aller Breite auch auf entscheidende Bereiche des Fremdspracherwerbs zu.

Theoretischer Exkurs zum natürlichen Spracherwerb
Im Gefolge von Chomsky (1965) wird für den mündlichen Mutter- und Zweitspracherwerb angenommen, dass die Entwicklung der sprachlichen Systeme weitgehend selbstorganisiert erfolgt, auch wenn der Aneignungsprozess von außen angeregt werden muss. Dieser „natürliche" Sprachzugang wird entsprechend auch im Bereich des ungesteuerten (frühen) Fremdspracherwerbs thematisiert. Die Spracherwerbsforschung hat in der weiteren Entwicklung verschiedene Theorien entwickelt (vgl. Köpcke 2000; Long 2000; Weinert 2000; Szagun 1996; Ellis 1994). Keine dieser Theorien kann jedoch für sich beanspruchen, die verschiedenen Aspekte des Spracherwerbs umfassend zu erklären. Sie ergänzen sich eher, als sich gegenseitig auszuschließen, da sie unterschiedliche Facetten im Spracherwerbsprozess fokussieren.

Es wird entsprechend angenommen, dass beim mündlichen Mutterspracherwerb und im natürlichen Zweitspracherwerb sprachliche Fertigkeiten, Teilkompetenzen und Teildimensionen in Kommunikationssituationen und sinnstiftenden Kontexten erworben werden. Sprache ist funktional organisiert und die jeweilige Funktion einer sprachlichen Äußerung wird in kommunikativen Situationen erfahren. Das entstehende „Sprachgefühl" ist im natürlichen Spracherwerb entsprechend ganzheitlich und automatisiert und dürfte bei Jugendlichen der 9. Klassenstufe im rezeptiven wie im produktiven Sprachgebrauch vorhanden sein. Die Merkmale der muttersprachlichen oder quasi-muttersprachlichen natürlichen Sprachverarbeitung werden von Edmondson wie folgt zusammengefasst:

> „Das Abrufen sprachlichen Wissens erfolgt normalerweise ganz automatisch, wobei die Automatisierung u.a. eine Funktion der Verwendung ist. Je nach Sachkenntnissen und Gewohnheiten ändert sich die Schnelligkeit der Aufnahme von längeren und syntaktisch komplexeren sprachlichen Elementen, die ganzheitlich verstanden, gespeichert, abgerufen und produziert werden können."
> (Edmondson 1998, S. 32)

Im Gegensatz zu diesem „natürlichen" Zugang zu Sprache gibt es Bereiche im Spracherwerbsprozess, die in anderer Weise angeeignet werden. Dazu gehören der späte Muttersprach- und weite Teile des Fremdspracherwerbs. Es wird in der Muttersprache davon ausgegangen, dass späte Teilkompetenzen und der Erwerb von sprachlichen Regelungen, die durch Sprachwandel gefährdet sind, vor allem durch Maßnahmen wie Regelerarbeitung oder Gewahrwerden auf Grund von Reflexion über den Sprachgebrauch gelernt werden können. Auch bestimmte schwierige Sprachphänomene wie die komplexe Satzbildung, der Gebrauch des Konjunktivs oder des Genitivobjektes sind hier zu nennen (Eichler 2003). Das entsprechende Sprachwissen,

das durch bewussten und aufmerksamen Zugriff auf sprachliche Phänomene entsteht, wird als Wissen über Sprache oder explizites Sprachwissen bezeichnet (Ellis 2004). Das explizite Sprachwissen wird von Ellis in Abgrenzung von implizitem Sprachwissen in folgender Weise beschrieben:
- Das explizite Wissen ist im Entstehungsprozess eine spätere Entwicklung als das implizite Wissen.
- Es besteht eine berechtigte Annahme, dass explizites und implizites Wissen interagieren.

Ferner definiert Ellis (2004) dieses explizite Sprachwissen für den Zweitspracherwerb – sinngemäß lässt sich dies auch auf den Erstspracherwerb nach der Frühphase übertragen – in folgender Weise:
- Explizites Wissen ist bewusst – im Gegensatz zu implizitem Sprachwissen.
- Explizites Wissen ist deklarativ – in der Art, wie es gespeichert wird.
- Das deklarative Wissen von Zweitsprachenlernern ist oft ungenau.
- Das deklarative Wissen kann sich in der Breite des Wissens und der Tiefe entwickeln.
- Bei sprachlichen Problemen, die als schwierig empfunden werden, kann ganz natürlich auf explizites Wissen zurückgegriffen werden,
- Explizites Wissen ist der Verbalisierung zugänglich und lernbar.

In Einklang mit diesen Feststellungen zum expliziten Sprachwissen lässt sich bei älteren Kindern und Jugendlichen im Kontext des schulischen Muttersprachunterrichts feststellen, dass spezifische Teilkompetenzen über die Sprachbewusstheit angeeignet werden. Dazu gehören u.a. der Schriftspracherwerb (z.B. Eichler 2004) und Kompetenzen im Bereich des stilistisch verfeinerten Formulierens sowie bestimmter, besonders schwieriger oder sprachwandel-gefährdeter Phänomene (Eichler 2003). Im Fremdsprachenunterricht ist die Situation etwas komplexer, da hier Sprachbewusstheit und Gewahrwerden sich auf das gesamte Spektrum der sich entwickelnden Sprache erstrecken können.

Neben dem genannten impliziten und expliziten Sprachwissen wird ferner sprachliches Handlungswissen eingesetzt. Paradis (2004) weist dies unter anderem in der Forschung zu Sprachstörungen und der Kompensation von Störungen nach. Dabei handelt es sich um ein System für den Bereich des sprachlichen Handelns (Soziopragmatik) und eines zur Motivation. In der Motivation liegt häufig ein zentraler Unterschied zwischen dem Mutter- und Fremdspracherwerb; Äußerungen in der Muttersprache sind sehr viel stärker selbstgesteuert (vgl. Schumann 1998). Das sprachliche Handeln beruht auf der Kenntnis von Diskursregeln und Regeln eines angemessenen Sprachverhaltens. Dies wird verständlich, wenn berücksichtigt wird, dass sprachliche Rede durch den Einbezug des Kontextes die Ebene der wörtlichen Bedeutungen überschreitet. Sprachliche Zeichen müssen im Sinne von häufig indirekten Redeintentionen interpretiert und in Hinsicht auf den übertragenen Sinn von Äußerungen dekodiert werden (Johnstone 2002). Kontextuelle Bedeutungen interagieren mit den Bedeutungen der sprachlichen Zeichen im engeren Sinne. Das entsprechende soziopragmatische Wissen wird folglich aus verschiedenen Quellen gespeist und ist von daher weder vorwiegend dem expliziten noch dem impliziten Wissen zuzuordnen. Da es auf umfassenden Erfahrungen der Sozialisation aufbaut, ist es jedoch in hohem Maße bewusstseinsfähig und verbindet die muttersprachliche und fremdsprachliche Dimension mit der (inter-)kulturellen.

Sprachbewusstheit vor dem Hintergrund der Forschung zum schulischen Fremdspracherwerb

In der Fremdsprache stellt sich die Situation auf Grund der Bedingungen des Fremdsprachenerwerbs in der Schule etwas anders als im Muttersprachenunterricht dar. Fremdsprachenlerner machen eigene Erfahrungen im Umgang mit sprachlichen Regelungen und bewusstmachenden Unterrichtsverfahren. Sie stoßen auf sprachliche Probleme und versuchen sie zu einem Zeitpunkt zu lösen, da sie schon über eine Muttersprache verfügen. Ihre Motivation ist dabei häufig nicht so sehr von kommunikativen Zielen geprägt, sondern ordnet sich ein in den allgemeinen Kontext von Unterricht. Sie erleben die fremde Sprache im Unterricht oder außerhalb der Schule nicht in der gleichen Eindringlichkeit und Vielfalt in der sprachlichen Kommunikation wie in der Muttersprache, so dass – abgesehen von Ausnahmen – auch nur annähernd von einer der Muttersprache vergleichbaren Situation gesprochen werden könnte. Andererseits entwickeln sie vielfach ein Gespür für die besondere Bedeutung von Wissen über die fremde Sprache. Beim Fremdsprachenlernen spielt dementsprechend das explizite Sprachwissen anders als in der Muttersprache gerade auch in den Anfängen des Lernprozesses eine vergleichsweise bedeutsame Rolle. Das Sprachgefühl – das implizite Wissen – entwickelt sich parallel dazu in einem langsamen Prozess.

In der wissenschaftlichen Literatur – gültig in beiden Fächern – werden die hier angesprochenen Fragen zum Sprachgefühl und Sprachwissen terminologisch mit unterschiedlichen Worten assoziiert. In der Vielfalt der Termini lässt sich der alltagssprachliche Begriff des Sprachgefühls aus linguistischer Sicht mit *Sprachkompetenz* und *Kommunikative Kompetenz* bezeichnen. Allerdings wird damit in der Linguistik weniger ein Gefühl als vielmehr ein System von sprachlichen Regelungen beschrieben. Aus einer mehr psycholinguistischen und psychologischen Perspektive entsprechen den Begriffen Sprachgefühl und Sprachwissen in der wissenschaftlichen Diskussion wie bereits erwähnt am ehesten die Bezeichnungen *implizites und explizites Wissen*.

Beim Lernen von Fremsprachen sind zwei Arten von implizitem Wissen zu berücksichtigen, nämlich unanalysierte sprachliche Versatzstücke und automatisierte sprachliche Regelungen. Beide können von Fremdsprachenlernern ohne ein Wissen über die sprachlichen Regelungen verwendet werden:

„There are two types of implicit knowledge, formulaic knowledge and rule-based knowledge. The former consists of ready-made chunks of language ... Rule-based implicit knowledge consists of generalized and abstract structures which have been internalized. In both cases the knowledge is intuitive and, therefore, largely hidden; learners are not conscious of what they know ... It becomes manifest only in actual performance." (Ellis 1994, S. 355f).

Die Begriffe implizites und explizites Wissen werden von anderen Forschern auch mit dem Begriffspaar des *prozeduralen und deklarativen Wissens* in Verbindung gebracht und teilweise synonym verwendet (vgl. Fotos 1993; Hecht/Hadden 1992). Bei diesen terminologischen Erwägungen sollte nicht übersehen werden, dass mit der begrifflichen Ebene noch nicht die mentalen Prozesse angesprochen werden, die zur Entwicklung der verschiedenen Formen des impliziten und expliziten Wissens führen. Schmidt (1994) empfiehlt aus der Kenntnis dieser Problematik eine Differenzierung zwischen implizitem/explizitem Wissen einerseits und implizitem/explizitem Lernen andererseits, wobei das letztere Begriffspaar sich auf den Lernprozess bezieht, während das erste Begriffspaar das vorläufige Endprodukt eines Lernprozesses bezeichnet.

Wie bedeutsam die Unterscheidung zwischen Prozess und Produkt ist, wird daraus ersichtlich, dass die aufmerksame Verarbeitung von neuem Sprachmaterial durch die Lerner nicht notwendigerweise zu explizitem Sprachwissen führt (Van Patten 1994). Diese Feststellung steht in Einklang mit den Ergebnissen der Untersuchung von Hecht und Hadden (1992) zum deklarativen und prozeduralen Grammatikwissen; sie weisen nach, dass in ungefähr 50% der Fälle eine erfolgreiche Fehleridentifikation und -korrektur in einem Grammatiktest ohne abrufbares deklaratives Wissen möglich ist. Auch die Ergebnisse des Sprachbewusstheitstests in einer Untersuchung von Nold (1998) bestätigen diesen Befund; allerdings zeigt sich in dieser Untersuchung, dass die Werte der erfolgreichen Fehleridentifikation und -korrektur sehr deutlich in den verschiedenen Bereichen der Grammatik variieren, so dass nicht von Grammatik im Allgemeinen gesprochen werden sollte, sondern eher von bestimmten grammatischen Bereichen. Sinngemäß lassen sich diese Unterscheidungen bezüglich des Sprachwissens auch auf den Bereich der sozio- und pragmalinguistisch angemessenen Verwendung der Fremdsprache übertragen, auch wenn hier die Regeln der Sprachverwendung als eher bewusstseinsfähig zu bezeichnen sind als insbesondere der Bereich der Syntax.

Als Erklärung für diese Befunde kann wie in der Forschung zum Mutter- und natürlichen Zweitspracherwerb auf Erkenntnisse in der kognitiven Psychologie verwiesen werden, wonach einsichtsvolles Lernen mit Regellernen wie z.B. beim Algorithmus gekoppelt ist, während zum Erkennen von typischen Merkmalen ohne Regeln konnektionistische Modelle zur Erklärung herangezogen werden, denen zufolge ein Erkenntnisprozess ohne zentrale Steuerung zustande kommt, indem gleichzeitig verschiedene neuronale Synapsen des Gehirns aktiviert werden und damit eine Mustererkennung erzielt wird (vgl. Grotjahn 2000; Hecht/Hadden 1992).

Aus G. Zimmermanns Untersuchungen zur Rolle des Vorwissens und von Lernstrategien (Zimmermann 1992; Zimmermann/Plessner 1998) lässt sich eine zusätzliche Erklärung ableiten. Es ist nämlich damit zu rechnen, dass die Lerner „partiell Falsches" lernen oder sich Wissen aneignen, das nicht genügend umfangreich und kohärent ist und nicht wie bei Expertenwissen fall- und situationsspezifisch organisiert und prozeduralisiert ist (Zimmermann 1992; Zimmermann/Plessner 1998). In Untersuchungen von Nold (2000; Nold/Schnaitmann 1995; Nold/Haudeck/Schnaitmann 1997) wird ferner nachgewiesen, dass neben anderen Variablen das bereichsspezifische Vorwissen (Sprachbewusstheit) einen deutlich differenzierend wirkenden Einfluss auf die Englischleistungen ausübt. Es ist dabei beachtenswert, dass die kausale Wirkung auf die kommunikativen Englischleistungen stärker ausfällt als auf die formalsprachlichen. Das gilt im Übrigen auch für die Muttersprache (Eichler 2001).

Untersuchungen zur Effektivität verschiedener methodischer Zugänge zu sprachlichen Regelungen lassen weitere Rückschlüsse darauf zu, wie komplex die Prozesse im einzelnen sind. So stellt Robinson (1997) bei einem Vergleich von drei methodischen Wegen des Grammatiklernens (*implicit, incidental, instructed learning*) in einer Laborsituation fest, dass bei der Anwendung von gelernten Elementen der Grammatik regelgeleitetes explizites Sprachwissen mit implizitem Sprachwissen interagiert. Dabei erweist sich das implizit gelernte Sprachwissen als generalisierbar und schnell verwendbar. In den Bereichen, bei denen es zu einer Interaktion mit dem impliziten Sprachwissen kommt, wird das explizite Wissen allerdings noch schneller eingesetzt (Robinson 1997). Zu einer vergleichbaren Erkenntnis gelangt Williams (1999) in einer Untersuchung zum induktiven Sprachenlernen, in der er für bestimmte Bereiche der Grammatik für eine Verbindung von memorierenden und bewusstseinsbildenden Lernprozessen eintritt.

In der theoretischen und empirischen Forschung zur Interaktion von Sprachwissen, Sprachgefühl, prozeduralem und deklaratorischem Wissen, dem Zugang zur Grammatik und ihrer Nutzung durch den Lerner kann also zwischen der Muttersprache und der Fremdsprache trotz unübersehbarer Unterschiede auch eine große Übereinstimmung festgestellt werden.

Annäherung der Lernkonzepte in der Sprachdidaktik der beiden Fächer

Die Rolle der Sprachbewusstheit wird für den fremdsprachlichen Spracherwerb in der Schule unterschiedlich bewertet. Wird von vorwiegend impliziten Spracherwerbsprozessen ausgegangen, so wird der Sprachbewusstheit eine unbedeutende Rolle zugesprochen (vgl. White 1996). Werden eher explizite Prozesse angenommen, kommt der Sprachbewusstheit jedoch eine wichtige Funktion zu. Davon hängt die Einschätzung kognitivierender Lehrverfahren für den schulischen Fremdsprachenerwerbsprozess ab. Im Mittelpunkt steht die Frage, ob und gegebenenfalls in welchem Ausmaß die Fokussierung von sprachlichen Regelungen den Fremdsprachenerwerbsprozess positiv beeinflussen kann. Ferner wird hinterfragt, ob und gegebenenfalls in welchem Ausmaß durch Kognitivierungsmaßnahmen eine angemessene Sprachverwendung, d.h. die Integration der sozio- und pragmalinguistischen Ebene der Fremdsprache, gefördert werden kann (vgl. Ellis 1994; Düwell/Gnutzmann/Königs 2000; Vollmer u.a. 2001; Nold 2003; Paradis 2004). Die skizzierten Konzeptionen spielen demnach für die jeweilige Ausprägung des Begriffs und den Stellenwert von Sprachbewusstheit in der Fremdsprachendidaktik und spezifisch im Englischunterricht eine große Rolle.

In der Deutschdidaktik ist der Begriff Sprachbewusstheit in jedem Fall relativ neu (vgl. Eichler in diesem Band). Er wird einerseits eher mit dem Fremdsprachenunterricht in Verbindung gebracht und ist andererseits mit dem Konzept des *language-awareness* verknüpft (vgl. Gnutzmann 1997b). Themen wie Grammatikunterricht, Reflexion über Sprache (vgl. Eichler 1999) und Schülervorstellungen über Sprache (vgl. Neuland 1992) sind dagegen stärker in der Deutschdidaktik eingeführt. Hier ist der Begriff Sprachbewusst_sein_ weiter verbreitet, der begrifflich jedoch enger gefasst erscheint (vgl. Neuland 1992; Ossner 1999). Daneben gibt es traditionell auch den Begriff Sprachgefühl für eher implizites Wissen. Die DESI-Testkonzeption ist dennoch auch im Fach Deutsch am Sprachbewusstheitsbegriff orientiert, so dass Vergleiche und Bezüge zum Testkonzept Englisch erleichtert sind.

Der Einfluss der Konzepte von Sprachbewusstheit auf didaktisch-methodische Entscheidungen lässt sich in der Sprachdidaktik der Fächer Deutsch und Englisch ferner darin erkennen, dass es konvergierende Bewegungen in beiden Fächern gibt. So sind in neuerer Zeit im Fremdsprachenunterricht Annäherungen an die Situation im Mutter- oder natürlichen Zweitspracherwerb zu erkennen. Es wird verstärkt davon ausgegangen, dass der Unterricht möglichst natürliche Lernsituationen in sinnstiftenden Kontexten bereitstellen soll. Zunehmend wird darüber hinaus der Englischunterricht in die Primarstufe vorverlegt (Englisch in der Grundschule, z.T. im Kindergarten). Ferner wird eine Verbindung von *natural approach/content learning* und partiellem Sprachfokus angestrebt, und im bilingualen Sachfachunterricht wird die Fremdsprache zum beherrschenden Kommunikationsmedium. Darüber hinaus wird Auslandsaufenthalten oder Austauschkontakten im Sinne eines „Sprachbades" eine besondere Bedeutung zuerkannt. Damit werden zentrale Elemente des Mutter- und natürlichen Zweitspracherwerbs integriert, ohne die Besonderheiten des schulischen Fremdsprachenlernens aus den Augen zu verlieren.

Die Deutschdidaktik hatte einen Konzeptwechsel hin zu einem an natürlichen Spracherwerbsprozessen orientierten Unterricht nicht so umfassend nötig (Ausnahme z.B. Rechtschreiblernen, Eichler 1991; Thomé 1999), weil der selbstgesteuerte eigenorganisierte Spracherwerb schon immer im Blickfeld stand. Allerdings gibt es entscheidende Paradigmenwechsel im Rechtschreibunterricht und Schriftspracherwerb. So werden inzwischen die Eigenaktivität und Selbststeuerung der Lerner, innere Regelbildungen und ein genetischer Fehlerbegriff in den Vordergrund gerückt (vgl. Brügelmann 1998; Eichler 1983, 1991, 1999 u.a.).

Ansonsten stellen neueste Ansätze in der Deutschdidaktik Schüler- und Menschenvorstellungen über Sprache in den Mittelpunkt und betonen das grammatische Formulieren (vgl. Skizzen bei Neuland 1992 und von Sieber/Sitta 1992; Sonderheft Der Deutschunterricht „Grammatisches Formulieren", 2000). In den Richtlinien der Länder sind diese Entwicklungen jedoch noch nicht berücksichtigt worden. Neu ist schließlich die Übernahme der *Language-Awareness*-Konzeption über den Zweitspracherwerb in die Deutschdidaktik (vgl. Luchtenberg 1995, 1998).

Curriculare Vorgaben im Bereich Sprachbewusstheit in den Fächern Deutsch und Englisch

Unterschiede in den curricularen Vorgaben der Fächer Deutsch und Englisch ergeben sich insbesondere auf Grund des sehr verschiedenen Sprachstands der Lernenden. Im Alter von 15-16 Jahren kann der Mutterspracherwerb als bereits weitgehend abgeschlossen betrachtet werden, und der Späterwerb zielt lediglich auf eine Erweiterung in bestimmten Teilkompetenzen ab. Im Englischen ist der Fremdsprachenerwerb dagegen noch in vollem Gange.

In Deutsch hat „Reflexion über Sprache und Grammatik" einen besonderen Stellenwert als ein eigenes Lernziel. Das Wissen um die (Strukturen der) deutsche(n) Sprache wird dabei nicht vorrangig zur Verbesserung der Kommunikation vermittelt. Im Fremdsprachenunterricht soll Sprachbewusstheit dagegen vorwiegend zur Unterstützung des Spracherwerbs dienen. So gibt es in den curricularen Vorgaben in den Rahmenrichtlinien Deutsch und Englisch nur begrenzt Überschneidungen, wobei die Lehrpläne Englisch für das Gymnasium in verschiedenen Bundesländern durchaus sprachreflexive Prozesse und die Analyse von bestimmten sprachlichen Regelungen vorsehen. Die Angaben der folgenden Abschnitte beziehen sich auf die jeweils genannten Lehrpläne der Länder (Ständige Konferenz der Kultusminister der Länder in der Bundesrepublik Deutschland 2005).

Curriculum und Rahmenrichtlinien im Fach Deutsch

Die Rahmenrichtlinien der Bundesländer entfalten alle den Lernbereich Reflexion über Sprache und Grammatik, allerdings je nach Schulart und von Bundesland zu Bundesland unterschiedlich breit und z.T. unter anderen Lernbereichen (Rechtschreibung, Kommunikation). Grundgedanke scheint zu sein, dass einzelne Aspekte des Sprachverhaltens (z.B. Registerauswahl, Sprachwandel) bewusst gemacht und noch schwierige grammatische Phänomene (Konjunktiv, Zeitenfolge) angesprochen werden sollen. Der Stoffkanon für das Ende des 8. und 9. Schuljahr, synoptisch „reduziert", ist nicht groß. Folgende seiner Inhalte stellen einen Bezug zur Sprachbewusstheit her: Register, Sprachwandel, Fach-/Gruppensprachen, Regiolekt, Fremdwörter, Metaphern, Redensarten, Konjunktiv, Satzgefüge/Satzreihe, indirekte Rede.

Die indirekte Rede (Redewiedergabe) wird meist im Zusammenhang mit dem Konjunktiv thematisiert. Hauptschul-, Realschul- und Gymnasialvorgaben sind deutlich unterschiedlich differenziert mit dem Hang, grammatisches Wissen immer in sprachliche Zusammenhänge (Textwirkung, Stilistik u.a.) eingebettet zu sehen. Quantitative Angaben über die Hauptgegenstände im Stoffkanon des 9. Schuljahres verdeutlicht Tabelle 1.

Tabelle 1: Gegenstandsbereiche in den Rahmenrichtlinien der Bundesländer, Anzahl der Nennungen der Einzelphänomene in den Lehrplänen Deutsch.

	Hauptschule 8. Klasse	Hauptschule 9. Klasse	Gymnasium 8. Klasse
Wortarten	13	7	8
Indikativ/Konjunktiv	6		6
direkte/indirekte Rede	7		7
Tempusformen	6		6
Fremdwörter	11	6	10
Satzarten	6	6	6
Satzreihe	6		6
Satzgefüge	6		9
Satzglieder		6	
Bildhaftigkeit/Metapher	8		
Sprachwandel	6	9	11
Standard/Umgangssprache	8		
Fachsprache	8	8	7
Regiolekt/Gruppensprache	7	7	7/6
Modalverb/Modalität			6/8
Aktiv/Passiv			6

Die Unterschiede zwischen den Schularten sind deutlich erkennbar. Zur Verdeutlichung wird auf die Rahmenrichtlinien Niedersachsen eingegangen. So werden für die Realschule, 9.-10. Schuljahr, an formalen grammatischen Fachbegriffen nur Metapher, Konjunktiv I und II sowie Modalverben erwähnt. Im Wahlbereich für das 9. Schuljahr Gymnasium werden dagegen Verben, Parenthese, Proposition, Modalverb, Adverb, Tempus, Konjunktiv, Konjunktion genannt.

Neben den Vorgaben der Rahmenrichtlinien muss für eine Studie, die wie DESI die aktive Sprachbeherrschung im 9. Schuljahr erforscht, gefragt werden, in welchen Teilkompetenzen Schüler und Schülerinnen des 9. Schuljahres noch mit Schwierigkeiten zu kämpfen haben. So sind z.B. nach Augst und Faigel (1986) Routinen des Schriftsprachgebrauchs zentrale Erwerbsbereiche im Alter von 15/16 Jahren und beeinflusst von Sprachbewusstheit. Die Schüler und Schülerinnen entwickeln in diesem Alter Vorstellungen über die Präzision grammatischer Regelungen, über grammatische Korrektheit, den Bezug zu kommunikativen Situationen, über Kohäsion und Kohärenz sowie über die Besonderheiten von schriftlichen Äußerungen. Diese drücken sich in Schülervorstellungen aus: „Ich muss es genau, vollständig und richtig ausdrücken", „Ich darf nicht einfach aufschreiben, wie ich es spreche", „Ich muss den Text aufbauen", „Ich muss es spannend machen", o.ä. mit entsprechenden

Folgen für die Sprachbewusstheit gegenüber Einzelphänomenen. Gnutzmann (1997a) stellt die Hypothese auf, dass das Lesen- und Schreibenlernen über das „eigentliche Sprachbewusstsein" abläuft.

„Es kann davon ausgegangen werden, dass zumindest im Alter von 15/16 Jahren neues grammatisches Können (oft als prozedurales Wissen bezeichnet) und sprachtaktisches Verhalten überwiegend sprachbewusst erworben wird und dass das Sprachverhalten besonders in der Schriftsprache überwiegend kognitiv geleitet ist." (S. 229)

Es gibt aufgrund empirischer Untersuchungen und der Fehlerpraxis in Aufsätzen dieses Alters grammatische Einzelphänomene, die Schwierigkeiten bereiten und die nur noch sprachbewusst erworben oder korrigiert werden können, weil deren intuitive Kenntnis aufgrund des Sprachwandels, gewandelter Normvorstellungen oder Sprachsystemeigenschaften nachlässt. Problemfelder stellen sich in folgenden Bereichen dar:
- der unsichere Besitz des Genitivobjekts
- Unsicherheit in der Abgrenzung Dativ-Akkusativ (Artikelformen/Endungen)
- Schwächen in der vollständig korrekten Eingliederung von Redensarten z.T. auch von Gliedsätzen
- große Unsicherheit im Umgang mit dem Konjunktiv I, z.T. auch II
- Schwierigkeiten in komplexen Zeiten u.a.m.

Die genannten Inhaltsfelder der Rahmenrichtlinien und die Tätigkeitsfelder sprachbewussten späten Spracherwerbs wurden in den Testaufgaben in Bewusstheit/ Grammatik Deutsch exemplarisch berücksichtigt. Aufgabeninhalte sind:
- Sprachpragmatik
- Schwierige grammatische Phänomene
- Semantische Akzeptabilität und Stil
- Indirekte Rede und Konjunktiv 1 und 2
- Sprachwandel und Register

Lehrpläne und Bildungsstandards im Englischen, Schwerpunkt Sprachbewusstheit

Die Lehrpläne der Länder in der Bundesrepublik Deutschland für das Fach Englisch, 9. Klasse, zeigen bei aller Verschiedenheit der Planungen eine nach Schultypen abgestufte Übereinstimmung in den Kernbereichen (Hör- und Leseverstehen, Sprechen, Schreiben, Berücksichtigung alltagskultureller Gegebenheiten und Notionen). Die Grundausrichtung folgt dem kommunikativen Ansatz; grammatische Erhellung hat allenthalben übereinstimmend dienende Funktion. Darüber hinaus werden – schulspezifisch abgestuft – erste Schritte zur Kommentierung problemhaltiger Fragestellungen angeregt. Eine Analyse der Lehrpläne beispielsweise der Länder Baden-Württemberg, Bayern, Berlin, Brandenburg, Bremen, Hamburg, Hessen, Niedersachsen, Sachsen-

Anhalt und Schleswig-Holstein ergibt für den Bereich Grammatik das folgende Bild:

Auf der gymnasialen Ebene wird in allen Ländern der Gesamtbereich der Grundgrammatik behandelt (Zeiten: *present simple, present progressive, past simple, past progressive, present perfect, will-/ going to-future, passive;* syntaktischer Bereich: *if-clauses* der Typen 1 bis 3, Infinitiv-, Partizipial-, Gerundial-Konstruktionen, Relativsätze; dazu Adverbbildung und Steigerung. Auf der Hauptschulebene werden bei Formen wie *past progressive* und Strukturen wie *if-clause* Typ 2 und Infinitiv-Konstruktionen deutliche Abstriche gemacht. Darüber hinaus fehlen *if-clause* Typ 3 sowie Partizipialkonstruktionen. Im Fall von Gerundialkonstruktionen fehlen vielfach Angaben. Der Bereich der Realschule ist insgesamt näher am Gymnasium angesiedelt. Werden diese Vorgaben in Betracht gezogen, so lässt sich für die folgenden Bereiche nur in Ansätzen eine schulformübereifende Schnittmenge ausmachen: *past progressive, if-clause* Typ 2 und 3, indirekte Rede, Infinitivkonstruktion, Partizipialkonstruktion, Gerundialkonstruktion. Wird der Zeitpunkt der Einführung von grammatischen Strukturen in Betracht gezogen, so zeigt es sich, dass in den meisten Bundesländern die folgenden grammatischen Erscheinungen im Gymnasium erst für Klasse 9 vorgesehen sind: *if-clauses* Typen 2 und 3, Infinitivkonstruktionen, Partizipialkonstruktionen, Gerundialkonstruktionen. Auch das *past progressive* und das Passiv werden teilweise spät eingeführt. Ein paralleler Vergleich für den Realschulbereich zeigt, dass *if-clause* Typ 3 sowie Infinitv-, Gerundial- und Partizipialkonstruktionen mehrheitlich in der 9. Klasse vorgesehen sind. Auch Relativsätze sind in bestimmten Bundesländern noch Lernstoff der 9. Klasse. Darüber hinaus ist nicht zu übersehen, dass auch innerhalb von Schultypen beachtliche Unterschiede in den Curricula zu beobachten sind. Ein exemplarischer Vergleich der Hauptschul-Lehrpläne von Baden-Württemberg, Bayern, Hamburg, Nordrhein-Westfalen und Sachsen macht deutlich, dass die Schnittmenge in der Hauptschule bei folgenden Erscheinungen liegt: *present simple, present progressive, past simple, present perfect, will / going to- future, if-clause*-Typ 1, Steigerung, Adverb.

Vergleicht man die Vorgaben der Lehrpläne mit den drei großen Lehrwerkfamilien (z.B. Cornelsen, Diesterweg, Klett), so ergibt sich eine weitreichende Übereinstimmung, wobei allerdings die Lehrwerke für die Haupt- und Realschule die Tendenz aufweisen, eher „vollständiger" zu sein als die Forderungen der Lehrpläne einiger Bundesländer. Dies hängt mit der Tatsache zusammen, daß die Lehrwerke länderübergreifend konzipiert werden müssen und daher auch solche grammatischen Phänomene enthalten, die zu einem gegebenen Zeitpunkt nicht in allen Bundesländern gefordert sind.

Die Analyse zeigt, dass sich insgesamt die Unterschiede zwischen den Bundesländern im grammatischen Bereich in überschaubaren Grenzen halten. In den curricularen Darstellungen wird deutlich, dass in allen Ländern der Sprachverwendung der Vorrang vor der Sprachbeschreibung eingeräumt wird. In besonderem Maße gilt dies für die Länder Bayern, Berlin, Mecklenburg-Vorpommern, Sachsen-Anhalt, und Thüringen, in deren Lehrplänen die Aussagen hier vorwiegend auf diesen Gesichtspunkt ausgerichtet sind. In den Darstellungen der übrigen Länder gibt es darüber hinaus Aussagen zum bewussteren Umgang mit grammatischen Strukturen, wobei Sprachbewusstheit insbesondere dem Gymnasium vorbehalten ist, in geringerem Maße aber auch für die Gesamtschule, Realschule sowie teilweise auch die Hauptschule vorgesehen ist. So kommen in den Gymnasiallehrplänen von Baden-Württemberg, Brandenburg, Bremen, Hamburg, Hessen, Niedersachsen, Saarland, Sachsen, Schleswig-Holstein, teilweise auch Rheinland-Pfalz einzelne oder auch gebündelte Hinweise zu folgenden Aspekten der Bewusstheit sprachlicher Regelungen vor: Regelhaftigkeit erkennen, grammatische Strukturen benennen, induktiv erschließen und mit Termini belegen, Sprachvergleich kontrastiv zur Muttersprache. In den Lehrplänen zu den Haupt-, Real- und Gesamtschulen dieser Länder richten sich die entsprechenden Aussagen mehr auf die Angaben zur Sprachverwendung, während die Sprachbewusstheit nur partiell zum Tragen kommt. Besonders ausführlich für alle Schularten fallen dagegen die Darstellungen in Brandenburg und Sachsen aus. In Sachsen wird darüber hinaus die Fähigkeit der Selbstkorrektur erwähnt. Im DESI-Testkonstrukt zur grammatischen Bewusstheit wird dies insofern berücksichtigt, als der Schwerpunkt einerseits auf der Einschätzung der Sprachrichtigkeit ohne Regelbeschreibung und andererseits auf der Korrekturfähigkeit liegt.

Im Bereich der sprachpragmatischen und soziolinguistischen Aspekte der Sprachverwendung sind die Lehrpläne der Bundesländer in ihren Festlegungen weniger umfangreich als im Bereich der Grammatik und meist nicht so präzise. Es gibt zwar in verschiedenen Ländern Hinweise zu Redeintentionen oder Sprachfunktionen und gegebenenfalls entsprechende Auflistungen (z.B. Realschule Baden-Württemberg, Hauptschule Hessen, alle Schulen in Mecklenburg-Vorpommern, RS und Gymn. In Nordrhein-Westfalen, HS im Saarland, in allen Schulen von Sachsen-Anhalt und Schleswig-Holstein), darüber hinaus bleiben die Aussagen jedoch vor allem in den älteren Lehrplänen eher allgemein mit Begriffen wie „situationsangemessenen Sprache" oder „situationsangemessener Diskurs". Dagegen werden in unterschiedlicher Intensität in den Ländern Bremen, Hamburg, Hessen (RS und Gymn.), Schleswig-Holstein sowie vor allem in Brandenburg und Sachsen genauere Hinweise gegeben zu Höflichkeit, Stil, kommunikativen Strategien sowie Absichten erkennen bzw. reflektieren.

In den Bildungsstandards für die erste Fremdsprache (Kultusministerkonferenz 2003) wird Sprachbewusstheit im Rahmen der Darstellung zu Methodenkompetenzen der Schülerinnen und Schüler unter dem Stichwort Lernbewusstheit und Lernorganisation spezifisch angesprochen. Das Ziel, Fehler zu erkennen und diese Erkenntnisse für den eigenen Lernprozess nutzen zu können, wird ausdrücklich erwähnt. Auch die soziopragmatische Ebene der Sprache wird aufgegriffen, unter anderem die Fähigkeit, durch Höflichkeitsformeln Verständigungsprobleme in der Interaktion zu überwinden. Allerdings geht es hier eher um sprachliches Handeln und weniger um Sprachbewusstheit. Ferner wird in Hinsicht auf interkulturelle Kompetenzen gefordert, dass Schülerinnen und Schüler kulturelle Differenzen und Konfliktsituationen bewusst wahrnehmen und sich darüber verständigen können. In diesen genannten Bereichen zeigen sich zahlreiche Übereinstimmungen zwischen den theoretischen Konzeptionen von Sprachbewusstheit in DESI und den Lehrplänen.

Unterschiede und Ähnlichkeiten in den Testinstrumentarien Sprachbewusstheit

Zum Testen der muttersprachlichen wie fremdsprachlichen Kompetenzen bedarf es spezifischer Testinstrumentarien, da die Sprachen, der Spracherwerb und der Grad der Sprachbeherrschung verschieden sind. Dennoch lassen sich Berührungspunkte und Vergleichsmöglichkeiten ausmachen: Die Aufgaben in den Tests zur grammatischen Sprachbewusstheit Deutsch und Englisch sind auf Kompetenzdimensionen im Bereich morphologischer, syntaktischer und semantischer Regelungen bezogen, allerdings mit sehr verschiedenen Inhalten.

Im Deutschen werden grammatische Phänomene wie Konjunktiv oder Genitivobjekt, die vom Sprachwandel bedroht sind, oder schwierige grammatische Phänomene wie Kongruenz, semantische Fehler und Verträglichkeit in Kollokationen betrachtet. Im Englischen geht es um grammatische Lerngegenstände, wie sie in den Rahmenrichtlinien gefordert werden: Wortstellung, Tense und Aspekt, Passiv, Modalverben, Adverbiale, Nebensätze wie Relativsatz, If-Sätze, Vergleichssätze und Infinitivkonstruktion. In beiden Testkonstrukten zur grammatischen Sprachbewusstheit stehen folgende Fähigkeiten im Mittelpunkt:
- die Sprachrichtigkeit und gegebenenfalls die Fehlerhaftigkeit in vorgegebenen grammatischen Strukturen zu erkennen und
- die Fehler zu lokalisieren und zu korrigieren.

Die Kompetenzdimensionen und zum Teil auch die Aufgabenformate sind ähnlich. In den Aufgaben geht es häufig um Fehleridentifikation und Fehlerkorrektur. Darüber hinaus enthalten sowohl die Tests Sprachbewusstheit Deutsch als auch Englisch eine Dimension sozio- und pragmalinguistischer Sprachbewusstheit. Im Englischen stehen dabei grundlegende Kompetenzen im Mittelpunkt:
- die Fähigkeit, die situative Angemessenheit von Sprache bezüglich unterschiedlicher Stilebenen, der Anrede und hinsichtlich der Höflichkeit von Äußerungen zu erkennen und zu bewerten,
- die Fähigkeit, Sprechintentionen zu erkennen und gedanklich zuzuordnen,
- die Fähigkeit, die Kohärenz und Kohäsion von sprachlichen Äußerungen im Diskurs unter Berücksichtigung der textgrammatischen Ebene zu erkennen und damit einen textuellen Zusammenhang herzustellen.

Im Deutschen geht es um:
- Textpragmatik, insbesondere Kohärenz und Kohäsion der Schriftsprache herstellen,
- Sprachwandel und Stil, vor allem altmodische Sprache und Umgangssprache gegen Standardschriftsprache,
- Mitteilungsperspektiven wie indirekte Rede oder Irrealis.

Die Sprachbewusstheitstests Englisch und Deutsch sind unterschiedlich strukturiert. Im Deutschtest stehen insgesamt 34 Items für die Hauptstudie zur Verfügung. Im Englischen wird zwischen grammatischen und soziopragmatischen Items deutlich unterschieden, da sie zu verschiedenen Testzeitpunkten eingesetzt werden und sich im Testkonstrukt unterscheiden. Insgesamt werden 17 grammatische und 19 soziopragmatische Testitems verwendet. Im grammatischen Teil steht vorwiegend die Fähigkeit zur Korrektur im Mittelpunkt, während im soziopragmatischen Teil überprüft wird, ob die Schüler/innen Stilebenen und Höflichkeitsformen erkennen und bewerten können, ferner ob sie die inhaltlichen (Kohärenz) und textgrammatischen Signale (Kohäsion) für fortlaufenden Diskurs in unterschiedlichen Situationen erkennen und gegebenenfalls zuordnen können. Das Sprachbewusstheitskonstrukt Englisch ist demnach insgesamt stärker an der Fähigkeit ausgerichtet, sich sprachlich-formal und kommunikativ selbst korrigieren zu können, sowie die fremde Sprache angemessen gebrauchen zu können. Es ist weniger bedeutsam, die sprachlichen Regelungen im Einzelnen bewusst zu durchschauen und in Regeln fassen zu können.

Insgesamt erschließt die Konzeption von Sprachbewusstheit Deutsch und Englisch damit einen neuen Zugang zu lernstrategischen und kommunikationsstrategischen Kompetenzen, die in vielfältiger Weise in der Schule angelegt werden (sollen), um die Schülerinnen und Schüler zu einem überlegten und kontrollierten Umgang mit Sprache zu befähigen.

Literatur:

Augst, G./Faigel, E. (1986): Von der Reihung zur Gestaltung, Schriftspracherwerb von 14-24. Frankfurt: Lang.
Brügelmann, H. (1998): Kinder auf dem Wege zur Schrift. Konstanz.
Chomsky, N. (1965): Aspects of the Theory of Syntax. Cambridge, MA: MIT Press.
Der Deutschunterricht (2000): Sonderheft Grammatik und Formulieren (Sept. 2000) Seelze / Velber: Erhard Friedrich Verlag.
Düwell, H./Gnutzmann, C./Königs, F. G. (Hrsg.) (2000): Dimensionen der Didaktischen Grammatik. Festschrift für Günther Zimmermann zum 65. Geburtstag. Bochum: AKS-Verlag.
Edmondson, W. (1998): Sprachbegriffe für den Englischunterricht. In: Timm, J.-P. (Hrsg.): Englisch lernen und lehren. Berlin: Cornelsen, S. 29-35.
Eichler, W. (1983): Kreative Schreibirrtümer. Zur Auseinandersetzung des Schülers mit dem Verhältnis Laut-Schrift und den Rechtschreibregeln. In: Diskussion Deutsch 74, S. 629-640.
Eichler, W. (1991): Nachdenken über das Schreiben. Innere Regel- und Regelfehlbildung beim Orthographieerwerb. In: Diskussion Deutsch 117, S. 34-44.
Eichler, W. (1999): Grammatikunterricht und Reflexion über Sprache. In: Lange, J. et al. (Hrsg.): Taschenbuch des Deutschunterrichts. Baltmannsweiler, S. 226-257.
Eichler, W. (2001): Die Rolle der Grammatik im Orthographieerwerb. In: Balhorn, H. et al. (Hrsg.): Betrachtungen über Sprachbetrachtungen. Seelze, S. 122-131.
Eichler, W. (2003): Die Pisa-Nachfolgestudie DESI, Deutsch-Englische Sprachkompetenz bei SchülerInnen des 9. Schuljahrs international, In: Moschner, B. u.a. (Hrsg.): PISA 2000 als Herausforderung, Baltmannsweiler, S. 157-172.
Eichler, W. (2004): Sprachbewusstheit und Orthographieerwerb. In Bremerich-Vos, A. u.a (Hrsg.): Neue Beiträge zur Rechtschreibtheorie und -didaktik, Freiburg i.B. 2004, S. 179-189.

Ellis, N. (Hrsg.) (1994): Implicit and explicit learning of languages. London: Academic Press.
Ellis, R. (1994): The study of Second Language Acquisition. Oxford: Oxford University Press.
Ellis, R. (2004): The definition and measurement of L2 explicit knowledge. In: Language Learning 54(2), S. 227-275.
Fairclough, N. (Hrsg.) (1992): Critical language awareness. London: Longman.
Freudenstein, R. (2000): Grammatik lernen? Nein, danke! Grammatik erwerben? Ja, bitte!. In: Düwell, H./Gnutzmann, C./Königs, F. G. (Hrsg.): Dimensionen der Didaktischen Grammatik. Festschrift für Günther Zimmermann zum 65. Geburtstag. Bochum: AKS-Verlag, S. 55-66.
Fotos, S. S. (1993): Consciousness raising and noticing through focus on form: Grammar task performance versus formal instruction. In: Applied Linguistics 14(4), S. 385-407.
Garrett, P./James, C. (2000): Language awareness. In: Byram, M. (Hrsg.): Routledge Encyclopedia of Language Teaching and Learning. London and New York: Routledge, S. 330-333.
Gnutzmann, C. (1997a): Language Awareness. Geschichte, Grundlagen, Anwendung. In: Praxis des neusprachlichen Unterrichts 44(3), S. 227-236.
Gnutzmann, C. (1997b): Language awareness: progress in language learning and language education, or reformulation of old ideas? In: Language Awareness 6(2/3), S. 65-74.
Grotjahn, R. (2000): Sprachbezogene Kognitivierung: Lernhilfe oder Zeitverschwendung? In: Düwell, H./Gnutzmann, C./Königs, F. G. (Hrsg.): Dimensionen der Didaktischen Grammatik. Festschrift für Günther Zimmermann zum 65. Geburtstag. Bochum: AKS-Verlag, S. 83-106.
Han, Y./Ellis, R. (1998): Implicit knowledge, explicit knowledge and general language proficiency. In: Language Teaching Research 2(1), S. 1-23.
Hecht, K./Hadden, B. (1992): Deklaratives und prozedurales Grammatikwissen bei Schülern des Gymnasiums mit Englisch als Zielsprache. In: Zeitschrift für Fremdsprachenforschung 3 (1), S. 31-57.
Johnstone, B. (2002): Discourse Analysis. Oxford: Blackwell.
Jude, N. A./Klieme, E. (2004): Beliefs about language and their importance in empirical models of language competence. Paper presented at the 7th International Conference of the Association for langauge Awareness in Lleida, Spanien, 19.-21. Juli 2004.
Köpcke, K.-M. (2000): Starkes, Schwaches und Gemischtes in der Substantivflexion des Deutschen – Was weiß der Sprecher über die Deklinationsparadigmen? In: Thieroff, R./ Tamrat, M./ Fuhrhop, N./Teuber, O. (Hrsg.): Deutsche Grammatik in Theorie und Praxis. Tübingen: Niemeyer, S. 155-170.
Kultusministerkonferenz (2003): Bildungsstandards für die erste Fremdsprache (Englisch/ Französisch) für den Mittleren Schulabschluss. http://www.kmk.org/schul/Bildungsstandards/1.Fremdsprache_MSA_BS_04-12-2003.pdf.
van Lier, L. (1996): Interaction in the language curriculum: Awareness, autonomy and authenticity. London: Longman.
Little, D. (1997): Language awareness and the autonomous language learner. In: Language Awareness 6(2/3), S. 93-104.
Long, M. (2000): Second language acquisition theories. In: Byram, M. (Hrsg.): Routledge Encyclopedia of Language Teaching and Learning. London, New York: Routledge, S. 527-534.
Luchtenberg, S. (1995): Language Awareness-Konzeptionen. In: Der Deutschunterricht 4, S. 3-14.
Luchtenberg, S. (1997): Language Awareness: Anforderungen an Lehrkräfte und ihre Ausbildung. In: Fremdsprachen Lehren und Lernen 26, S. 111-126.
Luchtenberg, S. (1998): Möglichkeiten und Grenzen von Language Awareness. Zur Berücksichtigung von Mehrsprachigkeit. In: Kuhs, K./Steinig, W. (Hrsg.): Pfade durch Babylon. Freiburg: Fillibach, S. 137-156.
Neuland, E. (1992): Sprachbewusstsein und Sprachreflexion. In: Der Deutschunterricht 4, S. 3-14.

Nold, G. (1998): Grammatik im Lehrwerk und n den Köpfen der Fremdsprachenlerner am Beispiel von Englisch in der 8. Klasse der Realschule. In: Hermes, L./Schmid-Schönbein, G. (Hrsg.): Fremdsprachen lehren lernen – Lehrerausbildung in der Diskussion. Berlin: Pädagogischer Zeitschriftenverlag, S. 217-227.

Nold, G. (2000): Ist schulisches Fremdsprachenlernen prognostizierbar? Überlegungen zum empirischen Forschungsprojekt „Lernstrategien zur Förderung sprachlicher Verstehensstrukturen in Englisch als Fremdsprache". In: Aguado, K. (Hrsg.): Zur Methodologie der empirischen Fremdsprachenerwerbsforschung. Baltmannsweiler: Schneider, S. 75-91.

Nold, G. (2003): The impact of the learning culture on achievement in the English as a foreign language classroom – a view from Germany. In: Rymarczyk, J./Haudeck, H. (Hrsg.): In Search of The Active Learner – Untersuchungen zu Fremdsprachenunterricht, bilingualen und interdisziplinären Kontexten. Frankfurt a.M.: Peter Lang, S. 163-184.

Nold, G./Haudeck, H./Schnaitmann, G. W. (1997): Die Rolle von Lernstrategien im Fremdsprachenunterricht. In: Zeitschrift für Femdsprachenforschung 8(1), S. 27-50.

Nold, G./Schnaitmann, G. W. (1995): Lernbedingungen und Lernstrategien in verschiedenen Tätigkeitsbereichen des Fremdsprachenunterrichts. In: Empirische Pädagogik 9(2), S. 239-261.

O'Grady, W./Archibald, J./Aronoff, M./Rees-Miller, J. (^{4}2001): Contemporary Linguistics. An Introduction. Boston, New York: Bedford/St. Martin's.

Ossner, J. (1999): Sprachwissen und Sprachbewusstsein. In: Witte, B. (Hrsg.): Akten des Germanistentages Lüneburg.

Paradis, M. (2004): Neurolinguistics of bilingualism and the teaching of languages. 27.05.2004 <http://semioticon.com/virtuals/talks/paradis_txt.htm>

Van Patten, B. (1994): Evaluating the role of consciousness in second language acquisition: Terms, linguistic features & research methodology. In: AILA Review 11, S. 27-36.

Robinson, P. (1997): Generalizability and automaticity of second language learnng under implicit, enhanced, and instructed conditions. Studies in Second Language Acquisition 19(2), S. 223-247.

Schmidt, R. (1994): Deconstructing consciousness in search of useful definitions for applied linguistics. In: AILA Review 11, S. 11-26.

Schumann, J.H. (1998): The neurobiology of affect in language. Malden, MA: Blackwell.

Sieber, P./Sitta, H. (1992): Sprachreflexion in der Öffentlichkeit. Die öffentliche Sprachkritik als Indikator öffentlichen Sprachbewusstseins. In: Der Deutschunterricht 44(4), S. 63-83.

Ständige Konferenz der Kultusminister der Länder in der Bundesrepublik Deutschland (2005): Lehrplan-Datenbank. http://db.kmk.org/lehrplan/.

Szagun, G. (^{6}1996): Sprachentwicklung beim Kind. Weinheim: Beltz, PVU.

Thomé, G. (1999): Orthographieerwerb: Quantitative Fehleranalysen zum Aufbau der orthographischen Kompetenz. Frankfurt a.M.: Peter Lang.

Tunmer, W. E./Pratt, C./Herriman, M. L. (1984): Metalinguistic Awareness in Children. Berlin, Heidelberg: Springer.

Vollmer, H./Henrici, G./Finkbeiner, C./Grotjahn, R./Schmid-Schönbein, G./Zydatiß, W. (2001): Lernen und Lehren von Fremdsprachen: Kognition, Affektion, Interaktion. Ein Forschungsüberblick. In: Zeitschrift für Fremdsprachenforschung 12(2), S. 1-145.

Weinert, S. (2000): Beziehungen zwischen Sprach- und Denkentwicklung. In: Grimm, H. (Hrsg.): Sprachentwicklung. Göttingen, Bern: Hogrefe, S. 311-361.

White, L. (1996): Universal grammar and second language acquisition: current trends and new directions. In: Ritchie, W. C./Bhatia, T. K. (Hrsg.): Handbook of second language acquisition. San Diego: Academic Press.

Williams, J. N. (1999): Memory, attention and inductive learning. In: Studies in Second Language Acquisition 21, S. 1-48.

Zimmermann, G. (1992): Zur Funktion von Vorwissen und Strategien beim Lernen mit Instruktionstexten. In: Zeitschrift für Fremdsprachenforschung 3(2), S. 57-79.

Zimmermann, G./Plessner, H. (1998): Zum Zusammenhang von Lernstrategien, Wisssensrepräsentationen und Leistung beim Lernen mit Instruktionstexten im Fremdsprachenunterricht. In: Zeitschrift für Fremdsprachenforschung 9(2), S. 265-290.

Johannes Hartig

Skalierung und Definition von Kompetenzniveaus

Skalierung der Leistungstests in DESI

Die Erfassung der Sprachkompetenzen in Deutsch und Englisch erfolgt in DESI im Rahmen eines differenzierten multidimensionalen Ansatzes. Sowohl für Deutsch als auch für Englisch werden verschiedene Teilbereiche der jeweiligen Sprachkompetenz untersucht, so z.B. das Verstehen englischer Texte in schriftlicher Form (Leseverstehen) oder gesprochener Sprache (Hörverstehen). Jede dieser Teildimensionen wird in DESI durch einen separaten Test repräsentiert. Die verschiedenen DESI-Tests enthalten, entsprechend der Vielfalt der erfassten Kompetenzen, eine Vielfalt unterschiedlicher schriftlicher und auditiver Teststimuli. Die Testaufgaben haben zum größten Teil ein geschlossenes Antwortformat (multiple-choice), teilweise aber auch offene Antwortformate wie z.B. die zu schließenden Lücken des C-Tests (vgl. Schröder/Harsch in diesem Band). Während bei den geschlossenen Antwortformaten von vornherein klar definiert ist, welche Antworten richtig sind, werden die offenen Antworten anhand entsprechender Kodieranweisungen dahingehend eingeschätzt, für welche Testleistungen wie viele Punkte vergeben werden.

Die Skalierung der DESI-Leistungsdaten erfolgt auf Grundlage der Item-Response-Theorie (IRT, s. z.B. van der Linden/Hambleton 1997; Rost 2004), hierbei werden die Antwortwahrscheinlichkeiten der einzelnen Aufgaben als eine Funktion der zugrundeliegenden Fähigkeit betrachtet. Das in DESI verwendete IRT-Modell ist ein generalisiertes Rasch-Modell, welches in der Analysesoftware ConQuest implementiert ist (Wu/Adams/Wilson 1998). Innerhalb dieses Modells können sowohl dichotome (z.B. falsch/richtig) als auch ordinale Auswertungsformate (partial credit-Modell, z.B. falsch/teilweise richtig/vollständig gelöst) innerhalb derselben Tests modelliert werden. Die DESI-Testaufgaben wurden auf Basis einer Voruntersuchung an 986 Schülern nach Rasch-Homogenität innerhalb der einzelnen Tests selektiert. Hierbei wurde teilweise auch die ursprünglich angenommene Dimensionalität der Tests revidiert.

Die Auswertung auf Basis des Rasch-Modells hat eine Reihe untersuchungs- und auswertungstechnischer Vorteile. Einer davon ist die Möglichkeit der Vorgabe von Aufgaben in einem Matrix-Design, d.h. dass jeder Schüler nur eine Teilmenge aller Aufgaben jedes Tests bearbeitet. Schon aus zeitökonomischen Gründen können nicht alle Schüler der DESI-Stichprobe alle Aufgaben der DESI-Tests beantworten. Noch wichtiger wird die Möglichkeit des Matrix-Designs in DESI im Zusammenhang mit der Messwiederholung zwischen Anfang und Ende des Schuljahres. Aufgrund möglicher Erinnerungseinflüsse können die Leistungen desselben Schülers zu zwei Zeitpunkten nicht mit denselben Aufgaben gemessen werden. Die Verwendung eines Matrix-Designs erlaubt es, jedem Schüler zu beiden Zeitpunkten unterschiedliche Aufgaben desselben Tests vorzulegen, gleichzeitig werden alle Aufgaben zu beiden Zeitpunkten eingesetzt. Bei einer Testwertbildung im Sinne der klassischen Testtheorie (z.B. Moosbrugger/Hartig 2002) – zum Beispiel als Summe der gelösten Aufgaben – könnten Leistungen zwischen Schülern oder Zeitpunkten, denen die Bearbeitung verschiedener Aufgaben zugrunde liegt, nicht verglichen werden. Im Rahmen der Skalierung der Leistungsdaten auf Basis des Rasch-Modells ist es hingegen möglich, für Schüler, die unterschiedliche Aufgaben bearbeitet haben, Schätzwerte auf einer gemeinsamen Skala zu ermitteln. Die Schätzung der Schülerleistungen erfolgt, wie auch in anderen Large Scale Assessments, mit so genannten *Plausible Values*. Diese ermöglichen durch den Einbezug von erklärenden Hintergrundvariablen wie Schulform, Geschlecht oder sozioökonomischer Hintergrund eine messfehlerbereinigte Schätzung der Zusammenhänge zwischen den erklärenden Variablen und den erfassten Schülerleistungen (vgl. Mislevy/Beaton/Kaplan/Sheehan 1992). Für die Schätzung der Messwerte im selben Test zu zwei Zeitpunkten werden die Plausible Values in einem zweidimensionalen Modell geschätzt, in dem die Aufgabenschwierigkeiten zu beiden Zeitpunkten gleich gesetzt und die Leistungen zu beiden Zeitpunkten als zwei separate Variablen modelliert werden. Dieses Vorgehen erlaubt eine bessere Schätzung der Zusammenhänge der Leistungen zwischen den Zeitpunkten und damit auch eine bessere Schätzung des Leistungszuwachses vom ersten zum zweiten Zeitpunkt (vgl. Hartig/Kühnbach im Druck).

Der für die Skalierung der in DESI verwendeten Leistungstests entscheidende Vorteil der Rasch-Skalierung ist die Möglichkeit, Aufgabenschwierigkeiten und Schülerleistungen auf einer gemeinsamen Skala abzubilden (z.B. Wilson 2003). Bei einer klassischen Testwertbildung lässt sich zwischen der Kompetenz einer Schülerin – z.B. wie viel Prozent aller Aufgaben sie gelöst hat – kein Bezug zur Schwierigkeit einer Aufgabe – z.B. von wie vielen Prozent der Schülerinnen und Schüler wurde sie gelöst – herstellen. Die Raschskalierung bildet für beide Größen eine gemeinsame Skala, der Bezug zwischen der Kompetenz der Personen und der Schwierigkeit der Aufgaben wird in Form von Lösungswahrscheinlichkeiten hergestellt. Abbildung 1 veranschaulicht diesen Zusammenhang am Beispiel des Rasch-Modells für dichotome Antwortalternativen (zu Grundlagen und Erweiterungen des Rasch-Modells s. z.B. Fischer/Molenaar 1991). Die Personenfähigkeiten werden mit θ, die Aufgabenschwierigkeiten mit σ bezeichnet. Die Schwierigkeit σ einer Aufgabe ist im Rasch-Modell definiert als der Punkt auf der Kompetenzskala, an dem die

Wahrscheinlichkeit von Personen[1] mit einer Fähigkeit von $\theta = \sigma$ 50% beträgt, die Aufgabe zu lösen.

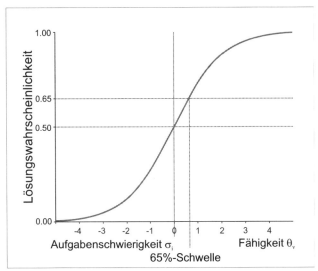

Abbildung 1: Verortung von Aufgabenschwierigkeit σ_i und Personenfähigkeit θ_v auf einer gemeinsamen Kompetenzskala am Beispiel des dichotomen Rasch-Modells.

Anhand des im Rasch-Modell angenommenen Zusammenhanges zwischen Personenfähigkeit und Lösungswahrscheinlichkeit lassen sich auch Punkte auf der Kompetenzskala bestimmen, an denen die Lösungswahrscheinlichkeit für eine spezifische Aufgabe einen beliebigen anderen Wert als 50% annimmt. Bei der Beschreibung von Kompetenzen interessiert, ob eine Population die Anforderungen bestimmter Aufgaben mit einer hinreichenden Sicherheit bewältigen kann – eine Lösungswahrscheinlichkeit von 50% erscheint hierfür relativ niedrig. Daher werden oft höhere Werte gewählt, um einzelne Aufgaben auf der Kompetenzskala zu verorten. In Abbildung 1 ist dies am Beispiel der „65%-Schwelle", wie sie z.B. auch in der *Third International Mathematics and Science Study* (TIMSS) verwendet wurde (vgl. Klieme/Baumert/Köller/Bos 2000), veranschaulicht. Auch in DESI werden die Skalen der Leistungstests auf die 65%-Schwelle der Testaufgaben bezogen charakterisiert.

---

[1] Es ist ein nahe liegender aber voreiliger Schluss, diese Lösungswahrscheinlichkeiten auf die Ebene der untersuchten Individuen zu übertragen. Das Rasch-Modell nimmt lediglich an, dass eine Teilpopulation von Individuen mit einer Fähigkeit von $\theta = \sigma$ die Aufgabe zu 50% lösen sollte, *nicht*, dass die „Lösungschance" eines einzelnen Individuums mit einer Fähigkeit von $\theta = \sigma$ für eine einzelne Aufgabe 50% betragen würde (vgl. Borsboom/Mellenbergh/Heerden 2003).

Ziele und mögliche Methoden bei der Definition von Kompetenzniveaus

Aus den DESI-Leistungstests resultieren quantitative Messungen auf kontinuierlichen Skalen. Diese Zahlenwerte sind gut geeignet, um Zusammenhänge der erfassten Kompetenzen mit anderen Variablen zu untersuchen (z.B. dem sozioökonomischen Status der Eltern) oder die Kompetenzen verschiedener Gruppen zu vergleichen (z.B. von Schülern aus verschiedenen Schulformen). Neben derartigen quantitativen Zusammenhangsanalysen ist es aber gerade in DESI von herausragendem Interesse, über welche *spezifischen* Kompetenzen Schüler auf einem bestimmten Niveau verfügen bzw. welche fachbezogenen Leistungsanforderungen sie bewältigen können. Es besteht also der Bedarf an einer *kriteriumsorientierten Interpretation* der quantitativen Leistungswerte. Die numerischen Werte auf der Kompetenzskala sollen zu konkreten, fachbezogenen Kompetenzen in Bezug gesetzt werden. Genau dieses Ziel soll mit der Bildung so genannter *Kompetenzniveaus* erreicht werden. Es wäre in der Praxis nicht realisierbar, für jeden einzelnen Punkt einer quantitativen Skala eine Beschreibung der jeweiligen Kompetenz vorzunehmen (Beaton/Allen 1992). Daher wird eine Unterteilung der Skala in Abschnitte vorgenommen, welche als Kompetenzniveaus bezeichnet werden. Für diese Skalenabschnitte wird dann eine kriteriumsorientierte Beschreibung der Schülerkompetenzen vorgenommen.

Eine in anderen Studien geläufige Bezeichnung für derartige zur Beschreibung kontinuierlicher Skalen gebildeter Abschnitte ist der Begriff *Kompetenzstufe* (z.B. in der PISA-Studie, z.B. OECD 2004; PISA-Konsortium Deutschland 2004). Die Übersetzung des englischen „proficiency level" mit „Stufe" ist jedoch nicht ideal (vgl. auch Helmke/Hosenfeld 2004). Stufen werden innerhalb der Erziehungswissenschaften und Psychologie oft mit *qualitativen* Unterschieden – wie z.B. im Piagetschen Modell der kognitiven Entwicklung – assoziiert. Den in Schulleistungsstudien verwendeten „Kompetenzstufen" liegen in aller Regel jedoch keine echten Stufenmodelle zugrunde, sie dienen lediglich einer einfacheren Kommunikation und Veranschaulichung der erfassten quantitativen Leistungsdimensionen: "Dividing (…) these continua into levels, though useful for communication about students' development, is essentially arbitrary." (Adams/Wu 2002, S. 197). Angesichts der möglicherweise irreführenden Konnotationen des Stufenbegriffs wurde für DESI der Begriff *Kompetenzniveau* vorgezogen. Es soll an dieser Stelle jedoch hervorgehoben werden, dass dieser Begriff dasselbe bezeichnet wie *Kompetenzstufen* im Kontext anderer Studien: Abschnitte auf kontinuierlichen Kompetenzskalen, die mit dem Ziel einer kriteriumsorientierten Beschreibung der erfassten Kompetenzen gebildet werden.

Um für die Kompetenzskala eines existierenden Tests Niveaus zu definieren, stehen verschiedene Methoden zur Verfügung. Entscheidend für die Definition der Niveaus ist bei praktisch jeder Vorgehensweise die Definition der *Schwellen zwischen den Niveaus*. Innerhalb eines Skalenabschnittes, der als ein Kompetenzniveau betrachtet wird, wird keine weitere inhaltliche Differenzierung der Schülerkompetenzen vorgenommen. Abbildung 2 veranschaulicht die Unterteilung einer kontinuierlichen Kompetenzskala in Kompetenzniveaus.

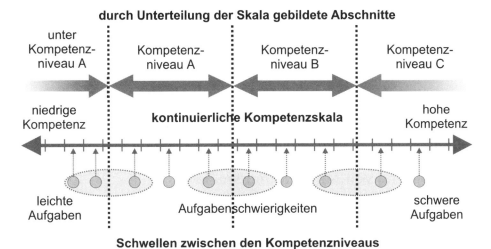

Abbildung 2: Veranschaulichung der Unterteilung einer kontinuierlichen Kompetenzskala mit darauf verorteten Aufgabenschwierigkeiten in Kompetenzniveaus. Die Aufgabenschwierigkeiten in Nachbarschaft der Schwellen zwischen den Niveaus sind unterlegt.

Als inhaltliche Grundlage für die Bildung und die Beschreibung von Skalenabschnitten werden die Schwierigkeiten der Aufgaben eines Tests und deren fachbezogene Anforderungen herangezogen. Bei der Interpretation der Kompetenzniveaus in Bezug auf die Aufgabenschwierigkeiten ist zu beachten, dass zur inhaltlichen Charakterisierung der Niveaus diejenigen Aufgaben herangezogen werden, welche *in Nachbarschaft* der Schwellen am Beginn des jeweiligen Niveaus liegen (vgl. auch Beaton/Allen 1992). In Abbildung 2 sind die Aufgaben in Nachbarschaft der Schwellen zwischen den Niveaus grau unterlegt. Anhand dieser Aufgaben können die Kompetenzen von Schülern beschrieben werden, deren Leistung innerhalb des Niveaus liegt. Es ist hingegen *nicht* angezeigt, die Aufgabenschwierigkeiten *innerhalb* eines Niveaus (d.h. zwischen der unteren und oberen Grenze) zur Beschreibung der Niveaus heranzuziehen – die Aufgaben am „oberen Ende" eines Niveaus sind eher charakteristisch für die Leistungen von Schülern auf dem nächsthöheren Niveau.

Die in verschiedenen vorliegenden Studien eingesetzten Methoden zur Definition und inhaltlichen Beschreibung der Niveaus bzw. der Schwellen zwischen den Niveaus unterscheiden sich vor allem hinsichtlich zweier Merkmale, nämlich

- wie differenziert und mit welchem Abstraktionsgrad die inhaltlichen Anforderungen der Testaufgaben systematisiert werden und
- inwieweit inhaltliche Hypothesen über spezifische Aufgabenanforderungen und über mögliche Kompetenzniveaus schon a priori – vor der Erhebung empirischer Leistungsdaten – formuliert werden.

Die Kompetenzstufenmodelle der in den letzten Jahren durchgeführten internationalen Large Scale Assessments basieren größtenteils auf unterschiedlich systematischen Post-Hoc-Analysen der Aufgabeninhalte und Aufgabenanforderungen (vgl. z.B. Klieme et al. 2000; Artelt/Stanat/Schneider/Schiefele 2001; Bos et al. 2003). Zur Darstellung eines häufig zitierten systematischen Vorgehens siehe Beaton und Allen (1992); eine kurze aktuelle Übersicht über das Vorgehen in jüngeren Studien findet sich bei Helmke und Hosenfeld (2004).

Definition von Kompetenzniveaus in DESI

Formulierung von Aufgabenmerkmalen

In vielen Studien fand eine genauere Betrachtung der Zusammenhänge zwischen Aufgabeninhalten und -schwierigkeiten erst nach der Verankerung auf der Kompetenzskala statt (z.B. Beaton/Allen 1992; Watermann/Klieme 2002). Im Unterschied dazu wurden in DESI für viele der einzelnen Leistungstests bereits vorab Beschreibungen der Testaufgaben hinsichtlich möglicher schwierigkeitsbestimmender Charakteristika vorgenommen. Diese Beschreibungen wurden aus Modellen der jeweils zu erfassenden Kompetenzen abgeleitet und beinhalten Annahmen darüber, welche *spezifischen Anforderungen* zur Schwierigkeit einer Aufgabe beitragen sollten. Aus diesen anforderungsrelevanten *Aufgabenmerkmalen* lässt sich also im vornherein ableiten, welche Aufgaben leichter oder schwerer sein sollten und worauf diese Schwierigkeitsunterschiede zurückzuführen sind. Die Aufgabenmerkmale liegen im einfachsten Fall als globale Einschätzungen ganzer Aufgaben vor, für die meisten Tests jedoch in Form mehrerer differenzierter Merkmale für jede Aufgabe.

Die Aufgabenmerkmale erleichtern es, die jeweilige zu erfassende Kompetenz auf einer verallgemeinerten Ebene, unabhängig von den konkreten Testaufgaben, zu beschreiben. Ein wichtiger Ausgangspunkt für die Identifikation und Beschreibung relevanter Aufgabenmerkmale sind Hypothesen über die Anforderungen, die beim Bearbeiten und Lösen der Aufgaben bewältigt werden müssen. Aufgabenmerkmale können sich auf unterschiedliche theoretisch angenommene Prozesse beim Lösen, aber auch auf technische Oberflächencharakteristika der Aufgaben beziehen. Bereiche, in denen Merkmale kodiert werden können, sind z.B.

- zum Lösen der Aufgabe auszuführende kognitive Operationen (z.B. Suche von Informationen beim Lesen eines Textes);
- die Schwierigkeit hinsichtlich spezifischer inhaltlicher Kriterien (z.B. Wortschatz eines Lesetextes);
- spezifische Phänomene im jeweiligen Leistungsbereich (z.B. bilden von Konjunktiv-Formen in einem Grammatiktest);
- Aufgabenformate (z.B. geschlossene vs. offene Antworten).

Werden Annahmen über die schwierigkeitsbestimmenden Merkmale einer Aufgabe vor der Erhebung empirischer Daten formuliert, gewinnen diese den Status empirisch prüfbarer Hypothesen über Charakteristika der zu erfassenden Kompetenz. Selbstverständlich ist ein Large Scale Assessment mit standardisierten Tests nicht geeignet, kognitive Prozesse beim Bearbeiten der Testaufgaben zu untersuchen. Dennoch kann eine differenzierte Analyse schwierigkeitsbestimmender Aufgabenmerkmale und eines daraus abgeleiteten Messmodells für die zu erfassende Kompetenz mehr über die Validität (Gültigkeit) eines Kompetenztests aussagen als korrelative Zusammenhänge des Testwertes mit weiteren Leistungsmaßen oder sonstigen Variablen (vgl. Borsboom/Mellenbergh/Heerden 2004).

Die meisten Aufgabenmerkmale der DESI-Tests sind derart definiert, dass jede Testaufgabe sinnvoll hinsichtlich jedes Merkmals einzustufen ist. Dies bedeutet, dass auch die einfachste Ausprägung der Merkmale hinsichtlich der Aufgabenanforderungen inhaltlich definiert ist. So enthalten z.B. Aufgaben im Englisch Lese- und Hörverstehen, die im Merkmal *sprachliche Anforderungen* auf der einfachsten Stufe eingeordnet sind, hochfrequente Wörter und einfache grammatische Strukturen (vgl. Nold/Rossa in diesem Band). Die Sprachkompetenz eines Schülers, der eine solche einfache Aufgabe löst, lässt sich also u.a. durch das Beherrschen hochfrequenten englischen Vokabulars charakterisieren. Die höchste Ausprägung des Merkmals *sprachliche Anforderungen* bedeutet, dass Aufgaben einen erweiterten Wortschatz und komplexe grammatische Strukturen beinhalten. Die Kompetenz von Schülern, die derartige Aufgaben lösen, kann entsprechend durch das Beherrschen dieser Anforderungen beschrieben werden. In einigen Fällen sind die Aufgabenmerkmale hingegen stärker qualitativer Natur, z.B. „Dativ/Akkusativ unterscheiden" in Sprachbewusstheit Deutsch (vgl. Eichler in diesem Band). Die Kompetenz von Schülern, die eine solche Aufgabe lösen, kann durch das Beherrschen des in diesem Aufgabenmerkmal beschriebenen grammatischen Phänomens charakterisiert werden. Es ist in diesem Fall jedoch nicht inhaltlich definiert, was das Nicht-Vorliegen eines solchen Merkmals hinsichtlich der Aufgabenanforderungen bedeutet.

Nach der Benennung und Beschreibung relevanter Aufgabenmerkmale muss durch Fachexperten eine Einschätzung jeder Aufgabe eines Tests hinsichtlich dieser Merkmale vorgenommen werden. Hierbei ist eine qualitative und/oder quantitative Einschätzung, ob bzw. in welcher Ausprägung ein Merkmal bei einer Aufgabe vorliegt, möglich. Diese Einschätzungen sollten im Idealfall gut dokumentiert sein, so dass eine Nachvollziehbarkeit für dritte möglich ist. Für DESI werden die Kriterien zur Einschätzungen der Aufgabenmerkmale auch dahingehend überprüft, inwieweit unabhängige, geschulte Rater hinsichtlich ihrer Einschätzungen übereinstimmen. Eine ausführliche Dokumentation der Kriterien zur Aufgabeneinschätzung ermöglicht neben der Verwendung bei der Definition von Kompetenzniveaus auch die Übertragung auf andere Tests oder noch zukünftig zu konstruierende Aufgaben.

Modellierung der Effekte der Aufgabenmerkmale und erwartete Schwierigkeiten

Kodierung der Aufgabenmerkmale

Zur empirischen Analyse der Zusammenhänge zwischen Aufgabenmerkmalen und -schwierigkeiten werden die Abstufungen der Merkmale in Zahlen ausgedrückt. Hierbei werden die Aufgabenmerkmale i.d.R. so kodiert, dass sie einen positiven Zusammenhang mit der Aufgabenschwierigkeit aufweisen. Ist ein Merkmal zweifach gestuft, wird z.B. die Ausprägung, welche als schwerer angenommen wird, mit 1, die leichtere Ausprägung mit 0 kodiert. Bei Merkmalen mit mehr als zwei Stufen (z.B. „leicht", „mittel", „schwer") werden die einzelnen Stufen in so genannte *Dummy-Variablen* für die einzelnen Merkmalsstufen übersetzt, die wiederum nur Werte von 0 und 1 annehmen. Ein dreistufiges Merkmal wird z.B. in zwei Dummy-Variablen überführt, eine für das Vorliegen der mittleren und eine für das Vorliegen der schwierigsten Merkmalsausprägung. Bei der Untersuchung der Effekte der Dummy-Variablen auf die Aufgabenschwierigkeit wird die angenommene Schwierigkeitsabfolge der Merkmalsstufen einer empirischen Prüfung unterzogen, da erst gezeigt werden muss, dass eine als mittel angenommene Stufe tatsächlich schwieriger ist als die zugehörige als leicht eingestufte Ausprägung desselben Merkmals.

Auswertung mittels linearer Regressionsanalyse

Nach der Definition und Kodierung der schwierigkeitsbestimmenden Merkmale können diese zu den empirisch ermittelten Aufgabenschwierigkeiten in Beziehung gesetzt werden. In DESI werden als Aufgabenschwierigkeiten die oben genannten, aus der Rasch-Skalierung resultierenden 65%-Schwellen verwendet, d.h. diejenigen Werte auf der Kompetenzskala, mit denen Schüler die jeweilige Aufgabe mit einer Wahrscheinlichkeit von 65% lösen sollten. Als Modell für den Zusammenhang zwischen Aufgabenmerkmalen und Aufgabenschwierigkeiten wird für einen großen Teil der DESI-Tests ein additives, lineares Modell gewählt. Die Schwierigkeit jeder Aufgabe ergibt sich in diesem Modell aus der Summe ihrer anforderungsrelevanten Merkmale. Die empirische Analyse dieses Modells für die einzelnen Tests erfolgt mit linearen Regressionsanalysen (z.B. Moosbrugger 2002). Hierbei wird die Aufgabenschwierigkeit als eine gewichtete Summe ihrer einzelnen Merkmale modelliert:

(1) $\sigma_i = \beta_0 + \beta_1 \cdot q_{i1} + \cdots + \beta_m \cdot q_{im} + \cdots + \beta_M \cdot q_{iM} + \varepsilon_i$
σ_i = Schwierigkeit von Aufgabe i;
β_m = Regressionsgewicht für Merkmal m;
M = Anzahl der Aufgabenmerkmale;
q_{im} = Kodierung des Merkmals m für Aufgabe i
(0=liegt vor, 1=liegt nicht vor);
ε_i = Verbleibende Abweichung zwischen im Modell erwarteter und tatsächlicher Aufgabenschwierigkeit (Residuum).

Die Regressionsgewichte β_m drücken hierbei den Einfluss eines Aufgabenmerkmals auf die Aufgabenschwierigkeit aus. Die Dummy-Kodierungen von mehreren Abstufungen desselben Merkmals werden technisch als separate Merkmale behandelt, für die jeweils eigene Regressionsgewichte geschätzt werden. Die Werte für β_m sind so zu interpretieren, dass eine Aufgabe, bei der das Merkmal m gegeben ist, auf der Kompetenzskala um β_m schwerer ist, als eine Aufgabe, bei der das Merkmal m nicht gegeben ist. Die Werte für die Einflussgewichte β_m werden in der Regressionsanalyse so geschätzt, dass die tatsächlichen Aufgabenschwierigkeiten möglichst gut wiedergegeben werden, d.h. dass die verbleibenden Abweichungen (ε_i in Formel 1) möglichst gering sind.

Prüfung der Vorhersagekraft der Merkmale

Für die Prüfung der Übereinstimmung zwischen tatsächlichen und im Modell erwarteten Aufgabenschwierigkeiten erlaubt die Regressionsanalyse zunächst eine Einschätzung, inwieweit die Unterschiede zwischen Aufgabenschwierigkeiten durch die Aufgabenmerkmale erklärt werden können. Als Maß hierfür wird der so genannte Determinationskoeffizient R^2 herangezogen. Dieser gibt an, welcher Anteil der Unterschiedlichkeit der Aufgabenschwierigkeiten durch die Aufgabenmerkmale erklärt werden kann. Ein Wert von $R^2 = 1.0$ würde bedeuten, dass das Modell eine perfekte Vorhersage der Aufgabenschwierigkeiten erlaubt (alle $\varepsilon_i = 0$), bei einem Wert von $R^2 = 0.0$ wären die Aufgabenmerkmale vollkommen irrelevant für die Schwierigkeiten der Testaufgaben. Ein Wert von $R^2 = 0.5$ bedeutet, dass die Hälfte der Unterschiede zwischen den Aufgabenschwierigkeiten durch die Aufgabenmerkmale erklärt werden kann. Das Ausmaß erklärter Unterschiede ist somit ein Indikator dafür, inwieweit die Annahmen über die schwierigkeitsbestimmenden Aufgabenmerkmale sich durch die tatsächlichen Aufgabenschwierigkeiten stützen lassen. Über die generelle Erklärungskraft der Gesamtheit der Aufgabenmerkmale hinaus kann auf Basis der Regressionsanalyse auch beurteilt werden, welche spezifischen Merkmale mehr oder weniger bedeutend für die Schwierigkeit der Aufgaben sind. Merkmale mit einem hohen Regressionsgewicht β_m sind besonders bedeutsam für die Schwierigkeiten der Aufgaben, Merkmale mit einem Gewicht nahe null haben unter Berücksichtigung der übrigen Merkmale kaum Erklärungskraft hinsichtlich der Aufgabenschwierigkeiten.

Ermittlung erwarteter Aufgabenschwierigkeiten zur Schwellendefinition

Neben der Prüfung der Annahmen zu den Einflüssen von Aufgabenmerkmalen auf Aufgabenschwierigkeiten ermöglicht es die Regressionsanalyse, die *erwarteten Schwierigkeiten* von Aufgaben mit spezifischen Merkmalskombinationen zu bestimmen. Die erwartete Schwierigkeit $\hat{\sigma}_i$ einer Aufgabe i lässt sich als Summe der Regressionsgewichte ermitteln, die für die jeweilige Aufgabe relevant sind. Mit anderen Worten ergibt sich die erwartete Aufgabenschwierigkeit aus Formel 1 ohne das Regressionsresiduum ε_i:

(2) $\hat{\sigma}_i = \beta_0 + \beta_1 \cdot q_{i1} + \cdots + \beta_m \cdot q_{im} + \cdots + \beta_M \cdot q_{iM}$
$\hat{\sigma}_i$ = erwartete Schwierigkeit von Aufgabe i;
β_m = Regressionsgewicht für Merkmal m;
M = Anzahl der Aufgabenmerkmale;
q_{im} = Kodierung des Merkmals m für Aufgabe i
(0=liegt vor, 1=liegt nicht vor).

Die so ermittelten erwarteten Aufgabenschwierigkeiten werden in DESI herangezogen, um Schwellen zwischen Kompetenzniveaus zu definieren. Unter den verschiedenen Kombinationen von Aufgabenmerkmalen für jeden Test werden solche herausgesucht, die geeignet zur Charakterisierung von Übergängen auf ein neues Kompetenzniveau sind.

Dieses Vorgehen wird im Folgenden an einem hypothetischen Beispiel mit vier Aufgabenmerkmalen schematisch dargestellt; die Anwendung auf einen konkreten Test wird z.B. im Kapitel zum C-Test gut anschaulich (Harsch/Schröder in diesem Band). In Tabelle 1 sind Regressionsgewichte für vier Merkmale aufgelistet; als Werte sind Zahlen in plausiblen Größenordnungen auf der Logit-Skala gewählt, auf der die Aufgabenschwierigkeiten und Personenfähigkeiten im Raschmodell dargestellt werden (vgl. Abbildung 1). Die Regressionskonstante β_0 entspricht der erwarteten Schwierigkeit einer maximal einfachen Aufgabe, die hinsichtlich aller schwierigkeitsbeeinflussenden Merkmale auf den jeweils einfachsten Stufen eingeordnet ist (alle q_{im} in Formel 2 sind null).

Tabelle 1: Hypothetische Regressionsgewichte bei der Vorhersage von Aufgabenschwierigkeiten mit vier Aufgabenmerkmalen.

Merkmale und Regressionsgewichte		Werte für β_m
Regressionskonstante	(β_0)	-2.0
Merkmal 1	(β_1)	1.0
Merkmal 2	(β_2)	0.5
Merkmal 3	(β_3)	1.0
Merkmal 4	(β_4)	0.5

Die erwartete Schwierigkeit einer Aufgabe, bei der nur Merkmal 1 vorliegt und alle übrigen Merkmale nicht, wäre in diesem Beispiel 1.0 Logits höher als β_0, nämlich $\beta_0 + \beta_1 = -2.0 + 1.0 = -1.0$. In Tabelle 2 sind mögliche Schwellen zwischen Kompetenzniveaus dargestellt, die sich aus den erwarteten Schwierigkeiten für ausgewählte Merkmalskombinationen ergeben. Der Beginn eines Kompetenzniveaus wird durch Merkmalskombinationen und die daraus resultierenden erwarteten Schwierigkeiten definiert. Schüler auf Niveau A sollten also die einfachsten Aufgaben beherrschen, die keines der schwierigkeitsbestimmenden Merkmale aufweisen. Im hier dargestellten hypothetischen Beispiel würden Schüler auf Niveau B die Aufgaben beherrschen, die das Merkmal 1 aufweisen. Auf Niveau C werden auch die Anforderungen der Merkmale 2 und 3 beherrscht, und auf Niveau D beherrschen Schüler auch Aufgaben, bei denen alle vier Aufgabenmerkmale vorliegen.

Tabelle 2: Definition von Schwellen zwischen vier Kompetenzniveaus durch die aus bestimmten Aufgabenmerkmals-Kombinationen resultierenden erwarteten Schwierigkeiten $\hat{\sigma}_i$.

Niveau	$\hat{\sigma}_i$	Kodierungen q_{im} der Aufgabenmerkmale*			
		M1	M2	M3	M4
A	-2.0	0	0	0	0
B	-1.0	1	0	0	0
C	0.5	1	1	1	0
D	1.0	1	1	1	1

*0 = Merkmal liegt nicht vor; 1 = Merkmal liegt vor. Die schattierten Felder zeigen an, auf welchem Niveau ein Merkmal erstmalig auftritt.

Natürlich sind die zur Schwellendefinition verwendeten Merkmalskombinationen nicht die einzigen, die im Test tatsächlich vorkommen. So können Aufgaben im hypothetischen Beispiel auch die Merkmalskombination 1 und 2 (ohne 3 und 4) aufweisen, hier würde sich eine erwartete Schwierigkeit von $\beta_0 + \beta_1 + \beta_2 = -2.0 + 1.0 + 0.5 = -0.5$ ergeben. In Abbildung 3 sind die erwarteten Schwierigkeiten aus Tabelle 2 sowie die dadurch gebildeten Kompetenzniveaus grafisch auf der fiktiven Kompetenzskala abgetragen.

Die Auswahl der Merkmalskombinationen, welche tatsächlich zur Schwellendefinition herangezogen werden, muss nach theoretischen und empirischen Kriterien erfolgen. Bei der Skalierung der DESI-Tests werden die Aufgaben hierzu nach ihren erwarteten Schwierigkeiten sortiert und dann auf folgende Kriterien geachtet:

Die Merkmalskombinationen, die als Schwellen verwendet wurden, sollen inhaltlich gut geeignet sein, Unterschiede zwischen Schülern mit niedrigerer und höherer Kompetenz zu charakterisieren.

Der Test soll mehrere Aufgaben enthalten, bei denen diese Merkmalskombinationen tatsächlich realisiert sind.

Für diese Merkmalskombinationen sollte es Aufgaben geben, deren tatsächliche Schwierigkeit σ_i nicht zu stark von der erwarteten Schwierigkeit $\hat{\sigma}_i$ abweicht.

Die Schwellen auf der Kompetenzskala sollten nicht zu dicht beieinander liegen, um eine klare Trennung der Niveaus zu gewährleisten.

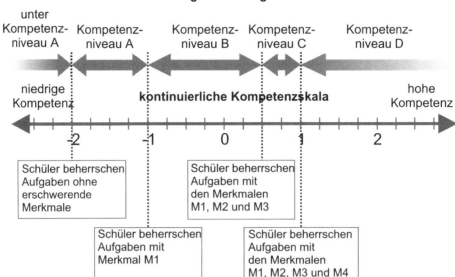

Abbildung 3: Durch Kombinationen von Aufgabenmerkmalen gebildete Kompetenzniveaus auf einer hypothetischen Kompetenzskala.

Merkmalsauswahl und Beschreibung der Kompetenzniveaus

Wie am Anfang dieses Abschnitts erläutert, erlauben die Ergebnisse der Regressionsanalyse sowohl eine Einschätzung der gemeinsamen Vorhersagekraft aller Aufgabenmerkmale als auch eine Einschätzung der Einflüsse der einzelnen Merkmale. Bei der empirischen Analyse der Aufgabenmerkmale und -schwierigkeiten werden für jeden Test die Merkmale mit der höchsten Erklärungskraft für die Aufgabenmerkmale identifiziert. Bei keinem der DESI-Tests werden letztlich alle ursprünglich definierten Merkmale im Regressionsmodell behalten. Dies ergibt sich nicht nur dadurch, dass einzelne Merkmale wider Erwarten keinen deutlichen Einfluss auf die Aufgabenschwierigkeiten zeigten, sondern auch durch Abhängigkeiten (Kollinearitäten) zwischen den Merkmalen. Bei der Aufgabenkonstruktion werden schwierigkeitsbestimmende Merkmale häufig in Kombination miteinander realisiert, so dass Aufgaben oft gleichzeitig hinsichtlich mehrerer Merkmale als leicht oder schwer einzuschätzen sind. Die hieraus resultierenden Zusammenhänge zwischen den Merkmalen über Aufgaben hinweg führen dazu, dass einige Merkmale keine zusätzliche Erklärungskraft mehr haben, wenn andere Merkmale bereits berücksichtigt sind.

Die Schwellen zwischen den Kompetenzniveaus der DESI-Tests werden daher als die erwarteten Schwierigkeiten auf Basis derjenigen Aufgabenmerkmale gebildet, welche die größte Erklärungskraft für Unterschiede in den Aufgabenschwierigkeiten haben. Die inhaltliche Definition der Schülerkompetenzen auf den so gebildeten Kompetenzniveaus wird entsprechend zuerst durch diese vorhersagestärksten

Merkmale vorgenommen. Dennoch werden zusätzlich auch Merkmale, welche aufgrund von Zusammenhängen innerhalb der Merkmale nicht ins Regressionsmodell aufgenommen wurden, zur inhaltlichen Beschreibung der erfassten Sprachkompetenzen herangezogen.

Es ist hier zu betonen, dass als Kriterium bei der Auswahl der Merkmale *nicht* die Signifikanz der einzelnen Regressionsgewichte oder des inkrementellen Anteils zusätzlich erklärter Varianz herangezogen wird. Bei den zur Niveaudefinition vorgenommenen Regressionsanalysen geht es nicht darum, allgemeingültige Modelle zu prüfen, welche für Populationen von Items Gültigkeit haben sollen. Ziel ist es vielmehr vor allem, Modelle zur *Beschreibung* der spezifischen in DESI verwendeten Leistungstests und der darin enthaltenen Aufgaben zu entwickeln. Als Kriterium für die Aufnahme von Aufgabenmerkmalen in diese beschreibenden Modelle wurde die absolute Größe der Regressionsgewichte sowie inhaltlich sinnvolle Vorzeichen herangezogen. So wurden z.B. Merkmale aus den Modellen ausgeschlossen, wenn sie im Gesamtmodell wider Erwarten ein negatives Vorzeichen aufwiesen. Der Verzicht auf eine Generalisierbarkeit der Modelle macht es umso wichtiger, die Passung des Modells auf Ebene der einzelnen Aufgaben zu inspizieren. Dies wurde insbesondere bei der Auswahl der Schwellen zwischen den Kompetenzniveaus beachtet (s.o., Punkte 2 und 3).

Vorgehen bei globalen Aufgabeneinstufungen

Nicht bei allen DESI-Tests ist es möglich, eine differenzierte Beschreibung der Aufgaben hinsichtlich mehrerer Merkmale vorzunehmen. Für einige Tests (Deutsch Lesekompetenz, Deutsch Wortschatz und Deutsch Argumentation) liegen die Aufgabenbeschreibungen in Form globaler Einstufungen des Anspruchsniveaus vor, d.h. jede Aufgabe wird einem angenommenen Schwierigkeitsgrad zugeordnet. Für diese Tests wird ein anderes Vorgehen zur Definition der Kompetenzniveaus gewählt, da die einfachere Aufgabenbeschreibung eine differenziertere Betrachtung der genauen Verteilungen der Aufgabenschwierigkeiten erlaubt. Zur Definition der Kompetenzniveaus wurden die Aufgaben jedes angenommenen Niveaus nach ihrer Schwierigkeit sortiert und dann anhand der tatsächlichen Schwierigkeiten jener Punkt auf der Kompetenzskala ermittelt, ab dem 50% der Aufgaben eines Niveaus beherrscht werden. Bei ungerader Aufgabenanzahl innerhalb eines Niveaus wird die nächste Schwierigkeit unterhalb von 50% gewählt (z.B. die fünfte von elf Aufgaben), bei einer geraden Aufgabenanzahl die mittlere Aufgabenschwierigkeit (d.h. der Median). Dieses Vorgehen führt zu Schwellen zwischen Niveaus, bei welchen die Kompetenz der Schüler dadurch charakterisiert ist, dass sie ca. die Hälfte der Aufgaben eines Niveaus mit hinreichender Sicherheit (65%-Schwelle) beherrschen. Die inhaltliche Beschreibung der Niveaus ergibt sich unmittelbar aus der Beschreibung der vorab angenommenen Niveaus.

Diskussion und Ausblick

Generell gilt, dass die Unterteilung einer kontinuierlichen Skala in ordinale Niveaus mit einem Informationsverlust verbunden ist, da die Unterschiede zwischen Schülern innerhalb eines Niveaus nicht mehr berücksichtigt werden. Dennoch wird der Mehrwert, der durch die kriteriumsorientierte Skaleninterpretation gewonnen wird, als hinreichender Ausgleich für diese Informationsreduktion betrachtet. Es darf jedoch nicht in Vergessenheit geraten, dass sich die Leistungen von Schülern, die kurz unter- und oberhalb einer Schwelle zwischen zwei Niveaus liegen, ähnlicher sind, als die Leistungen von Schülern, die im unteren und oberen Bereich desselben liegen. Die durch die Einteilung in Niveaus vorgenommene Informationsreduktion ist jedoch insofern nicht gravierend, als diese Niveaus im Wesentlichen zur Veranschaulichung deskriptiver Ergebnisse verwendet werden. Für differenzierte Analysen, z.B. zur Vorhersage von Leistungsunterschieden, werden i.d.R. weiterhin die ursprünglichen quantitativen Skalenwerte verwendet.

Grenzen des Vorhersagemodells

Zur Beurteilung der hier geschilderten Vorgehensweise ist anzumerken, dass das linear-additive Modell bei der Vorhersage der Aufgabenschwierigkeiten ein relativ einfaches Modell darstellt. Andere Modelle zur Vorhersage der Schwierigkeiten sind ohne weiteres denkbar. So sind z.B. Wechselwirkungen zwischen Merkmalen dahingehend möglich, dass eine Kombination von zwei Merkmalen die Testaufgaben schwieriger macht, als aufgrund einer einfachen Addition der Schwierigkeiten der einzelnen Merkmale zu erwarten wäre. In DESI wurde routinemäßig eine Prüfung vorgenommen, ob derartige Wechselwirkungen zu beobachten sind. Die Ergebnisse sprechen nicht dagegen, das hier geschilderte einfache Modell ohne Wechselwirkungen beizubehalten. Zudem nimmt die Interpretierbarkeit der Kompetenzniveaus mit zunehmender Komplexität des Vorhersagemodells ab. Zu beachten ist auch, dass die Anzahl der Aufgaben für einzelne Tests relativ gering ist – die Schätzungen der Einflüsse der Aufgabenmerkmale sollte insbesondere in diesen Fällen ohne zusätzliche Untersuchungen an neuen Aufgaben nicht über das hier verwendete Testmaterial hinaus generalisiert werden. Wichtig ist in jedem Fall eine Prüfung der Abweichungen ε_i zwischen beobachteten und vorhergesagten Schwierigkeiten, diese können auch zur Suche nach Fehlspezifikationen des Modells herangezogen werden.

Alternative Schätzverfahren

Das für die Definition der Kompetenzniveaus gewählte Vorgehen beinhaltet im Wesentlichen zwei separate Analyseschritte: Die Rasch-Skalierung der Testdaten mit Schätzung der Aufgabenschwierigkeiten und die daran anschließende Vorhersage der Schwierigkeiten durch angenommene Aufgabenmerkmale. Der Vorteil dieses Vorgehens in zwei Schritten ist, dass die Analysen auf weit verbreiteten Standardmethoden basieren, womit sie für ein breites Publikum nachvollziehbar und anwendbar sind. Dass angenommene linear-additive Modell zur Erklärung der Aufgabenschwierigkeiten könnte jedoch auch in einer gemeinsamen Analyse mit der Skalierung geschätzt werden. Eine Möglichkeit hierzu ist die Skalierung mit einem Linear-Logistischen Testmodell (LLTM, z.B. Fischer 1996). Hierbei wird schon bei der Rasch-Skalierung eine Dekomposition der Aufgabenschwierigkeiten in eine gewichtete Kombination von so genannten Basisparametern vorgenommen, wobei jeder dieser Basisparameter ein Aufgabenmerkmal repräsentiert. Diese Basisparameter können analog den Regressionsgewichten bei der für DESI gewählten Methode zur Definition von Kompetenzniveaus herangezogen werden. Ein wesentlicher Unterschied der Auswertung mittels LLTM ist, dass die Aufgabenschwierigkeiten durch die Aufgabenmerkmale vollständig erklärt werden, d.h. es wird kein Residuum zugelassen. Zudem ist es im Rahmen des LLTM schwierig, die Güte hinsichtlich der Aufgabenmerkmale gemachten Annahmen einzuschätzen (Hartig 2004a). Analysen mit einzelnen DESI-Tests ergeben allerdings, dass die Verwendung von Regressionsanalysen und LLTM zu inhaltlich sehr ähnlichen Ergebnissen führen (Hartig 2004b). Neuere Item-Response-Modelle ermöglichen wie das LLTM die Schätzung von Merkmalseffekten auf die Aufgabenschwierigkeiten innerhalb der Skalierung, lassen jedoch Residuen zu (Janssen/Tuerlinckx/Meulders/De Boeck 2000; Janssen/Schepers/Peres 2004). Diese Modelle führen mit einem Analyseschritt zu inhaltlich fast identischen Ergebnissen wie das in DESI gewählte zweischrittige Vorgehen (Hartig/Frey 2005). Die simultane Modellierung beider Schritte im Rahmen komplexerer Analysemodelle erscheint der Datenlage und Fragestellung zwar methodisch angemessener, ist jedoch mit einem deutlichen Mehraufwand verbunden. Da die hierzu durchgeführten Analysen keine nennenswerten inhaltlichen Unterschiede zwischen den Ergebnissen aus den verschiedenen Modellierungsverfahren ergeben, wird in DESI auch aus Gründen der Nachvollziehbarkeit der Ergebnisse das einfachere Verfahren mit separater Skalierung und Regressionsanalyse gewählt.

Vorzüge von a priori definierten Merkmalen

In der empirischen Praxis sind die Grenzen zwischen einem Post-Hoc-Vorgehen und einem streng hypothesengeleiteten und modellbasierten Vorgehen fließend. Auch im Nachhinein kann z.B. eine Vorhersage der Aufgabenschwierigkeiten mittels Aufgabenmerkmalen vorgenommen werden (z.B. Prenzel/Häußler/Rost/Senkbeil 2002). Mit einer A-Priori-Beschreibung der Aufgabenmerkmale gehen jedoch verschiedene Vorteile einher. Vor allem lassen sich empirisch gestützte Aussagen, welche auf Basis vorab formulierter Kompetenzmodelle und daraus abgeleiteter Hypothesen erzielt wurden, besser über das eingesetzte Aufgabenmaterial hinaus verallgemeinern. So können Aufgabenmerkmale und die darauf basierenden Kompetenzniveaus z.B. auf andere Tests oder neu konstruierte Aufgaben übertragen werden. Die Aufgabenmerkmale in DESI wurden für alle Tests vorab definiert, teilweise jedoch auch noch nach Vorliegen der Skalierungsergebnisse revidiert. Insofern sind die resultierenden Kompetenzniveaus auch in DESI zunächst an das verwendete Testmaterial gebunden. Es erscheint daher als eine interessante und vielversprechende Forschungsfrage, inwieweit die in DESI entwickelten Kompetenzmodelle sich mit neuen Aufgaben und an anderen Stichproben bestätigen lassen. Mit den vorliegenden differenzierten Merkmalsdefinitionen sind die Voraussetzungen für derartige Untersuchungen ideal.

Abschließend ist hervorzuheben, dass die Möglichkeiten eines hypothesengeleiteten Vorgehens, völlig unabhängig von der eingesetzten Analysemethodik, an die Qualität der zugrunde liegenden inhaltlich-theoretischen Kompetenzmodelle gebunden sind: Je differenzierter die Vorstellungen über die Natur der zu erfassenden Kompetenz und der Prozesse beim Bewältigen spezifischer Aufgabenanforderungen, desto differenzierter können die Anforderungsmerkmale konkreten Testmaterials beschrieben werden und desto eher führt die Verankerung der Aufgabenanforderungen auf der Kompetenzskala zu praktisch nutzbaren Kompetenzstufen.

Literatur

Adams, R./Wu, M. (Eds.) (2002): PISA 2000 technical report. Paris: OECD.
Artelt, C./Stanat, P./Schneider, W./Schiefele, U. (2001): Lesekompetenz: Testkonzeption und Ergebnisse. In: Deutsches PISA-Konsortium (Hrsg.): PISA 2000. Basiskompetenzen von Schülerinnen und Schülern im internationalen Vergleich. Opladen: Leske + Budrich.
Beaton, E./Allen, N. (1992): Interpreting scales through scale anchoring. In: Journal of Educational Statistics 17, S. 191-204.
Borsboom, D./Mellenbergh, G.J./van Heerden, J. (2003): The Theoretical Status of Latent Variables. In: Psychological Review 110, S. 203–219.
Borsboom, D./Mellenbergh, G.J./van Heerden, J. (2004): The Concept of Validity. In: Psychological Review 111, S. 1061–1071.
Bos, W./Lankes, E.-M./Schwippert, K./Valtin, R./Voss, A./Badel, I./Plaßmeier, N. (2003): Lesekompetenzen deutscher Grundschülerinnen und Grundschüler am Ende der vierten Jahrgangsstufe im internationalen Vergleich. In: Bos, W./Lankes, E.-M./Prenzel, M./Schwippert, K./Walther G./Valtin, R. (Hrsg.): Erste Ergebnisse aus IGLU. Münster, New York: Waxmann, S. 69-142.
Fischer, G.H. (1996): Unidimensional linear logistic rasch models. In: Linden, W.J./van der/ Hambleton, R.K. (Eds.): Handbook of modern item response theory. New York, Berlin: Springer. S. 225-243.
Fischer, G.H./Molenaar, I.W. (Eds.) (1991): Rasch models. Foundations, recent developments, and applications. New York, Berlin: Springer.
Hartig, J. (2004a): Assessing the appropriateness of specifications in LLTM weight matrices. Paper presented at the 24th Biennial Conference of the Society for Multivariate Analysis in the Behavioral Sciences in Jena, July 18th to July 21st.
Hartig, J. (2004b): Methoden zur Bildung von Kompetenzstufenmodellen. In: Moosbrugger, H./ Rauch, W./Frank, D. (Hrsg.): Qualitätssicherung im Bildungswesen. Frankfurt a.M.: Arbeiten aus dem Institut der J.W. Goethe-Universität, Heft 2004/03.
Hartig, J./Frey, A. (2005): Application of different explanatory item response models for model based proficiency scaling. Paper presented at the 70th Annual Meeting of the Psychometric Society in Tilburg, July 5–8.

Hartig, J./Kühnbach, O. (im Druck). Schätzung von Veränderung mit Plausible Values in mehrdimensionalen Rasch-Modellen. In: Ittel, A./Merkens, H. (Hrsg.): Veränderungsmessung und Längsschnittstudien in der empirischen Erziehungswissenschaft. Wiesbaden: VS Verlag für Sozialwissenschaften.

Helmke, A./Hosenfeld, I. (2004): Vergleichsarbeiten – Standards – Kompetenzstufen: Begriffliche Klärungen und Perspektiven. In: Jäger, R.S./Frey, A. (Hrsg.): Lernprozesse, Lernumgebung und Lerndiagnostik. Wissenschaftliche Beiträge zum Lernen im 21. Jahrhundert. Landau: Verlag Empirische Pädagogik.

Janssen, R./Schepers, J./Peres, D. (2004): Models with item and item group predictors. In De Boeck, P./Wilson, M. (Eds.): Explanatory item response models: A generalized linear and nonlinear approach. New York, Berlin: Springer. S. 189-212.

Janssen, R./Tuerlinckx, F./Meulders, M./De Boeck, P. (2000): A hierarchical IRT model for criterion-referenced measurement. Journal of Educational and Behavioral Statistics 25, S. 285-306.

Klieme, E./Baumert, J./Köller, O./Bos, W. (2000): Mathematische und naturwissenschaftliche Grundbildung: Konzeptuelle Grundlagen und die Erfassung und Skalierung von Kompetenzen. In Baumert, J./Bos, W./Lehmann, R.H. (Hrsg.): TIMSS/III. Dritte internationale Mathematik- und Naturwissenschaftsstudie. Band 1: Mathematische und naturwissenschaftliche Grundbildung am Ende der Pflichtschulzeit. Opladen: Leske + Buderich.

Linden, W.J. van der /Hambleton, R.K. (Eds.) (1997): Handbook of modern item response theory. New York, Berlin: Springer.

Mislevy, R.J./Beaton, A.E./Kaplan, B./Sheehan, K.M. (1992): Estimating population characteristics from sparse matrix samples of responses. In: Journal of Educational Measurement 29, S. 133-161.

Moosbrugger, H. (^{3}2002): Lineare Modelle. Regressions- und Varianzanalysen. Göttingen, Bern: Huber.

Moosbrugger, H./Hartig, J. (2003): Klassische Testtheorie. In Kubinger, K./Jäger, R. (Hrsg.): Schlüsselbegriffe der Psychologischen Diagnostik. Weinheim: Psychologie Verlags Union. S. 408-415.

OECD (2004): Lernen für die Welt von morgen. Erste Ergebnisse von PISA 2003. Paris: OECD.

PISA-Konsortium Deutschland (Hrsg.) (2004): PISA 2003. Der Bildungsstand der Jugendlichen in Deutschland – Ergebnisse des zweiten internationalen Vergleichs. Münster: Waxmann.

Prenzel, M./Häußler, P./Rost, J./Senkbeil, M. (2002): Der PISA-Naturwissenschaftstest: Lassen sich die Aufgabenschwierigkeiten vorhersagen? In: Unterrichtswissenschaft 30, S. 120-135.

Rost, J. (^{2}2004): Lehrbuch Testtheorie – Testkonstruktion. Bern, Göttingen: Huber.

Watermann, R./Klieme, E. (2002): Reporting Results of Large-Scale Assessment in Psychologically and Educationally Meaningful Terms – Construct Validation and Proficiency Scaling in TIMSS. European Journal of Psychological Assessment 18, S. 190-203.

Wilson, M.R. (2003): On choosing a model for measuring. Methods of Psychological Research Online 8, S. 1-22.

Wu, M.L./Adams, R.J./Wilson, M.R. (1998): ConQuest: Generalized item response modelling software. Melbourne: Australian Council for Educational Research.

Jürgen Rost

Definition von Kompetenzniveaus mit Hilfe von Mischverteilungsmodellen

Das Konzept von Kompetenzniveaus ist aus der Intention heraus entstanden, im Rahmen der Erhebung von Bildungsstandards die Ergebnisse von Leistungstests kriteriumsorientiert (statt normorientiert) zu erfassen und zu interpretieren. Normorientierte Aussagen sind bei der Erfassung von Bildungsstandards sinnvoll, wenn es z.B. darum gehen soll, Bundesländer oder Schularten miteinander zu vergleichen. Primäre Aufgabe der Erhebung von Bildungsstandards ist es jedoch, die Leistung des Schülers an einem gesetzten qualitativen Kriterium der Leistungsfähigkeit zu messen. Das Konzept von Kompetenzniveaus stellt einen Versuch dar, quantitative Unterschiede in der Leistungsfähigkeit zugleich auch als qualitative Unterschiede hinsichtlich der kognitiven Ausstattung der Schüler zu erfassen.

Psychometrisch betrachtet stellt diese Konzeption die Anforderung, Leistungsunterschiede bei Schülern gleichzeitig quantitativ und qualitativ abzubilden. Die Item-Response-Theorie bietet hinreichend viele und elaborierte Modelle quantitative Leistungsunterschiede mit Tests zu erfassen. Klassifizierende Testmodelle auf der Basis der Latent-Class-Analyse (Lazarsfeld/Henry 1968; Rost 2004) bieten ebenso vielfältige Möglichkeiten, qualitative Unterschiede in den Schülerleistungen in Form von Klassen oder Typen von Schülern abzubilden. Die Schüler eines Typs zeichnen sich durch ein gemeinsames Profil der Aufgabenlösungswahrscheinlichkeiten aus.

Sollen qualitative und quantitative Unterschiede in den Schülerleistungen *gleichzeitig* erfasst werden – wie es das Konzept von Kompetenzniveaus vorsieht – so müssen entweder qualitative Elemente in den quantitativen psychometrischen Ansatz übertragen werden oder quantitative Elemente in einen qualitativen (klassifizierenden) Ansatz. Der vorangehende Beitrag (Hartig in diesem Band) stellt eine Methode dar, mit Hilfe von Aufgabenmerkmalen Segmente auf der quantitativen Leistungsdimension zu definieren. Diese zeichnen sich durch die kognitiven Leistungen der Schüler aus, die sich auf dem entsprechenden Niveau befinden. Der Ansatz, über Aufgabenmerkmale Abschnitte auf der latenten Dimension zu definieren, kann als ein Versuch gewertet werden, qualitative Interpretationskategorien in das eigentlich quantitative Messmodell von Rasch zu integrieren.

Der vorliegende Beitrag hingegen stellt einen Weg dar, quantitative Leistungsunterschiede in einen genuinen klassifikatorischen Ansatz zu implementieren. Hiermit ist der Ansatz gemeint, Klassen von Schülern oder Schülertypen zu identifizieren, die sich jeweils dadurch auszeichnen, dass die Leistungen der Schüler dieser Klasse (mittels des Rasch-Modells) eindimensional skalierbar sind. Die primäre Variable ist also die klassifizierende latente Variable, die unter der Bedingung konstruiert wird, dass innerhalb jeder Klasse eine quantitative Variable messbar ist. Das Modell, das eine solche Klassifikation vornimmt, ist das Mixed-Rasch-Modell oder Misch-Verteilungs-Rasch-Modell (Rost 1990, 1991).

Die Definition von Kompetenzniveaus mit Hilfe des Mixed-Rasch-Modells wird im Folgenden anhand eines Beispiels vorgestellt. Dieses Beispiel stammt aus den Daten des DESI-Projekts, genauer gesagt aus dem Multiple-Choice-Fragebogen im Anschluss an eine Hörverstehensaufgabe. In dieser Aufgabe erhielten die Schüler einen englischsprachigen Text aus einer Tonaufzeichnung vorgespielt und sollten im Anschluss daran acht Fragen zum Inhalt dieses Textes beantworten. Es gab jeweils drei Antwortalternativen, von denen eine richtig war, die mit 1 kodiert wurde, während den falschen Antworten eine 0 zugewiesen wurde.

Der Wortlaut des gehörten Textes sowie die genaue Formulierung der dazu gestellten Fragen kann aus Gründen der Geheimhaltung an dieser Stelle nicht wiedergegeben werden. Analoge Beispiele findet der Leser im Kapitel Hörverstehen in diesem Band.

Im Rahmen eines rein quantitativen Vorgehens würde man zunächst die Frage prüfen, inwieweit die acht Items dieser Hörverstehensaufgabe eindimensional sind, d.h. inwieweit sie eine eindimensionale Personenvariable messen. Eine entsprechende Hauptkomponentenanalyse weist den Test zwar als eindimensional aus (nur ein Eigenwert ist größer als eins) jedoch zeigt das Ladungsmuster der Zwei-Komponenten-Lösung, wie in Abbildung 1 dargestellt, dass die Items vier und sechs auf einer anderen Dimension liegen als die übrigen sechs Items.

Während für Item vier kein Grund ersichtlich ist, warum es sich von den übrigen sechs Items unterscheidet, stellt Item sechs die einzige Frage zum Text dar, in der es um die Gefühle einer Person aus dem gesprochenen Text geht. Zu der Frage „Wie fühlte sich der Mann?" hatten die Schüler die richtige Lösung aus folgenden drei Alternativen auszuwählen: Worried, Sad und Disappointed. Während die anderen Items nach bloßen Fakten fragten, wie z.B. die Frage danach, in welchem Restaurant die beiden essen gehen wollten, muss bei Item sechs nicht nur das richtige Gefühl erschlossen, sondern auch noch das korrekte englische Wort dafür gewählt werden. Es wird sich im Folgenden zeigen, inwieweit diese beiden Aufgaben auch bei der primär klassifizierenden Methode des Mixed-Rasch-Modells auffällig sind.

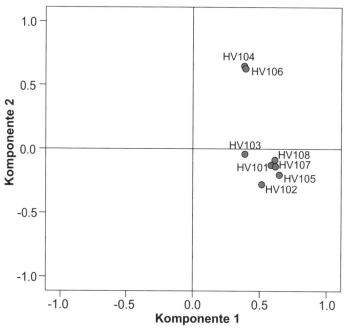

Abbildung 1: Ladungsmuster der acht Items auf den ersten beiden Hauptkomponenten.

Berechnet man zunächst die Zwei-Klassen-Lösung des Mixed-Rasch-Modells, so zeigen sich zwei Klassen, die auf einem deutlich unterschiedlichen Leistungsniveau liegen. Abbildung 2 gibt die beiden Verteilungen der Testpunktwerte wieder.

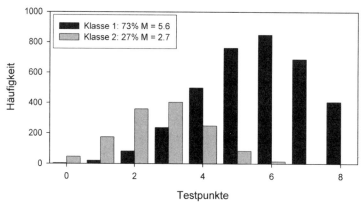

Abbildung 2: Die Verteilungen der Punktwerte in den beiden Klassen der Zwei-Klassen-Lösung des Mixed-Rasch-Modells.

Während die erste, größere Klasse im Durchschnitt sechs bis sieben Items richtig beantwortet hat, sind es bei der zweiten Klasse nur drei bis vier. Dennoch überlappen sich beide Verteilungen, was bedeutet, dass die Zwei-Klassen-Lösung keine Teilung der Stichprobe an einem Cut-Off-Score beinhaltet, sondern eine leistungsstarke und eine leistungsschwache Klasse widerspiegelt, innerhalb derer eine beträchtliche quantitative Variation liegt. Die folgende Abbildung (Abb. 3) zeigt die Lösungswahrscheinlichkeiten in den beiden Klassen, wobei das obere Profil der ersten, größeren Klasse zuzuordnen ist und das untere der zweiten, kleineren Klasse.

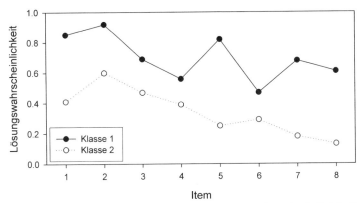

Abbildung 3: Die Itemprofile der Antwortwahrscheinlichkeiten in den beiden latenten Klassen der Zwei-Klassen-Lösung des Mixed Rasch-Modells.

Wie nach der zweidimensionalen Lösung der Hauptkomponentenanalyse (s.o.) erwartet, erweisen sich das vierte und das sechste Item als sehr trennschwach, d.h. die Profile haben an diesen Stellen einen sehr geringen Abstand. Das trifft allerdings auch auf das dritte Item zu, das in der zweidimensionalen Struktur nicht auffällig war.

Statistische Gütekriterien für die verschiedenen Klassenanzahlen des Mixed-Rasch-Modells zeigen an, dass die Vier-Klassen-Lösung sich noch besser eignet als die Zwei-Klassen-Lösung. Im Folgenden werden die eben berichteten Informationen übertragen auf die Vier-Klassen-Lösung wiedergegeben. Dass es sich bei der Vier-Klassen-Lösung tatsächlich um eine Aufspaltung der beiden Klassen in der Zwei-Klassen-Lösung handelt, belegt die folgende Kreuztabelle (vgl. Tabelle 1).

Tabelle 1: Die prozentualen Häufigkeiten von Schülern, die den Klassen eins und zwei der Zwei-Klassen-Lösung und den Klassen eins bis vier der Vier-Klassen-Lösung angehören.

	%	Zwei-Klassen-Lösung	
		Klasse 1	Klasse 2
Vier-Klassen-Lösung	Klasse 1	46	0
	Klasse 2	21	1
	Klasse 3	0	25
	Klasse 4	4	3

Lediglich die kleine Klasse vier mit sieben Prozent der befragten Schüler rekrutiert sich aus beiden Leistungsgruppen der Zwei-Klassen-Lösung. Die Score-Verteilungen der beiden ersten Klassen (siehe Abb. 4) liegen nahezu übereinander, d.h. in beiden Klassen wurden etwa sechs der acht Items richtig beantwortet.

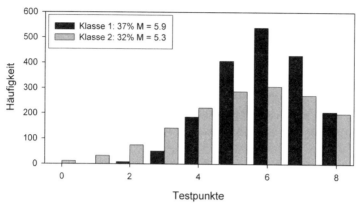

Abbildung 4: Die Verteilungen der Punktwerte in den beiden ersten Klassen der Vier-Klassen-Lösung.

Betrachtet man die in Abbildung 5 dargestellten Lösungsprofile in den beiden ersten Klassen, so zeigen sich weitgehend überlappende Profilverläufe. Einzige Ausnahme scheint das Item drei zu sein, welches in der kleineren der beiden leistungsstarken Klassen sehr viel schwieriger zu lösen ist als in der größeren.

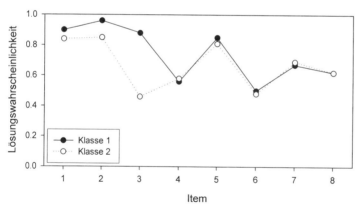

Abbildung 5: die Itemprofile der beiden ersten Klassen der Vier-Klassen-Lösung.

Es handelt sich bei Item drei um die Frage nach dem Hauptgrund für die Japanreise des Mannes aus der Erzählung. Item vier und sechs verhalten sich in Bezug auf die Ähnlichkeit der Profile beider Klassen unauffällig.

Die beiden verbleibenden Klassen sind erwartungsgemäß leistungsschwächer, wobei Klasse drei mit einem Erwartungswert von zwei bis drei gelösten Aufgaben noch geringere Leistungen aufweist als die vierte Klasse mit einem Erwartungswert von vier gelösten Aufgaben (siehe Abb. 6).

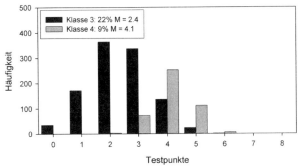

Abbildung 6: Die Verteilungen der Punktwerte in der dritten und vierten Klasse der Vier-Klassen-Lösung.

Die in Abbildung 7 dargestellten Lösungsprofile dieser beiden Klassen zeigen nun endlich ein Ergebnis, das Item sechs betrifft: Es ist das einzige der acht Items, das in beiden Klassen gleich schwierig zu beantworten ist. Anders herum ausgedrückt sind die Schüler der Klasse vier, die anscheinend auf dem Weg zu einem höheren Leistungsniveau sind, nicht in der Lage, die Frage sechs besser zu beantworten als dies in der leistungsschwächsten Gruppe geschieht.

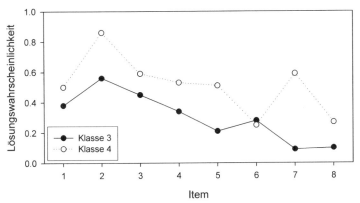

Abbildung 7: Die Itemprofile der dritten und vierten Klasse der Vier-Klassen-Lösung.

Man könnte dieses Ergebnis dahingehend interpretieren, dass die korrekte Wiedergabe von Gefühlen aus dem erzählten Text für Schüler auf einem mittleren Leistungsniveau schwieriger ist und in diesem Sinne eine höhere oder andersartige Kompetenz erfordert als die Beantwortung der übrigen Items. Daraus ließe sich schließen, dass im Englischunterricht die Kompetenz, Gefühlszustände zu erkennen, zu erinnern und zu benennen eine Hürde im unteren Leistungsbereich darstellen kann, die besondere Aufmerksamkeit erfordert.

Dieses Beispiel ist inhaltlich vielleicht nicht so aussagekräftig, es zeigt jedoch, was mit der gleichzeitigen Klassifikation und Quantifizierung von Leistungsdaten gemeint ist. Die vier Klassen wurden nicht a priori definiert, sondern vom Algorithmus anhand des Kriteriums gefunden, dass die Schüler innerhalb jeder Klasse mittels des Rasch-Modells skalierbar sein sollen. Die vom Modell identifizierten vier Klassen stellen keine Segmente auf dem latenten Kontinuum dar, wie es im vorangehenden Kapitel (Hartig in diesem Band) für die Definition von Kompetenzniveaus anhand von Aufgabenmerkmalen dargestellt wurde. Die Leistungswerte insbesondere der Klassen eins und zwei überlappen sich stark, so dass das Antwort*profil*, also das *Lösungsmuster* der Schüler ausschlaggebend für die Klassenzugehörigkeit der Schüler ist. Generell erlauben die Lösungsprofile in einer Klasse eine qualitative Diagnose der Stärken und Schwächen der Schüler. Demgegenüber spiegeln die Verteilungen der Punktwerte die Breite des Leistungsspektrums wieder, innerhalb dessen Schüler mit einem derartigen Antwortprofil zu finden sind.

Die Methode des Mixed-Rasch-Modells zur Identifizierung von Kompetenzausprägungen und Kompetenzprofilen unterscheidet sich in wesentlichen Merkmalen vom Ansatz der Definition von Kompetenzniveaus anhand von Segmenten auf der Leistungsskala. Inwieweit es überschneidungsfreie Segmente mit einem unterschiedlichen qualitativen Antwortprofil gibt, wird empirisch untersucht und nicht a priori postuliert. Auch bedarf es nicht unbedingt starker Hypothesen über die qualitativen Kompetenzunterschiede auf unterschiedlichen Leistungsniveaus. Stattdessen liefert das Modell die Profile der latenten Klassen, wie sie anhand der Daten geschätzt worden sind.

Das primäre Ziel einer Analyse mit Hilfe des Mixed-Rasch-Modells besteht darin, eine gute Klassifikation zu finden, während die Definition von Kompetenzniveaus anhand von Aufgabenmerkmalen von der Eindimensionalität der Testleistung ausgeht und an dieser Annahme auch nicht rüttelt. Während das eine Verfahren nach Skalierbarkeit innerhalb der identifizierten Klassen sucht, strebt das andere Verfahren eine Klassifikation auf der gemessenen Variable an. Insofern sind beide methodischen Zugänge hinsichtlich der Priorität von qualitativer und quantitativer Analyse komplementär und es bleibt letztlich eine Frage der Testkonstruktion, des Testdesigns und der empirischen Ergebnisse, welches Modell für ein gegebenes Kompetenzkonstrukt die adäquate Kompetenzmessung liefert.

Literatur

Lazarsfeld, P.F./Henry, N.W. (1968): Latent structure analysis. Boston: Houghton Mifflin Co.
Rost, J. (1990): Rasch Models in Latent Classes: An Integration of two approaches to item analysis. In: Applied Psychological Measurement 14, S. 271-282.
Rost, J. (1991): A Logistic Mixture Distribution Model for Polychotomous Item Responses. In: The British Journal for Mathematical and Statistical Psychology 44, S. 75-92.
Rost, J. (22004): Lehrbuch Testtheorie – Testkonstruktion. Bern: Huber.

Heiner Willenberg

Lesen

Einleitung

Die theoretische Fundierung des Tests zur Erfassung der Lesekompetenz basiert im Rahmen des DESI-Projekts auf einer prozesshaften Betrachtung des Lesens. Die Grundlagen dafür sind primär von der Leseforschung, der Sprachrezeption und indirekt auch von den Arbeiten zu Sprachproduktion, wie sie zusammenfassend in den beiden gleichnamigen Hogrefe-Enzyklopädien vorgestellt werden (Friederici 1999; Hermann/Grabowski 2003), gelegt worden. Nähere Ausführungen zum Prozessmodell des Lesens befinden sich im Übersichtskapitel zum Lesen in diesem Buch und bei Willenberg (2004).

Messkonzept

Die Schülerinnen und Schüler arbeiteten mit unterschiedlichen Lesetexten, die verschiedene Anforderungen stellten. Neben dem Beantworten einfacher Fragen zur *lexikalischen Identifikation* wesentlicher, sinntragender Wörter gab es auch Fragestellungen, an denen man erkennen kann, ob die Jugendlichen an der betreffenden Stelle die notwendigen *Inferenzen* gezogen haben. Die Items des Tests zur Erfassung der Lesekompetenz zielten häufig auf schwierigere Wörter oder auf logische Verbindungen ab. Von den Schülerinnen und Schülern wurde dabei die Tätigkeit des *Fokussierens* abverlangt. Die Texte für den DESI-Lesekompetenztest wurden so ausgewählt, dass nach der Bewältigung einer Anfangsphase kohärentes neues Wissen angeboten wurde, sei es direkt (z.B. bei Sachtexten), sei es indirekt (indem sie z.B. erzählend eine fiktive Szene aufbauten). Nun muss der Lesende allmählich die neuen *Informationen mit* seinem bestehenden *Wissen vergleichen*. Die entsprechenden Textstellen zielen entweder darauf, allgemeines Weltwissen zu aktualisieren und zum Vergleich heranzuziehen, oder sie verlangen, das Wissen über Texte mit Konzepten wie z.B. Metapher, Komik oder Ironie anzuwenden. Wenn sich nun der Text über mehrere Absätze erstreckt, dann gehört es zum tieferen Verstehen, Informationen zu verbinden, die weiter verstreut sind und nicht direkt zusammenstehen. Diese Anforderungen werden hier *Verknüpfungen* genannt, und sie beziehen sich sie z.B. auf verdeckte Motive in Erzähltexten oder auf unterschwellige Argumentationslinien in Sachtexten. Und schließlich formen sich gegen Ende der Lektüre die verschiedenen Mitspieler des Textes und die sinnvollen Inferenzen zu einen *Gesamtbild*. Testaufgaben dieser Typik richten sich also auf die Gesamtdeutung eines Textes, und sie verlangen auch Textvergleiche.

Sprachliche Merkmale von Texten

Die Lesetätigkeiten beschreiben Aktionen der Leser, die durchaus mit Textmerkmalen und mit dem Stil des Geschriebenen verbunden sind: Wenn einzelne Stellen schwierig formuliert erscheinen, muss der Leser langsamer oder genauer werden. Oder wenn ein Text immer wieder auf Wissen Bezug nimmt, muss der Leser in der Lage sein, seine inneren Schemata zu aktivieren. In der wissenschaftlichen Diskussion über sprachliche Textmerkmale finden sich dazu mehrere kohärente Ansätze und eine Fülle von Einzeluntersuchungen (vgl. u.a. Langer/Schulz/von Thun/Tausch 1999; Groeben 1978). Diese Ansätze verwenden jedoch Textkategorien und Merkmale, welche sich entweder nicht bewährt haben (Lesbarkeitsformeln), weil sie nicht gut definierbar sind (Langer u.a. 1999) oder weil sie aufwändig sind (Groeben 1978). In DESI wurden Kategorien entwickelt, die leicht definierbar und entweder empirisch oder theoretisch fundiert sind. Eine gute empirische Unterstützung für die Auswahl weniger Kategorien bietet der Übersichtsartikel von Rüdiger Grotjahn (2000) und die Arbeit von Fortus, Coriat und Fund (1998), die bei ihren Überprüfungen lediglich syntaktische und semantische Kategorien wirksam fanden, wenn es um Erleichterung oder Erschwerung des Textverstehens ging. Für die Konstruktion des DESI-Lesekompetenztests zogen wir sechs Aspekte in Betracht:

1. Syntax: Passt die Satzlänge in ein Drei-Sekunden-Fenster, wenn ein Jugendlicher diesen Text laut vorläse – der Satzaspekt wird hier jeweils auf die Subjekt-Prädikatsgruppe bezogen (Turner/Pöppel 1988; Schneider 1996).
2. Syntax: Vertextung mithilfe von Junktoren innerhalb von Sätzen und in der Verbindung von Sätzen – Temporale, kausale und verständnissteuernde Junktoren (Weinrich 1993).
3. Wortschatz: Ebenen der Lexik – Basiswörter, Konkreta, Abstrakta, Fachwörter (Miller 1993).
4. Wortschatz: Kohärenz in Texten basierend auf der Definition von Schlüsselwörtern – Diejenigen Wörter am Anfang eines Absatzes, auf die im Absatz am meisten Bezug genommen wird (Moskalskaja 1984).
5. Stilebene: Verlebendigung. Gibt es Personen, Handlungen oder/und Emotionen in den Texten (Gerhard 1993)? Diesen Aspekt konnten wir nicht einführen, weil ihn unsere Texte nur in geringem Maße benutzten.
6. Stilebene: Literarisierende Merkmale – Metaphorik, Perspektivik, uneigentliche Redeweise (vgl. Hoffstaedter 1986). Einige dieser Merkmale haben wir bereits in der Leseprozessbeschreibung unter dem Stichwort „Aktivierung von Textwissen" benutzt (ausführlicher zum Konzept siehe Willenberg 2005).

Aufgabenmerkmale

Zu zwei Testzeitpunkten wurden acht Aufgabenstämme mit insgesamt 41 Aufgaben benutzt:

- vier literarische Texte (kurze Erzählungen und ein Gedicht),
- vier Sachtexte, sowie
- vier Aufgaben, die einen Vergleich von Aspekten jeweils zweier Erzählungen und zweier Sachtexte verlangten.

Drei Versionen von Aufgabenformaten wurden benutzt, nämlich geschlossene Mehrfachwahlaufgaben mit jeweils vier Distraktoren, offene Aufgaben, in denen die Leser/innen Beiträge von einem Wort bis zu mehreren Zeilen schreiben konnten (an einer Stelle war eine Strich-Zeichnung verlangt), halboffene Aufgaben, in denen sie Stellen im Text benennen mussten (Metaphern, Komik usw.). Eine Übersicht zu Aufgabeninhalten und Formaten findet sich in Tabelle 1.

Tabelle 1: Aufgabeninhalte und die Formate.

	Multiple-Choice	Halboffene Aufgabe - unterstreichen, - ankreuzen	Offene Aufgaben	Summe
Literarische Prosa –Erzählungen	4	2	7	13
Lyrik	4	2	2	8
Sachtexte	18	2		20
Summe	26	6	9	41

Skalenbeschreibung: Niveaus und Schwellen

Nach der Skalierung der Aufgaben des Lesetests konnten die angenommenen Anforderungen der Aufgaben zu den beobachteten Schwierigkeiten in Bezug gesetzt werden. Hierbei zeigen sich folgende Befunde:

a) Insgesamt unterscheiden sich die beiden Tätigkeiten „Inferenzen finden" und „Fokussieren" in den Ergebnissen nicht sehr stark voneinander, so dass sie zu einem *Niveau lokaler Tätigkeiten* zusammengefügt wurden.

b) Auch die beiden Lesetätigkeiten „Wissen öffnen" und „Verknüpfen" liegen in etwa auf ähnlichem Niveau. Auch sie sind unter einem Oberbegriff, nämlich *Verknüpfen,* zusammengeführt worden. Für die Verbindung dieser beiden Aspekte wurde ein Forschungsbericht von Christmann und Schreyer (2003) herangezogen, in dem die Autoren mehrere Argumente für die Ansicht ins Spiel bringen, dass Leser eine verknüpfende Lesetätigkeit anwenden, wenn sie Textstellen mit Wissen in Verbindung bringen.

Auf Basis der Aufgabenschwierigkeiten können somit vier Niveaus differenziert werden:

A: *Identifizieren einfacher Lexik,* d.h. die Fähigkeit, sinntragende Wörter im Text zuverlässig zu finden.

B: *Lokale Lektüre*, d.h. Inferenzen zwischen Sätzen bilden oder den Fokus auf schwierigere Stellen richten.

C: *Verknüpfende Lektüre*, d.h. die Verbindung auseinanderliegender Textstellen und die Öffnung von allgemeinem Wissen bzw. von Textwissen.

D: *Mentale Modelle bilden*, über ein Mentales Modell zu verfügen heißt hierbei, eine innere Repräsentation wesentlicher Textaspekte zu haben.

Zur Definition der exakten Schwellen zwischen den Kompetenzniveaus wurde für jedes Niveau der Punkt auf der Kompetenzskala ermittelt, ab dem 50% der Aufgaben eines Niveaus beherrscht werden. Dieser Punkt entspricht der ersten beobachteten Aufgabenschwierigkeit unterhalb des Medians. Bei einer geraden Aufgabenanzahl innerhalb eines Niveaus wird an dieser Stelle genau die leichtere Hälfte der Aufgaben beherrscht, bei einer ungeraden Aufgabenanzahl wird die nächst leichtere Schwierigkeit unterhalb von 50% gewählt, z.B. die fünfte von elf Aufgaben (vgl. Hartig, in diesem Band).

Der Zusammenhang zwischen den angenommenen Niveaus der Leseaufgaben und den beobachteten Aufgabenschwierigkeiten ist in Abbildung 1 grafisch dargestellt. Zusätzlich gibt Tabelle 2 eine tabellarische Übersicht über die Definition der Kompetenzniveaus und die Spannweite der Aufgabenschwierigkeiten.

Es ist ersichtlich, dass diese Leseniveaus nicht völlig überlappungsfrei sind, was die bisherige Leseforschung auch nicht postuliert, denn das Feld des Lesens ist zu komplex, als dass man klar voneinander geschiedene Kompetenzniveaus erwarten könnte. Aus diesem Grund wird die Positionierung des jeweiligen Medians in der nachfolgenden Tabelle zusätzlich angegeben. So zeigt besonders die anspruchsvolle Anforderung, Mentale Modelle zu bilden, dass es dabei auch einfachere Aufgaben gibt.

Tabelle 2: Kurzbeschreibungen der Kompetenzniveaus sowie Spannweite der Aufgabeschwierigkeiten.

Niveau	Aufgaben-schwierigkeiten	Beschreibung
A	-1.9 bis -0.3 *Median: -1.1*	Identifikation einfacher Lexik: Erkennen der sinntragenden Wörter in einem Satz oder einem Absatz.
B	-1.0 bis +1.1 *Median: +0.3*	Lokale Lektüre: Inferenzen bilden, besonders bei Lücken zwischen zwei Sätzen. Oder genaues, fokussierendes Lesen an einer semantisch oder logisch schwierigen Stelle. Bisweilen auch Koordination von Zahlen in den Texten.
C	+0.4 bis +2.4 *Median: +0.9*	Verknüpfende Lektüre: Öffnen von allgemeinem Wissen bzw. Aktivieren von Textwissen. Oder Verknüpfen zweier auseinanderliegender Stellen, meistens um Motive oder Kausalitäten zu klären.
D	-0.6 bis +2.4 *Median: +1.3*	Bilden Mentaler Modelle: Hauptfiguren und ihre Relationen, Ort, Zeit sowie ein zentrales Motiv zusammenfügen können.

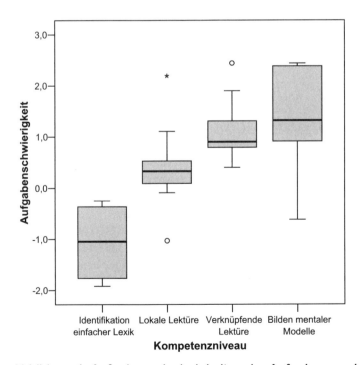

Abbildung 1: Aufgabenschwierigkeiten der Aufgaben zur Lesefähigkeit getrennt nach Kompetenzniveaus.

Es ergibt sich eine interessante Annäherung an die Testbeschreibungen, die Kirsch, Mosenthal und Jungeblut (1998) vorgelegt haben. Die Autoren benutzen folgende Termini für alle Textsorten:
a) Lokalisieren einer einzelnen Information,
b) Lokalisieren einer eingebetteten Information,
c) Vergleich von Informationen oder Bildung von Inferenzen,
d) Mehrfacher Vergleich oder komplexe Inferenz,
e) Hochgradige Inferenzen oder Hintergrundswissen benutzen.

Zwischen diesem Ansatz und dem DESI Modell von Lesekompetenz lassen sich folgende Parallelen finden: Das Lokalisieren einer einzelnen Information entspricht dem Kompetenzniveau A, denn es geht in beiden Fällen um das Auffinden zwar leicht erkennbarer, aber für das Verstehen wichtiger Wörter. Das lokale Lesen (DESI-Kompetenzniveau B) gleicht in seinen Teilen (Inferenz, Fokussieren) den oben genannten Punkten (c) Vergleich bzw. Inferenz und (b) Einbettung. Das DESI-Kompetenzniveau C, Verknüpfen (globale Inferenz, Wissen), findet sich partiell in Punkt (d) und (e) wieder. Im DESI-Ansatz sind die Anforderungen allerdings spezieller definiert und beziehen sich stärker auf das Lesen einer Vorlage sowie auf das notwendige Textwissen. Und schließlich ist erkennbar, dass die interne Zusammenfassung, die in DESI als Mentales Modell bezeichnet wird, bei Kirsch et al. (1998) fehlt.

Itembeispiele

Abschließend werden im Folgenden die in DESI verwendeten Aufgaben zur Lesekompetenz an zwei Beispielen illustriert:

Text 1: „Quastenflosser"

Quastenflosser sind für den Zoologen aufregende Wesen, denn ihre Brust- und Bauchflossen sind zu Gliedmaßen umgebildet, die einer Quaste an einem festen Stiel ähneln. Diese Quastenflossen kann der Fisch nach allen vier Seiten bewegen. Er kann sich auf sie stützen, vermutlich sogar mit ihnen über den Meeresboden laufen. Auch sonst besitzt der Fisch körperliche Merkmale, die ihn als nahen Verwandten der ersten Landwirbeltiere ausweisen. Und dieses Tier hat wirklich gelebt! Das beweisen Versteinerungen, die man gefunden hat.
Die ältesten Funde stammten zunächst aus dem Devon. Sie waren 400 Millionen Jahre alt. Die jüngsten Funde gehörten der Kreidezeit an, jüngere waren nicht gemacht worden. Deshalb nahmen die Zoologen an, die Quastenflosser seien spätestens im frühen Tertiär ausgestorben. Im Dezember 1938 kam aus Südafrika die Nachricht: Dem Kapitän eines Fischdampfers ist ein Quastenflosser ins Netz gegangen. Das war eine zoologische Sensation. Vierzehn Jahre lang ließen die Zoologen vergeblich nach weiteren Stücken fahnden. Endlich wurde ein zweiter Quastenflosser gefangen – 3000 Kilometer vom ersten Fangplatz entfernt! Der neue Fundort lag bei den Komoren, einer Inselgruppe zwischen Afrika und der Nordspitze von Madagaskar. Dort sind inzwischen noch weitere Quastenflosser

gefischt worden.
Die Entdeckung eines so alten „lebenden Fossils" wäre in jedem Fall eine Überraschung gewesen. Aber dass es sich gerade um dieses Tier handelte, war einer der großen Glücksfälle der Forschung: Der Quastenflosser steht recht genau an der Stelle der Entwicklungsgeschichte, an der die Vierfüßer sich von den Fischen trennen.

(Raimar Gilsenbach)

Niveau A: Frage zur Identifikation sinntragender Wörter:
Wovon handelt der Text?
a) Von der Entwicklung der Fischerei im letzten Jahrhundert
b) Vom Nachweis einer zoologischen Sensation.
c) Von der Tierwelt rund um Afrika
d) Vom Aufbau und Aussehen eines Quastenflossers

Niveau B: Fokussieren, genau lesen:
Wo hat man bisher die meisten lebenden Quastenflosser gefangen?
a) im Devon
b) bei den Komoren
c) im Meer
d) bei Afrika

Text 2: „Großmutter"
Großmutters Augen bekamen Mucken. Sie sahen die Stäubchen auf der Sonntagsbluse und die Nähnadellöcher nicht mehr. Wir Kinder fädelten ihr die Näh- und Stopfnadeln ein. „Ob ich mir eine Brille zulege?"
„Zum Schwatzen braucht man keine Brille", sagte Großvater.
Eines Tages würzte Großmutter die Kohlrübensuppe statt mit Pfeffer mit Schießpulver, das Großvater [...] im Küchenschrank aufbewahrte. Großvater spie, und die Kohlrübenstückchen flogen in der Stube umher. „Das Weib vergiftet mir!" Der Suppentopf flog zum Fenster hinaus.
Großmutters Brille wurde fällig. Großvater gab ihr eine abgelegte von sich. Die Brille paßte nicht für Großmutters Augen. „Mir wird schwindelig", sagte sie. „Freilich, freilich", sagte Großvater, „durch die Brille sieht man auch den Schwindel größer." Großmutter war beleidigt. Sie fuhr mit der Post zum Onkel in die Kreisstadt und blieb eine Woche dort. [...]
Großmutter kam mit einer Brille zurück. Große, runde Gläser saßen in einem vernickelten Gestell, rechts und links von Großmutters Punktnase. Großmutter sah aus wie ein Schleiereulchen und machte einen Rundgang durchs Dorf. Sie besuchte ihre Klatschkumpankas und besah sie sich durch die Brille. „Gott, Bertka, was bist du alt geworden, die Zeit, wo ich nicht hier war!"[...]
Großmutter kam recht unzufrieden von ihrem Rundgang zurück. „Wie alt und runzelig sie alle schon sind, und unsereins immer fidel und jung, fast eine Schande!" Sie besah sich mit der neuen Brille im Spiegel und wurde still; sie

drehte sich und besah sich von der Seite und wurde noch stiller.
„Amen!" sagte Großvater. Da tat Großmutter die Brille herunter und setzte sie fortan nur beim Strümpfestopfen und beim Essenzubereiten auf.

(Erwin Strittmatter)

Worterläuterungen
Zeile 1: Mucken – Schwächen
Zeile 2: Klatschkumpankas – Ableitung von Kumpan (Partner)

Niveau B – Frage zur Inferenzbildung:
„Warum meint die Großmutter, dass Bertka während ihrer Abwesenheit so alt geworden ist?"

Niveau C – Textwissen anwenden:
„In der Geschichte gibt es einige komische bzw. lustige Stellen. Unterstreiche sie im Text!"

Niveau C – Verknüpfung zweier Textpassagen:
„Der Erzähler sagt, dass die Großmutter die Brille „fortan nur beim Strümpfestopfen und beim Essenzubereiten" aufsetzte. Warum eigentlich?

Niveau D – Ein Mentales Modell bilden:
„Der Großvater sagt, „durch die Brille sieht man auch den Schwindel größer." Was meint er damit?"

Niveau D – Ein Mentales Modell zweite Variante:
Drei Fragen, die die Figuren dieser kleinen Erzählung mit einer anderen Skizze des Großvaters vergleichen, und dabei sowohl auf Handlungen wie auf Motive zielen.
„In dieser Aufgabe geht es darum, die beiden Geschichten von Großmutter und Großvater zu vergleichen. Entscheide für jede Aussage ob sie richtig oder falsch ist."
[Zum Beispiel]
„Die Großmutter zeigt in beiden Geschichten Gefühle wie Eifersucht oder Eitelkeit.
  ☐ Richtig
  ☐ Falsch

Lösungen

Text 1: „Quastenflosser"

Niveau A – Frage zur Identifikation sinntragender Wörter:
„Wovon handelt der Text?
  b) Vom Nachweis einer zoologischen Sensation."

Im Text steht direkt: „Das war eine zoologische Sensation." Es wird allerdings auch das Aussehen eines Quastenflossers beschrieben. Zu verstehen war bei der Frage, worum es dem Text primär geht und das war die zoologische Sensation und es waren nur sekundär die Besonderheiten dieses Tieres.

Niveau B: Fokussieren, genau lesen:
„Wo hat man bisher die meisten lebenden Quastenflosser gefangen?
- a) Im Devon
- b) Bei den Komoren
- c) Im Meer
- d) Bei Afrika"

Hier stellen die Distraktoren größere Anforderungen. Die Schüler/innen müssen erkennen, dass
- „im Devon" kein Ort sein kann,
- sie müssen sehen, dass „bei Afrika" zu ungenau ist, auch weil die Frage „die meisten" eine solche Verallgemeinerung nicht zulässt,
- dass „im Meer" die Lösung nicht sein kann, weil es keine Zahlenangaben für den Vergleich mit den Versteinerungen an Land gibt.

Sie sollten auch von der Textstelle her argumentieren: „Der neue Fundort lag bei den Komoren, einer Inselgruppe zwischen Afrika und der Nordspitze von Madagaskar. Dort sind inzwischen noch weitere Quastenflosser gefischt worden." Denn am ersten Fundort (Südafrika) wurde ja nur ein Quastenflosser aus dem Meer geholt.

Text 2: „Großmutter"

Niveau B – Frage zur Inferenzbildung:
„Warum meint die Großmutter, dass Bertka während ihrer Abwesenheit so alt geworden ist?"

Die Schüler/innen müssen diese Textstelle deuten: Sie besuchte ihre Klatschkumpankas und besah sie sich durch die [neue] Brille. „Gott, Bertka, was bist du alt geworden, die Zeit, wo ich nicht hier war!" [...]
Die Lücke liegt zwischen den beiden Sätzen und die Leser müssen schließen:
- Sie hat ohne Brille nicht die Details des Gesichtes gesehen und mit Brille sieht sie, wie viele Falten sie hat und wie alt sie ist.
- Da die Großmutter ohne eine Brille alles verschwommen sah, erkannte sie die Falten im Gesicht von Bertka nicht.

Niveau C – Textwissen anwenden:
„In der Geschichte gibt es einige komische bzw. lustige Stellen. Unterstreiche sie im Text!"

Hier sollte das Textwissen angewandt werden, dass Komik meistens aus Erwartungsbrüchen oder aus Übertreibungen besteht. Wir haben folgende Textstellen akzeptiert. Als gelöst galt die Aufgabe, wenn mindestens fünf Stellen angestrichen waren, und zwar ohne wesentliche Überdehnungen der Striche.
- Mucken

- „Zum Schwatzen braucht man keine Brille"
- würzte Großmutter die Kohlrübensuppe statt mit Pfeffer mit Schießpulver
- Großvater spie, und die Kohlrübenstückchen flogen in der Stube umher.
- „Das Weib vergiftet mich!"
- Der Suppentopf flog zum Fenster hinaus.
- Großmutters Punktnase
- Großmutter sah aus wie ein Schleiereulchen
- Klatschkumpankas
- „Amen!" sagte Großvater

Niveau C – Verknüpfung zweier Textpassagen:
„Der Erzähler sagt, dass die Großmutter die Brille „fortan nur beim Strümpfestopfen und beim Essenzubereiten" aufsetzte. Warum eigentlich?"
Bei dieser Aufgabe müssen zwei auseinanderliegende Textstellen verbunden werden: Die praktischen Fehler im ersten Teil und die peinlichen Erlebnisse des zweiten Teils. Ein Lösungstyp ist:
- Sie kann jetzt auch nicht mehr das Essen vermassel. Und sie kann nicht mehr sehen, dass sie selbst hässlich und alt ist.

Niveau D – Ein Mentales Modell bilden:
„Der Großvater sagt, „durch die Brille sieht man auch den Schwindel größer." Was meint er damit?"
Ein Mentales Modell umfasst ja nach unserer Arbeitsdefinition in literarischen Texten zwei Hauptpersonen und ihre Relation, Ort, Zeit sowie das zentrale Motiv. Hier müssen nun folgende Verbindungen hergestellt werden:
- Die Beziehung vom Großvater zur Großmutter: Er kommentiert ihre Handlungen.
- Die Vermutung über ein zentrales Motiv (des Großvaters): Menschen wollen im allgemeinen die nackte Wahrheit (den Schwindel) nicht sehen.
- Akzeptiert haben wir auch: Der Großvater benutzt ein Wortspiel, um die Handlung der Großmutter zu kommentieren.

Niveau D – Ein Mentales Modell zweite Variante:
Mehrere Fragen, die die Figuren dieser kleinen Erzählung mit einer anderen Skizze des Großvaters vergleichen, und dabei sowohl die Figuren wie auch ihre Motive zu erkennen.
„Die Großmutter zeigt in beiden Geschichten Gefühle wie Eifersucht oder Eitelkeit."
☐ Richtig
☐ Falsch
Es war das „richtig" anzukreuzen, weil sie in der vorgestellten Skizze Eitelkeit zeigt und in der nicht abgedruckten Eifersucht.
Wir haben diese zweite Variante der Fragen nach dem Mentalen Modell abgedruckt, weil wir hier einen Typ haben, der als leichter erschien. Wir führen dies auf

mehrere Gründe zurück: Zum einen auf den Habitus des Unterrichts, solche zentralen Motive zu erfragen aber auch darauf, dass Mehrfachwahlaufgaben mit ihren Vorlage die Antwort leichter machen.

Literatur

Christmann, U./Schreier, M.(2003): Kognitionspsychologie der Textverarbeitung und Konsequenzen für die Bedeutungskonstitution literarischer Texte. In: Jannidis, F./Lauer, G./Martinez, M./Winko, S. (Hrsg.): Revisionen. Regeln der Bedeutung. Berlin: de Gruyter, S. 246-285.

Fortus, R./Coriat, R./Fund, S. (1998): Prediction of item difficulty in the English subtest of Israel's Inter-University Psychometric Entrance Test. In: Kunnan, A.J. (Hrsg.): Validation in language assessment. Mahwah: Erlbaum, S. 61-87.

Friederici, A. (Hrsg.) (1999): Sprachrezeption. In: Enzyklopädie der Psychologie. Göttingen: Hogrefe.

Gerhard, R. (1993): Lesebuch für Schreiber. Frankfurt a.M.: IMK.

Gilsenbach, R. (1971): Rund um die Erde. Berlin: Der Kinderbuchverlag.

Groeben, N. (1978): Die Verständlichkeit von Unterrichtstexten. Münster: Aschendorff.

Grotjahn, R. (2000): Determinanten der Schwierigkeit von Leseverstehensausgaben: Theoretische Grundlagen und Konsequenzen für die Entwicklung des TESTDAF. In: Bolton, S.(Hrsg.): TESTDAF. Grundlagen für die Entwicklung eines neuen Sprachtests. Köln: VUB-Gilde, S. 7-55.

Hermann, T./Grabowski, J. (Hrsg.) (1999): Sprachproduktion. In: Enzyklopädie der Psychologie. Göttingen: Hogrefe.

Hoffstaedter, P. (1986): Poetizität aus der Sicht des Lesers. Hamburg: Buske.

Kirsch, I.S./Jungeblut, A./Mosenthal, P.B. (1998): The measurement of adult literacy. In: Murray, T.S./Kirsch, I.S./Jenkins, L.B. (Hrsg.): Adult Literacy in OECD Countries. Washington D.C.: U.S. Department of Education, S. 105-134.

Langer, F./Schulz von Thun, I./Tausch, R. (^{6}1999): Sich verständlich ausdrücken. München: Ernst Reinhardt.

Miller, G.A. (1993): Wörter. Streifzüge durch die Psycholinguistik. Heidelberg: Spektrum.

Moskalskaja, O. (1984): Textgrammatik. Leipzig: VEB Bibliographisches Institut.

Schneider, W. (1996): Deutsch für Kenner. Hamburg: Gruner und Jahr.

Turner, F./Pöppel, E. (1988): Metered Poetry, the Brain, and Time. In: Rentzschler, I./Herzberger, B./Epstein, D. (Hrsg.): Beauty and the Brain? Basel: Birkhäuser, S. 71-90.

Weinrich, H. (1993): Textgrammatik der deutschen Sprache. Mannheim: Dudenverlag.

Willenberg, H. (2004): Lesestrategien. In: Praxis Deutsch 187, S. 6-15.

Willenberg, H. (2005): Ein handhabbares Modell um Textschwierigkeiten einzuschätzen. In: Fix, M./Jost, R. (Hrsg.): Sachtexte im Deutschunterricht. Hohengehren: Schneider, S. 94-106.

Heiner Willenberg / Steffen Gailberger / Michael Krelle

Argumentation

Einleitung

Die Lehrpläne aller Bundesländer beinhalten wesentliche Teile des argumentativen Genres wie die Erörterung, Diskussion oder Varianten des Appells (z.B. die Handlungsaufforderungen in einer Gruppe). Die Anforderungen an die Schülerinnen und Schüler stimmen in den Lehrplänen der Bundesländer weitgehend überein: Sie sollen die Standardsprache und gegenseitiges Zuhören beherrschen, Argumente sammeln, die Redeabsichten klären und die eigenen Interessen darstellen, sich durchsetzen, die eigenen Emotionen einbringen, andere Menschen mit stichhaltigen Argumenten überzeugen bzw. gemeinsam zu einem anerkannten Konsens kommen.

Messkonzept

Kommunikations- und Argumentationsforschung

Zunächst werden wesentliche Aspekte aus der wissenschaftlichen Diskussion aufgeführt, die sich mit Kommunikation bzw. ihrer argumentativen Variante beschäftigen.

Dabei sind einige Anforderungen an das sprachliche Handeln eher als kommunikativ zu bezeichnen, weil die Situationsteilnehmer im Sinne einer gemeinsamen Konstitution von Bedeutungen in Gesprächen zunächst Aussagen verstehen und sinnvoll auf sie eingehen müssen. Teile dieser Anforderungen werden als Kooperation in der Kommunikation (vgl. Mönnich/Jaskolski 1999) bezeichnet. Pabst-Weinschenk unterscheidet diesbezüglich zwischen Kooperation und Konkurrenzeinstellungen (Pabst-Weinschenk 1995).

Andere Anforderungen sprachlichen Handelns sind eher als argumentative Aspekte einzuordnen, bei denen es darauf ankommt, in themen- und situationsgebundenen Konzepten eingeflochtene Argumente und Beispiele des Anderen zu erkennen, um dann ihre Güte und Durchsetzbarkeit einschätzen zu können (vgl. auch Deppermann/ Hartung 2003). Argumentieren wird so als Aushandlung von Lösungen im weitesten Sinne verstanden und nicht ausschließlich als Aktivität von Gesprächsbeteiligten um Strittiges zu klären (Spiegel 2003). Dieses schließt ein, dass das kommunikative Miteinander in gleicher Weise Berücksichtigung findet wie das strategische und überzeugende Verhalten. Kommunikation und Argumentation bezeichnen so gesehen zunächst miteinander verbundene Anforderungen, für die bestimmte Fähigkeiten zur Verfügung stehen müssen, wie im Folgenden deutlich gemacht wird. Die kommunikativen und argumentativen Anforderungen (k/a) sehen wir als Aspekte in einem Kontinuum sprachlichen Handelns, welches in Abbildung 1 grafisch dargestellt ist.

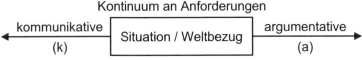

Abbildung 1: Kontinuum sprachlichen Handelns.

Kommunikations- und Argumentationsanforderungen im Mündlichen

Die empirische Überprüfung von Kompetenzen im Bereich mündlicher Kommunikation und Argumentation fordert, einem integrierenden Ansatz zu folgen, der verbal-nonverbale, linguistisch-paralinguistische sowie sozial determinierte Aspekte vereint (vgl. Koch/Österreicher 1985). Dieser Weg konnte in der DESI-Studie wegen der Anlage der Gesamtuntersuchung nicht beschritten werden. Unser Projekt konnte kommunikative und argumentative Kompetenzen lediglich über einen Papier- und Bleistifttest erfassen und musste sich daher auf bestimmte Aspekte des kommunikativ-argumentativen Geschehens beschränken.

Wenn man der wissenschaftlichen Diskussion folgt, ist es nötig oder wünschenswert, die im Folgenden aufgelisteten Aspekte zu beherrschen, um sowohl kommunikativen als auch argumentativen Anforderungen gerecht zu werden. Diese Teilaspekte sollen jedoch keinesfalls als eine bloße Schrittfolge aufgefasst werden, da sie im Kommunikationsprozess vielmehr zum größten Teil simultan aufgerufen, verarbeitet oder stets von neuem aktiviert werden müssen.

Dem folgend sollte man

a) die Situation richtig einschätzen bzw. die Anforderungen des Sprechakts erkennen können (zu diesen pragmalinguistischen und neuropsychologischen Ansätzen vgl. etwa Markowitz 1976 und Willenberg 1999).

b) ein eigenes inhaltliches Konzept parat haben, über das man aktiv sprechen kann (vgl. Blanken 1988; Hermann/Grabowski 1994). Hierbei ist zu fordern, einfache Zusammenhänge kohärent darzustellen, und diese Darstellung auch mit subjektiven Aspekten zu ergänzen sowie mit Information und Ausdruck zu versehen (vgl. Bühler 1934 und Nachfolger).

c) in der Lage sein, die Aussage des Partners zuerst zu verstehen, um dann sinnvoll und inhaltlich auf sie eingehen zu können (zur Dialog- und neueren Argumentationsforschung vgl. Fritz/Hundsnurscher 1994; Deppermann 2001; Deppermann/Hartung 2003).

d) Argumente und Strukturen im Aufbau eines Redebeitrags oder eines Textes erkennen können, wie Beiträge der Rhetorik- und Argumentationsforschung auf der einen Seite (vgl. Ueding 2000; Deppermann/Hartung 2003) und Sprachbewusstheitstheorien auf der anderen Seite (vgl. Karmiloff-Smith 1997; Ingendahl 1999) belegen.

e) die Fähigkeit besitzen, selber Argumente in einem thematischen Gebiet, d.h. im zu verhandelnden Sachfeld zu finden und sie aktiv vorzutragen (zu Ergebnissen der Argumentationsforschung vgl. Kienpointner 1992; Thomson 2001).

f) mehrere argumentative Züge verarbeiten und in einen partiellen, zwischenzeitlichen aber gültigen Konsens überführen können. Dabei weist die Dialogforschung darauf hin, dass der Konsens überzeugend und für die Mehrheit der Situationseilnehmer akzeptabel formuliert sein muss, um nicht a priori auf Grund seiner eigenen Instabilität selbst wiederum Anlass zu neuem Dissens zu geben (vgl. Deppermann 2001).

g) Fragen der Geltungsaushandlung durch die Kommunikation und ihre emotionalen Aspekte in kritisch-selbstkritischer Haltung beachten können – die Termini Beziehungsaspekt (Watzlawick 1969), Imageaushandlung (Holly 1979) und Handlungsmuster (Isaacs 2002) sind hier ausschlaggebend.

h) der Situation entsprechende kommunikative Vorgänge einschätzen und benennen können, um die eigenen Varianten danach bewusst auszuwählen (vgl. Karmiloff-Smith 1997; Ingendahl 1999).

Das Kompetenzmodell

Werden Kommunikation und Argumentation als eng miteinander verbundene Anforderungen des sprachlichen Handelns verstanden, müssen Ansätze der Sprachproduktion einbezogen werden (vgl. Blanken 1988). Die Darstellung der kommunikativen und argumentativen Anforderungen folgt den Kategorien, die im Kompetenzbereich Lesen vorgestellt wurden.

1. *Situation:* Die erste Anforderung beim Kommunizieren ist es, neue (oder sich stets neu konstituierende) Situationen in ihren wechselseitigen Relationen von Raum, Zeit, Subjekt und Objekt richtig einzuschätzen. Ebenso unerlässlich ist es, die expliziten wie impliziten Anforderungen des Sprechaktes zu erkennen, damit das sich entwickelnde Gespräch der Situationsteilnehmer richtig taxiert werden kann und es nicht gleich zu Beginn zu groben Fehleinschätzungen kommt. Bisweilen geht es hier bereits um die Aushandlung von Geltungen und Images, die dem Gespräch zwangsläufig eine bestimmte Richtung verleihen. Die Situation ist in ihrer Wahrnehmung zwar präsent, steht jedoch nicht im Fokus der Aufmerksamkeit, obwohl sie im Hintergrund ständig mitschwingt (vgl. Deneke 1998). Deshalb reagieren die meisten Menschen mithilfe ihrer eigenen sprachlichen Erfahrungen und wählen Wortschatz, Register, Lautstärke etc. quasi automatisch. Kinder und Jugendliche müssen die Anforderungsanalyse bezogen auf Situationen noch lernen, z.B. dass es einen Unterschied macht, ob man mit dem eigenen Schulleiter, mit einem Polizisten oder mit den Freunden aus der Clique redet.

2. *Vorwissen*: Entsprechendes deklaratives und prozedurales Vorwissen wird hier als die argumentativ notwendige geistige Präsenz bestimmter Konzepte verstanden, auf der sich inhaltliche und strukturelle Grundlagen eigener Aussagen im Gespräch bilden. Liegen solche Konzepte nachweislich vor, sind diese als propositionale Sinnkerne zu verstehen. Sie umfassen sowohl bildliche als auch verbale Materialien und Gedächtnisinhalte und haben Zugriff auf beide Speicher, so dass damit sowohl episodische als auch lexikalische Aspekte aktiviert werden können.
3.-4. *Wörter (Sätze), Inferenzen*: Man muss die Aussage des Partners verstehen, d.h. die Semantik des Satzes, seine Richtung, seine Pointe. Erst dann kann man auf sie eingehen. Die Dialogforschung spricht von einem Dreierzug, der je nach Interpunktion vereinfacht als Zuhören – Reden – Zuhören charakterisiert werden kann. Erst wenn durch diesen Dreierzug (oder Dreischritt) für die Interaktanten deutlich wurde, dass sie beide über denselben Sachverhalt sprechen, kann der Dialog in sinnvoller Weise fortgesetzt werden.
5. *Fokussierung*: heißt, eine wichtige, kritische oder uneindeutige Stelle genauer zu betrachten. In der Kommunikation bedeutet dies konkret, dass man sich durch Nachfragen und durch die Bitte um genauere Informationen an den Sprecher wenden kann, dabei aber begründen muss, warum exaktere Aussagen benötigt werden.
6. *Wissen*: ist über verschiedene Konzepte präsent, denn keine Information wird isoliert gespeichert. Alle informativen Eintragungen sind miteinander vernetzt. Beim Zuhören öffnen sich diese Netze über Assoziationen, indem uns z.B. ein Stichwort einfällt oder wir uns an etwas erinnern, das durch eine Anekdote oder thematische Einführung aufgerufen wurde. Beim Sprechen müssen wir in der Lage sein, situationsgerecht Argumente einzubringen.
7. *Textwissen und Verknüpfungen:* Wenn man schließlich eine kohärente Darstellung eines anderen aufnimmt, dann müssen Argumente und Strukturen im Aufbau eines Redebeitrags (oder in einem Text) tendenziell erkannt werden. Das bedeutet, dass sich auf diesem Niveau der Blick auf die Übereinstimmung von Inhalt und Form des Gesagten richtet.
8. *Mentales Modell*: heißt – wenn man die Diskussion aus der Leseforschung überträgt – zentrale argumentative Züge innerlich zu verarbeiten und diese bei der Diskussion präsent zu haben, um sie bei der richtigen Gelegenheit einfließen lassen zu können. Dabei ist darauf zu achten, dass der Konsens überzeugend und (für die Mehrheit der Situationsteilnehmer) akzeptabel formuliert ist. Wie Forschungen zur Sprachbewusstheit gezeigt haben, können Schüler auf diesem Niveau kommunikative Vorgänge einschätzen und benennen sowie die eigenen Varianten danach bewusst auswählen.

Wie eine empirische Studie von Grundler und Vogt (2004) anhand von 60 transkribierten Gruppendiskussionen aufzeigen konnte, ist es Schülerinnen und Schülern der 9. Jahrgangsstufe durchaus möglich, an Diskussionen teilzunehmen, um einen Dissens in einen Konsens zu überführen. In der Frage nach einer qualitativen

Unterscheidbarkeit von Kommunikations- bzw. Gesprächskompetenz kommen Grundler und Vogt (2004) interpretativ zu einer ähnlichen Niveau-Klassifizierung wie DESI. Sie gehen davon aus, dass ihre Kategorien Expressivität, Kognition, Soziale Beziehung und Kontext die verschiedenen Kommunikationsfähigkeiten von Schülern und Schülerinnen beschreiben können.

Aufgabenmerkmale

Wir haben insgesamt sechs Aufgabenstämme (A1-A6; vgl. Tabelle 1) benutzt und jeweils zwei auf unsere drei Hauptanforderungen verteilt.

Erste Hauptanforderung: Zunächst boten wir Material an, das eine Situation vorstellt, in der Mitspieler und Thematik erkennbar sind (A1). Es waren einige fiktive Reaktionen für die Probanden vorgegeben, so dass es für sie auf eine Einschätzung der Sprechakte ankam. Ähnliches verlangte der andere Aufgabenstamm (A2), in dem die Argumente von einem einzigen Sprecher/Autor vorgetragen und dann eingeschätzt werden mussten.

Zweite Hauptanforderung: Die Anforderungen bestanden darin, produktiv eine Argumentation weiterzuführen. Die Aufgabenstämme (A3) und (A4) unterschieden sich dadurch, dass in (A3) das Lesen von Texten auf die fingierte Diskussion vorbereitete, während bei (A4) diese Vorbereitung entfiel. Dabei kam es darauf an, sowohl Argumente zu finden, als auch diese in den bisherigen Verlauf einzupassen (A4).

Dritte Hauptanforderung: Diese Variante schließlich verlangte eine Einschätzung argumentativer Texte mithilfe von gelerntem Textwissen. Es mussten Wertungen, Perspektiven und Aufbauformen erkannt werden wie z.B. These und Beispiel. Das heißt, hier war eine bewusste Analyse verlangt und eine Einsicht in die Strukturen der vorgetragenen Argumentationen (A5; A6).

Tabelle 1 zeigt unsere Zuordnung von Aufgabenstämmen und Hauptanforderungen sowie die zugehörigen Itemmengen und Antwortformate. Bei der Auswertung der Hauptuntersuchung fanden sich für die Beurteilungen der offenen Antworten für die Aufgabenstämme A3 und A4 unzureichende Interrater-Reliabilitäten. Dies führte zu einem Ausschluss dieser Aufgaben aus der Auswertung des Argumentations-Tests, womit die ursprüngliche zweite Hauptanforderung (produktive Weiterführung einer Argumentation) nicht mehr im Test enthalten ist. Die Anzahl derjenigen Items, die am Ende nicht in die Bewertung eingingen, steht in Tabelle 1 in Klammern.

Tabelle 1: Aufgabenstämme im Wortschatz-Test aufgeschlüsselt nach Hauptanforderungen und Aufgabenformaten.

Aufgabenstämme	Aufgabenformat			
	Offen	Halboffen: anstreichen, kennzeichnen, fortführen	Geschlossen	Summe
Einschätzung einer Situation (A1)			4	4
Einschätzung argumentativer Aspekte (A2)		3		3
Gesprächsfortführung, Aktivierung von Wissen (A3, A4) *Wegen mangelnder Interrater-Reliabilität ausgeschlossen*	(8)			(8)
Reflexion über Kategorien (A5, A6)	3		6	9
Summe aller Items				16

Skalenbeschreibung: Niveaus und Schwellen

Unsere Interpretation der argumentativen und kommunikativen Prozesse, wie wir sie eingangs dargestellt haben, wurde durch die in der Skalierung des Tests ermittelten Aufgabenschwierigkeiten im Wesentlichen bestätigt.

a) Generell ist die Einschätzung einer Situation und eine erste kommunikative Reaktion darauf eine leichte Aufgabe (erwartetes Niveau A). In eine ähnliche Kategorie gehört auch die erste Einschätzung einer argumentativen Aussage und ihrer Richtung (erwartetes Niveau B). So ist es sinnvoll, diese beiden Kategorien zusammenzulegen und sie erste Einschätzung zu nennen.

b) Eigenes Wissen in einer Gesprächssituation ist nicht nur zum oder beim Zuhören – also in rezeptiven Gesprächssituationen – aufzurufen (Niveau C). Dieses für einen eigenen Beitrag aktivieren zu können, verbindet sich in der Praxis mit der kohärenten Darstellung eines eigenen Argumentes (Niveau D) und ist folglich auch als deutlich schwieriger zu bewerten. Diese Produktion von Argumenten, basierend auf eigenem Wissen, wird als *Konzept* bezeichnet.

c) Die Einschätzung der Übereinstimmung von Inhalt und Form ist anspruchsvoll (erwartete Niveaus E und F) und erweist sich auch im Ergebnis als die schwierigste Anforderung, die *Reflexion*.

Da die Interpretation der vielfältigen offenen Aussagen, die in unserer schriftlichen Gesprächssimulation zu bearbeiten waren, nicht reliabel genug waren (s.o.), müssen wir uns in unserem Kompetenzmodell auf zwei Niveaus beschränken.

Zur Definition der exakten Schwellen zwischen diesen Kompetenzniveaus wurde für jedes Niveau der Punkt auf der Kompetenzskala ermittelt, ab dem 50% der

Aufgaben eines Niveaus beherrscht werden. Dieser Punkt entspricht der ersten beobachteten Aufgabenschwierigkeit unterhalb des Medians. Bei einer geraden Aufgabenanzahl innerhalb eines Niveaus wird an dieser Stelle genau die leichtere Hälfte der Aufgaben beherrscht, bei einer ungeraden Aufgabenanzahl wird die nächst leichtere Schwierigkeit unterhalb von 50% gewählt, z.B. die fünfte von elf Aufgaben (vgl. Hartig in diesem Band).

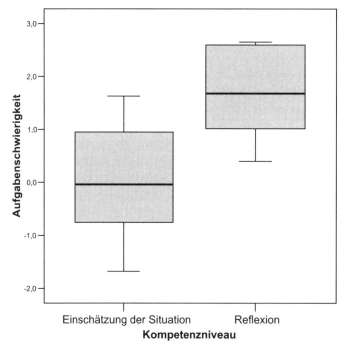

Abbildung 2: Aufgabenschwierigkeiten der Aufgaben zur Argumentation getrennt nach Kompetenzniveaus. „Einschätzung der Situation" bezieht sich auf Items, die eine holistische, implizite Einschätzung einer argumentativen Situation verlangen. „Reflexion" bezeichnet Items, in denen Strukturen erkannt und gelernte Termini benutzt werden müssen.

Die letztlich definierten zwei Niveaus sind in Tabelle 2 noch einmal übersichtlich mit einer Kurzbeschreibung sowie der Spannweite der Aufgabenschwierigkeiten zusammengefasst.

Tabelle 2: Kurzbeschreibungen der Kompetenzniveaus sowie Spannweite der Aufgabenschwierigkeiten.

Niveau	Aufgaben-schwierigkeiten	Beschreibung
A	-1.7 bis +1.6 *Median: 0.0*	Erste Einschätzung einer Situation: Eine Situation in ihren Grundbedingungen und ihrer Gesprächsthematik einschätzen können. An einem Gespräch in der Situation teilnehmen können. Aussagen auf ihre Tendenz in der Situation hin beurteilen können.
B	+0.4 bis +2.7 *Median: +1.7*	Reflexion der argumentativen Machart von Beiträgen oder Texten: Den argumentativen Aufbau eines Textes bzw. einer Rede alltagssprachliche oder mit Fachbegriffen bezeichnen können.

Es zeigt sich im Teiltest Kommunikation und Argumentation eine sinnvolle Unterscheidung zweier Kompetenzniveaus, die sich gut in die allgemeine Theorie der Sprachbewusstheit integrieren lässt (vgl. Karmiloff-Smith 1997).

Itembeispiele

Beispiel 1: Erste Einschätzung einer Situation

„Wasserski" – Aufgabenstamm 1 (geschlossenes Format):

Aufgabe:
Klaus hat die Sommerferien an einem See in den Alpen verbracht. Er ist dort zum ersten Mal Wasserski gefahren. Zu Hause trifft er seine Freunde Peter, Jochen und Armin und erzählt ihnen von seinen Erlebnissen. Dabei verfolgt Klaus zwei Ziele: er möchte nicht als Aufschneider auftreten, der angibt, aber er möchte wieder in die Gruppe reinkommen und bei seinen Freunden eine wichtige Rolle spielen.
Was wird er sagen?
Kreuze jeweils nur ein Kästchen an!

Erster Gesprächszug als Beispiel:
Peter: „He, Jochen, guck mal, der Klaus ist wieder da!"
Jochen: „Prima, der kann gleich beim Bau der Höhle helfen."
Armin: „Mannomann, ist der braun!"

Klaus:
- ☐ „Ja, wir waren auch lange weg."
- ☐ „He, was macht ihr denn gerade?"
- ☐ „Ach, es war nicht so doll."
- ☐ „Reisen mit „Orion" machen es möglich!"

(Bearbeitet nach: Franz Hebel 1976)

Beispiel 2: Konzepte

„Klassenfahrt" – Aufgabenstamm 3 (offenes Format)

Aufgabe:
„Stell dir vor, du bist Schüler(in) einer neunten Klasse, die gerade eine Klassenfahrt für den Sommer plant. Ihr könnt euch zwischen der Nordseeinsel Amrum und dem Odenwald entscheiden. Lies die beiden Texte zunächst aufmerksam durch!"

Als Grundlage für die Argumentation schließen sich zwei Texte über Amrum und den Odenwald an, die auch Bilder enthalten. Wir drucken dieses Material hier nicht ab.

„Es folgt ein Gespräch in einer 9. Klasse, an dem du dich beteiligst, indem du deine Redebeiträge in die freigelassenen Stellen schreibst. Geh in deinen Redebeiträgen auf das ein, was die anderen zum Thema Zukunft sagen, und bring Argumente dafür oder dagegen vor."

Du kannst:
- zustimmen
- ablehnen
- teilweise zustimmen/ablehnen

Du hast jeweils eine Minute Zeit, um deinen Redebeitrag zu schreiben. Am Ende kannst du dir den ganzen Text noch einmal anschauen und deine Redebeiträge ergänzen.
- Ingrid: „Also, ich möchte am liebsten ans Meer. In der Sonne liegen, baden, am Strand spazieren gehen …"
- Maria: „Sonne gibt es auch im Odenwald genug. Dafür können wir da viele unterschiedliche Ausflüge machen, z.B. auch zu alten Burgen und Schlössern."

Dein Redebeitrag:
„_____"

Beispiel 3: Reflexion

„Rucksack" – Aufgabenstamm 4 (halboffenes Format)

„Argumente"
Der folgende Text wurde in der alten Rechtschreibung verfasst. Wir haben die Absätze nummeriert.
    Lies den Text aufmerksam durch!
    [Wir drucken hier lediglich die ersten zwei Absätze ab]
    [1] Was hier gepriesen werden soll, ist […] der normale kleine Stadtrucksack. Eine Person, die mit Beuteln eingekauft hat und die Post aus dem Kasten holen will, muß zum Aufschließen des Briefkastens die Beutel auf den Boden stellen, worauf diese möglicherweise umfallen, auf daß Kumquats, Oliven und Cherry-Tomaten in munterem Mix durchs Treppenhaus springen. Dies passiert dem Rucksacknutzer nicht. Er kann auch ohne Mühe sechs Weinflaschen in den vierten Stock tragen und dabei in die Hände klatschen. […]
    [2] Problematisch ist, daß sich Rucksackträger auch in Menschenansammlungen so bewegen, als würden sie keinen Rucksack tragen. Sie denken nicht an ihre Rückenverdickung. Da kann es schon mal vorkommen, daß ein Rucksackträger einer hinter ihm befindlichen kleinwüchsigen Person das Make-up verschmiert oder die Brille runterhaut. […] Gewiß muß der Rucksackträger im Gedränge Rücksicht üben. […] Man kann in einem solchen Falle nicht mit den Schultern wackeln und so den Rucksack zum Hüpfen bringen, was sonst sehr nützlich ist, wenn man einen Juckreiz verspürt, denn durch das Auf-und-Niederschubbern des Rucksacks erfährt man Wohltat und Linderung. […]

                                                                           Max Goldt

Worterläuterungen:
Absatz 1: Kumquat: *apfelsinenartige Obstsorte*

[Nach zwei einführenden Aufgaben, in dem die Vor- und Nachteile des Rucksacktragens benannt werden sollten, folgt diese Passage]

Ein vollständiges Argument enthält drei Bestandteile:	
These:	Rucksäcke sind praktisch.
Begründung:	Denn man hat immer die Hände frei, ...
Beispiel:	wenn man nach dem Einkauf vollbepackt die Haustür aufschließen muss.

Unterstreiche im folgenden Textbeispiel (aus Absatz 1) nur die These!
Was hier gepriesen werden soll, ist […] der normale kleine Stadtrucksack. Eine Person, die mit Beuteln eingekauft hat und die Post aus dem Kasten holen will, muß zum Aufschließen des Briefkastens die Beutel auf den Boden stellen, worauf diese möglicherweise umfallen, auf daß Kumquats, Oliven und Cherry-Tomaten in munterem Mix durchs Treppenhaus springen.

Unterstreiche im folgenden Textbeispiel (aus Absatz 2) nur das Beispiel!
Problematisch ist, daß sich Rucksackträger auch in Menschenansammlungen so bewegen, als würden sie keinen Rucksack tragen. Sie denken nicht an ihre Rückenverdickung. Da kann es schon mal vorkommen, daß ein Rucksackträger einer hinter ihm befindlichen kleinwüchsigen Person das Make-up verschmiert oder die Brille runterhaut."

Lösungen

Beispiel 1:

- „Ja, wir waren auch lange weg."
- „He, was macht ihr denn gerade?"
- „Ach, es war nicht so doll."
- „Reisen mit „Orion" machen es möglich!"

Antwort 1 und 3 drücken zu viel Bescheidenheit aus, wenn Klaus wieder in die Gruppe hineinmöchte und eine wichtige Rolle spielen will. Antwort 4 zielt zu stark auf die Möglichkeiten der Familie. Antwort 2 fordert die Gruppe auf, ihre Tätigkeiten zu beschreiben und sie hat auch einen ausreichend kräftigen Ton.

Beispiel 2

Schon der erste Redezug verlangt, dass der Sprecher oder die Sprecherin sich für ein Ziel entscheidet, Fakten aktiviert und sich in der geforderten Weise auf eine der beiden Aussagen bezieht.

Beispiel 3

1. Aufgabe – Die These dieses Absatzes steht im folgenden Satz: „Was hier gepriesen werden soll, ist jedoch einzig der normale kleine Stadtrucksack."
2. Aufgabe – Das Beispiel in diesem Absatz lautet: „Da kann es schon mal vorkommen, daß ein Rucksackträger einer hinter ihm befindlichen kleinwüchsigen Person das Make-up verschmiert oder die Brille runterhaut."

Literatur

Blanken, G. u.a. (Hrsg.) (1988): Sprachproduktionsmodelle. Neuro- und psycholinguistische Theorien der menschlichen Spracherzeugung. Freiburg: HV.
Bühler, K. (1934,1965): Sprachtheorie. Jena. Stuttgart [Jena]: G. Fischer.
Deneke, F.-W. (1998): Psychische Struktur und Gehirn. Stuttgart: Schattauer.
Deppermann, A. (^{2}2001): Gespräche analysieren. Opladen: Leske + Budrich.

Deppermann, A./Hartung, M. (Hrsg.) (2003): Argumentieren in Gesprächen. Tübingen: Stauffenburg.
Fritz, G./Hundsnurscher, F. (Hrsg.) (1994): Handbuch der Dialoganalyse. Tübingen: Niemeyer.
Grundler, E./Vogt, R. (2004): Zur Evaluation von argumentativen Fähigkeiten von Schülerinnen und Schülern. Unveröffentlichtes Manuskript. Lüneburg: Symposium Deutschdidaktik.
Herrmann, T./Grabowski, J. (1994): Psychologie der Sprachproduktion. Heidelberg: Spektrum.
Holly, W. (1979): Imagearbeit in Gesprächen. Tübingen: Niemeyer.
Isaacs, W. (2002): Dialog als Kunst gemeinsam zu denken. Bergisch Gladbach: EHP.
Ingendahl, W. (1999): Sprachreflexion statt Grammatik. Tübingen: Niemeyer.
Karmiloff-Smith, A. (1997): Beyond Modularity. A Developmental Perspective on Cognitive Science. Cambridge: MIT.
Kienpointner, M. (1992): Alltagslogik. Stuttgart-Bad Canstatt: Frommann-Holzbog.
Koch, P./Oesterreicher, W. (1985): Sprache der Nähe – Sprache der Distanz. Mündlichkeit und Schriftlichkeit im Spannungsfeld von Sprachtheorie und Sprachgeschichte. In: Romanistisches Jahrbuch 36, S. 15-43.
Markowitz, H. (1976): Die soziale Situation. Frankfurt a.M.: Suhrkamp.
Mönnich, A./Jaskolski, E.W. (Hrsg.) (1999): Kooperation in der Kommunikation. München, Basel: Ernst Reinhardt.
Pabst-Weinschenk, M. (1995): Reden im Studium. Frankfurt a.M.: Cornelsen Scriptor.
Pabst-Weinschenk, M. (Hrsg.) (2004): Grundlagen der Sprechwissenschaft und Sprecherziehung. München: Ernst Reinhard.
Spiegel, C. (2003): „zum beispiel es gibt ja leute..." – Das Beispiel in der Argumentation Jugendlicher. In: Deppermann, A./Hartung, M. (Hrsg.): Argumentieren in Gesprächen. Tübingen: Stauffenburg, S. 111-129.
Thomson, A. (2001): Argumentieren. Stuttgart: Klett-Cotta.
Ueding, G. (2000): Moderne Rhetorik. München: dtv.
Watzlawick, P. u.a. (1969): Menschliche Kommunikation. Bern: Huber.
Willenberg, H. (1999): Lesen und Lernen. Eine Einführung in die Neuropsychologie des Textverstehens. Heidelberg: Spektrum.

Heiner Willenberg

Wortschatz

Einleitung

Die Lehrpläne der Bundesländer fordern vordringlich, dass die Schülerschaft einen ausreichenden Wortschatz erwerben soll. Dazu gehören die Ausbildung eines Fachwortschatzes und das Kennenlernen von Fremdwörtern, sowie Metaphern und Redensarten als unabdingbare Stilmittel in gesprochener und geschriebener Sprache. Die meisten Länder fordern, dass sich ihre Schüler mit dem Sprachwandel wie mit den soziologischen Schichtungen der Sprache befassen. Ab und zu tauchen Aspekte der Nuancierung auf, so bspw. wenn in Baden-Württemberg untersucht wird, welche Bedeutung der Wortschatz in unterschiedlichen Texten besitzt oder wenn die gute Kenntnis von Themen und ihrer lexikalischen Felder als eine Voraussetzung für angemessene Argumentation dargestellt wird (Hamburg, Saarland). Nur wenige Lehrpläne beschreiben die Ebenen des Wortschatzes und die daraus folgenden kognitiven oder stilistischen Gewinne.

Wortschatzforschung

Im Rahmen der Wortschatzforschung beziehen sich die meisten Ansätze eher auf die rezeptiven Anteile dieses umfangreichen Sujets.

a) Das Wortfeld bestimmt die Definition eines Wortes über die Nachbarn, die Nähe und den Kontrast. Wortfelder werden meistens von Wortarten bestimmt, so dass in ihnen entweder Nomen, Verben oder Adjektive vorkommen. Im Wortfeld werden auch die definierenden Merkmale oder Nuancen festgelegt (Dornseiff 2004; Schmidt 1973).

b) Hier könnte auch die Merkmalstheorie eingeordnet werden, die zunächst sinnvoll danach fragt, was z.B. verkaufen von andrehen unterscheidet (siehe generell Allen 2001). Da diese Theorie im Zentrum ihrer Bemühungen die prinzipiellen Definitionsmöglichkeiten formal begründen will, ist sie nicht gut für die Beobachtung des realen Wortschatzes zu verwenden (siehe auch Löbner 2003).

c) Sachfelder sammeln Wörter mit ihren üblichen Bezeichnungen in einem Feld des alltäglichen Gebrauchs. Wer Sachfelder gut kennt, weist damit auch eine Breite des Wortschatzes aus, er braucht allerdings immer die Genauigkeit in den richtigen Anwendungen (Duchàcek 1973; Schwanenflugel 1991; Duden 1992; Pons 1992).

d) Das Verstehen von Wörtern wird durch den Kontext unterstützt, in dem eine gewisse Redundanz eine förderliche Rolle spielt. Eine zu knappe und zu wenig unterstützte Darstellung erschwert das Verstehen. Andererseits kann der Kontext auch Ansprüche an das Verstehen von Lesern oder Hörern stellen, wenn er verlangt, die genaue Passung, die exakte Nuance auch wirklich zu entschlüsseln (Rickheit/Strohner 1993; Christmann/Groeben 1999; Ferstl/Flores d'Arcais 1999).

e) Wörter rufen bei jedem Individuum persönliche Assoziationen hervor, die als Basis für den Aufruf des mentalen Lexikons dienen, aus dem heraus jemand überhaupt einen Redekern erzeugen kann. Er braucht, um eine sinnvolle Rede zu starten, den Zugang zu seinem inneren Wissensnetz, in dem die sinnvollen Verknüpfungen von Wörtern und schließlich vom Wissen abgelegt sind, ohne die niemand ein zusammenhängendes Thema vorzutragen in der Lage ist (Johnson-Laird 1996; Kintsch u.a. 1999).

f) Der Wortschatz unterliegt einem Wandel im Zeitverlauf und er bestimmt sich auch nach dem divergenten Gebrauch in Schichten, im Dialekt und im Jargon wie z.B. der Jugendsprache. Sich darüber Rechenschaft zu geben kann zu einem reichen und vielfältigen aktiven Sprachgebrauch führen (Schlobinski 1993).

g) Wörter lassen sich verschiedenen Ebenen zuordnen, die hauptsächlich mit vier Kategorien benannt werden: Basiswörter, Abstrakta, Konkreta, Fachwörter. Zudem können Wörter noch im übertragenen Sinne benutzt werden als Metaphern oder als Redensarten, bzw. als phraseologische Fügung (Miller 1993).

Der unter „g" beschriebene Ansatz ist u.E. am ehesten mit Modellen der Sprachproduktion vereinbar und wurde deshalb bei der Entwicklung des Wortschatz-Tests in DESI umgesetzt.

Messkonzept

Sprachproduktion

Die Blickweise der Sprachproduktion fragt zunächst: Was ist nötig, damit jemand zusammenhängend und differenziert über ein Thema reden oder schreiben kann? Und sie kommt zu einer Antwort, die mehrere Stufen umfasst:

1. Ein Sprecher muss über Konzepte zu seinem Thema verfügen. Der Terminus Konzept beschreibt die amodale Speicherung eines Themas, es ist sozusagen die Grundstruktur einer Bedeutung. Sie kann bildlich, szenisch vorhanden sein oder sie kann mit Wortmarken im inneren Lexikon eingetragen sein (Engekamp/Rummer 1999). Dieser Eintrag ist üblicherweise zuerst in der Muttersprache vorhan-

den, er kann aber auch in mehreren anderen Sprachen vorliegen, wobei immer wieder Unschärfen zwischen den Sprachen auftreten.
2. Auf dieser Basis sollte sich ein differenzierter Wortschatz aufbauen, der gut vernetzt ist, der über verschiedene Schichten oder Ebenen verfügt (s.a. Willenberg 2004). Und dieser Wortschatz sollte leicht zugänglich sein,
   - d.h. er sollte sich z.B. auf einen Oberbegriff oder ein Stichwort hin öffnen,
   - er sollte während des Sprechens/Schreibens leicht fließen,
   - er sollte bei realen Situationen im Leben ansprechen, sei es vor Ort oder sei es bei einer Lektüre.
3. Eine weitere These dieses Ansatzes lautet: Wörter sind umso leichter verständlich je gebräuchlicher sie sind, und auch die Umkehrung gilt: Je seltener desto schwieriger sind Wörter im Allgemeinen zu verstehen (Schriefers 1999). Daraus erklären sich die fünf nachfolgend genannten Kategorien:
   a) Basiswörter sind bekannte Wörter, die jedem gleich zu einem Thema einfallen, sie werden als erste gelernt und am meisten benutzt (Rosch 1975). Der innere Aufwand bei diesen gut verfügbaren Wörtern ist gering, wir verbrauchen kaum Zeit, um sie zu finden und sie bereiten uns normalerweise keine Zuordnungsprobleme: Haus, Hund, Eltern, Tag.
   b) Konkreta sind Wörter, die etwas Wahrnehmbares in Raum und Zeit bezeichnen (Lyons 1983). Sie beziehen sich also i.A. auf Sichtbares, seltener auf Hörbares oder Prozessuales. Jeder weiß ungefähr, wie ein Kran aussieht, wie sich ein Schuss anhört oder wie ein Galopp aussieht, obwohl alle drei nicht zu den Basiswörtern gehören. Diesen Wahrnehmungen sind wir schon begegnet, ihre Bezeichnungen sind nicht schwer zu erkennen und ihre Bedeutungsausdehnung (Intension) erscheint relativ klar. Mit dem Terminus Intension bezeichnet die Linguistik das mögliche Vorkommen des Bezeichneten im realen Leben und da sind die Erscheinungsformen zumindest von Kränen oder Schüssen nicht allzu schwierig abzugrenzen. Van der Meer und Klix (2003) haben dafür den Terminus Begriffsinhalt geprägt.
   c) Abstrakta sind Wörter, die etwas Nicht-Wahrnehmbares in Raum und Zeit bezeichnen, z.B. Moral, Demut, Bündnis, Stil. Die Definitionen müssen gesucht und präsent gehalten werden, dazu braucht man vage Beispiele. Und schließlich ist die Ausdehnung dieser Bedeutung unklar: Was ist eigentlich Moral? Wo kann sie vorkommen? Ist das Wort gegenüber der realen Welt und ihren Erscheinungen nicht viel zu idealistisch? Sofort steigen die notwendigen mentalen Anstrengungen, wir brauchen mehr Zeit und wir müssen prüfen, ob die Thematik, die damit charakterisiert wird, auch wirklich passt (siehe generell Küchler 1991).
   d) Fachwörter/Fremdwörter bezeichnen einen sehr speziellen, engen Ausschnitt der Welt, den aber meistens sehr genau: Bruttosozialprodukt, Bürzel, Kosmologie, Resilienz. Hier können wir nicht mehr vermuten, wir sollten die Bedeutung wissen. Das heißt, unsere Anstrengung besteht darin, dieses Wort schon einmal gelernt zu haben, uns daran zu erinnern und auch eine genaue

Definition in einem komplizierten, vernetzten Gebiet vortragen zu können. Oft sind diese Wörter Komposita und dazu noch Fremdwörter. Dass es auch deutschstämmige Fachwörter gibt, mögen der Bürzel oder die Kux andeuten.

e) Übertragung und Bedeutungsschicht: Wörter können in übertragener Weise benutzt werden und sie kommen in verschiedenen Stilschichten vor wie im Exempel: Jemand ist ziemlich abgebrannt.

Aufgabenmerkmale

Die Konstruktion der Testaufgaben in DESI orientierte sich an den vier Kategorien (a-d) des Wortschatzes. Die beiden Aspekte Metaphorik bzw. Redensart und Register (e) konnten aus Zeitgründen nicht berücksichtigt werden. Die Aufgabenschwierigkeiten der Voruntersuchung ließ schließlich eine Reduktion auf drei Kategorien als angemessen erscheinen:

- *Basiswörter* sind so definiert, dass sie zu den ersten 2000 Einträgen im Grundwortschatz von Langenscheidt (1991) gehören. Dies ist eine praktikable Lösung, weil es leider keine umfassende Wortschatz-Statistik im Deutschen gibt.
- *Konkreta und Abstrakta* werden erst als solche notiert, wenn sie außerhalb des Grundwortschatzrahmens liegen, sie sollten aber im vermuteten Sprachgebrauch von Neuntklässlern vorkommen.
- *Fach- und Fremdwörter* kommen i.A. nicht im Erfahrungsbereich von Neuntklässlern vor. Linguistisch können sie am einfachsten so definiert werden, dass sie als Einträge in Fach- oder Fremdwörterbüchern vorkommen.

Man kann die Aufgaben noch unter einem weiteren Aspekt beschreiben, in welchem Format sie nämlich im Test bearbeitet werden. Dazu wurden die zwei prinzipiellen Varianten des aktiven und passiven Gebrauchs benutzt:

- Die Testperson kann ihre Wörter relativ frei produzieren und sie ist aufgefordert, abgebildete Dinge zu benennen (die eingangs erwähnte Fülle).
- Oder sie soll Vorgaben in Text- oder Satzzusammenhängen rezeptiv auf Nuancen überprüfen (die Differenzierung).

Alle Wortschatzitems kann man den genannten Beschreibungen zuordnen. In Tabelle 1 folgt die Dreiteilung mit Wortbeispielen in den beiden Aktivitätskategorien. Die Zahlen geben an, wie viele Items es pro Kategorie gibt.

Tabelle 1: Anzahl und Beispiele für die Wortschatzitems nach Schwierigkeitskategorien und aktivem und passivem Gebrauch.

Wortschatzebene	Bilder/ freie Produktion	Rezeptiv: Nuancen finden
Basiswörter / Grundwortschatz	5 Ofen / Kälte	6 [einer Meinung] widersprechen
Konkreta Abstrakta	8 Flohmarkt	9 zoomen intellektuell
Fach- und Fremdwörter	8 Abakus	6 Boom

Skalenbeschreibung: Niveaus und Schwellen

Auf Basis der in der Skalierung des Wortschatz-Tests ermittelten Aufgabenschwierigkeiten konnten drei Kompetenzniveaus unterschieden werden:

A Grundwortschatz: Die einfachsten Aufgaben bestanden darin, Einträge zu erkennen oder selber aktiv zu benennen, die zu den 2000 häufigsten Wörtern gehören.

B Abstrakta/Konkreta: Dieses Niveau wird von Abstrakta oder Konkreta gebildet, die nicht zum Grundwortschatz gehören.

C Fremd- und Fachwörter mit einer genauen und engen Bedeutung. Sie reichen mit ihrem unteren Teil in leichtere Regionen hinein. Dabei spielt es eine Rolle, dass die Mehrfachwahl-Aufgaben, in denen ein Teil dieser Wörter vorkommt, einfacher als die produktiven Aufgaben zu lösen waren.

Der Zusammenhang zwischen den angenommenen Niveaus der Leseaufgaben und den beobachteten Aufgabenschwierigkeiten ist in Abbildung 1 grafisch dargestellt. Zusätzlich finden sich in Tabelle 2 Kurzbeschreibung der Kompetenzniveaus sowie die Spannweite der zugehörigen Aufgabenschwierigkeiten.

Zur Definition der exakten Schwellen zwischen den Kompetenzniveaus wurde für jedes Niveau der Punkt auf der Kompetenzskala ermittelt, ab dem 50% der Aufgaben eines Niveaus beherrscht werden. Dieser Punkt entspricht der ersten beobachteten Aufgabenschwierigkeit unterhalb des Medians. Bei einer geraden Aufgabenanzahl innerhalb eines Niveaus wird an dieser Stelle genau die leichtere Hälfte der Aufgaben beherrscht, bei einer ungeraden Aufgabenanzahl wird die nächst leichtere Schwierigkeit unterhalb von 50% gewählt, z.B. die fünfte von elf Aufgaben (vgl. Hartig in diesem Band).

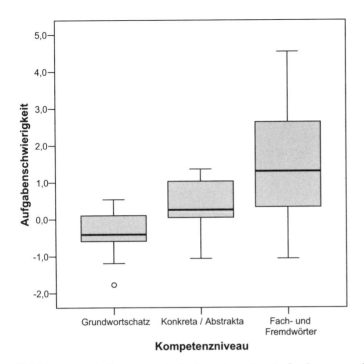

Abbildung 1: Aufgabenschwierigkeiten der Aufgaben zum Wortschatz getrennt nach Kompetenzniveaus.

Tabelle 2: Kurzbeschreibungen der Kompetenzniveaus sowie Spannweite der Aufgabenschwierigkeiten.

Niveau	Aufgaben-schwierigkeiten	Beschreibung
A	-1.8 bis +0.5 Median -0.4	Grundwortschatz (auch Basiswörter): Wörter aus dem Grundwortschatz der häufigsten 2000 deutschen Wörter (nach Langenscheidt).
B	-1.1 bis +1.3 Median +0.3	Häufigere Konkreta und Abstrakta Konkreta:Bezeichnungen für Wahrnehmbares in Raum und Zeit. Abstrakta: Bezeichnungen für nicht Wahrnehmbares in Raum und Zeit. Beide nicht mehr zu den ersten 2000 Wörtern gehörend.
C	-1.1 bis +4.5 Median +1.7	Fach- und Fremdwörter: Fachwörter: Genaue Bezeichnungen einer Referenz in einem speziellen Wissensgebiet. Fremdwörter: Hier als eine mögliche Form eines Fachwortes gebraucht.

Die Ergebnisse bestätigen wesentliche Vermutungen darüber, wie leicht oder wie schwer die Aufgaben des Wortschatzes für die Schüler waren: Leicht fielen vor allem Exempel aus dem Grundwortschatz, der aus den häufigsten 2000 Wörtern des Deutschen besteht. Die mittlere Kategorie verlangte, gebräuchliche Bezeichnungen für Konkretes und Abstraktes zu verstehen, deren Häufigkeit außerhalb der ersten 2000 Wörter liegt. Fach- und Fremdwörter erscheinen als schwierigste Kategorie. Die mäßigen Ergebnisse könnten darauf hinweisen, dass die meisten Neuntklässler nur begrenzt mit Fach- und Fremdwörtern umgehen können, obwohl die Curricula diesen Teil des Wortschatzes thematisieren.

Itembeispiele

Beispiel 1: Rezeptiv – Nuancen finden – Konkreta / Abstrakta / Fach-Fremdwörter

Zoomen
- ☐ Ausleuchten oder verdunkeln
- ☐ scharf oder unscharf einstellen
- ☐ Aufnehmen oder fallen lassen
- ☐ heranholen oder wegrücken

Modedesigner Hedi Slimane: „Ich muss sehen, wie es aussieht, wenn jemand meine Kleider trägt. Dabei geht es immer mehr um die Beobachtung als um die Interpretation – eine eher emotionale als ___?_?_?_?_?___ Arbeit."
- ☐ intellektuelle
- ☐ intelligente
- ☐ vernünftige
- ☐ denkerische

Boom
- ☐ Wertsteigerung
- ☐ Aufschwung
- ☐ Modeerscheinung
- ☐ Explosion

Beispiel 2: Rezeptiv – Nuancen finden – Basiswörter

Finde genauere Ausdrücke an den Stellen, an denen Wörter durchgestrichen sind:

Sagen

Mirjam sagte zu Frank: „Mit dir gehe ich nicht mehr zum Konzert. Denn du hast mich vor meiner besten Freundin schlecht gemacht."
a) _____

Frank ~~sagte~~: „Das stimmt überhaupt nicht. Sie ist über dich hergezogen."
b) _____

Mirjam ~~sagte~~ daraufhin: „Meine beste Freundin würde das niemals tun!"

Beispiel 3

Bilder: Basiswörter [a]

Konkreta: [b] Titel für das Bild

Fach-Fremdwörter: [c]

Gib dem Bild einen Titel und bezeichne die nummerierten Gegenstände auf dem Bild so genau wie möglich! Umschreibungen sind nicht erlaubt.
TITEL:[b]_____

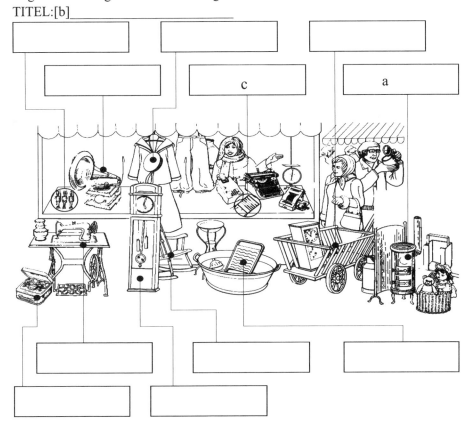

(Nach Brockhaus: Das Bildwörterbuch 1999)

Lösungen:

Beispiel 1:
Aus den Mehrfachwahl-Angeboten waren jeweils die folgenden richtig
- (zoomen) heranholen oder wegrücken /
- eine eher emotionale als **intellektuelle** Arbeit
- (Boom) Aufschwung

Beispiel 2:
Frank erwiderte / Miriam entgegnete daraufhin

Beispiel 3:
Die erfragten Bilder bzw. die Überschrift wären folgendermaßen zu benennen gewesen:
   (a) Ofen / (b) Flohmarkt / (c) Abakus

Literatur

Allan, K. (2001): Natural language semantics. Oxford :Blackwell.
Brockhaus Die Enzyklopädie. Ergänzungsbände(^{20}1999): Das Bildwörterbuch.
Christmann, U./Groeben, N. (1999): Psychologie des Lesens. In: Franzmann, B. u.a.(Hrsg.): Handbuch Lesen. München: Saur, S. 145-223.
Corbeil, J.-C./Archambault, A.(Hrsg) (1992): Pons-Bildwörterbuch. Stuttgart: Klett.
Dornseiff, F. (^{8}2004): Der deutsche Wortschatz nach Sachgruppen. Berlin: Walter de Gruyter. Bearbeitet von Uwe Quasthoff.
Duchàcek, O. (1973): Über verschiedene Typen sprachlicher Felder und die Bedeutung ihrer Erforschung. In: Schmidt, L. (Hrsg.): Wortfeldforschung, 1973. Darmstadt: WBG, S. 436-452.
Duden (^{4}1992): Bildwörterbuch der deutschen Sprache. Mannheim: Bibliographisches Institut.
Eckert, A. (1988): Kognition und Wissensdiagnose. Heidelberg: Pabst.
Engelkamp, J./Rummers, R. (1999): Die Architektur des mentalen Lexikons. In: Friderici, A. (Hrsg.): Sprachrezeption. In: Enzyklopädie der Psychologie. Göttingen: Hogrefe, S. 155-201.
Ferstl, E./Flores d'Arcais, G. (1999): Das Lesen von Wörtern und Sätzen. In: Friderici, A. (Hrsg.): Sprachrezeption. In: Enzyklopädie der Psychologie. Göttingen: Hogrefe, S. 203-242.
Johnson-Laird, P.N. (^{6}1996): Mental Models. Cambridge: Harvard University Press.
Kintsch, W./Patel, V.L./Ericsson, K.A. (1999): The role of long-term working memory in text comprehension. In: Psychologia 42, S. 186-198.
Küchler, E. (1991): Über elementare Vorhersagemechanismen in der menschlichen Informationsv erarbeitung. In: Klix, F./van der Meer, E. (Hrsg.): Kognitive Prozesse und geistige Leistungen. Berlin: DVW, S. 148-169.
Langenscheidt (1991): Basic German Vocabulary. Berlin und München: Langenscheidt.
Löbner, S. (2003): Semantik. Berlin: Walter de Gruyter.
Lyons, J. (1983): Semantik Bd. II. München: Beck.
Meer, E. van der/Klix, F. (2003): Die begriffliche Basis der Sprachproduktion. In: Hermann, T./ Grabowski, J. (Hrsg.): Sprachproduktion. In: Enzyklopädie der Psychologie. Göttingen: Hogrefe, S. 333-359.
Miller, G.A. (1993): Wörter. Streifzüge durch die Psycholinguistik. Heidelberg: Spektrum.
Rickheit, G./Strohner, H. (1993): Grundlagen der kognitiven Sprachverarbeitung. Tübingen: UTB.

Rosch, E. (1975): Cognitive representation of semantic categories. In: Journal of experimental Psychology 104, S. 192-233.
Schlobinski, P. u.a. (1993): Jugendsprache. Fiktion und Wirklichkeit. Opladen: Westdeutscher Verlag.
Schmidt, L. (Hrsg.) (1973): Wortfeldforschung. Darmstadt: WBG.
Schriefers, H. (1999): Morphologie und Worterkennung. In: Friderici, A. (Hrsg.): Sprachrezeption. In: Enzyklopädie der Psychologie. Göttingen: Hogrefe, S. 117-153.
Schwanenflugel, P.J. (Hrsg.) (1991): The Psychology of Word Meaning. Hillsdale: Lawrence Erlbaum.
Willenberg, H. (2004): Wissen und Kompetenz im Literaturunterricht. In: Lecke, B. (Hrsg.): Fazit Deutsch 2000. Frankfurt a.M.: Peter Lang, S. 285-303.

Günther Thomé / Jens Gomolka

Rechtschreiben

Messkonzept

In orthographischen Produkten spiegelt sich schon sehr früh (etwa ab dem Alter von 5 Jahren) ein Konglomerat unterschiedlicher schriftsprachlicher Kompetenzen. Im Laufe der Entwicklung verschieben sich die relativen Anteile der einzelnen schriftsprachlichen Teilkompetenzen und entsprechend die Anteile der unterschiedlichen Schreibabweichungen.

Die Rechtschreibleistungen im Deutschen werden in der DESI-Untersuchung durch ein Diktat mit 68 Wörtern erhoben. Hierdurch sollen die aktiven orthographischen Fähigkeiten ermittelt werden. Ein Text mit fehlerhaften Wörtern, bei dem die Schüler die Fehler anstreichen sollen, prüft dagegen eine stärker rezeptive Fähigkeit, die etwa beim Korrekturlesen benötigt wird. Diese ist von der aktiven Orthographiebeherrschung zu unterscheiden.

Für eine aussagekräftige Untersuchung der Schriftbeherrschung von 15-Jährigen bzw. Neuntklässlern muss ein Diktattext genügend orthographische Anforderungen enthalten, die in diesem Alter auch für Schüler im mittleren und oberen Leistungsbereich noch nennenswerte Schwierigkeiten bereiten. Der in der DESI-Untersuchung verwendete Text ist daher als überschwer zu bezeichnen. Das bedeutet, die erwartete durchschnittliche Fehlerzahl liegt höher als bei üblichen, nicht konstruierten Texten gleicher Länge. Die größere Schwierigkeit liegt weniger in den orthographischen Anforderungen der einzelnen Wörter, sondern in der ungewöhnlichen Häufung bzw. der Dichte von Wörtern mit mittlerem bis hohem orthographischem Schwierigkeitsgrad. Dadurch wird eine stärkere Konzentration beim Schreiben nach Diktat notwendig, was besonders bei unsicheren Schreibern die Fehlerzahl zusätzlich erhöht. Das Diktat erbringt trotz seiner Kürze, die dem begrenzten zeitlichen Kontingent innerhalb der Testdurchführung geschuldet ist, eine erhebliche Trennschärfe, d.h. die Ergebnisse werden deutlich streuen.

Neben der Berechnung quantitativer Kennwerte wird versucht, die Fehlschreibungen nach ihrer inneren Struktur zu klassifizieren. Analog zu den Phasenmodellen des Schriftspracherwerbs (Thomé 2003) lassen sich die Fehlschreibungen nach orthographiesystematischen beschreibbaren Merkmalen gruppieren, die als Kennzeichen der schriftsprachlichen Entwicklungsphasen angesehen werden. Diese qualitative Fehleranalyse wird in Anlehnung an das Instrument OLFA (Thomé/Thomé 2004) durchgeführt. Dabei werden alle Fehler einer von drei Hauptgruppen zugeordnet und der prozentuale Anteil der drei Gruppen an der Fehlergesamtzahl berechnet. Da diese entwicklungsorientierten Fehlertypen für unterschiedliche schriftsprachliche

Kompetenzen stehen, stellen die nach OLFA ermittelten Verteilungen einen nützlichen Parameter für die Einschätzung der Kompetenz einer Person dar.

Aufgabenmerkmale

Für Schüler der 9. Jahrgangsstufe bzw. im Alter von 15-16 Jahren sind nach den teilweise großen Untersuchungen von Riehme und Heidrich (1970), Menzel (1985), Mehrtens (1971), Plickat (1974) und Plickat und Wieczerkowski (1979) weitgehend übereinstimmend die in Tabelle 1 dargestellten Orthographiebereiche in der Reihenfolge ihres Gewichtes (Prozentangaben sind gerundet) als nennenswerte Fehlerquellen zu nennen.

Tabelle 1: Orthografiebereiche sortiert nach relativen Fehleranteilen.

Orthographiebereiche	Relativer Fehleranteil
Groß- und Kleinschreibung	32%
Zusammen- und Getrenntschreibung	14%
Fremdwortschreibung	9%
Konsonantenverdopplung	7%
das-dass (früher das-daß)	6%
Dehnungs-h	4%
s-ss-ß	4%
Umlaute und Auslautverhärtung	3%
Zusammen	79%

Alle übrigen Bereiche treten jeweils mit relativen Anteilen von unter 2% auf. Obwohl danach rund 80% der Schreibfehler auf die oben genannten Bereiche entfallen, werden weitere Bereiche, wie f-v, seltene Orthographeme, wie <dt>, und Konsonantenhäufungen im Diktat getestet.

Die Validität des in DESI eingesetzten Diktats wurde durch einen Vergleich der Ergebnisse des DESI-Diktats mit den Leistungen einer Teilstichprobe im „Rechtschreibtest (RST 8+)" (Damm/Hylla/Schäfer 1965) geprüft, indem die Fehlergesamtzahlen aus dem DESI-Diktat mit den Fehlerwerten aus dem Rechtschreibtest (RST 8+) korrelativ verglichen wurden. Die Berechnungen ergaben Korrelationskoeffizienten von .90.

Skalenbeschreibung

Dem Untersuchungsfeld Schriftbeherrschung liegen recht wenige aussagekräftige vergleichende Untersuchungen über die Leistungen größerer Schülergruppen vor. Zwar gibt es seit Jahrzehnten empirische Arbeiten auf der Mikro- und Makroebene (z.B. Plickat 1965; Riehme/Heidrich 1970; Mehrtens 1971; Menzel 1985; Brügelmann u.a. 1994; Richter 1994; Jansen/Skowronek 1997), aber die insgesamt eher geringe

Zahl solcher Untersuchungen und die oft eingeschränkte Vergleichbarkeit lassen noch erhebliche Forschungsdefizite erkennen. Neben den Arbeiten aus dem Bereich der Deutschdidaktik werden seit vielen Jahren die schriftsprachlichen Leistungen von Schülerinnen und Schülern unter dem Gesichtspunkt von Lese-Rechtschreib-Schwäche (Legasthenie) erhoben. Aber auch hier kann man einen Mangel an theoretisch fundierten, empirischen Untersuchungen feststellen (vgl. Scheerer-Neumann 1979, 1993; Mannhaupt 1994).

Marx (2000) fasst wichtige empirische Befunde über Schriftsprachprobleme in der Sekundarstufe zusammen (dabei ist zu beachten, dass sich die meisten der Untersuchungen nur auf wenige Klassen beziehen und daher weit von einer Repräsentativität entfernt sind):
- in den 5. und 6. Realschulklassen kann ein Drittel der Kinder als rechtschreibschwach bezeichnet werden (Déperieux 1991);
- an schleswig-holsteinischen Gymnasien wird eine deutliche Diskrepanz zwischen dem Anteil an anerkannten Legasthenikern und dem Anteil an Kindern mit erheblichen Lese- oder Rechtschreibproblemen festgestellt (Schneegaß 1991);
- der Prozentsatz an Legasthenikern in einer Kooperativen Gesamtschule in den Jahrgängen 5 bis 7 liegt zwischen 10 und 15% (Buschmann 1991);
- der Anteil der Kinder mit Lese-Rechtschreibschwierigkeiten an einem Ganztagsgymnasium in den Schuljahren 1970/71 bis 1975/76 schwankt zwischen 4.2 und 6.7% (Doernberg 1978);
- 34.6 bzw. 40.2% der Schülerinnen und Schüler zweier Jahrgänge eines Gymnasiums (Beginn der 5. Klasse) haben erhebliche Schwierigkeiten (Zang 1983);
- 58.3% der Fünftklässler einer Gesamtschule sind als rechtschreibschwach einzustufen (Naegele 1983);
- eine Gelegenheitsstichprobe von Hauptschülern des 9. Schuljahres weist 32.9% lese-rechtschreibschwache Kinder nach und
- bei einer repräsentativen Jahrgangsstichprobe von Neuntklässlern lagen die Werte bei 0.6% (Gymnasium), 2.5% (Realschule) und 20.6% (Gesamtschule) (Jansen/Skowronek 1997).

Marx stellt zusammenfassend für die Sekundarstufe I fest, dass angesichts der großen Rechtschreibprobleme für einen nicht unerheblichen Prozentsatz von Schülern (bis wenigstens zum 9. Schuljahr) Interventionsmaßnahmen notwendig erscheinen. Weiterhin konstatiert er, „dass weit über die Grundschulzeit hinweg Rangordnungen in der Schriftsprache praktisch erhalten bleiben, gute Leser und/oder Rechtschreiber also eher gut bleiben sowie schwache eher schwach" (Marx 2000, S. 184).

Klicpera und Gasteiger-Klicpera (1995, S. 222ff.) gehen ebenfalls in der Zusammenfassung eigener und weiterer Längsschnittuntersuchungen über die längerfristige Entwicklung bei Kindern mit Lese-Rechtschreibschwierigkeiten von einer „hohen Konstanz der Leistungsunterschiede" aus. Im Gegensatz zu Marx sehen sie aber sogar einen negativen Entwicklungsverlauf der Rechtschreibleistungen dieser Schüler, die mit den Jahren eher noch leistungsschwächer würden.

Die quantitativen Untersuchungen über den Stand in der Schriftbeherrschung in den 60er und 70er Jahren hatten vorrangig das Ziel, die Orthographiebereiche zu ermitteln, die den Schülerinnen und Schülern besondere Schwierigkeiten bereiten. Hiermit sollte einer geplanten Orthographiereform zugearbeitet werden. Die Ergebnisse dieser Untersuchungen geben fast ausnahmslos (gemäß der Fragestellung) lediglich die relativen Anteile der Fehler wieder. Absolute Fehlerzahlen, Rangreihen u.a. finden sich nicht oder nur unzureichend. Die quantitativen Fehlerwerte, wie sie die deskriptiven empirischen Untersuchungen der vergangenen Jahrzehnte erbracht haben, sind nach wie vor eine unverzichtbare Orientierungshilfe in der Schrifterwerbsforschung, da sie einerseits grundlegende Kennwerte und andererseits erste Hinweise über die zu erwartenden Leistungen in der Sekundarstufe bereitstellen.

Niveaus und Schwellen

Der Verlauf des Schriftspracherwerbs wird heute als Abfolge mehrerer Phasen beschrieben. Diese Entwicklungs- oder Phasenmodelle setzen methodisch eine qualitative Fehleranalyse voraus. Dabei wird das Auftreten bestimmter, linguistisch weitgehend beschreibbarer Fehlertypen mit den angenommenen Entwicklungsstufen in Beziehung gesetzt. Grundlage hierfür sind orthographietheoretische Konzepte, die schriftsprachliche Merkmale für die Einschätzung von Schreibanforderungen und Schreibabweichungen als aus der Lernerperspektive eher leicht oder schwer bereitstellen. Solche Konzepte finden in quantitativ-qualitativen oder rein qualitativen Analyseinstrumenten wie HSP (May 2000), DRT5 (Naumann/Grund 1996) oder OLFA (Thomé/Thomé 2004) Verwendung.

In der DESI-Untersuchung bietet sich die Überprüfung solcher orthographie-theoretisch-lernpsychologischer Konnexitätsmodelle mithilfe der probabilistischen Testtheorie an. Hierzu werden bestimmte Fehlertypen (siehe Abschnitt Aufgabenmerkmale in diesem Kapitel), die in statistisch bedeutsamer Zahl auftreten, als Items aufgefasst, um mit der Rasch-Skalierung deren Schwierigkeitsgrad schätzen zu können. Die Itemschwierigkeit bedeutet im Zusammenhang mit Abweichungen im Bereich der Rechtschreibung, dass ein „leichtes" Item eher bei Schülern mit schwächerer Leistung im Sinne eines Fehlers auftritt und ein „schwereres" Item bei Schülern mit höherer Leistung einen möglichen Fehler darstellt. Jedes Item wurde dann und nur dann als richtig bearbeitet bewertet, wenn es an allen möglichen Stellen des Diktats nie im Sinne eines Fehlers auftrat.

Die mit der Rasch-Skalierung berechneten Werte, die die Itemschwierigkeit schätzen, erstrecken sich bei einem Test, der eine große Bandbreite von schwierigen bis zu leichten Aufgaben enthält, etwa gleich weit in den negativen wie in den positiven Bereich (z. B. von -4 bis 4). In DESI wird die Rechtschreibleistung mit dem vorn beschriebenen Diktat erhoben, das aus einem zusammenhängenden, sprachlich unauffälligen Text besteht. Da die getesteten 15-jährigen Schüler in der Regel seit über 8 Jahren eine Schule besuchen, ist bei diesen eine orthographische Leistungsfähigkeit zu erwarten, durch die der Diktattext im Vergleich zu anderen DESI-Modulen mit freier konstruierbaren Aufgabensets relativ leicht erscheint. Dennoch lassen sich über die Unterschiede in der Komplexität der mentalen Operationen, die für die einen oder anderen Produktionen vorausgesetzt werden müssen, unterschiedliche Kompetenzniveaus für den Bereich der Rechtschreibung rekonstruieren.

Die Werte der Itemschwierigkeit für die berechneten Items liegen insgesamt betrachtet zwischen -4.81 und 0.52 und damit durchaus in einem erwarteten Bereich. Die größte Itemschwierigkeit mit 0.52 zeigt sich im Bereich der *Kommasetzung*. Der unmittelbar folgende Wert von -0.09 steht für die *Groß- und Kleinschreibung*. Kommasetzung und Groß- und Kleinschreibung stellen nach den bekannten Studien der letzten Jahrzehnte für Schüler der oberen Klassen die wesentlichen Schwierigkeiten in der Orthographie dar, nachdem die meisten anderen Bereiche weitgehend beherrscht werden. Weitere Fehlertypen, die mit einer mäßig hohen Leistung in Verbindung stehen, sind die *legalen Übergeneralisierungen*, die, im Gegensatz zu den illegalen, in einem plausiblen Umfeld auftreten. Für solche legalen Übergeneralisierungen (fehlerhafte Konsonantenverdopplung nach Kurzvokal) wurden die Itemschwierigkeiten -1.50 und -1.20 sowie (fehlerhafte Längenmarkierung nach Langvokal) -1.49 berechnet. Fehlertypen, die mit einer eher geringeren Rechtschreibleistung in Verbindung stehen, sind einerseits die oben erwähnten *illegalen Übergeneralisierungen* (Konsonantenverdopplung nach Langvokal: Itemschwierigkeit -2.59 und Längenmarkierung nach Kurzvokal: Itemschwierigkeit -4.81) und andererseits die *Verwendung von Basisgraphemen anstelle von Orthographemen* (e/eu für ä/äu: Itemschwierigkeit -2.20 und f für v: Itemschwierigkeit -4.45; Einfachschreibung für markierte Länge: Itemschwierigkeit -3.52 und Einfachschreibung für Konsonantenverdopplung: Itemschwierigkeit -4.19).

Diese noch vorläufigen Schätzungen der Itemschwierigkeiten werden in der weiteren Auswertung der Daten zu ergänzen und zu differenzieren sein. Die bisherigen Ergebnisse der Rasch-Skalierung machen aber schon jetzt deutlich, dass linguistisch eindeutig beschreibbare Fehlertypen als Merkmale einer mehr oder weniger entwickelten orthographischen Kompetenz angesehen werden können. Damit sind Einheiten identifizierbarer überindividueller Entwicklungsphasen aufgezeigt, die auf orthographiesystematischen Strukturen abgebildet werden können.

Itembeispiele

In Tabelle 2 sind für die verschiedenen Orthografiebereiche Beispiele für Wörter aufgelistet, die einen ähnlichen Schwierigkeitsgrads wie die in DESI eingesetzten Wörter aufweisen.

Tabelle 2: Itembeispiele für die Orthografiebereiche.

Orthographiebereich	Wörter mit ähnlichem Schwierigkeitsgrad wie die in DESI eingesetzten Wörter
Groß- und Kleinschreibung	Überholverbot, goldfarbene
Zusammen- und Getrenntschreibung	Haustür, weglaufen, Mitfahrer
Fremdwortschreibung	Telegramm, charakterisieren
Konsonantenverdopplung	rannte, Schelle
das-dass (früher das-daß)	das, dass
Dehnungs-h	fehlen, Zahn
s-ss-ß	Ergebnis, vergessen, fleißig
Umlaute und Auslautverhärtung	Bäumchen, Zwerg
f-v	vergessen
seltene Grapheme wie <dt>	Gesandte
Konsonantenhäufungen	Herbst, gestrauchelt

Literatur

Brügelmann, H./Lange, I./Spitta, G. u.a. (1994): „Schreibvergleich BRDDR" 1990/01. In: Brügelmann, H./Richter, S. (Hrsg.): Wie Kinder recht schreiben lernen. Lengwil: Libelle Verlag, S. 129-134.

Buschmann, R. (1991): Förderkonzept in der KGS Adelby in Flensburg. In: Bundesverband Legasthenie (Hrsg.): Legasthenie. Fachkongress 1990. Emden, S. 221-225.

Damm, H./Hylla, E./Schäfer, K. (1965): Rechtschreibtests für das 8. Schuljahr. Weinheim: Beltz.

Déperieux, M. (1991): Legastheniker in der Realschule – Probleme und Hilfen. In: Bundesverband Legasthenie (Hrsg.) (1991): Legasthenie. Emden, S. 184-188.

Doernberg, G. (1978): Die Betreuung von Legasthenikern der Sekundarstufe I in der Schulpraxis. Frankfurt a.M.

Jansen, H./Skowronek, H. (1997): Lese-Rechtschreibschwäche und funktionaler Analphabetismus in der Sekundarstufe I. Bielefeld: Universität, Fakultät für Psychologie und Sportwissenschaft.

Klicpera, C./Gasteiger-Klicpera, B. (1995): Psychologie der Lese- und Schreibschwierigkeiten. Weinheim: Beltz.

Mannhaupt, G. (1994): Deutschsprachige Studien zur Intervention bei Lese-Rechtschreibschwierigkeiten. In: Zeitschrift für Pädagogische Psychologie 3-4, S. 123-138.

Marx, H. (2000): Anspruch, Notwendigkeit, Realisierung und Alternativkonzeption der Schriftsprachförderung im Sekundarbereich. In: Hasselhorn, M./Schneider, W./Marx, H. (Hrsg.): Diagnostik von Lese-Rechtschreibschwierigkeiten. Göttingen u.a.: Hogrefe, S. 183-203.

May, P. (2000): Diagnose der Rechtschreibstrategien mit der Hamburger Schreibprobe. In: Naegele, I.M./Valtin, R. (Hrsg.): LRS in den Klassen 1-10. Band 2. Weinheim, Basel: Beltz, S. 87-92.

Mehrtens, K.-H. (1971): Was schreiben unsere Schüler „falsch"? Eine statistische Analyse der Rechtschreibunsicherheit 15- bis 18-jähriger Schüler. Winklers Flügelstift 3, S. 126-133.

Menzel, W. (1985): Rechtschreibfehler – Rechtschreibübungen. In: Praxis Deutsch 69, S. 9-11.

Naumann, C.L./Grund, M. (1996): Die neuen Diagnostischen Rechtschreib-Tests. In: Grundschule 4, S. 287-298.

Naegele, I.M. (1983): Förderung an einer Gesamtschule. In: Naegele, I.M./Portmann, R. (Hrsg.): Lese- und Rechtschreibschwierigkeiten in der Sekundarstufe I. Weinheim: Beltz, S. 69-71.

Plickat, H.-H. (1965): Rechtschreibfehler und Rechtschreibreform: Eine fehleranalytische Untersuchung. In: Unsere Volksschule 1, S. 23-34.

Plickat, H.-H. (1974): Rechtschreibreform, Rechtschreibfehler, Rechtschreibzensur. Westermanns Pädagogische Beiträge 5, S. 247-254.

Plickat, H.-H./Wieczerkowski, W. u.a. (1979): Lernerfolg und Trainingsformen im Rechtschreibunterricht. Bad Heilbrunn: Klinkhardt.

Richter, S. (1994): Geschlechterunterschiede in der Rechtschreibentwicklung von Kindern der 1. bis 5. Klasse. In: Richter, S./Brügelmann, H. (Hrsg.): Mädchen lernen anders lernen Jungen. Bottighofen: Libelle, S. 52-65.

Riehme, J./Heidrich, M. (1970): Die Fehlerursachen analysieren, um die Schwerpunkte der Übungen zu erkennen. Über die Verteilung von orthographischen und grammatischen Fehlern in den Klassen 4 bis 10 und die methodischen Schlussfolgerungen. In: Deutschunterricht (Ost) 6-8, S. 347-355 und 426-433.

Scheerer-Neumann, G. (1979): Intervention bei Lese-Rechtschreibschwäche. Überblick über Theorien, Methoden und Ergebnisse. Bochum: Kamp.

Scheerer-Neumann, G. (1993): Intervention in Developmental Reading and Spelling Disorders. In: Grimm, H./Skowronek, H. (Hrsg.): Language Acquisition Problems and Reading Disorders. Berlin: Gruyter, S. 319-352.

Schneegaß, K. (1991): Legastheniker im Gymnasium – Probleme und Hilfen. In: Bundesverband Legasthenie (Hrsg.): Legasthenie. Emden, S. 176-183.

Thomé, G. (2003): Entwicklung der basalen Rechtschreibkenntnisse. In: Bredel, U./Günther, H./Klotz, P./Ossner, J./Siebert-Ott, G. (Hrsg.): Didaktik der deutschen Sprache - Ein Handbuch. Paderborn: Schöningh.

Thomé, G./Thomé, D. (2004): OLFA – Oldenburger Fehleranalyse: Instrument und Handbuch zur Ermittlung der orthographischen Kompetenz aus freien Texten ab Klasse 3 und zur Qualitätssicherung von Fördermaßnahmen. Version 2.0. Oldenburg: Igel Verlag Wissenschaft.

Zang, I. (1983): Rechtschreibförderkurs am Gymnasium. In: Naegele, I.M./Portmann, R. (Hrsg.): Lese- und Rechtschreibschwierigkeiten in der Sekundarstufe I. Weinheim: Beltz, S. 77-82.

Wolfgang Eichler

Sprachbewusstheit

Der Begriff der Sprachbewusstheit ist in der Deutschdidaktik und im Deutschunterricht relativ neu. Bislang wird gerne der Begriff Sprachbewusstsein verwendet (vgl. Neuland 1992). Man kann im wissenschaftlichen Sprachgebrauch eine Tendenz zur fachspezifischen Nutzung beider Begriffe feststellen: In der Fremdsprachdidaktik mit ihrer Nähe zur internationalen Language-Awareness-Forschung (vgl. Eichler/Nold in diesem Band) wird eher der Begriff Sprachbewusstheit verwendet, während in der Soziolinguistik eher von Sprachbewusstsein gesprochen wird (Bateman/Wildgen 2002). Über Sprachbewusstheit speziell im Deutschunterricht haben neuerdings Andresen (2003), Eichler (2003, 2004a, b), Oomen-Welke (2003) sowie Rastner (2002) gearbeitet. Aus dem Forschungs- und Praxisbereich Deutsch als Fremdsprache dringt der Begriff Sprachbewusstheit inzwischen auch in die Muttersprachdidaktik ein (vgl. Luchtenberg 1995). In den Rahmenrichtlinien der Bundesländer werden beide Begriffe noch nicht berücksichtigt. Hier dominiert noch die Lernbereichsbezeichnung „Reflexion über Sprache und Grammatik".

Messkonzept

Bewusstheit Deutsch in DESI lehnt sich in starkem Maße an die Language-Awareness-Konzeption des englischen Sprachraums an. In Großbritannien wird Language-Awareness-Forschung bereits vergleichsweise lange als zusammenhängende interdisziplinäre Debatte vorangetrieben. Dabei wird unter Language-Awareness „a person's sensitivity to and conscious awareness of the nature of language and its role in human life" verstanden (Donmal 1985, S. 7). Die Language-Awareness-Bewegung fokussiert aufgrund ihrer ganzheitlichen Orientierung auch auf soziolinguistische und politisch-gesellschaftliche Aspekte des Sprachunterrichts (vgl. Eichler/Nold in diesem Band). Von den von James und Garrett (1992) sowie Gnutzmann (1997) erarbeiteten Language-Awareness-Domänen, die diese unterschiedlichen Aspekte der Sprachbewusstheitsschulung abbilden, richtet sich das DESI-Modul Bewusstheit Deutsch vor allem an der kognitiven Domäne der Sprachbewusstheit aus. Diese Reduktion der Breite der Konzeption von Sprachbewusstheit in DESI wird durch die Berücksichtigung der sozialen Domäne im interkulturellen Kompetenzfragebogen (vgl. Göbel/Hesse in diesem Band) sowie der affektiven Domäne im Schülerfragebogen zu Spracheinstellungen ausgeglichen. Somit bezieht DESI auch neueste Ansätze im Deutschunterricht mit ein, die Schülervorstellungen über Sprache in den Mittelpunkt ihrer Aufmerksamkeit rücken (vgl. Neuland 1992; Sieber/Sitta 1992;

Sonderheft: Der Deutschunterricht „Grammatisches Formulieren" 2000; Eichler 2004a).

Bewusstheit Deutsch in DESI misst im Bereich systematischer Kompetenzen überwiegend prozedurale Sprachbewusstheit. Unter prozeduraler Sprachbewusstheit sei im Folgenden die Fähigkeit zur korrekten Anwendung morphologischer, grammatischer oder soziopragmatischer Regeln gemeint, von der die Fähigkeit zur Formulierung dieser Regeln, nämlich die deklarative Sprachbewusstheit, abzugrenzen ist (vgl. hierzu den Beitrag von Eichler/Nold in diesem Band). Diese systematischen Kompetenzen sind in einem psycholinguistischen Gesamtmodell auf Ebene der Semantik, Syntax und Morphologie (Sprachsystemkompetenz) und ihren Sprachgebrauchskompetenzen angesiedelt. Das DESI-Modul Bewussheit Deutsch beschränkt sich jedoch nicht auf die Erfassung prozeduraler Sprachbewusstheit, sondern berücksichtigt darüber hinaus deklaratorisches, explizites Wissen und auch die Fähigkeit zu sprachbezogener Metakommunikation (vgl. Gombert 1996). Das Modul Sprachbewusstheit Deutsch konzentriert sich auf folgende Teilkompetenzen:

1. Im Bereich MIND u. METAKOMMUNIKATION werden Schülerkompetenzen über Sprache zu reflektieren, überprüft. Die Kompetenz zur Metakommunikation umfasst vor allem analytische Tätigkeiten, deklaratorisches Wissen über Sprache und Interpretationsstrategien. Die Fähigkeit zur Metakommunikation wird speziell an den Bereichen der indirekten Rede, Irrealis definieren und Sprachvarietäten erkennen getestet.
2. Im Sprachsystem SEMANTIK konzentriert sich das Modul Sprachbewusstheit Deutsch auf Kollokationen, d.h. Zusammenstellungen von Wörtern und Wortgruppen in Äußerungen und deren komplexe Verträglichkeit sowie Satzmetaphern.
3. Im Sprachsystem SYNTAX fokussiert Sprachbewusstheit Deutsch auf komplexe Syntax, Textpragmatik, Fragen der Kohäsion und Kohärenz, logische Gliederung und Rückbezug.
4. Im Sprachsystem MORPHOLOGIE schließlich steht die komplexe Morphologisierung als Struktursignale der Oberflächenstruktur im Vordergrund. Morphologisierung meint z.B. den Vorgang der Einfügung von grammatischen Endungen und Funktionswörtern und die Herstellung von Kongruenz u.a. In DESI werden hier insbesondere komplexe Fokusleistungen (Kongruenz), Perspektivenwechsel und Moduskategorie getestet.

Für die in DESI untersuchten Schüler ist alters- und bildungsgemäß analog dem Vier-Phasen-Modell von Gombert (1996) zur Entwicklung der „Metalinguistic Knowledge" von einem Entwicklungsstand in Deutsch Sprachbewusstheit auszugehen, in dem die zentralen Kompetenzen prozeduraler Sprachbewusstheit bereits hoch integriert sind. Es ist somit für das Messkonzept Sprachbewusstheit Deutsch zu erwarten, dass „kurze eingefahrene Wege" mit automatischen Rückkopplungen innerhalb geschlossener Systeme das Antwortverhalten prägen und die vier Teilkompetenzen deshalb eine geschlossene Dimension bilden.

Aufgabenmerkmale

Zur Herleitung der Kompetenzniveaus wurden Aufgabenmerkmale definiert, die zur Erklärung von Unterschieden in der Schwierigkeit der Aufgaben herangezogen werden können. Zunächst wurden schon bei der Konstruktion der Aufgaben aus der Theorie Aufgabenmerkmale hergeleitet und modifiziert, dann wurden sie im Rahmen einer Pilotierung aller DESI-Instrumente einer Aufgabenanalyse unterzogen. Durch die Festlegung von Aufgabenmerkmalen wird es in einem ersten Schritt möglich, mittels Regressionsanalysen zu erwartende Schwierigkeitswerte der Aufgaben vorherzusagen und in einem zweiten Schritt Schwellenwerte innerhalb der Kompetenzskala zu bestimmen (vgl. Hartig in diesem Band). Die Aufgabenmerkmale in Bewusstheit Deutsch sind entweder allgemeiner Natur, lassen sich also zur Beschreibung aller Aufgaben heranziehen (*allgemeine Aufgabenmerkmale*), oder sie kennzeichnen bestimmte sprachliche Phänomene (*spezifische Aufgabenmerkmale*). Aus den Aufgabenmerkmalen und ihrer Kombination wurden die Schwierigkeiten der Aufgaben vorhergesagt und mit den empirischen Werten der Hauptuntersuchung abgeglichen.

Die Aufgabenmerkmale wurden bezüglich ihrer Vorhersageleistung für die Aufgabenschwierigkeit nach folgenden Prinzipien als „leichter" oder „schwerer" gewichtet:

Prinzip 1: Geringere Automatisierung einer Teilkompetenz zugunsten kognitiv gesteuerter Sprachbewusstheit – dies bedeutet eine zunehmende Erschwerung der Aufgabe. Das ist in mehreren Einstufungen allgemeiner Merkmale und spezieller Merkmale zum Ausdruck gebracht.

Prinzip 2: Mehr selbstgesteuerter Spracherwerb in der jeweiligen Teilkompetenz ist möglich – dies bedeutet die Aufgabe ist leichter, dies gilt z.B. für Textpragmatik, Kongruenz, Dativ-Akkusativobjekt.

Prinzip 3: Allgemein geltende „härtere" Systemregeln (Grammatik) werden leichter angewendet als weniger generell geltende, „weiche" stilistische Regeln (Kongruenz, Dativ-Akkusativobjekt vs. semantische Verträglichkeit bei akzeptablen Strukturen, indirekte Rede mit Konjunktiv).

Prinzip 4: Aktive Kompetenz in einem Teilbereich ist schwerer zu erreichen als passive Kompetenz (z. B. aktive Formulierung und kreative Korrektur vs. Zuordnungsaufgaben).

Prinzip 5: Deklaratorisches Wissen in Definitionen zu fassen (sprachbewusste Kommentierung) ist die mit Abstand schwierigste Leistung (z.B. Irrealis definieren).

Die allgemeinen und spezifischen Merkmale werden im Folgenden aufgeführt und näher beschrieben, wobei A die Abkürzung für allgemeines Merkmal und S für spezielles Merkmal ist. Ein Pluszeichen (+) steht für ein erschwerendes und ein Minuszeichen (-) für ein leichtes Aufgabenmerkmal.

Allgemeine Aufgabenmerkmale

Allgemeine Aufgabenmerkmale sind für mehrere Aufgabengruppen in Bewusstheit Deutsch relevant. Tabelle 1 gibt eine tabellarische Übersicht über die allgemeinen Aufgabenmerkmale.

Tabelle 1: Übersicht über die in Bewusstheit Deutsch zur Erklärung der Aufgabenschwierigkeiten verwendeten allgemeinen Aufgabenmerkmale.

Merkmal	Inhalt	Aufgabenfokus	Einstufung
A1	Kohärenz und Stil	sprachliche und grammatische Verbindung in Texten	erschwerend (+)
A2	grammatische Korrektur	generell geltende grammatische Regel verletzt	leicht (-)
A3	Fehler finden und korrigieren	Fehlerkorrektur nur eines Phänomens	leicht (-)
A4	volle Leistung	nur volle Lösung bei gestuften Items gültig	erschwerend (+)
A5.1	komplexe Kontexte	- grössere Textlänge/ komplexe Textstruktur - komplexe Aufgabe - grösserer Fokusbereich	erschwerend (+)
A5.2	hochkomplexe Kontexte	- übergrosse Textlänge - besonders komplexe Struktur	erschwerend (++) (nur 2mal!)
A6	einfache Kontexte	- einfache, kurze Sätze - einfache Sprachstrukturen - geringe Fokusdistanz - nur rezeptiver Umgang mit Sprachstruktur oder Zuordnungsaufgabe	leicht (-)
A7	deklaratorisches Wissen anwenden	explizites Wissen und metakommunikative Fähigkeiten (Sprachbewusstsein)	erschwerend (+)

Spezielle Merkmale

Anhand der speziellen Merkmale werden sprachliche Phänomene, auf die sich spezifische Aufgaben(gruppen) beziehen, beschrieben. In Bewusstheit Deutsch wird wegen des im 9. Schuljahr schon weit fortgeschrittenen Mutterspracherwerbs in wenigen, abgrenzbaren sprachlichen Phänomenen gemessen, diese werden deshalb als *spezielle* Aufgabenmerkmale ausgewiesen. Es sind die folgenden speziellen Bereiche, die für jeweils drei bis vier Aufgaben relevant sind. In Tabelle 2 eine tabellarische Übersicht der speziellen Aufgabenmerkmale.

Tabelle 2: Übersicht über die in Bewusstheit Deutsch zur Erklärung der Aufgabenschwierigkeiten verwendeten speziellen Aufgabenmerkmale.

Merkmal	Inhalt	Aufgabe	Einstufung
S1	Text	kleine Texte erzeugen	leicht (-)
S2	Kongruenz	Korrektur eines Kongruenzfehlers	leicht (-)
S3	Dativ/Akkusativ unterscheiden	Unterscheidung Dativ/Akkusativ-Objekt	leicht (-)
S4.1	Genitivobjekt 1 = zugleich mit Genusfehler	Genitivobjekt mit Fehler des grammat. Geschlechts kombiniert	leicht (-)
S4.2	Genitivobjekt 2 = erschwerend	reines Genitivobjekt (selten und sprachwandelgefährdet)	erschwerend (+)
S5.1	Semantische Verträglichkeit 1 = semantischer Fehler	Korrektur einer semantisch falschen Struktur	leicht (-)
S5.2	Semantische Verträglichkeit 2 = akzeptable semantische Strukturen	Beseitigung einer semantischen „Schiefheit", z.B. Disambiguierung	erschwerend (+)
S6.1	Indirekte Rede ohne Konjunktiv 1	Ersatzform Indikativ in indirekter Rede (Sprachwandel)	leicht (-)
S6.2	Indirekte Rede 2 = mit Verwendung des Konjunktiv 1	Konjunktiv 1 in indirekter Rede verwenden (stark sprachwandelgefährdet)	erschwerend (+)
S7	Konjunktiv 2	Anwenden des Konjunktiv 2 (keine Sprachwandelgefährdung)	leicht (-)
S8	Irrealis definieren	Erkennen und Zuordnen der Mitteilungsperspektive des Konjunktivs 2	erschwerend (++)

Skalenbeschreibung

Zur Festlegung einer Kompetenzskala Sprachbewusstheit Deutsch wurden Regressionen der Itemschwierigkeiten auf die vorab definierten Aufgabenmerkmale berechnet. Somit konnte für jedes Aufgabenmerkmal bestimmt werden, welchen Einfluss es auf die Itemschwierigkeiten hat. Die Aufgabenmerkmale dienten zudem der Festlegung der Schwellen zwischen den Kompetenzniveaus (vgl. Hartig in diesem Band).

Besonders vorhersagestarke Aufgabenmerkmale

Die Regressionsanalyse, ausgehend von allen Aufgabenmerkmalen, hat folgende besonders vorhersagestarke Aufgabenmerkmale ergeben. Mit ihnen kann man die Kompetenzniveaus definieren und Schwellen zwischen den Kompetenzniveaus empirisch begründet setzen. Jedes Kompetenzniveau hat auch in der Regressionsanalyse charakteristische Aufgabenmerkmalskombinationen (siehe Beschreibung der Kompetenzniveaus). Das endgültige unten angegebene Regressionsmodell enthält nur noch erschwerende Aufgabenmerkmale (A1, A7, A5.1 und A5.2), wodurch die Interpretation der Kompetenzniveaus erleichtert wird. Die speziellen Merkmale S4.2, S5.2, S6.2 und S8 wurden für das berechnete Regressionsmodell zusammengefasst in dem Merkmal S: „erschwerter Inhaltsbereich". In den speziellen Merkmalen sind jeweils einzelne sprachliche Phänomene der Aufgaben definiert. Die Zusammenfassung zu einem Merkmal ermöglicht es, mehrere spezielle Merkmale, die für sich genommen nur bei wenigen Items auftreten, in der Regressionsanalyse zu berücksichtigen. In Tabelle 3 sind die Regressionsgewichte der genannten Aufgabenmerkmale bei der Vorhersage der Aufgabenschwierigkeiten aufgelistet.

Tabelle 3: Regressionsgewichte bei der Vorhersage von Aufgabenschwierigkeiten mit den Aufgabenmerkmalen A1, A5, A7 und der speziellen Merkmale 4, 5, 6 und 8.

Merkmale	Regressionsgewicht	Standardfehler	Irrtumswahrscheinlichkeit
Regressionskonstante	-1.180	0.102	< .001
A1 Kohärenz und Stil	0.829	0.141	< .001
A5.1 komplexe Kontexte	1.145	0.232	< .001
A5.2 hochkomplexe Kontexte	3.461	0.461	< .001
A7 deklaratorisches Wissen anwenden	1.257	0.144	< .001
S erschwerte Inhaltsbereiche (S4, S5, S6 oder S8)	0.490	0.246	.056

Das in Tabelle 3 dargestellte Regressionsmodell erklärt mit $R^2 = .93$ den größten Teil der beobachteten Unterschiede zwischen den Aufgabenschwierigkeiten. Vorhersagestark im Bereich der allgemeinen Aufgabenmerkmale ist vor allem das reziproke Merkmal A5, *komplexe* vs. *einfache Kontexte*. Es fungiert als Indikator für den Automatisierungsgrad von Sprachbewusstheit auf der Grundlage vor allem wahrnehmungspsychologischer und struktureller Gegebenheiten wie Textlänge, Übersichtlichkeit der Struktur, Sprachwandel, passiver oder aktiver Umgang mit der Struktur, einfache oder schwierige kommunikative Deutbarkeit u.ä.. Als weiteres vorhersagestarkes allgemeines Aufgabenmerkmal bleibt A1, *Kohärenz und Stil*.

Hier geht es um die Verbesserung bzw. Vereinheitlichung von prinzipiell aber in unterschiedlichem Grad akzeptablen Strukturen und um eine mehr stilistische Sprachbewusstheit. Vorhersagestark ist auch das Allgemeine Merkmal A7, *deklaratorisches Wissen anwenden*. Wenn wir wissen, wie tief der Graben zwischen im Unterricht erworbenem explizitem Wissen über Sprache und die Anwendung im Sprachverhalten und der konkreten Sprech-Schreibsituation in der Muttersprache ist, verwundert das nicht.

Kompetenzniveaus und Aufgabenbeispiele

In Sprachbewusstheit Deutsch werden in Anlehnung an das Modell von Karmiloff-Smith (1992) fünf Kompetenzniveaus ausgewiesen. Die Kompetenzniveaus werden über Aufgabenmerkmale und deren Kombination bestimmt und beschrieben, hierbei wird auf die aus der Regressionsanalyse resultierenden erwarteten Schwierigkeiten zurückgegriffen. Sie werden dadurch definiert, dass jedes höhere Kompetenzniveau durch eine schwierigere Kombination von Aufgabenmerkmalen charakterisiert ist. Tabelle 4 stellt die Merkmalskombinationen auf den unterschiedlichen Kompetenzniveaus sowie die zugehörigen erwarteten Schwierigkeiten dar.

Tabelle 4: Merkmalskombinationen und als Schwellenwerte verwendete erwartete Schwierigkeiten für Bewusstheit Deutsch.

Niveau	Logit	A1	A5	A7	S	S4.2	S5.2	S6.2	S8
KN A	-1.18	0	0	0	0	0	0	0	0
KN B	-0.35	1	0	0	0	0	0	0	0
	-0.04	0	1	0	0	0	0	0	0
	0.08	0	0	1	0	0	0	0	0
KN C	0.46	0	1	0	1	1	0	0	0
	0.91	1	0	1	0	0	0	0	0
KN D	1.28	1	1	0	1	0	1	1	0
KN E	2.54	1	1	1	1	0	0	0	1

Legende

Logit: Erwarteter Schwierigkeitswert der Aufgaben mit der angegebenen Merkmalsausprägung

A1	Kohärenz und Stil
A7	deklaratorisches Wissen anwenden
A5	komplexe Kontexte
S	erschwerter Inhaltsbereich:
S4.2	Genitivobjekt erschwerend
S5.2	Semantische Verträglichkeit = akzeptable semantische Strukturen
S6.2	Indirekte Rede 2 = mit Verwendung des Konjunktiv 1
S8	Irrealis definieren

Auf Kompetenzniveau A können die Schülerinnen und Schüler nur diejenigen Aufgaben lösen, die hinsichtlich der verwendeten Aufgabenmerkmale als einfach eingestuft sind, auf den höheren Kompetenzniveaus können sie entsprechend Aufgaben lösen, die zunehmend schwieriger im Sinne von zusätzlichen Aufgabenmerkmalen werden.

Kompetenzniveau A

Weitgehend automatisierte Sprachbewusstheit, implizite Fehlerkorrektur, kein erschwerendes Aufgabenmerkmal.
- Schüler/in leistet weitgehend automatisierte Bearbeitung der im Bereich Fehlerkorrektur gestellten Aufgaben.
- Er/sie leistet die Fehlerkorrektur in einfachen Kontexten, d.h. in kurzen Sätzen oder überschaubaren Strukturen bei leichteren grammatischen und eindeutigen semantischen Fehlern.
- Er/sie ist z.B. sicher bei der Unterscheidung Dativ-Akkusativobjekt, beim Genitivobjekt in der Regel nur dann, wenn ein Doppelfehler, d.h. falscher Kasus und falsches grammatische Geschlecht vorliegt.
- Er/sie ist sicher bei der Korrektur von semantischen Fehlern, d.h. wenn eine nicht akzeptable semantische Struktur, z.B. die Auslassung eines Wortes, vorliegt.
- Im Bereich Text bleibt er/sie weitgehend bei der oralen Wiedergabe.
- Bei Fehlerkorrekturen in komplexen Kontexten, z.B. bei distanten Kongruenzen, längeren Sätzen oder weniger überschaubaren Strukturen hat er/sie noch große Schwierigkeiten.
- Auch bei der Verbesserung von grammatisch akzeptablen, nur stilistisch abweichenden Äußerungen wird die Leistung meistens nicht erbracht.
- Ebenso ist es bei der Anwendung deklaratorischen, formalen Wissens auf sprachliche Äußerungen.

Folgende Merkmale konstituieren das Kompetenzniveau A, alles leichte Merkmale: A2, A3, S3, S4.1, S5.1.

Itembeispiel (65%-Schwelle: -1.02; Aufgabenmerkmale: A2+A3+A6+ S2; keine erschwerende Aufgabenmerkmale)

> Im folgenden Satz, der aus einem Schüleraufsatz stammt, ist etwas grammatisch falsch. Unterstreiche die <u>grammatisch falsche Stelle.</u> Verbessere dann die falsche Stelle.
> *Die Diskothek wurde geschlossen, weil die Nachbarn die Lärmbelästigungen lange beklagt hatte.*

Kompetenzniveau B

Aufgabenmerkmale: A1 oder A5 oder A7

Prozedurale Sprachbewusstheit in Monitorfunktion: Kohärenz und Stil in einfachen Kontexten auch mit Text, Grammatikfehler auch in komplexen Kontexten, Zuordnendes deklaratorisches Wissen.
- Schüler/in kann schriftsprachliche Kohärenz und Kohäsion in kleinen Texten herstellen. Er/sie ist bei grammatischen Korrekturen und semantischen Fehlern auch in komplexen Zusammenhängen bis auf das Genitivobjekt relativ sicher. Schüler/in kann auch geläufiges deklaratorisches Wissen, so z.B. über die Indirekte Rede (ohne Konjunktiv 1) und den Konjunktiv 2 zuordnen.
- Schüler/in hat beim Genitivobjekt noch Schwierigkeiten, bei der stilistischen Verbesserung oder Vereindeutigung semantisch noch akzeptabler Strukturen noch kaum Fähigkeiten, ebenso bei der indirekten Rede und dem darin enthaltenen Konjunktiv 1. Die aktive Kommentierung im Bereich des deklaratorischen Wissens fehlt ganz (Mitteilungsperspektive des Konjunktivs 2).

Folgende Merkmale konstituieren das Kompetenzniveau B, erschwerende Merkmale hervorgehoben: A1, A2, A3, A5, A6, A7, S1, S2, S3, S4.1, S5.1, S7.

Itembeispiel (65%-Schwelle: -0.01); Aufgabenmerkmale A1+A6+S1

Schreibe mit den folgenden Stichworten eine kleine Zeitungsnotiz für eine Tageszeitung wie die Nordwest Zeitung, Die Welt, die Süddeutsche Zeitung: *Großes Publikum – von 1995 – Die Fantastischen Vier – Erfolg – Live – Hip-Hop – Auftritt in der Stadthalle – Band*

Kompetenzniveau C

Aufgabenmerkmale: A5 und S4 / A1 und A7

Prozedurale Sprachbewusstheit in entfalteter Monitorfunktion bei Grammatik und beginnendes Stilempfinden. Zuordnung im Bereich deklaratorischen Wissens.
- Schüler/in ist sicher im Umgang mit schriftsprachlichen Kohäsionsmitteln in Texten. Schüler/in ist sicher auch im Umgang mit seltenen und sprachwandelgefährdeten grammatischen Phänomenen, hier besonders im Umgang mit dem Genitivobjekt, das nur bei wenigen Verben steht und z.T. durch präpositionale Konstruktionen (Sprachwandel) ersetzt wird. Einfache stilistische Korrekturen sind schon möglich.
- Die Zuordnung deklaratorischen Wissens ist ausgeprägt.
- Schüler/in hat noch Schwierigkeiten bei stilistischen Vereindeutigungen semantisch noch akzeptabler Strukturen vor allem in komplexeren Zusammenhängen und bei der bewussten Kommentierung expliziten Wissens.

Folgende Merkmale konstituieren das Kompetenzniveau C, erschwerende Merkmale hervorgehoben: A1, A2, A5, A7, S1, S2, S4.2, S7.

Itembeispiel (65%-Schwelle: 0.48); Aufgabenmerkmale: A2+A5+S4.2

> Im folgenden Satz ist eine Form grammatisch falsch gebildet. Unterstreiche das Wort (die Wörter) mit der falschen Form. Versuche dann eine Verbesserung.
> *Viele Jugendliche schämen sich ihrem Aussehen.*

Kompetenzniveau D

Aufgabenmerkmale: A1 und A5 und S5/S6

Hochaktives, stilistisches Monitoring in komplexen Kontexten als prozedurales Wissen. Präzise Einbringung deklaratorischen Wissens.

- Schüler/in hat über die Leistungen des Kompetenzniveaus C hinaus vor allem Fortschritte im stilistischen Monitoring gemacht, Er/sie kann jetzt relativ sicher stilistische Vereindeutigungen noch akzeptabler semantischer Strukturen auch in komplexen Zusammenhängen vornehmen. Auch der Konjunktiv 1 in der Indirekten Rede ist ihm/ihr zumindest im Erkennen gut geläufig und er/sie kann auch sonst mit deklaratorischem Wissen erkennend sicher umgehen.
- Schwächen bestehen noch bei der aktiven Umsetzung und Kommentierung deklaratorischen Wissens z.B. beim Schreiben indirekter Rede mit Konjunktiv 1 oder der Definition der Mitteilungsperspektive des Konjunktivs 2.

Folgende Merkmale konstituieren das Kompetenzniveau D, erschwerende Merkmale sind gekennzeichnet: A1, A2, A5, A5.1, A7, A4, S4.2, S5.2, S6.2, S7.

Itembeispiel (65%-Schwelle: 1.17); Aufgabenmerkmale A1+A5+S5.2

> Wer soll hier überquert werden? Verbessere den folgenden Satz so, dass er eindeutig ist.
> *Zebrastreifen sollen das Überqueren der Passanten sichern.*

Kompetenzniveau E

Aufgabenmerkmale: A1 und A5 und A7 und S8

Aktive Anwendung deklaratorischen Wissens in Form von bewusster Kommentierung, prozedurales Wissen auch in hochkomplexen Zusammenhängen.

- Schüler/in kann weitgehend im Stil der bewussten Kommentierung mit deklaratorischem Wissen arbeiten und kann praktisch alle Aufgaben des prozeduralen Monitorings lösen. Dazu gehört ein ausgeprägtes Stilempfinden auch in komplexeren Zusammenhängen und bei noch akzeptablen semantischen Strukturen. Im Bereich der Anwendung und Kommentierung expliziten

Wissens finden wir die Fähigkeit, indirekte Rede mit Konjunktiv 1 zu schreiben und die Mitteilungsperspektive des Konjunktivs 2 zu definieren.
Folgende Merkmale konstituieren das Kompetenzniveau E, erschwerende Merkmale hervorgehoben: A1, A4, A5, A5.1, A7, S5.2, S6.2, S7, S8.

Itembeispiel (65%-Schwelle: 2.76); Aufgabenmerkmale: A1+A5+A7+ S7+S8

Kreuze an: Im folgenden Satz ist die Handlung in ihrer sprachlichen Form als wirklich, möglich oder unwirklich dargestellt. *"Wenn ich die 100 m in 11,2 Sekunden gelaufen wäre, wäre ich Jahresbester geworden."*   ☐ *wirklich*   ☐ *möglich*   ☐ *unwirklich*

Literatur

Andresen, H./Funk, R. (2003): Entwicklung sprachlichen Wissens und sprachlicher Bewusstheit. In: Bredel, U. u.a. (Hrsg.): Didaktik der Deutschen Sprache, Band 1, Paderborn, S. 438-451.

Bateman, J. A./Wildgen, W. (Hrsg.) (2002). Sprachbewusstheit im schulischen und sozialen Kontext. Frankfurt: Peter Lang.

Der Deutschunterricht (2000): Sonderheft Grammatik und Formulieren (Sept. 2000) Seelze / Velber: Erhard Friedrich Verlag.

Donmal, B.G. (1985): Language Awareness (NCLE Reports and Papers: 6). London: Centre for Information on Language Teaching and Research.

Eichler, W. (2003): Die Pisa-Nachfolgestudie DESI, Deutsch-Englische Sprachkompetenz bei SchülerInnen des 9. Schuljahrs international, In: Moschner, B. u.a. (Hrsg.): PISA 2000 als Herausforderung, Baltmannsweiler, S. 157-172.

Eichler, W. (2004a): Sprachbewusstheit und grammatisches Wissen. In: Grundschule 10/04: S. 58-61.

Eichler, W. (2004b): Sprachbewusstheit und Orthographieerwerb. In Bremerich-Vos, A. u.a (Hrsg.): Neue Beiträge zur Rechtschreibtheorie und -didaktik, Freiburg i.B. 2004, S. 179-189.

James, C., & Garrett, P. (Eds.). (1992). Language awareness in the classroom. London: Longman.

Gombert, J.É. (1996): Metalinguistic development. New York: Harvester Wheatsheaf.

Gnutzmann, C. (1997). Language awareness. Geschichte, Grundlagen, Anwendungen. Praxis des neusprachlichen Unterrichts, 44(3), 227-236.

Karmiloff-Smith, A. (1992): Beyond Modularity: A Developmental Perspective on Cognitive Science. MIT Press.

Luchtenberg, S. (1995): Language Awareness-Konzeptionen. In: Der Deutschunterricht 4, S. 3-14.

Neuland, E. (1992): Sprachbewusstsein und Sprachreflexion. In: Der Deutschunterricht 4, S. 3-14.

Oomen-Welke, I. (2003): Entwicklung sprachlichen Wissens und Bewusstseins im mehrsprachigen Kontext. In: Bredel, U. u.a. (Hrsg.): Didaktik der Deutschen Sprache, Band 1, Paderborn S. 452-463.

Rastner, E.M. (Hrsg.) (2002): Sprachaufmerksamkeit – Language Awareness. Themenheft der Informationen zur Deutschdidaktik ide3. Innsbruck.

Sieber, P./Sitta, H. (1992): Sprachreflektion in der Öffentlichkeit. In: Der Deutschunterricht 4, S. 63-83.

Albert Bremerich-Vos / Rüdiger Grotjahn

Lesekompetenz und Sprachbewusstheit: Anmerkungen zu zwei aktuellen Debatten

Ziel des interdisziplinär angelegten Projekts DESI ist die Entwicklung und empirische Überprüfung von Modellen zentraler Aspekte sprachlicher Kompetenz in Deutsch und Englisch. Das Spektrum der erhobenen Teilleistungen ist breit. Wir greifen die Ausführungen zur Lesekompetenz und zur Sprachbewusstheit im Bereich Deutsch heraus, kommentieren sie knapp und beziehen sie darüber hinaus ansatzweise auf die aktuellen internationalen Debatten.

Das DESI-Modell der Lesekompetenz im Kontext

Seit PISA 2000 sind mehrere Versionen des Konstrukts „Lesekompetenz" publiziert worden. Prüft man sie im Detail, werden u.a. Inkonsistenzen und Vagheiten deutlich. Das ist nicht verwunderlich, sind doch – zumindest in Deutschland – die Bemühungen um Definitionen der Dimensionen und „Stufen"[1] von Lesekompetenz erst neueren Datums.

Im Rahmen von PISA 2000 z.B. werden die Subskalen „Informationen ermitteln", „textbezogenes Interpretieren" und „Reflektieren und Bewerten" unterschieden (Artelt u.a. 2001, S. 89). In PISA 2003 dagegen differenziert man die prototypischen Anforderungen pro Kompetenzstufe nicht mehr auf diese Weise, sondern trennt nur noch auf der Basis von Textsortenmerkmalen (kontinuierlich versus diskontinuierlich; Schaffner u.a. 2004). Hier heißt es u.a., Aufgaben im Kontext kontinuierlicher Texte erforderten auf Stufe IV, „linguistischen oder thematischen Verknüpfungen in einem Text über mehrere Abschnitte zu folgen, oftmals ohne Verfügbarkeit eindeutiger Kennzeichen im Text, um eingebettete Informationen zu finden, zu interpretieren und zu bewerten oder um psychologische oder philosophische Bedeutungen zu erschließen." (Ebd., S. 96) Was eingebettete Informationen sind, wird nicht erläutert, auch nicht, was man unter linguistischen (nicht: sprachlichen) Verknüpfungen und unter psychologischen und philosophischen Bedeutungen zu verstehen hat. Hinzu kommt,

---

1 „Stufen" erscheint hier (zugleich zum letzten Mal) in Anführungszeichen, weil wir wie die Mitglieder der DESI- Gruppe die Rede von „Niveaus" für angemessener halten (zur Rechtfertigung dieses Sprachgebrauchs detailliert Helmke/Hosenfeld 2004).

dass zumindest partiell nicht zu erkennen ist, inwiefern sich die Beschreibungen auf verschiedene Stufen beziehen, und zum Teil erscheinen sie auch als zu spezifisch.[2]

Die Autorinnen und Autoren von IGLU nehmen vier „Aspekte des Leseverständnisses" an (Bos u.a. 2003, S. 76f): Erkennen und Wiedergeben explizit angegebener Informationen; einfache Schlussfolgerungen ziehen; komplexe Schlussfolgerungen ziehen und begründen, Interpretieren des Gelesenen; Prüfen und Bewerten von Sprache, Inhalt und Textelementen. Die ersten beiden Aspekte lassen sich – so ihr Befund – in einer Subskala „textimmanente Verstehensleistungen", die letzten beiden in einer Subskala „wissensbasierte Verstehensleistungen" zusammenfassen.

Die Nähe zu PISA 2000 ist zwar unverkennbar; dort ist aber z.B. die Lokalisierung von Informationen, auf die geschlossen werden muss, noch Stufe II der Subskala „Informationen ermitteln" zugeordnet. Bei IGLU wird darüber hinaus die Differenz von einfachen und komplexen Schlussfolgerungen nicht stufentheoretisch gefasst, sondern eben im Sinn verschiedener „Aspekte" bzw. Dimensionen. Überdies resultieren nicht fünf, sondern vier Kompetenzstufen mit den Bezeichnungen „gesuchte Wörter in einem Text erkennen" (I), „angegebene Sachverhalte aus einer Textpassage erschließen" (II), „implizit im Text enthaltene Sachverhalte aufgrund des Kontextes erschließen" (III) und „mehrere Textpassagen sinnvoll miteinander in Beziehung setzen" (IV) (Bos u.a. 2003, S. 88). Auch hier liegen einige Fragen auf der Hand: Was wird z.B. unter „Sachverhalt" verstanden? Linguistisch betrachtet, ist bei *Ich behaupte, dass dies und das der Fall ist,* der *dass*-Teil die *Darstellung* eines Sachverhalts. Ist diese Darstellung wahr, handelt es sich um eine Tatsache. Insofern sind Sachverhalte nicht in Texten „enthalten", sondern sie werden in Texten dargestellt. Und: Ist darüber hinaus II glücklich formuliert? Wenn Sachverhalte bereits angegeben sind, inwiefern müssen sie dann noch erschlossen werden?

Das DESI-Modell der Lesekompetenz ähnelt einerseits den bisher genannten Modellen, andererseits weicht es in instruktiver Weise davon ab. Im Rahmen von DESI wird nach vier Niveaus differenziert: Auf Niveau A geht es um „Identifizieren einfacher Lexik, d.h. die Fähigkeiten, sinntragende Wörter im Text zuverlässig zu finden." Niveau B ist so gefasst: „Lokale Lektüre, d.h. Inferenzen zwischen Sätzen bilden oder den Fokus auf schwierige Stellen richten." Niveau C ist folgendermaßen betitelt: „Verknüpfende Lektüre, d.h. die Verbindung auseinander liegender Textstellen

---

2 So heißt es z.B. für Stufe 2, die einschlägigen Aufgaben erforderten von der Leserin, „innerhalb eines Textabschnitts logischen und linguistischen Verknüpfungen zu folgen mit dem Ziel, Informationen im Text zu lokalisieren oder zu interpretieren; im Text oder über Textabschnitte verteilte Informationen aufeinander zu beziehen, um die Absicht des Autors/der Autorin zu erschließen." Bei Stufe 3 sei die Anforderung, „vorhandenes Wissen über die Organisation und den Aufbau von Texten zu nutzen, implizite oder explizite logische Relationen (z.B. Ursache-Wirkungs-Beziehungen) über mehrere Sätze oder Textabschnitte zu erkennen mit dem Ziel, Informationen im Text zu lokalisieren, zu interpretieren und zu bewerten." (Ebd., S. 96). U.E. ist kaum zu erkennen, dass es sich hier um Beschreibungen *verschiedener* Stufen handelt. Auf Stufe 5 schließlich soll die Aufgabe sein „mit Texten umzugehen, in denen Argumentationsstrukturen nicht unmittelbar offensichtlich oder deutlich gekennzeichnet sind […]." (Ebd.) Hier wird nur auf argumentative Texte abgehoben, was ersichtlich zu eng ist.

und die Öffnung von allgemeinem Wissen bzw. von Textwissen." Auf Niveau D soll man ein mentales Modell bilden, genauer, man soll eine innere Repräsentation wesentlicher Textaspekte haben (vgl. Willenberg, in diesem Band).

Streng genommen, geht es auf Niveau A nicht um die Identifikation von Wörtern, sondern um die Lokalisierung von Informationen, d.h. – grob gesagt – von Aussagen. Das Beispiel, das Willenberg anhand des Sachtextes über die Quastenflosser gibt, ist u.E. überdies problematisch. Denn hier wird nicht – „lokal" – nach einem Wort in einem Satz oder Absatz gefragt, sondern – „global" – nach dem Textthema (*Nachweis einer zoologischen Sensation*). Hinzukommt, dass ein Distraktor hoch attraktiv ist (*vom Aufbau und Aussehen eines Quastenflossers*). Insofern dürfte es sich hier nicht um eine „gute", d.h. prototypische Niveau A-Aufgabe handeln.

Sieht man von etwas eigenwilligem Sprachgebrauch ab (*Öffnen von Wissen* statt *Aktivieren von Wissen*), dann liegt die Verwandtschaft des DESI-Modells insbesondere mit der IGLU-Version auf der Hand, nicht nur deshalb, weil man sich hier wie dort für vier Stufen bzw. Niveaus entschieden hat. Unverkennbar ist aber auch eine wesentliche Differenz: Nur bei DESI ist davon die Rede, dass (erst) auf Niveau D „mentale Modelle" zu bilden seien. Diese Annahme halten wir für problematisch (vgl. zu mentalen Modellen u.a. Johnson-Laird 1983 und Grzesik 2005). Man betrachte die folgenden Text*anfänge* in vergleichender Absicht:

„Hans war auf dem Weg zur Schule. Er machte sich Sorgen wegen der Mathematikstunde. Er hatte Angst, er würde die Klasse nicht unter Kontrolle halten können. Der zweite Anfang: Der Lehrer war auf dem Weg zur Schule. Er machte sich Sorgen wegen der Mathematikstunde. Er hatte Angst, er würde die Klasse nicht unter Kontrolle halten können." (Schnotz 1988, S. 303).

Für die Lektüre des dritten Satzes der ersten Version brauchten Probanden signifikant mehr Zeit als für das Lesen des dritten Satzes der zweiten Version. Warum? Nach der Lektüre der ersten beiden Sätze in Version 1 dürfte ein „Schülerschema" aktiviert sein, das nach dem Lesen des dritten Satzes nicht mehr aufrechterhalten werden kann. Die Leserin bzw. der Leser muss sich nun eine neue Situation vorstellen, in der Hans eine Lehrerrolle innehat. Bei Version 2 ist solch ein – Zeit kostender – Wechsel nicht nötig, insofern man hier das Lehrerschema beibehalten kann (Schnotz 1988). Das Beispiel soll illustrieren, dass beim Lesen *von Anfang an* mentale Modelle konstruiert werden. Willenberg dagegen hält dafür, dass erst „nach einer gewissen Weile" „eine innere Repräsentation des Textes" gebildet wird (vgl. Nold/Willenberg, in diesem Band). Plausibler ist u.E. die Annahme, dass mentale Modelle im Prozess „sukzessive angereichert, verfeinert und/oder modifiziert" (Christmann/Groeben 2001, S. 170) werden bzw. dass „der Leser schon vom ersten Wort an soviel wie möglich tut, um gleichzeitig mit der Dekodierung der Schrift und der Zuweisung der sprachlichen Bedeutungen sich das Dargestellte zu erarbeiten." (Grzesik 2005, S. 221) Es geht also nicht um eine „Repräsentation" des Textes, sondern um ein Modell des im

Text Dargestellten, wie auch immer das zu denken ist.[3] Unserer Meinung nach ist also zumindest das Niveau D mit dem Titel „ein mentales Modell bilden" unglücklich bezeichnet.

Leseaufgaben und ihre Schwierigkeiten

Die Schwierigkeit von Leseaufgaben hängt von einer Vielzahl von Faktoren ab, u.a. von inhaltlichen und strukturellen Merkmalen der Texte, die aber nicht an sich, sondern in Relation zu Merkmalen der Leserinnen und Leser wie Leseziele, Interesse, bereichs- und textsortenspezifisches Vorwissen untersucht werden sollten.[4] Hinzu kommen Merkmale der Aufgabenformulierungen selbst und Aspekte, welche die Relationen von Aufgaben und Textmerkmalen betreffen (vgl. auch Grotjahn 2000a).

Was Merkmale der Rezipienten angeht, so kann bei DESI (wie bei anderen Tests) nur die Rolle des Vorwissens zur Sprache kommen. Man erwartet in diesem Zusammenhang, dass die ausgewählten Texte dem „Allgemeinwissen der Fünfzehnjährigen" zugänglich sind. Diese Annahme soll hier nicht weiter problematisiert werden.[5]

Zum Faktor „sprachliche Merkmale von Texten" wird zunächst gesagt, dass sich Lesbarkeitsformeln aller Art und auch die in Deutschland besonders prominenten

---

3 Willenberg bestimmt am Beispiel des narrativen Textes „Großmutter" von Erwin Strittmatter, dass in dem nach einer Weile gebildeten mentalen Modell die Figuren, ihre Relation, Raum und Zeit sowie ein zentrales Motiv enthalten sein müssen. Diese restriktiv-normative Version ist nach unserer Auffassung in psychologischer Hinsicht nicht plausibel. Auf einem anderen Blatt steht, was genau unter mentalen oder auch Situations-Modellen zu verstehen ist. Beruhen sie auf einer propositionalen Repräsentation, deren Status ihrerseits alles andere als klar ist? Inwiefern handelt es sich um „Abbildungen", inwiefern um „Konstruktionen"? Grzesik (2005, S. 227) schreibt: „Aufgrund seiner Netzförmigkeit ist das Repräsentationsformat mentaler Modelle zugleich figurativ (bildhaft), holistisch (ganzheitlich) und abstrakter als das der Vorstellung, die einzelne wahrnehmbare Sachverhalte mehr oder weniger genau repräsentiert." Hier ist vieles klärungsbedürftig. Wie verhält es sich z.B. bei einem komplexen argumentativen Text mit dem figurativen Format und dessen holistischem Charakter? Wie lässt sich feststellen, wie genau eine Vorstellung ein X repräsentiert, wenn dieses X niemals „direkt" zugänglich und insofern ein Vergleich von X als solchem mit verschiedenen „Repräsentationen" gar nicht möglich ist?

4 Goldman/Rakestraw (2000) unterscheiden für die US-amerikanische Forschung zwei Phasen. In der ersten – bis Ende der 80er Jahre – habe man sich darauf konzentriert, die Textinformation ohne Berücksichtigung des Faktors Vorwissen zu explizieren. „In the second phase of research, the interaction of surface structure and prior knowledge in conceptual domains has been examined." (Ebd., S. 320) Nold/Willenberg (in diesem Band) stellen in diesem Zusammenhang mit Recht u.a. den Befund von Walter Kintsch (1996) heraus, dass sich ein lückenhafter, unübersichtlicher Text für Leser mit einigem bereichsspezifischen Vorwissen zum Lernen besser eignen kann als ein kohärenter, wohlstrukturierter.

5 Natürlich kann man sich hier auch täuschen. Erfordert die Lösung entgegen den Erwartungen *spezielles* Vorwissen, dann ist die Validität der Aufgabe eingeschränkt und damit zugleich die Fairness gegenüber bestimmten Teilgruppen.

Theorien zur Textverständlichkeit von Langer/Schulz von Thun/Tausch (1999) und Groeben (1978) aus unterschiedlichen Gründen nicht bewährt hätten (vgl. Willenberg, in diesem Band)[6]. Dann werden sechs Aspekte offeriert, von denen man annimmt, dass sie für die Verständlichkeit von Texten relevant sind. Auf ihrer Basis wurden die Texte von mehreren Beurteilern bewertet. Zwei dieser Aspekte werden unter „Syntax", zwei unter „Wortschatz" und zwei unter „Stilebene" rubriziert.

Willenberg (in diesem Band) fasst „Kohärenz" unter dem Label „Wortschatz", weil er auf „Schlüsselwörter" abhebt, d.h. auf solche „Wörter am Anfang eines Absatzes, auf die im Absatz am meisten Bezug genommen wird [...]." U.E. geht es hier nicht um den Bezug auf Wörter, sondern darum, wie mit verschiedenen Wörtern und Wortgruppen auf dasselbe Außersprachliche referiert wird. Dies kann z.B. über Rekurrenz (*Gestern habe ich einen Vogel beobachtet. Der Vogel war ganz klein.*), Substitution (*... Das Tier war ganz klein.* oder *... Der kleine Kerl war ganz klein.*) oder mit Hilfe von Pro-Formen (*... Er war ganz klein.*) geschehen. In den meisten linguistischen Darstellungen werden diese Mittel zum Ausdruck von Referenzidentität aber nicht unter „Kohärenz" subsumiert, sondern man spricht hier von „Kohäsion". Um kohäsive Mittel handelt es sich auch bei dem jetzt von Willenberg unter „Syntax: Vertextung mithilfe von Junktoren" (vgl. Willenberg, in diesem Band) Verbuchten. Temporale (*als, nachdem, bevor, dann*), kausale (*weil, deshalb*) und andere Junktoren sind nicht primär syntaktisch, sondern logisch-semantisch relevant. Das inhaltlich Texthafte einer Reihe von Sätzen soll so „oberflächlich" deutlich gemacht werden. Wenn es aber darum geht zu entscheiden, ob wir es bei einer Reihe von Sätzen mit einem Text zu tun haben, sind nicht die semantisch-syntaktischen Verknüpfungen, die sich an der „Oberfläche" festmachen lassen, entscheidend. Es kommt vielmehr darauf an, ob wir eine kohärente Text-„Tiefenstruktur" erschließen bzw. konstruieren können. Das ist z.B. im Fall der „Oberfläche" *Hans kommt nicht zur Konferenz. Er ist krank.* offensichtlich einfacher als bei *Hans kommt zur Konferenz. Er ist krank.*[7] Ob das Kriterium der Satzlänge, spezifiziert in Form einer maximalen Lesezeit der „Subjekt-Prädikatsgruppe" von drei Sekunden (Willenberg), angemessen ist, können wir nicht beurteilen. Dass die Struktur des Wortschatzes eine Rolle spielt, ist dagegen evident (ebd.).

Summarisch betrachtet, hätten die Ausführungen zu den Schwierigkeiten der Lesetexte bei DESI u.E. präziser ausfallen können. Angesichts dessen, dass Konstrukte

---

6 Hier ist nicht der Platz, diese Kritik eingehender zu erörtern. Es sei aber wenigstens darauf hingewiesen, dass gerade diejenigen, auf deren Arbeiten man sich im Rahmen von PISA, IGLU usw. besonders stützt, nämlich Mosenthal und Kirsch, im Jahr 1998 eine neue Lesbarkeitsformel publiziert haben. Sie gehen nicht mehr davon aus, dass Lesbarkeit als inhärente Texteigenschaft zu fassen ist, so dass man nur z.B. die Wort- und Satzlänge, die Gebräuchlichkeit der verwendeten Wörter, das Verhältnis der verschiedenen Wörter (types) zur Summe aller Wörter bzw. Wortformen (tokens) und die syntaktische Komplexität zu bedenken hätte.

7 Man kann insofern argumentieren, dass angesichts dessen, was wir „schematisch" wissen, ein Junktor im ersten Fall überflüssig ist. Der Text wäre dann so implizit wie möglich. Im zweiten Fall wäre ein Junktor „obwohl" angebracht. Der Text wäre erst dann so explizit wie nötig (vgl. Nussbaumer 1991, S. 304).

wie „Textverständlichkeit" und „Lesbarkeit" generell als problematisch gelten, wären auch detaillierte Auskünfte zu den Ergebnissen des Ratings interessant gewesen.

Die Aufgabe, einem Text eine bestimmte Information abzugewinnen, kann sich auch dann als leicht erweisen, wenn er weithin unverständlich ist. Umgekehrt mögen Aufgaben so komplex sein, dass sie als extrem schwierig erscheinen, obwohl der Text „leicht" ist. Die komplexen Verhältnisse in diesem Feld sind besonders intensiv von Kirsch, Mosenthal u.a. untersucht worden. Auf ihre Arbeiten hat man sich im Rahmen von PISA 2000 und 2003 und IGLU vor allem gestützt, und auch Willenberg legt Wert auf die These, dass die im Rahmen von DESI konstruierten Lesekompetenzniveaus mit den von Kirsch u.a. postulierten im Wesentlichen kompatibel seien (Willenberg in diesem Band).

Im Folgenden untersuchen wir nicht im Einzelnen die DESI-Leseaufgaben, sondern gehen genauer auf die Überlegungen von Kirsch u.a. ein (insbesondere Kirsch/Jungeblut/Mosenthal 1998; Kirsch 2001). Wenn wir nämlich recht sehen, dann wurden sie in Deutschland bislang eher summarisch rezipiert. Detaillierter hat sich nach unserer Kenntnis bislang nur Grzesik (2003) darauf bezogen; auch er blendet aber wesentliche Aspekte aus.

Kirsch u.a. (1998) unterscheiden im Hinblick auf die Aufgabenschwierigkeit Variablen

> „related to the structure and complexity of the *document* or stimulus material, to the nature of the *task* (i.e., the structural relations between the document and the question or directive), and to the nature of the *processes* or strategies for relating information in the question or directive to information in the document." (S. 111)

Was speziell den Prozess angeht, so geht es um drei Variablen: Zuordnungstyp (*type of match*), Typ der gefragten Information (*type of information requested*) und Plausibilität alternativer (aber falscher) Lösungsangebote (*plausibility of distracting information*).

Zur *ersten Prozessvariablen*, dem *Zuordnungstyp:* Als einfachste Art der Zuordnung einer Information in der Aufgabe zu einer Textinformation gilt das *Lokalisieren*. Es muss eine einzelne Information identifiziert werden, die bestimmten Bedingungen genügt bzw. bestimmte Eigenschaften hat. Die Aufgabe ist dann besonders einfach, wenn die Syntagmen in der Aufgabe mit denen im Text (teilweise) identisch sind, sie wird schwieriger, wenn nicht Bezeichnungs-, sondern nur Bedeutungsgleichheit vorliegt. Bereits hier können aber auch einfache Schlüsse verlangt sein. Dabei geht es z.B. um Präsuppositionen. So mag es im Text heißen: *Er hörte auf, seine Frau zu schlagen.* Lautet die Aufgabe, ob er (vorher) seine Frau geschlagen hat, dann ist ein einfacher Schluss gefragt, den wir allein aufgrund unseres Sprachwissens ziehen können.

Aufgaben, die als *„cycling"* bezeichnet werden, verlangen nicht nur die Lokalisierung einer einzelnen Information im Text, sondern einen mehrfachen Abgleich von verschiedenen Informationen auf der Basis eines bestimmten

Kriteriums. Ein solcher mehrfacher Abgleich wäre z.B. dann nötig, wenn in einem Text von diversen Objekten und ihrem Gewicht die Rede und gefragt wäre, welche dieser Objekte schwerer als X sind. *Integrationsaufgaben* verlangen vom Probanden, zwei oder mehr Informationen miteinander zu verknüpfen, wobei es um das Feststellen von Ähnlichkeiten, Differenzen, Graduierungen oder auch Ursache-Wirkungs-Relationen geht. Dabei können die betreffenden Informationen eng benachbart, aber auch im Text weit verstreut sein. Sie werden unter Begriffen subsumiert, die in der Aufgabe, aber nicht im Text enthalten sind. („Nenne drei Gründe dafür, dass der Autor sich für X entscheidet." „Gründe" kommt im Text selbst nicht vor.) Es sind also mehr oder weniger komplexe, nicht nur textbasierte Schlüsse zu ziehen[8]. Bei Aufgaben mit dem Etikett „*generating*" schließlich, die durchgängig offenes Format haben, also Schreibaufgaben sind, werden Begriffe nicht vorgegeben, sondern sie müssen unter Einsatz von textbasierten und manchmal auch auf wenig verbreitetem Vorwissen beruhenden Schlüssen von den Probanden selbst gefunden werden.

Wie die Zuordnung von Aufgabe und Text beschaffen ist, hängt auch noch von anderen Faktoren ab. So wächst die Schwierigkeit z.B. mit der in der Aufgabe formulierten Anzahl der im Text zu lokalisierenden Informationen. Auch sind Aufgaben, die mehrteilige Antworten erfordern, schwieriger als solche, bei denen eine einteilige Antwort hinreichend ist. Und eine Aufgabe ist leichter, wenn die Summe der erwarteten Antwortteile genannt wird. „Nenne im Text vorkommende Argumente für …" dürfte also durchschnittlich schwieriger sein als „Nenne drei im Text genannte Argumente …".

Als *zweite Prozessvariable* firmiert bei Kirsch u.a. der *Typ der verlangten bzw. erfragten Information* („type of information requested"). Das zentrale Kriterium ist hier ihrer Auffassung nach der Grad der Konkretheit bzw. Abstraktheit einer Information. Zur Verdeutlichung ein Teil der Kodieranweisungen (Kirsch 2001):

„For instance, questions that asked examinees to identify a person, animal, or thing (i.e., imaginable nouns) were said to request highly concrete information and were assigned a value of 1. Questions asking respondents to identify goals, conditions, or purposes were said to request more abstract types of information. Such tasks were judged to be more difficult and received a value of 3." (S. 16f)

Die *dritte Prozessvariable* ist die *Plausibilität von Distraktoren*, sei es, dass sie im Text selbst vorkommen, sei es, dass sie – vor allem im Kontext des Mehrfachwahlformats – Teil der Aufgabe selbst sind. Gibt es überhaupt keine Distraktorinformation im Text, ist die Aufgabe besonders leicht. Je mehr Distraktoren in Frage kommen, je mehr Merkmale sie mit der korrekten Antwort teilen und je en-

---

8   Die Unterscheidung von textbasierten Schlüssen („intendierten Inferenzen") und vorwissensbasierten („Elaborationen") ist in vielen Fällen sehr schwierig. Darauf soll hier nicht weiter eingegangen werden.

ger die („räumliche") Nachbarschaft zu dieser Antwort ist, als umso schwerer gilt die Aufgabe.

Kirsch u.a. wie auch die Autorinnen und Autoren von PISA, IGLU und DESI setzen auf eine probabilistische Testtheorie bzw. auf die Item Response Theory. Auf Details brauchen wir hier nicht einzugehen (vgl. Hartig, in diesem Band)[9]. Interessant ist allerdings, dass Kirsch u.a. sich für eine Antwortwahrscheinlichkeit von 80% entscheiden. Damit ist gemeint, dass Probanden mit einem bestimmten Fähigkeitsniveau wahrscheinlich vier Fünftel der Aufgaben lösen, deren Schwierigkeit diesem Fähigkeitsniveau entspricht. Leichtere Aufgaben lösen sie mit einem höheren Grad an Wahrscheinlichkeit, schwierigere mit einem niedrigeren. In fachdidaktischer Perspektive ist die Wahl der Marke 80% allemal plausibler als die Vorgabe, es gehe (nur) um 62%, wie z.B. bei PISA 2000 veranschlagt[10].

Kirsch u.a. haben unter anderem für „Prosaaufgaben", d.h. vor allem für kontinuierliche Sachtexte, die Beziehungen zwischen den drei (unabhängigen) Variablen Zuordnungstyp, Typ der Information und Plausibilität von Distraktoren auf der einen und der abhängigen Variablen (Aufgabenschwierigkeit bzw. Personenfähigkeit auf der Basis des 80%-Kriteriums) auf der anderen Seite untersucht. Dabei hat sich gezeigt, dass die Variable Zuordnungstyp für die Vorhersage der Kriteriumsvariablen von besonderer Bedeutung ist. Die Korrelation beträgt .89, das Regressionsgewicht .74 (beim Informationstyp sind die entsprechenden Werte .55 und .16 und bei der Variable Plausibilität der Distraktoren .54 und .20). Dabei ist der Einfluss aller drei Variablen hoch signifikant. Gemeinsam mit der Variablen „Lesbarkeit" sind so laut Kirsch (2001, S. 27) 89% der Varianz der Kriteriumsvariablen aufzuklären.

Kirsch (2001, S. 51ff) teilt die Kodierregeln für die drei Prozessvariablen im Einzelnen mit. So wird zum einen die Komplexität des Modells deutlich, zum anderen lassen sich Probleme präzise benennen. Ein Beispiel: Warum soll bei der Variablen „Informationstyp" dann, wenn die verlangte Information z.B. ein Ziel, ein Zweck oder eine Bedingung ist, eine „Drei" vergeben werden und dann, wenn es sich um eine Ursache, ein Ergebnis, einen Grund oder eine „Evidenz" handelt, eine „Vier"?

U.E. ist es an der Zeit, dass ausgehend vom Referenzmodell von Kirsch u.a. die bislang publizierten Modelle der Lesekompetenz, ihrer Dimensionen und Stufen bzw. Niveaus, in *vergleichender* Absicht diskutiert werden. Dabei sollten das DESI-Modell und die Modelle in PISA 2000 und 2003 und auch IGLU eine besonders prominente Rolle spielen. Wenn sich möglichst detailliert zeigen ließe, worin der *gemeinsame*, theoretisch und empirisch plausible „Kern" dieser Modelle besteht, könnte dem Eindruck vorgebeugt werden, dass von Mal zu Mal *neue* Modelle von

---

9   Dennoch sei hier eine für Lernzwecke nützliche Analogie präsentiert (Kirsch 2001, S. 26): „Each high jumper has a height at which he or she is proficient – that is, the jumper can clear the bar at that height with a high probability of success, and can clear the bar at lower heights almost every time. When the bar is higher than the athlete's level of proficiency, however, it is expected that an athlete will be unable to clear the bar consistently."

10 Es ist Teil der Alltagstheorie, dass man Aufgaben einer bestimmten Art erst dann gewachsen ist, dass man sie „kann", wenn man einschlägige Exempel „fast immer" meistert.

Lesekompetenz generiert werden und insofern ein seriöser Vergleich der Resultate kaum möglich sei.

Dabei geht es gerade darum, nicht länger „konkretistisch" zu verfahren, sondern im Allgemeinen Variablen auszuweisen, von denen gilt: „Collectively, they provide a means for moving away from interpreting survey results in terms of discrete tasks or a single number, and toward identifying levels of performance sufficiently generalized to have validity across assessments and groups." (Kirsch 2001, S. 45).

Sprachbewusstheit

Einleitung

Sprachbewusstheit wird von vielen Autoren als eine wichtige Einflussgröße sowohl beim Erwerb der Muttersprache als auch von Fremdsprachen angesehen. Im Hinblick auf die Muttersprache gilt dies vor allem in Bezug auf den Schriftspracherwerb. Zudem wird insbesondere in der muttersprachlichen Deutschdidaktik der Sprachbewusstheit nicht nur eine dienende Funktion im Hinblick auf den Erwerb produktiver und rezeptiver sprachlicher Kompetenzen zugestanden, sondern Sprachbewusstheit im Sinne von Reflexion über Sprache wird darüber hinaus auch als ein eigenständiges Lernziel und Selbstzweck gesehen. Vor diesem Hintergrund ist es zu begrüßen, dass Sprachbewusstheit im DESI-Projekt ein zentraler Forschungsgegenstand ist.

Betrachtet man allerdings die relevante Literatur sowie die Ausführungen innerhalb von DESI zur Sprachbewusstheit, wird sofort deutlich, dass keineswegs Einstimmigkeit darüber besteht, was überhaupt unter Sprachbewusstheit genau zu verstehen ist. So weisen auch Eichler und Nold (in diesem Band) auf diesen Sachverhalt hin und betonen zudem, dass der Begriff im deutschen und englischen Teilprojekt partiell unterschiedlich verwendet wird. Im Folgenden soll deshalb zunächst in Ergänzung zu den Ausführungen von Eichler und Nold eine weitere konzeptuelle Explikation des Konstrukts „Sprachbewusstheit" vorgenommen werden. Im Anschluss werden wir auf einige zusätzliche theoretische Aspekte eingehen. Wir verzichten dabei sowohl auf eine differenzierte Diskussion möglicher Unterschiede zwischen Mutter- und Fremdsprache im Hinblick auf das Konstrukt „Sprachbewusstheit" als auch auf eine genauere Differenzierung zwischen rezeptiver und produktiver Sprachverarbeitung sowie zwischen Sprachverarbeitung mit und ohne Zeitbeschränkung. Zum Schluss erfolgen dann einige Hinweise zur Effizienz von Unterrichtsmaßnahmen auf der Basis des Konzepts der Sprachbewusstheit.

Sprachbewusstheit und verwandte Konstrukte

Neben dem immer häufiger verwendeten Begriff „Sprachbewusstheit" findet sich u.a. der (konkurrierende) Begriff des Sprachbewusstseins. In jüngerer Zeit wird zunehmend auch der Begriff „Sprachaufmerksamkeit" verwendet – in partieller Konkurrenz zu Sprachbewusstheit und Sprachbewusstsein (vgl. auch Andresen/Funke 2003 für weitere konzeptuelle Unterscheidungen). Nach Eichler und Nold (in diesem Band) wird in DESI unter Sprachbewusstheit

> „eine Fähigkeit verstanden, die sich in der Mutter-, Zweit- und Fremdsprache auf Grund der bewussten und aufmerksamen Auseinandersetzung mit Sprache entwickelt. Sie setzt Lernende instand, sprachliche Regelungen kontrolliert anzuwenden und zu beurteilen sowie Verstöße zu korrigieren. … Die Fähigkeit zur Sprachreflexion beruht dabei eher auf Wissen über Sprache (explizites/deklaratorisches/verbalisierbares Wissen), während die sprachliche Korrekturfähigkeit stärker vom Wissen des Sprachgebrauchs oder des Sprachgefühls (vorwiegend implizites und prozedurales Wissen) geleitet sein kann."

Sprachbewusstheit beruht somit bei Eichler und Nold sowohl auf expliziten als auch impliziten Wissensanteilen, und die Anwendung des Wissens kann sowohl kontrolliert als auch automatisiert erfolgen. Zudem kann Sprachbewusstheit unterschiedlich stark ausgeprägt sein. Entsprechend unterscheidet Eichler (in diesem Band) in Anlehnung an das Entwicklungsmodell mentaler Repräsentationen von Karmiloff-Smith (1995) zwischen fünf Kompetenzniveaus der Sprachbewusstheit – mit den Polen weitgehend automatisiert/implizit als unterster Kompetenzstufe sowie „aktive Anwendung deklaratorischen Wissens[11] in Form von bewusster Kommentierung, prozedurales Wissen auch in hochkomplexen Zusammenhängen" als oberster Kompetenzstufe.

In Bezug auf die Proceduralisierung und Automatisierung von Sprachbewusstheit ist hier zu fragen, inwieweit mit Hilfe der gewählten Verfahren diese Merkmale überhaupt valide gemessen werden können. Nicht umsonst wird z.B. bei Grammatikalitätsurteilen von einer Reihe von Autoren nicht nur die Korrektheit, sondern auch die Schnelligkeit der Lösung erfasst (vgl. z.B. Bley-Vroman/Masterson 1989; Juffs 2001).

Aufgaben, zu deren Lösung explizites Wissen und metakommunikative Fähigkeiten notwendig sind, erfordern nach Eichler Sprachbewusst*sein*. Sprachbewusstsein wird damit in Übereinstimmung mit einer Reihe weiterer Autoren als ein Spezialfall von Sprachbewusstheit angesehen (vgl. für eine abweichende Position z.B. Spitta 2000).

Der Terminus „Sprachaufmerksamkeit" wird von Eichler und Nold nicht explizit verwendet, obwohl die Autoren mehrfach vom „bewussten und *aufmerksamen* Zugriff auf sprachliche Phänomene" oder auch von der „bewussten und *aufmerksamen* Auseinandersetzung mit Sprache" sprechen. In der Fachliteratur wird Sprachaufmerksamkeit zum einen als didaktisches Konzept im Sinne von „language awareness" bzw. „awareness of language" verwendet (vgl. z.B. Rastner 2002). Zum anderen wird der Begriff jedoch auch zunehmend in einem eher kognitionspsychologischen

---

11 Eichler und Nold verwenden anstelle des üblichen Begriffs des „deklarativen Wissens" offensichtlich bedeutungsgleich den Terminus „deklaratorisches Wissen".

bzw. psycholinguistischen Sinne gebraucht – so z.b. bei Portmann-Tselikas (2001) zur Charakterisierung der Prozesse des Bemerkens (*noticing*) und Erkennens (*understanding*) formalsprachlicher Phänomene im Sinne von Schmidt (1995). Geht man davon aus, dass jegliche Art von Sprachbewusstheit und Sprachbewusstsein zugleich Sprachaufmerksamkeit voraussetzt, dann handelt es sich bei Sprachaufmerksamkeit im Sinne von Portmann-Tselikas um einen Oberbegriff, der u.a. den Vorteil hat, dass die mit dem Merkmal „bewusst" verbundenen problematischen Konnotationen (zunächst einmal) ausgeblendet bleiben (vgl. auch die Differenzierungen in Leow 2001).

Anstelle von Sprachbewusstheit/Sprachbewusstsein wird häufig auch von metasprachlicher oder metalinguistischer Bewusstheit gesprochen und eine Reihe von Teilkomponenten, wie z.b. metaphonologische, metasyntaktische, metasemantische und metapragmatische Fähigkeiten (oder auch Fertigkeiten), unterschieden (vgl. z.B. Andresen/Funke 2003; Gombert 1992, 1997; Tunmer/Pratt/Herriman 1984). Dabei wird das Präfix „meta-" in der Regel über das engere linguistische Verständnis hinausgehend in Anlehnung an die psychologische Metakognitionsforschung verwendet (vgl. zur Abgrenzung von Kognition und Metakognition auch Christmann 2003).

Gombert (1997, S. 43) nennt als zentralen Aspekt metasprachlicher Fähigkeit „the ability to distance ourselves from the normal usage of language, and thus to shift our attention from transmitted contents to the properties of language used to transmit them". Auf der Ebene des beobachteten Verhaltens manifestiert sich diese Fähigkeit z.B. in Form von Eigen- und Fremdkorrekturen oder auch expliziten Kommentaren zur pragmatischen Angemessenheit von Äußerungen. Für Gombert (1992, 1997) und viele andere Autoren sind metasprachliche Fähigkeiten stets an „conscious awareness" gebunden. Gombert argumentiert, dass sich unbewusste Metaprozesse, wie die kindliche Adaptierung der eigenen Äußerungen an das Alter der Hörer, von bewussten Metaprozessen, wie der intentionalen Ausrichtung am Adressaten beim Verfassen eines Textes, nicht nur quantitativ im Grad der kognitiven Kontrolle und Analyse, sondern auch qualitativ unterscheiden. Unbewusste metasprachliche Prozesse und Fähigkeiten werden von Gombert als epilinguistisch bezeichnet (vgl. auch Ellis 2004b; List 1992). Folgt man dieser Differenzierung, dann beschreibt die unterste Stufe der Sprachbewusstheit in DESI in erster Linie epilinguistische Bewusstheit.

Weitere konzeptuelle Klärungen lassen sich erreichen, wenn man das Konzept der Sprachbewusstheit vor dem Hintergrund eines spezifischen Sprachverarbeitungsmodells interpretiert. Entsprechende Hinweise findet man z.B. bei Portmann-Tselikas (2002), der auf das Modell von Levelt (1989) zurückgreift – u.a. mit der Begründung, dass Spracherwerb auf der Basis von Sprachverwendung erfolgt.

Levelts Modell beruht auf einer Vielzahl von empirischen Untersuchungen und ist auch im Fremd- und Zweitsprachenbereich mehrfach verwendet worden (vgl. z.B. de Bot 1992; Levelt/Roelofs/Meyer 1999; Pienemann 2003; Portmann-Tselika 2002). Das Modell basiert auf einer Reihe von Annahmen und empirischen Befunden u.a. zur Modularität von Sprache und zur Bewusstheitsfähigkeit und informationellen Abgeschlossenheit von sprachlichen Prozessen und Wissensbeständen. Nach

Portmann-Tselikas ist in Levelts Modell der „conceptualizer" der Ort bewusster Prozesse (z.B. in Form eines Monitoring). Zudem hat der „conceputalizer" u.a. Zugriff auf das deklarative, enzyklopädische Wissen. Die im „formulator" und im als Parser fungierenden „speech comprehension system" ablaufenden Prozesse und verwendeten Wissensbestände bleiben dagegen für den Sprachbenutzer undurchsichtig, und erst die jeweiligen Resultate der Verarbeitungsprozesse sind wiederum offen für bewusste Operationen.

Die vorgenommenen Unterscheidungen lassen sich auch für eine genauere Formulierung des so genannten Interface-Problems nutzen (Grotjahn 2000b; Hulstijn 2002; Schlak 1999). So lässt sich die in der Didaktik weit verbreitete „starke Interface Hypothese" dahingehend präzisieren, „dass bewusste Prozesse direkt und ohne Schwierigkeiten die Aktivitäten des Parsers und des Formulators beeinflussen können" (Portmann-Tselikas 2002, S. 334). Nach Portmann-Tselikas würde dies jedoch entweder eine extreme Durchlässigkeit zwischen den einzelnen Komponenten des Sprecher-Hörer-Systems oder eine stets rückgekoppelte Sprachverarbeitung voraussetzen. Beides wird jedoch in psycholinguistischen Modellen üblicherweise ausgeschlossen, wobei gegen die Rückkoppelung insbesondere Kapazitätsbeschränkungen angeführt werden.

Die Ausführungen von Portmann-Tselikas zum Leveltschen Sprachverarbeitungsmodell sind zwar sicherlich nicht unproblematisch (was der Autor selbst zugesteht); sie dürften jedoch deutlich gemacht haben, auf welche Weise eine weitere theoretische Klärung erreicht werden kann.

Analyse und Kontrolle als Komponenten von Sprachbewusstheit

Ein zentraler Aspekt von Sprachbewusstheit ist von Ellen Bialystok in einer Vielzahl von Studien vor allem mit bilingualen Kindern untersucht worden (vgl. z.B. Bialystok 1991, 2001, 2002b). Die Autorin unterscheidet zwischen den grundlegenden kognitiven Prozessen der Analyse repräsentationaler Strukturen und der Kontrolle von Aufmerksamkeit und definiert auf dieser Basis die Anforderungscharakteristiken diverser (meta-)sprachlicher Aufgaben. Der Prozess der Analyse repräsentationaler Strukturen führt bei Kindern im Verlauf der kognitiven Entwicklung zu immer expliziteren und dem Bewusstsein zugänglicheren mentalen Repräsentationen und entspricht damit weitgehend dem Prinzip der kognitiven Restrukturierung (*representational redescription*) bei Karmiloff-Smith (1995). Kontrolle der Aufmerksamkeit bedeutet dagegen, dass bei der Bearbeitung von Aufgaben in Echtzeit die Aufmerksamkeit auf spezifische Umgebungsstimuli oder auf spezifische Aspekte mentaler Repräsentationen fokussiert wird. Aufmerksamkeitskontrolle ist vor allem bei der Lösung von Aufgaben mit konfligierenden oder ambigen Informationen wichtig, wenn die Lösung die Fokussierung einer bestimmten Information bei gleichzeitiger Vernachlässigung einer anderen Information verlangt. Wie Ricciardelli (1993) zeigen konnte, handelt es sich bei den beiden Prozesstypen zwar um zwei faktoranalytisch trennbare, jedoch nicht voneinander unabhängige Dimensionen metasprachlicher Bewusstheit.

Bialystok (2001) präsentiert ein zweidimensionales orthogonales Koordinatensystem, in dem eine Reihe von metasprachlichen Aufgabentypen, wie z.B. Grammatikalitätsurteile, Finden von Reimen und Synonymen, Phonemsegmentierung und Erklärung von Fehlern, im Hinblick auf das Ausmaß an notwendiger Analyse und Kontrolle verortet sind. So verlangt nach Bialystok z.B. die Beurteilung der Grammatikalität des grammatikalisch inkorrekten Satzes „Why the dog is barking so loudly?" zwar ein gewisses Ausmaß an Analyse, jedoch nur wenig Kontrolle. Dagegen erfordert die Beurteilung der Grammatikalität des grammatikalisch korrekten, jedoch semantisch inakzeptablen Satzes „Why is the cat barking so loudly?" zwar weniger Analyse, jedoch deutlich mehr Aufmerksamkeitskontrolle (vgl. Bialystok 2002b, S. 157). Interessanterweise haben bilinguale Kinder bei Aufgaben, die ein hohes Maß an Kontrolle voraussetzen, einen Vorteil gegenüber monolingualen Kindern, wohingegen bilinguale und monolinguale Kinder bei Aufgaben, die lediglich ein hohes Maß an Analyse verlangen, vergleichbare Leistungen zeigen. Bialystok deutet dies als Hinweis darauf, dass bilingualer Spracherwerb bei Kindern sich positiv auf die zentrale kognitive Fähigkeit der Kontrolle von Aufmerksamkeit auswirkt (vgl. z.B. Bialystok 2001, 2002a, 2002b). Zu einem ähnlichen Schluss kommen auch Galambos/Goldin-Meadow (1990), die ihre empirischen Resultate dahingehend interpretieren, dass die bilinguale Erfahrung den Übergang von einer inhaltsfokussierten zu einer formfokussierten Verarbeitung bei der Entdeckung und Korrektur von Fehlern beschleunigt.

Es wäre sicherlich aufschlussreich, die von DESI zur Messung der Sprachbewusstheit eingesetzten Aufgabentypen im Hinblick auf das jeweils notwendige Ausmaß an Analyse sprachlichen Wissens und Kontrolle sprachlicher Verarbeitung näher zu untersuchen. Zum einen könnten die Befunde zur Vorhersage bzw. Erklärung der Aufgabenschwierigkeit benutzt werden. Zum anderen könnte man prüfen, inwieweit die DESI-Aufgaben den von den beiden Dimensionen aufgespannten Merkmalsraum abdecken. Weiterhin wäre es aufschlussreich festzustellen, ob Schüler mit Migrationshintergrund sich von monolingualen Lernern im Hinblick auf bestimmte Aspekte ihrer Sprachbewusstheit unterscheiden (vgl. auch Oomen-Welke 2003) und ob eventuelle Unterschiede mit Hilfe des Modells von Bialystok erklärbar sind. Schließlich könnte untersucht werden, inwieweit Sprachbewusstheit und das Lösen metasprachlicher Aufgaben von weiteren individuellen Unterschieden wie z.B. dem Geschlecht der Lerner abhängt. Wie u.a. bereits Chaudron (1983) und Birdsong (1989) in ihren grundlegenden Arbeiten gezeigt haben, gibt es beim Lösen metasprachlicher Aufgaben eine erhebliche interindividuelle Variation.

Sprachbewusstheit und Fremdspracheneignung

Schließlich ist auch der mögliche Zusammenhang zwischen Sprachbewusstheit und Teilen des Konstrukts „Fremdspracheneignung" (foreign language aptitude; auch:

Fremdsprachenbegabung) von Interesse (vgl. auch Alderson/Clapham/Steel 1997). In der jüngeren internationalen Diskussion wird Fremdspracheneignung als wichtige individuelle Bestimmungsgröße des Fremdsprachenlernerfolgs wieder zunehmend thematisiert (vgl. z.B. Ellis 2004a; Dörnyei/Skehan 2003; Erlam 2005; Kiss/Nikolov 2005; Robinson 2002; Skehan 1998, 2002; Sparks/Ganschow 2001; Sternberg 2002 sowie auch Second Language Testing 2005). Dabei wird u.a. auch auf den positiven Zusammenhang zwischen der Schnelligkeit des Erwerbs der Muttersprache und der Höhe der Fremdspracheneignung hingewiesen und Fremdspracheneignung im Sinne einer „generalized capacity to process language data" (Skehan 2002, S. 80) interpretiert. In der deutschen Sprachlehr- und -lernforschung wird das Konstrukt der Fremdspracheneignung allerdings zumeist entweder überhaupt nicht berücksichtigt oder dessen Rolle zugunsten der Bedeutung motivationeller Faktoren marginalisiert (eine frühe Ausnahme ist die empirische Untersuchung von Schütt 1974 zur prognostischen Gültigkeit des *Fremdsprachen-Eignungstest für die Unterstufe*).

In dem einflussreichen Modell von Carroll (1962), das auch die Basis des immer noch eingesetzten *Modern Language Aptitude* Test von Carroll/Sapon (1959) darstellt, werden vier Komponenten der Fremdspracheneignung unterschieden: 1. Fähigkeit zur phonologischen Kodierung; 2. assoziatives Gedächtnis; 3. grammatikalische Sensibilität (*grammatical sensitivity*); 4. induktive Sprachlernfähigkeit (*inductive language learning ability*). Im Hinblick auf Sprachbewusstheit sind vor allem die beiden letztgenannten Komponenten bedeutsam. Die grammatikalische Sensibilität bezeichnet die Fähigkeit, die grammatikalische Funktion von Wörtern in Sätzen zu identifizieren, und die Variable „induktive Sprachlernfähigkeit" steht für das Vermögen, syntaktische und morphologische Muster in sprachlichem Material zu erkennen und diese Information bei der Bildung neuer Sätze anzuwenden (vgl. z.B. Dörnyei/Skehan 2003, S. 592; Carroll 1990). Angesichts der relativ geringen Trennschärfe der beiden Dimensionen hat Skehan allerdings vorgeschlagen, grammatikalische Sensibilität und induktive Sprachlernfähigkeit in Form eines Faktors „sprachanalytische Fähigkeit (*language analytic ability*)" zusammenzufassen (vgl. Skehan 1998, S. 201ff).

Sowohl die theoretischen Ausführungen zum Konstrukt „Fremdspracheneignung" als auch dessen Operationalisierung in Form des *Modern Language Aptitude Test* oder der *Pimsleur Language Aptitude Battery* (Pimsleur 1966) zeigen, dass die Komponente „sprachanalytische Fähigkeit" der Fremdspracheneignung einen Teilaspekt von Sprachbewusstheit im Sinne von DESI erfasst. Während bei DESI die Variable Sprachbewusstheit teilweise mit der Variablen Sprachstand im Deutschen bzw. Englischen konfundiert ist, zielen Verfahren der Messung der Fremdspracheneignung auf eine vom Sprachstand der Lerner in der Zielsprache sowie auch teilweise in der Muttersprache unabhängige Erfassung der sprachanalytischen Fähigkeiten[12]. Eine Messung der Fremdspracheneignung könnte deshalb interessante Zusatzinformationen liefern (vgl. allerdings die nicht sehr klaren Befunde in

---

12 Letzteres gilt z.B. in Bezug auf die Teile 4 „*Language Analysis*" und 5 „*Sound Discrimination*" der Pimsleur Languge Aptitude Battery.

Alderson/Clapham/Steel 1997 zum Verhältnis der sprachanalytischen Komponente von Fremdspracheneignung zum metasprachlichen Wissen und Sprachstand im Französischen bei englischen Studierenden).

Zur Effizienz von Instruktion im Fremdsprachenunterricht

Wir möchten unsere Ausführungen zur Sprachbewusstheit mit einigen Hinweisen zur Effizienz von Unterrichtsmaßnahmen auf der Basis von Sprachbewusstheit/Sprachaufmerksamkeit schließen. Wir beschränken uns dabei auf den Fremdsprachenbereich. Während sich z.B. Stephen Krashen als prominentester Vertreter dieser Position schon seit mehr als 20 Jahren gegen die explizite Vermittlung von grammatikalischem Wissen im Fremdsprachenunterricht ausspricht und die zentrale Bedeutung verständlichen Inputs für den Fremdsprachenlernerfolg betont (z.B. Krashen 1994, 1999), zeigen jüngste Bestandsaufnahmen deutlich, dass ein (expliziter) Fokus auf formale Aspekte z.B. im Bereich morphosyntaktischer Strukturen spracherwerbsfördernd sein kann, jedoch keinen Einfluss auf die Reihenfolge des Erwerbs dieser Strukturen hat (vgl. Dougthy 2003; R. Ellis 2001, 2002; Norris/Ortega 2000, 2001; Pienemann 2003). Allerdings zeigen die Bestandsaufnahmen auch, dass die Effektivität entsprechender unterrichtlicher Maßnahmen von einer Vielzahl einschränkender Bedingungen abhängt, wie z.B. vom jeweiligen Kognitivierungsgegenstand oder auch von lernerseitigen individuellen Unterschieden (vgl. auch DeKeyser 2005; Grotjahn 2000b, 2003; Nassaji/Fotos 2004). Zudem ist strittig, ob der „focus on form" und die Steuerung der Aufmerksamkeit eher verdeckt – z.B. mit Hilfe typographischer Mittel oder über eine erhöhte Präsentationshäufigkeit – oder eher offen und ob er eher proaktiv oder eher reaktiv erfolgen soll (vgl. Doughty/Williams 1998)[13].

Zugleich wird jedoch zunehmend von einer Reihe von Autoren die Bedeutung impliziten Lernens für den Spracherwerb betont (vgl. z.B. DeKeyser 2003; N. C. Ellis 2002, 2003; Oerter 2000). Die Mehrzahl scheint allerdings der Position von MacWhinney zuzuneigen, der zwar die Wichtigkeit des Inputs und impliziten Lernens betont, sich jedoch zugleich für eine Verbindung von expliziter Instruktion und implizitem Lernen ausspricht:

> "Students who receive explicit instruction, as well as implicit exposure to forms, would seem to have the best of both worlds. They can use explicit instruction to allocate attention to specific types of input ..., narrow their hypothesis space ..., tune the weights in their neural networks ..., or consolidate their memory traces ... . From the viewpoint of psycholinguistic theory, providing learners with explicit instruction along with standard implicit exposure would seem to be a no-lose proposition." (MacWhinney 1997, S. 278).

---

13 *Focus on form* in dem hier verwendeten Sinne ist zu unterscheiden von *Focus on forms* im Sinne eines traditionellen Grammatikunterrichts (vgl. Doughty/Williams 1998, Grotjahn 2000b).

Literatur

Alderson, J. C./Clapham, C./Steel, D. (1997): Metalinguistic knowledge, language aptitude and language proficiency. In: Language Teaching Research 1 (2), S. 93-121.

Andresen, H./Funke, R. (2003): Entwicklung sprachlichen Wissens und sprachlicher Bewusstheit. In: Bredel, U./Günther, H./Klotz, P./Ossner, J./Siebert-Ott, G. (Hrsg.): Didaktik der deutschen Sprache: Ein Handbuch. Paderborn: Schöningh, S. 438-451.

Artelt, C./Stanat, P./Schneider, W./Schiefele, U. (2001): Lesekompetenz: Testkonzeption und Ergebnisse. In: Baumert, J./Klieme, E./Neubrand, M./Prenzel, M./Schiefele, U./Schneider, W./Stanat, P./Tillmann, K.-J./Weiß, M. (Hrsg.): PISA 2000 – Basiskompetenzen von Schülerinnen und Schülern im internationalen Vergleich. Opladen: Leske + Budrich, S. 69-137.

Bialystok, E. (Hrsg.) (1991): Language processing in bilingual children. Cambridge: University Press.

Bialystok, E. (2001): Metalinguistic aspects of bilingual processing. In: Annual Review of Applied Linguistics 21, S. 169-181.

Bialystok, E. (2002a): Acquisition of literacy in bilingual children: A framework for research. In: Language Learning 52 (1), S. 159-199.

Bialystok, E. (2002b): Cognitive processes of L2 users. In: Cook, V. J. (Hrsg.): Portraits of the L2 user. Clevedon, England: Multilingual Matters, S. 147-165.

Birdsong, D. (1989): Metalinguistic performance and interlinguistic competence. Berlin: Springer-Verlag.

Bley-Vroman, R./Masterson, D. (1989): Reaction time as a supplement to grammaticality judgments in the investigation of second language learners' competence. In: University of Hawai'i Working Papers in ESL 8, S. 207-237.

Bos, W./Lankes, E.-M./Schwippert, K./Valtin, R./Voss, A./Badel, I./Plaßmeier, N. (2003): Lesekompetenzen deutscher Grundschülerinnen und Grundschüler am Ende der vierten Jahrgangsstufe im internationalen Vergleich. In: Bos, W./Lankes, E.-M./Prenzel, M./Schwippert, K./Walther, G./Valtin, R. (Hrsg.): Erste Ergebnisse aus IGLU – Schülerleistungen am Ende der vierten Jahrgangsstufe im internationalen Vergleich. Münster/New York/München/Berlin: Waxmann, S. 69-142.

Carroll, J. B. (1962): The prediction of success in intensive foreign language training. In: Glaser, R. (Hrsg.): Training research and education. Pittsburg, PA: University of Pittsburgh, S. 87-136. [reprinted: New York: Wiley 1965].

Carroll, J. B. (1990): Cognitive abilities in foreign language aptitude: Then and now. In: Parry, T. S./Stansfield, C. W. (Hrsg.): Language aptitude reconsidered. Englewood Cliffs, NJ: Prentice Hall Regents, S. 11-29.

Carroll, J. B./Sapon, S. (1959): Modern Language Aptitude Test, Form A. New York: The Psychological Corporation.

Chaudron, C. (1983): Research on metalinguistic judgements: A review of theory, methods, and results. In: Language Learning 33, S. 343-377.

Christmann, U. (2003): Reflexivität: Reflexionsstufen als Binnenstruktur. In: Groeben, N. (Hrsg.): Zur Programmatik einer sozialwissenschaftlichen Psychologie. Band II: Objekttheoretische Perspektiven, 2. Halbband: Situationsbezug, Reflexivität, Rationalität, Theorieintegration. Münster: Aschendorff, S. 49-105.

Christmann, U./Groeben, N. (2001): Psychologie des Lesens. In: Franzmann, B./Hasemann, K./Löffler, D./Schön, E. (Hrsg.): Handbuch Lesen. Baltmannsweiler: Schneider, S. 145-223.

de Bot, K. (1992): A bilingual production model: Levelt's 'speaking' model adapted. In: Applied Linguistics 13, S. 1-24.

DeKeyser, R. M. (2003): Implicit and explicit learning. In: Doughty, C. J./Long, M. H. (Hrsg.): The handbook of second language acquisition. Malden, MA: Blackwell, S. 313-348.

DeKeyser, R. M. (2005): What makes learning second-language grammar difficult? A review of issues. In: DeKeyser, R. M. (Hrsg.): Grammatical development in language learning. Malden, MA: Blackwell, S. 1-25.

Dörnyei, Z./Skehan, P. (2003): Individual differences in second language learning. In: Doughty, C. J./Long, M. H. (Hrsg.): The handbook of second language acquisition. Malden, MA: Blackwell, S. 589-630.

Doughty, C. J. (2003): Instructed SLA: constraints, compensation, and enhancement. In: Doughty, C. J./Long, M. H. (Hrsg.): The handbook of second language acquisition. Malden, MA: Blackwell, S. 256-310.

Doughty, C./Williams, J. (Hrsg.) (1998): Focus on form in classroom second language acquisition. Cambridge: Cambridge University Press.

Ellis, N. C. (2002): Frequency effects in language processing: A review with implications for theories of implicit and explicit language acquisition. In: Studies in Second Language Acquisition 24(2), S. 143-188.

Ellis, N. C. (2003): Constructions, chunking, and connectionism: The emergence of second language structure. In: Doughty, C. J./Long, M. H. (Hrsg.): The handbook of second language acquisition. Malden, MA: Blackwell, S. 63-103.

Ellis, R. (2001): Investigating form-focused instruction. In: Ellis, R. (Hrsg.): Form focused instruction and second language learning. Malden, MA: Blackwell, S. 1-46. [= Language Learning 51, Supplement 1].

Ellis, R. (2002): Does form-focused instruction affect the acquisition of implicit knowledge? A review of research. In: Studies in Second Language Acquisition 24(2), S. 223-236.

Ellis, R. (2004a): The definition and measurement of L2 explicit knowledge. In: Language Learning 54(2), S. 227-275.

Ellis, R. (2004b): Individual differences in second language learning. In: Davies, A./Elder, C. (Hrsg.): The handbook of applied linguistics. Oxford: Blackwell, S. 525-551.

Erlam, R. (2005): Language aptitude and its relationship to instructional effectiveness in second language acquisition. In: Language Teaching Research 9(2), S. 147-172.

Galambos, S. J./Goldin-Meadow, S. (1990): The effects of learning two languages on levels of metalinguistics awareness. Cognition, 34, 1-56.

Goldman, S. R./Rakestraw, J. A. (2000): Structural aspects of constructing meaning from text. In: Kamil, M. L./Mosenthal, P. B./Pearson, D. P./Barr, R. (Hrsg.): Handbook of reading research. Volume III. Mahwah/London: Lawrence Erlbaum, S. 311-335.

Gombert, J. E. (1992): Metalinguistic development. Chicago: University of Chicago Press. [franz. Original 1990].

Gombert, J. E. (1997): Metalinguistic development in first-language acquisition. In: van Lier, L./Corson, D. (Hrsg.): Encyclopedia of language and education. Vol. 6: Knowledge about language. Dordrecht: Kluwer, S. 43-51.

Groeben, N. (1978): Die Verständlichkeit von Unterrichtstexten – Dimensionen und Kriterien rezeptiver Lernstadien. Münster: Aschendorff.

Grotjahn, R. (2000a): Determinanten der Schwierigkeit von Leseverstehensaufgaben: Theoretische Grundlagen und Konsequenzen für die Entwicklung des TESTDAF. In: Bolton, S. (Hrsg.): TESTDAF: Grundlagen für die Entwicklung eines neuen Sprachtests. Beiträge aus einem Expertenseminar. Köln: VUB-Gilde Verlag, S. 7-55.

Grotjahn, R. (2000b): Sprachbezogene Kognitivierung: Lernhilfe oder Zeitverschwendung? In: Düwell, H./Gnutzmann, C./Königs, F. G. (Hrsg.): Dimensionen der Didaktischen Grammatik. Festschrift für Günther Zimmermann zum 65. Geburtstag. Bochum: AKS-Verlag, S. 83-106.

Grotjahn, R. (42003): Lernstile/Lernertypen. In: Bausch, K.-R./Christ, H./Krumm, H.-J. (Hrsg.): Handbuch Fremdsprachenunterricht. Tübingen: Francke, S. 326-331.

Grzesik, J. (2003): Was testet der PISA-Test des Lesens? In: Abraham, U./Bremerich-Vos, A./ Frederking, V./Wieler, P. (2003) (Hrsg.): Deutschdidaktik und Deutschunterricht nach PISA. Freiburg/Breisgau: Fillibach, S. 135-164.

Grzesik, J. (2005): Texte verstehen lernen – Neurobiologie und Psychologie der Entwicklung von Lesekompetenzen durch den Erwerb von textverstehenden Operationen. Münster/New York/ München/Berlin: Waxmann.

Helmke, A./Hosenfeld, I. (2004): Vergleichsarbeiten – Standards – Kompetenzstufen: Begriffliche Klärung und Perspektiven. In: Jäger, R. S./Frey, A./Wosnitza, M. (Hrsg.): Lernprozesse, Lernumgebung und Lerndiagnostik. Landau: Verlag Empirische Pädagogik, S. 1-16.

Hulstijn, J. (2002): Towards a unified account of the representation, processing and acquisition of second language knowledge. In: Second Language Research 18 (3), S. 193-223.

Johnson-Laird, P. (1983): Towards a cognitive science of language, inference, and consciousness. Cambridge: Harvard University Press.

Juffs, A. (2001): Psycholinguistically oriented second language research. In: Annual Review of Applied Linguistics 21, S. 207-220.

Karmiloff-Smith, A. (21995): Beyond modularity: A developmental perspective on cognitive science. Cambridge, Mass.: MIT Press.

Kintsch, W. (1996): Lernen aus Texten. In: Hoffmann, J./Kintsch, W. (Hrsg.): Lernen [= Enzyklopädie der Psychologie, Bd. Kognition 7]. Göttingen: Hogrefe, S. 502-528.

Kirsch, I. S. (2001): The International Adult Literacy Survey (IALS): Understanding what was measured. Princeton (N.J.), Research Publications Office, S. 1-61 (http://www.ets.org/all/ Prose_and_Doc_framework.pdf; Zugriff am 31.5.05).

Kirsch, I. S./Jungeblut, A./Mosenthal, P. B. (1998): The measurement of adult literacy. In: Murray, T. S./Kirsch, I. S./Jenkins, L. B. (Hrsg.): Adult Literacy in OECD Countries: Technical Report on the First International Adult Literacy Survey. Washington DC: U.S. Department of Education – Office of Educational Research and Improvement, S. 105-134.

Kiss, C./Nikolov, M. (2005): Developing, piloting, and validating an instrument to measure young learners' aptitude. In: Language Learning 55 (1), S. 99-150.

Krashen, S. D. (1994): The input hypothesis and its rivals. In: Ellis, N. C. (Hrsg.): Implicit and explicit learning of languages. London: Academic Press, S. 45-77.

Krashen, S. D. (1999): Seeking a role for grammar: A review of some recent studies. In: Foreign Language Annals 32 (2), S. 245-257.

Langer, I./Schulz von Thun, F./Tausch, R. (61999): Sich verständlich ausdrücken. München: Reinhard.

Leow, R. P. (2001): Attention, awareness, and foreign language behavior. In: Ellis, R. (Hrsg.): Form focused instruction and second language learning. Malden, MA: Blackwell, S. 113-155. [= Language Learning 51, Supplement 1].

Levelt, W. J. M. (1989): Speaking: From intention to articulation. Cambridge, Mass.: MIT Press.

Levelt, W. J. M./Roelofs, A./Meyer, A. (1999): A theory of lexical access in speech production. In: Behavioral and Brain Sciences 22 (1), S. 1-75.

List, G. (1992): Zur Entwicklung metasprachlicher Fähigkeiten. Aus der Sicht der Sprachpsychologie. In: Der Deutschunterricht 44 (4), S. 15-23.

MacWhinney, B. (1997): Implicit and explicit processes: Commentary. In: Studies in Second Language Acquisition 19, S. 277-281.

Mosenthal, P. B./Kirsch, I. S. (1998): A new measure for assessing document complexity: The PMOSE/IKIRSCH document readability formula. In: Journal of Adolescent and Adult Literacy 8, S. 638-657.

Nassaji, H./Fotos, S. S. (2004): Current developments in research on the teaching of grammar. In: Annual Review of Applied Linguistics 24, S. 126-145.

Norris, J./Ortega, L. (2000): Effectiveness of L2 instruction: A research synthesis and quantitative meta-analysis. In: Language Learning 50 (3), S. 417-528.

Norris, J./Ortega, L. (2001): Does type of instruction make a difference? Substantive findings from a meta-analytic review. In: Ellis, R. (Hrsg.): Form focused instruction and second language learning. Malden, MA: Blackwell, S. 157-213. [= Language Learning 51, Supplement 1].

Nussbaumer, M. (1991): Was Texte sind und wie sie sein sollen. Ansätze zu einer sprachwissenschaftlichen Begründung eines Kriterienrasters zur Beurteilung von schriftlichen Schülertexten. Tübingen: Niemeyer.

Oerter, R. (2000): Implizites Lernen beim Sprechen, Lesen und Schreiben. In: Unterrichtswissenschaft 28 (3), S. 239-256.

Oomen-Welke, I. (2003): Entwicklung sprachlichen Wissens und Bewusstseins im mehrsprachigen Kontext. In: Bredel, U./Günther, H./Klotz, P./Ossner, J./Siebert-Ott, G. (Hrsg.): Didaktik der deutschen Sprache: Ein Handbuch. Paderborn: Schöningh, S. 452-463.

Pienemann, M. (2003): Language processing capacity. In: Doughty, C. J./Long, M. H. (Hrsg.): The handbook of second language acquisition. Malden, MA: Blackwell, S. 679-714.

Pimsleur, P. (1966): Pimsleur Language Aptitude Battery. New York: Harcourt Brace Jovanovich.

Portmann-Tselikas, P. R. (2001): Sprachaufmerksamkeit und Grammatiklernen. In: Portmann-Tselikas, P. R./Schmölzer-Eibinger, S. (Hrsg.): Grammatik und Sprachaufmerksamkeit. Innsbruck: Studien-Verlag, S. 9-48.

Portmann-Tselikas, P. R. (2002): Über Grammatikerwerb sprechen. Ein Vorschlag für die Präsentation und Erläuterung von Fragestellungen der Lernersprachenforschung. In: Barkowski, H./Faistauer, R. (Hrsg.): ... in Sachen Deutsch als Fremdsprache: Sprachenpolitik und Mehrsprachigkeit – Unterricht – Interkulturelle Begegnung. Festschrift für Hans-Jürgen Krumm zum 60. Geburtstag. Baltmannsweiler: Schneider, S. 319-339.

Rastner, E. M. (Hrsg.) (2002): Sprachaufmerksamkeit – Language Awareness. Innsbruck: StudienVerlag. [= Informationen zur Deutschdidaktik 26, 3].

Ricciardelli, L. A. (1993): Two components of metalinguistic awareness: Control of linguistic processing and analysis of linguistic knowledge. In: Applied Psycholinguistics 14, S. 349-367.

Robinson, P. (2002): Learning conditions, aptitude complexes and SLA: A framework for research and pedagogy. In: Robinson, P. (Hrsg.): Individual differences and instructed language learning. Amsterdam: Benjamins, S. 113-133.

Schaffner, E./Schiefele, U./Drechsel, B./Artelt, C. (2004): Lesekompetenz. In: Prenzel, M./Baumert, J./Blum, W./Lehmann, R./Leutner, D./Neubrand, M./Pekrun, R./Rolff, H.-G./Rost, J./Schiefele, U. (Hrsg.): PISA 2003 – Der Bildungsstand der Jugendlichen in Deutschland – Ergebnisse des zweiten internationalen Vergleichs. Münster/New York/München/Berlin: Waxmann, S. 93-110.

Schlak, T. (1999): Explizite Grammatikvermittlung im Fremdsprachenunterricht? Das Interface-Problem Revisited. In: Fremdsprachen und Hochschule 56, S. 5-33.

Schmidt, R. W. (1995): Consciousness and foreign language learning: A tutorial on the role of attention and awareness in learning. In: Schmidt, R. W. (Hrsg.): Attention and awareness in foreign language learning. Honolulu: University of Hawai'i Press, S. 1-63.

Schnotz, W. (1988): Textverstehen als Aufbau mentaler Modelle. In: Mandl, H./Spada, H. (Hrsg.): Wissenspsychologie. München/Weinheim: Psychologie Verlags Union, S. 299-330.

Schütt, H. (1974): Fremdsprachenbegabung und Fremdsprachenleistung: Ein Beitrag zum Problem der prognostischen Gültigkeit von Fremdsprachenbegabungstests. Frankfurt a. M.: Diesterweg.

Second Language Testing, Inc. (2005). SLTI Home. http://www.2lti.com/home2.htm.

Skehan, P. (1998): A cognitive approach to language learning. Oxford: Oxford University Press.

Skehan, P. (2002): Theorising and updating aptitude. In: Robinson, P. (Hrsg.): Individual differences and instructed language learning. Amsterdam: Benjamins, S. 69-93.

Sparks, R./Ganschow, L. (2001): Aptitude for learning a foreign language. In: Annual Review of Applied Linguistics 21, S. 90-111.

Spitta, G. (2000): Sind Sprachbewusstheit und Sprachbewusstsein dasselbe? Oder: Gedanken zu einer vernachlässigten Differenzierung [Manuskript, 13 S.]. Abgerufen am 1.5.2005: http://elib.suub.uni-bremen.de/publications/ELibD891_Spitta-Sprachbewusstheit.PDF.

Sternberg, R. J. (2002): The theory of successful intelligence and its implications for language aptitude testing. In: Robinson, P. (Hrsg.): Individual differences and instructed language learning. Amsterdam: Benjamins, S. 13-43.

Tunmer, W. E./Pratt, C./Herriman, M. L. (Hrsg.) (1984): Metalinguistic awareness in children: Theory, research and implications. Berlin: Springer-Verlag.

Günter Nold / Henning Rossa

Hörverstehen

Das Hörverstehen vereinigt als rezeptive Sprachkompetenz die Wahrnehmung, das Verstehen, Interpretieren und Reflektieren von sprachlichen Äußerungen. Etwas hörend zu verstehen verlangt den Einsatz besonders differenzierter Prozesse, die neben den sprachlichen Informationen auch eine Vielzahl an Textsorten, Themen und kommunikativen Kontexten verarbeiten müssen. Trotz der Einsicht, dass das Hörverstehen eine zentrale Rolle beim Spracherwerb spielt, konzentriert sich die überwältigende Mehrheit empirischer Studien auf die Erforschung des Leseverstehens. Dieses Phänomen führt gegenwärtig zu der wissenschaftlichen Bestandsaufnahme, dass „the assessment of listening abilities is one of the least understood, least developed and yet one of the most important areas of language testing and assessment" (Alderson/ Bachman im Vorwort zu Buck 2001, S. X).

Mehrere Autoren betonen die Annahme, dass die Prozesse des Hörverstehens und des Leseverstehens sich zu einem großen Teil gleichen (vgl. Bae/Bachman 1998; Buck 2001; Freedle/Kostin 1999; Grotjahn 2000; Hagtvet 2003; Rost 1990; Tsui/Fullilove 1998). Freedle und Kostin (1999) vergleichen Lese- und Hörverstehensmodule des TOEFL und kommen zu dem Schluss, dass „both these receptive skills are measures of a general underlying language comprehension ability" (ebd., S. 23). Die genannten Beiträge demonstrieren aber gleichzeitig, dass beide Formen des Verstehens als eigenständige Faktoren erfasst werden können. Grotjahn (2000) weist darauf hin, dass beim Hörverstehen stärker als beim Leseverstehen „real-time processing" stattfindet (ebd., S. 7). Dieser gravierende Unterschied ist bestimmt durch die Flüchtigkeit des sprachlichen Inputs. Ein Teilnehmer einer introspektiven Studie beschreibt den Verstehensprozess beim Hören als „the continuous modification of a developing interpretation in response to incoming information" (Buck 1991, S. 80). Der entscheidende Unterschied zum Lesen besteht daher in der mangelnden Kontrolle über die „incoming information": Während ein Leser Textteile, die unvertraute linguistische Phänomene enthalten, mehrfach oder besonders genau lesen kann (vgl. Grotjahn 2000, S. 7), entstehen beim Hören Verstehensprobleme, wenn „the on-line processing is somehow taxed or interrupted" (Hagtvet 2003, S. 528). Eine Synopse relevanter Forschungsergebnisse (vgl. Rubin 1994; Buck 2001) lässt das Hörverstehen zusammengefasst als einen Prozess erscheinen, der „komplex, dynamisch und fragil [Übersetzung HR]" ist (Celce-Murcia 1995, S. 366).

Beim zweitsprachlichen Hörverstehen ist ein Teil des *on-line processing*, die Entschlüsselung des sprachlichen Inputs (*bottom-up processing*), besonders anfällig für Beeinträchtigungen (vgl. die Ergebnisse der Studie von Tsui/Fullilove 1998), da das zweitsprachliche Wissen in vielen Bereichen in der Regel lückenhaft ist und zudem nicht in dem Maße in prozeduralisierter Form verfügbar ist, wie dies in der

Muttersprache der Fall ist (vgl. Solmecke 2003; Wolff 1990). Dies gilt vor allem dann, wenn die zweite Sprache als Fremdsprache in der Schule erworben wird (vgl. Wolff 2003). Der Unterschied zwischen muttersprachlichem und fremdsprachlichem Hörverstehen ist nicht in fundamental verschiedenen Prozessen begründet, sondern in dem kumulativen Effekt, den einzelne Verstehenslücken auf das sich entwickelnde Verständnis einer gesamten Äußerung oder eines Textes haben (vgl. Hermes 1998). Buck fasst die spezifischen Probleme beim Hörverstehen in der Fremdsprache zusammen und nutzt dabei ebenfalls die Metapher *Verstehenslücke*: „When second-language listeners are listening, there will often be gaps in their understanding. [...] Of course, gaps occur in first-language listening too, but the gaps in second-language listening usually have a far more significant impact on comprehension" (Buck 2001, S. 50).

Messkonzept

Die Erfassung von Kompetenzen im Bereich des Hörverstehens geht im Sinne der Item-Response-Theorie von der Konzeption aus, dass die Bewältigung von Anforderungen – in diesem Fall die Facetten der Testaufgaben – die Aktivierung und den Einsatz von Kompetenzen voraussetzt. Konzepte der Messung dieser Kompetenzen durch Testaufgaben bedingen, dass bestimmt werden muss, welche spezifischen Kompetenzen erforderlich sind, um Hörverstehen als „rezeptive kommunikative Aktivität" (Europarat 2001, S. 71) erfolgreich zu gestalten.

Buck (2001) entwirft einen theoretischen Rahmen für Kompetenzen im Bereich Hörverstehen, der an das bekannte Modell kommunikativer Kompetenz von Bachman und Palmer (1996) anknüpft. Erfolgreiches Hörverstehen erfordert demnach sprachliche und strategische Kompetenzen. Das Messkonzept für die Hörverstehenstests in DESI adaptiert Bucks Konzeption von *listening ability*, es integriert jedoch zusätzlich die unumstrittene Auffassung, dass das bereichsspezifische und allgemeine Weltwissen alle Bereiche der Hörverstehensprozesse beeinflusst, weil Hörer die sich entwickelnde Repräsentation des Gehörten im Lichte der flüchtigen sprachlichen Informationen und des Vorwissens auf Plausibilität überprüfen müssen (vgl. Buck 1991, Rubin 1994). Die sprachliche Kompetenz umfasst phonologisches, lexikalisches, syntaktisches, soziolinguistisches, pragmatisches und Diskurswissen (vgl. Bachman/Palmer 1996). Die strategische Kompetenz bezieht sich auf Prozesse der Informationsverarbeitung beim Hörverstehen und erlaubt die Aktivierung kognitiver und metakognitiver Strategien, die eingesetzt werden, um sprachliche Informationen zu entschlüsseln, zu speichern und zu verknüpfen. Diese Strategien beziehen sich auf teils implizite teils explizite Wissensbestände, die von potentiell bewusstseinsfähig bis bewusst einsetzbar reichen (vgl. O'Malley/Chamot/Küpper 1989; Vandergrift 2003).

Die Relevanz dieser drei Kompetenzen für die Bearbeitung von Testaufgaben wird in Abbildung 1 dargestellt. Grundsätzlich interagieren die Kompetenzen beim Lösen jeder Testaufgabe. Das Messkonzept differenziert jedoch durch die Aufschlüsselung der Anforderungsprofile in Merkmale unterschiedlicher Funktionen, die spezifischen Kompetenzen im Prozess des Hörverstehens schwerpunktmäßig zukommen.

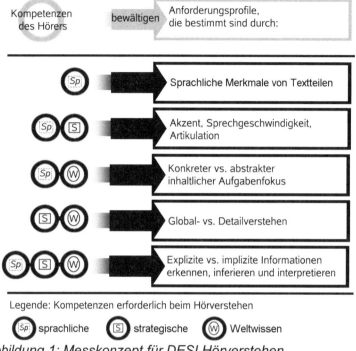

Abbildung 1: Messkonzept für DESI Hörverstehen.

Da die Texte und Testaufgaben neben unterschiedlichen empirischen Schwierigkeitswerten auch durch unterschiedliche Ausprägungen der oben beschriebenen Anforderungselemente charakterisiert sind, lässt sich für jede einzelne Aufgabe ein Anforderungsprofil beschreiben. Dieses Profil lässt im Sinne des Messkonzepts Rückschlüsse auf die Kompetenzen zu, die durch eine Aufgabe vornehmlich erfasst werden. Je nach der quantitativen und qualitativen Ausprägung der Kompetenzen auf Seiten des Testteilnehmers fällt die Bewältigung solcher Anforderungsprofile unterschiedlich erfolgreich aus (vgl. die quantitativen und qualitativen Merkmale in den Niveaubeschreibungen des Gemeinsamen Europäischen Referenzrahmens, Europarat 2001). Die durch die Aufgaben gestellten Anforderungen wurden im Rahmen der Testentwicklung durch die weiter unten dargestellten Aufgabenmerkmale systematisch bestimmt.

Das Testkonstrukt Hörverstehen

Das Testkonstrukt eines Sprachtests beschreibt, welche Aspekte kommunikativer Kompetenz der Test erfassen soll. Angelehnt an die Empfehlungen von Buck

(2001) und Rost (2002) orientiert sich das Testkonstrukt zu den Tests des fremdsprachlichen Hörverstehens in DESI sowohl an theoretischen Modellen kommunikativer Kompetenz als auch an den spezifischen Charakteristika der Kontexte, in denen Aspekte kommunikativer Kompetenz zu aktivieren sind. Buck begründet die Integration beider Quellen mit der aktuellen Tendenz, Sprachverwendung als vernetzt und kontextgebunden zu begreifen:

> „This approach is most appropriate when we think that the consistencies in listening performance are partly due to some underlying knowledge and ability, partly due to situational factors, and partly due to the interaction between them. In other words, we see performance in terms of underlying language competence, but this is influenced by contextual factors. […] this is probably a theoretically more defensible position than either the competence-based or task-based approach." (Buck 2001, S. 109)

Die kontextuellen Faktoren, die Buck hier anführt, ergeben sich aus den Situationen der Anwendung sprachlicher und strategischer Kompetenzen, und sie prägen die Aufgaben, die versuchen, diese Situationen in den engen Grenzen eines Tests nachzuahmen. Da DESI sowohl eine Sprachstandserhebung als auch eine Evaluationsstudie ist, bestimmen demnach die Situationen der unterrichtlichen Sprachverwendung maßgeblich die Merkmale des Testkonstrukts. Die Analyse der Englischcurricula der Bundesländer zielte unter anderem darauf ab, näher zu definieren, wie die Schülerinnen und Schüler laut den Spezifikationen der Lehrpläne das fremdsprachliche Hörverstehen entwickeln und anwenden sollen. Eine Analyse der auf das Hörverstehen bezogenen Inhalte zeigt, dass die Darstellungen von einem Schlüsselbegriff dominiert werden: Der Begriff *Text* findet sich in einer auf 1.600 Wörter verdichteten Synopse aller Lehrpläne 122 Mal. Im Wesentlichen wird erwartet, dass Schülerinnen und Schüler ihre Kompetenzen durch das Anhören und Verstehen verschiedener Hörtexte, die verschiedene Sprecher und Varietäten des Englischen präsentieren, erwerben. Das Konstrukt berücksichtigt daher die Tatsache, dass die Dimensionen des Hörverstehens, die Schülerinnen und Schüler im Englischunterricht nutzen, vorwiegend auf das Verstehen auditiver Lernmaterialien und des Unterrichtsgesprächs abzielen. Diese Quellen gesprochener Sprache ähneln zwar mitunter authentischer mündlicher Interaktion zwischen Muttersprachlern, sie sind aber in der Regel von didaktisierten, vereinfachten und faktisch geschriebenen Texten (*scripted texts*) dominiert. Entsprechend gehören auch die Texte der DESI-Hörverstehenstests, vor allem solche, die einem Radiobericht ähneln, zum „literate end" des „oral/literate continuum", das Shohamy und Inbar (1991, S. 29) für die Beschreibung auditiver Texte konstruieren. Die kurzen Dialoge unter den DESI-Hörverstehenstexten weisen hingegen in einem stärkeren Maße spezifische Phänomene gesprochener Sprache auf. Hierzu gehören Lautadditionen und –assimilationen, elliptische Äußerungen (z.B. „Not quite."), Kontextualisierung durch phonetische Mittel (z.B. Hervorhebung durch deutliche Artikulation), gleichzeitiges Sprechen sowie Rezeptions- und Verzögerungssignale (z.B. „Hm", „Ähm"). Der Einsatz von Hörtexten, die noch stärker von Phänomenen mündlicher Sprache geprägt sind, erscheint aus Gründen der Authentizität sinnvoll. Angesichts der oben dargestellten curricularen Festlegungen und aufgrund von psycholinguistischen Überlegungen wurden in DESI jedoch auch Texte eingesetzt, die sich stärker an schriftsprachlichen Konventionen orientieren. Sie sind somit eher an die Erfordernisse der Lernersprachenentwicklung angepasst.

Die Spezifikationen der Lehrpläne, die sich seit 2002 stärker an den Ausführungen zum Hörverstehen im Gemeinsamen Europäischen Referenzrahmen für Sprachen des Europarats (Europarat 2001) orientieren, sowie Bucks „default listening construct" (Buck 2001, S. 114) sind die zentralen Quellen des Testkonstrukts der Hörverstehenstests in DESI. Im Einklang mit dem Referenzrahmen erfasst das Testkonstrukt Hörverstehen als eine rezeptive kommunikative Aktivität, die mit Absichten wie „global verstehen (erfahren, was insgesamt gemeint ist), selektiv verstehen (eine ganz bestimmte Information erhalten), detailliert verstehen (das Gesprochene in allen Einzelheiten verstehen), Schlussfolgerungen ziehen können usw." verknüpft sein kann (Europarat 2001, S. 71). Diese Absichten finden sich im Konstrukt und den entsprechenden Aufgaben wieder. Das Testkonstrukt des fremdsprachlichen Hörverstehens Englisch besteht aus der Fähigkeit,

- kurze und etwas umfangreichere Beispiele gesprochener Sprache (Englisch [Near-RP und General Canadian1], eine jugendliche Sprecherin, ein erwachsener Sprecher, authentische Sprechgeschwindigkeit, meist deutliche Artikulation, gesprochene Manuskripte [Dialoge, Erzählungen und Berichte]) in Echtzeit zu verarbeiten,
- die linguistischen Informationen zu verstehen, die eindeutig auf den lokalen Ebenen einer Äußerung enthalten sind (Detailverstehen),
- Einzelinformationen beim Hören zu memorieren und zu einem mentalen Modell zu verknüpfen, um die Hauptaussagen einer Äußerung zu verstehen (Globalverstehen),
- explizit und implizit präsentierte Informationen (z.B. Ereignisse, Emotionen, Meinungen) mit einem automatisierten Zugriff auf das Sprachwissen zu erkennen und zu erschließen,
- explizit und implizit präsentierte Informationen mit curricular voraussetzbarem Weltwissen zu verknüpfen, um diese zu erkennen, zu erschließen und zu interpretieren,
- ein Verständnis von auditiv präsentierten Informationen zu entwickeln, mit dem Synonyme und Umschreibungen dieser Informationen in anderen Kontexten erschlossen werden können.

---

1 Es wurden Akzente des Englischen gewählt, die den Zugang der Schülerinnen und Schüler zu den gesprochenen Texten nicht übermäßig erschweren sollten, da sie vorwiegend an Sprachvarianten des britischen Englisch gewöhnt sind. Der Akzent General Canadian stellt in diesem Fall im Vergleich zu (U.S.-) amerikanischen Akzenten einen milden Kontrast zu britischen Standardakzenten dar.

Der Aufgabenpool Englisch Hörverstehen

Die englischsprachigen Hörverstehensaufgaben bestehen aus zwei Gruppen von Aufgaben. Zur ersten Gruppe gehören 16 kurze Dialoge (10 bis 20 Sekunden), zu denen jeweils eine Aufgabe vom Typ Multiple-Choice gestellt wird. Die unterschiedlich schwierigen Dialoge entsprechen nach Einschätzungen, die mit Hilfe des Dutch CEF GRID[2] vorgenommen wurden, den Merkmalen von Texten, die von Personen verstanden werden, deren Hörverstehenskompetenzen auf den Niveaus A1+ bis B1 liegen (vgl. Nold/Rossa 2004). Die zweite Gruppe besteht aus vier längeren Texten (ca. zwei Minuten), die einem Radiobeitrag ähneln. Diesen Texten sind jeweils 7 bis 10 Multiple-Choice Aufgaben zugeordnet. Es wird erwartet, dass die Merkmale der Texte den Beschreibungen der Niveaus A2+ bis B2+ entsprechen.

Die eingesetzten Texte beziehen sich auf private, öffentliche, berufliche und bildungsbezogene Bereiche der Sprachverwendung (vgl. Europarat 2001). Innerhalb dieser Bereiche bestimmt die private Domäne schwerpunktmäßig Inhalte und Themen der Dialoge (z.B. einem Hobby nachgehen, alltägliche Entscheidungen treffen, Beziehungen, Pläne machen), während die längeren Texte Situationen des öffentlichen, beruflichen und bildungsbezogenen Bereichs thematisieren (z.B. außergewöhnliche Fähigkeiten nutzen, Sprachen lernen, der Alltag von Kindern in Pakistan). Jedes der acht Testhefte zum fremdsprachlichen Hörverstehen enthält einen längeren Text und acht Dialoge.

Testdurchführung Hörverstehen

Es ist hilfreich, bei der Einschätzung der Aufgaben zu bedenken, auf welche Weise diese Aufgaben in der Testsituation präsentiert und bearbeitet werden. Daher folgen hier kurze Hinweise zur Testdurchführung. Bei der ersten Gruppe von Aufgaben (Dialoge) wird zunächst der Hörtext abgespielt. Der Testteilnehmer liest dann die entsprechende Aufgabe durch und löst die Aufgabe während der Dialog ein zweites Mal abgespielt wird. Bis zum nächsten Dialog bleiben noch ca. 20 Sekunden Pause, damit die gewählte Antwort überdacht werden kann. Bei der zweiten Gruppe von Aufgaben ist die Durchführung ähnlich, allerdings werden alle 7-10 Aufgaben in einem Block bearbeitet. Für die Bearbeitung von acht Dialogen und einem längeren Text haben die Schülerinnen und Schüler insgesamt 20 Minuten Zeit.

---

2 Das in einem von der niederländischen Regierung in Auftrag gegebenen Projekt (Alderson u.a. 2006) entwickelte GRID ist ein englischsprachiges Schema, mit Hilfe dessen Testaufgaben beschrieben und mit anderen Tests verglichen werden können. Das GRID wurde auf die Hör- und Leseverstehensaufgaben in DESI angewandt (vgl. Nold/Rossa 2004), um neben dem in DESI entwickelten System der Aufgabenmerkmale eine zusätzliche externe Möglichkeit der Beschreibung von Aufgaben zu nutzen.

Aufgabenmerkmale

Die Entwicklung und Bestimmung schwierigkeitsbestimmender Aufgabenmerkmale der DESI Hörverstehensaufgaben verfolgt drei Ziele. Erstens soll die a priori Einschätzung der Aufgaben anhand von Merkmalen beschreiben, wie die Aufgaben das Testkonstrukt operationalisieren. Zweitens dient diese Analyse der Einschätzung der zu erwartenden Schwierigkeitswerte der Aufgaben und damit auch der Bestimmung von Schwellenwerten innerhalb der Kompetenzskala. Das dritte Ziel, ein differenziertes aber auch für Nicht-Experten handhabbares Schema zur Entwicklung und Spezifikation von Hörverstehensaufgaben zu schaffen, bedingt, dass die Merkmale - einer Ratingskala ähnelnd - auf drei Ausprägungsstufen durch möglichst eindeutige Deskriptoren definiert sind.

Empirische Studien, die Determinanten der Schwierigkeit von Hörverstehensaufgaben untersuchen, nutzen zwar unterschiedliche methodologische Ansätze, gleichen sich aber in dem Versuch, schwierigkeitsbestimmende Merkmale auf die Aufgabe, den Text und die Interaktion zwischen Aufgabe und Text zu beziehen (vgl. Brindley/Slatyer 2002; Brown 1995; Buck/Tatsuoka 1998; Grotjahn 2000; Solmecke 2000). Die Merkmale des Typs *Interaktion zwischen Aufgabe und Text*, die für die Hörverstehensaufgaben in DESI bestimmt wurden, versuchen die für das Lösen der Aufgabe notwendigen Verstehensprozesse zu modellieren und beschreiben auf diese Weise Aspekte des Inhalts, der sprachlichen Anforderungen, der durch die Aufgabe gesteuerten Verstehensabsichten[3] und der Informationsverarbeitung. Die Einschätzung dieser komplexen Merkmale beruht auf der Bestimmung dessen, was Buck und Tatsuoka in ihrer *rule-space*-Analyse eines Hörverstehenstests „necessary information" (im Folgenden *NI*) nennen (Buck/Tatsuoka 1998, S. 134). Die Autoren definieren diese Textbereiche als die Informationen, die der Testteilnehmer verstanden haben muss, um die Aufgabe sicher lösen zu können. Dieses Vorgehen baut auf folgender Hypothese auf: „The basic idea is that the characteristics of this particular part of the text, especially its comprehensibility, will have a considerable impact on the difficulty of the item and the abilities necessary to respond correctly" (ebd., S. 134). Merkmale, die sich unabhängig von der Aufgabe auf den gesamten Text beziehen, konnten bei den DESI Hörverstehensaufgaben die Aufgabenschwierigkeit nicht wirksam vorhersagen. Buck und Tatsuoka berichten ähnliche Befunde: „Generally, it seemed that the characteristics of the whole text had little effect on individual items, but the characteristics of the text immediately surrounding the necessary information had more, although not as much as the necessary information itself." (Buck/Tatsuoka 1998, S. 134) Die Analyse der Aufgabenmerkmale der DESI-Hörverstehensaufgaben ergibt die im Folgenden aufgelisteten sechs vorhersagestärksten Merkmale.

---

3   Zu Absichten beim Hörverstehen siehe Europarat 2001, S. 71.

M1 = Aufgabe: Inhaltlicher Fokus
M2 = Aufgabe: Formalsprachliche Anforderungen
M3 = Verstehen: Absichten
M4 = Verstehen: Informationsverarbeitung
M5 = Textpassage (*NI*): Sprechgeschwindigkeit und Artikulation
M6 = Textpassage (*NI*): Formalsprachliche Anforderungen

Fünf dieser Merkmale beziehen sich auf die *NI*. Das Merkmal mit der schwächsten Vorhersagekraft (M2) bezieht sich - unabhängig vom Text - auf die formalsprachlichen Anforderungen der Aufgabe (Multiple-Choice *item*). Der Anteil des Leseverstehens bei der erfolgreichen Bearbeitung der Aufgaben ist demnach offensichtlich geringer einzuschätzen als der Einfluss der genuin auf das Hörverstehen bezogenen Merkmale. Diese Erkenntnis wirft ein positives Licht auf die Konstruktvalidität (*theory-based validity*, vgl. Weir 2005, S. 45) der DESI Hörverstehensaufgaben.

Die Merkmale der Ebene *Aufgabe* lenken die Suche nach den zu bewertenden Elementen auf die Aufgabe selbst und die Bereiche im Text, auf die sich die Aufgabe bezieht (siehe Abbildung 2).

Aufgabe (***Item***):

		What can the man buy?
A	☒	Seafood
B	☐	Sardines
C	☐	Soybeans

Text (***NI***):
sdfasdfa**buy**dfasgdfddt
lobster oysters shrimps
fasdfasdfasdfasdfas
dfaasdfasdfasuasddasf
asdfasdfasdfsadfasdfas
dfasdfasdfasdfasdf
asdfasdfasdfasdfas
dfasdfasdfasdfasdfasd

Abbildung 2: Merkmalsebene „Aufgabe"

Die Ebene *Verstehen* bezieht sich einerseits auf die inhaltliche Komplexität der Informationen, die verstanden werden müssen (Einzelinformation, mehrere Informationen verknüpfen), und andererseits auf Prozesse der Informationsverarbeitung (kognitive Operationen), die für eine erfolgreiche Lösung der Aufgabe genutzt werden müssen.

Die Ebene *Textpassage* (*NI*) betrachtet die Elemente des Textes, die verstanden werden müssen, um eine Aufgabe zu lösen, und untersucht diese Elemente auf lexikalische und grammatische Phänomene sowie Sprechgeschwindigkeit und Artikulation.

Die Aufgabenmerkmale sollen im Folgenden erläutert werden. Dies geschieht, indem jeweils vier Elemente vorgestellt werden, die den Ratingprozess (das systematische Einschätzen der Aufgaben) steuern sollen:
1. Bezeichnung des Merkmals
2. Leitfrage
3. ggfs. Erläuterung der Leitfrage
4. Deskriptoren der Ausprägungsstufen

Ebene Aufgabe

M1 „Aufgabe: Inhaltlicher Fokus"
Sind die inhaltlichen Aspekte, auf die sich die Aufgabe in unterschiedlichen Kontexten bezieht, eher konkret oder eher abstrakt? Diese Leitfrage stützt sich auf Forschungsergebnisse, die darauf hinweisen, dass konkrete Wörter einfacher zu verstehen sind als abstrakte (vgl. Dell/Gordon 2003; Freedle/Kostin 1999; Weir 2005).

Die Frage bezieht sich sowohl auf die Aufgabe, als auch auf diejenigen Aspekte des Textes, auf die die Aufgabe zielt. Wenn die Aufgabe beispielsweise heißt „What happened when the man left the store?", lässt sich vermuten, dass es hier um ein konkretes Ereignis geht. Erst der Blick auf die relevante Textstelle "I had just left the store when I suddenly realized how much I really hated shopping" zeigt, dass die Aufgabe tatsächlich auf eine emotionale Reaktion abzielt. In diesem Falle wäre also der Code 1 zu vergeben.

Ausprägung	Deskriptoren
0	Aufgabe bezieht sich auf konkrete Aspekte in alltäglichen Kontexten (z.B. Ereignisse)
1	Aufgabe bezieht sich auf abstraktere Aspekte (z.B. emotionale Reaktionen, Wertungen) bzw. nicht alltägliche Ereignisse (z.B. ungewöhnliche Fähigkeiten nutzen)
2	Aufgabe bezieht sich auf abstrakte Aspekte (z.B. Meinungen, Einstellungen, Gegensätze, Unterscheidungen, Textstrukturen)

M2 „Aufgabe: Formalsprachliche Anforderungen"
Wie sind die formalsprachlichen Anforderungen der Aufgabe (der Aufgabenstamm, d.h. die Frage oder der zu vervollständigende Halbsatz, die korrekte Option und die Distraktoren im Format Multiple-Choice) zu bewerten?

Ausprägung	Deskriptoren
0	Wortschatz: hochfrequente Wörter Grammatik: einfache syntaktische Strukturen (Parataxe, Verzicht auf komplexe Strukturen und Passiv)
1	Wortschatz: auch weniger frequente Wörter Grammatik: hauptsächlich einfache Strukturen
2	Wortschatz: erweitert Grammatik: begrenzte Anzahl komplexer Strukturen

Ebene Verstehen

M3 Verstehen: Absichten
Ist es für die erfolgreiche Bewältigung der Aufgabe nötig, ein Detail zu verstehen, oder müssen mehrere inhaltliche Aspekte integriert werden (Globalverstehen)?

Da die Schwierigkeit von Aufgaben nicht durch die bloße Unterscheidung von Detail- und Globalverstehen gesteuert werden kann, beschreibt dieses Merkmal zusätzlich die Informationen, die verstanden werden müssen, um eine Aufgabe zu lösen, in ihrer inhaltlichen und sprachlichen Komplexität. Auf den Stufen 1 und 2 der möglichen Ausprägungen sind mehrere Phänomene beschrieben, die jeweils zur Bewertung mit der angegebenen Stufe führen sollen. Es wird pro Aufgabe aber nur ein Phänomen zutreffen, daher die Formulierung „oder" in den Beschreibungen.

Ausprägung	Deskriptoren
0	Verstehen eines inhaltlich und sprachlich einfachen Details
1	Wenige inhaltliche Aspekte integrieren, die in einem begrenzten Abschnitt des Textes enthalten sind, oder in mehreren Abschnitten redundant präsentierte Informationen integrieren (Globalverstehen) oder Verstehen einer lexikalisch und syntaktisch komplexer versprachlichten Einzelinformation (Detailverstehen)
2	Mehrere Aspekte integrieren, die über den gesamten Text verstreut sind (Globalverstehen) oder Verstehen einer inhaltlich und sprachlich komplexen Einzelinformation (Detailverstehen)

M4 Verstehen: Informationsverarbeitung
Müssen die präsentierten Informationen in Text und Aufgabe wiedererkannt, erschlossen oder interpretiert werden, um die Aufgabe erfolgreich zu bewältigen? Hier ist es notwendig, die richtige Lösung mit den im Text dargebotenen Informationen zu vergleichen. Die Unterscheidung der kognitiven Operationen Inferieren und Interpretieren beruht auf der bewertenden Qualität des Interpretierens. Inferieren bedeutet das Erschließen nur implizit vermittelter Informationen (vgl. Weir 1993).

Ausprägung	Deskriptoren
0	Wiedererkennen von dargebotenen Schlüsselwörtern genügt zum Lösen der Aufgabe.
1	Inferieren (Erkennen und Erschließen) eindeutiger Umschreibungen und Synonyme in Text und Aufgabe.
2	Inferieren (Schlussfolgern) impliziter Informationen, um Lücken im Text zu schließen, oder Interpretieren expliziter Informationen bei konkurrierenden Informationen im Text.

Ebene Textpassage (NI)

M5 Textpassage: Sprechgeschwindigkeit und Artikulation
Wie sind die Merkmale der gesprochenen Sprache in dem Bereich des Hörtextes zu bewerten, auf den sich die Aufgabe bezieht?

Beim Einschätzen dieses Merkmals ist es notwendig, diejenigen Elemente des Textes zu isolieren, die für eine erfolgreiche Bearbeitung der Aufgabe verstanden werden müssen.

Ausprägung	Deskriptoren
0	langsam, meistens verbunden mit deutlicher Artikulation
1	normal, meistens verbunden mit normaler Artikulation
2	schnell, partiell verbunden mit etwas undeutlicher Artikulation, Lautassimilationen und –elisionen z.B. "work can also teach (s)kills"

Buck (2001) erweitert die nahe liegende Vermutung, die Sprechgeschwindigkeit sei eine wichtige Variable im Hörverstehensprozess, um Befunde, die erkennen lassen, dass das Verständnis bei ansteigender Sprechgeschwindigkeit nur wenig beeinträchtigt wird „until a threshold level is reached, at which time an increased speech rate leads to a more rapid decline in comprehension". Diese Darstellung weist erstaunliche Parallelen zu den Ergebnissen einer Regressionsanalyse der Aufgabenmerkmalsausprägungen (unabhängige Variablen) und empirischen Item-Schwierigkeiten (abhängige Variable) auf, da die Ausprägung 2 als vohersagestarke Variable in das Modell integriert werden konnte, während für die Ausprägungen 0 und 1 nur schwache Zusammenhänge mit der Itemschwierigkeit festgestellt werden konnten.

M6 Textpassage: Formalsprachliche Anforderungen
Wie sind die formalsprachlichen Merkmale der Bereiche des Hörtextes zu bewerten, auf die sich die Aufgabe bezieht?

Dieses Merkmal fokussiert die *NI* und beschreibt die Anforderungen, die durch Lexik und Grammatik an die sprachliche Kompetenz des Hörers gestellt werden. Referenz für Wertungen wie „hochfrequent" und „einfach" sind in diesem Fall die Texte aus den gängigen Lehrwerken für den Englischunterricht an deutschen Schulen.

Ausprägung	Deskriptoren
0	Wortschatz: hochfrequente Wörter Grammatik: einfache syntaktische Strukturen (Parataxe, Verzicht auf komplexe Strukturen und Passiv)
1	Wortschatz: auch weniger frequente Wörter Grammatik: hauptsächlich einfache Strukturen
2	Wortschatz: erweitert Grammatik: begrenzte Anzahl komplexer Strukturen

Die kritische Frage, ob auch Personen, die weder die Aufgabenmerkmale noch die einzuschätzenden Aufgaben entwickelt haben, das oben beschriebene System der Aufgabenmerkmale sinnvoll und vergleichbar (konsistent) verwenden können, wurde in einer ersten Validierungsstudie untersucht, an der Mitarbeiter des DPC Hamburg teilgenommen haben. Die Ergebnisse weisen wie vergleichbare Studien (vgl. Alderson u.a. 2006) darauf hin, dass ein zufriedenstellender Grad an Übereinstimmung nur erreicht werden kann, wenn in der Gruppe der Einschätzer (*rater*) eine intensive Diskussion über die Bedeutung der Aufgabenmerkmale stattgefunden hat.

Skalenbeschreibung: Niveaus und Schwellen

Um die Kompetenzskala für das Modul Hörverstehen zu bilden, wurde mittels Regressionsanalysen untersucht, mit welchen Aufgabenmerkmalen Unterschiede in den Aufgabenschwierigkeiten erklärt werden können. Die Merkmale *Aufgabe: Inhaltlicher Fokus* (M1), *Verstehen: Absichten* (M3), *Verstehen: Informationsverarbeitung* (M4) sowie *Textpassage: Sprechgeschwindigkeit und Artikulation* (M5) erwiesen sich als die am besten geeignete Kombination zur Vorhersage der empirischen Schwierigkeitswerte (vgl. Hartig, in diesem Band). Dies bedeutet jedoch nicht, dass die übrigen schwierigkeitsbestimmenden Merkmale unbedeutend sind. Die engen Zusammenhänge zwischen den Merkmalen sind dafür verantwortlich, dass nicht alle Merkmale in das Regressionsmodell integriert werden können.

Bei gleichzeitiger Berücksichtigung der Merkmale, die in das Modell integriert werden konnten, ergab die Vorhersage der Aufgabenschwierigkeiten keine signifikanten Unterschiede zwischen den Einstufungen 0 und 1 der Merkmale M3 und M5. Für diese Merkmale wurden die leichteste (0) und die mittlere Kategorie (1) zusammengefasst, d.h. es wurde im Regressionsmodell nur berücksichtig, ob eine Aufgabe hinsichtlich dieser Merkmale als schwer (2) eingestuft ist. In Tabelle 1 sind die im endgültigen Modell resultierenden Regressionsgewichte der genannten Aufgabenmerkmale bei der Vorhersage der Aufgabenschwierigkeiten aufgelistet. Das Regressionsmodell erklärt mit $R^2 = .57$ mehr als die Hälfte der beobachteten Unterschiede zwischen den Aufgabenschwierigkeiten.

Die Kompetenzskala Hörverstehen wurde in drei Niveaus unterteilt, die beschreiben, zu welchen Hörverstehensleistungen ein Testteilnehmer fähig ist, der einem bestimmten Niveau zugeordnet wurde. Gruppen von Testaufgaben, die sich von Niveau zu Niveau unterscheiden, und zwar zum Einen in aufsteigenden Schwierigkeitswerten und zum Anderen in ihren Merkmalsausprägungen bzgl. der Merkmale M1, M3, M4 und M5, bilden die inhaltliche Grundlage der Niveaus und ihrer Kann-Beschreibungen (Deskriptoren). Die erwarteten Schwierigkeitswerte, die aus den Regressionsgewichten der für jedes Niveau charakteristischen Merkmalsausprägungen resultieren, wurden als Schwellenwerte festgelegt. In Tabelle 2 findet sich eine Übersicht über die gebildeten Kompetenzniveaus (KN) und die jeweils charakteristischen Merkmalskombinationen der vier ins Regressionsmodell eingeflossenen Merkmale sowie die jeweils zugehörigen Schwellenwerte.

Tabelle 1: Regressionsgewichte bei der Vorhersage der Aufgabenschwierigkeiten für Englisch Hörverstehen mit den Aufgabenmerkmalen M1, M3, M4 und M5 ($R^2 = .57$).

Merkmale	Regressionsgewicht	Standardfehler	Irrtumswahrscheinlichkeit
Regressionskonstante	-0.59	0.18	0.00
M1 Aufgabe: Inhaltlicher Fokus; Ausprägung 1 (N=11)	0.16	0.27	0.57
M1 Aufgabe: Inhaltlicher Fokus; Ausprägung 2 (N=4)	0.18	0.38	0.63
M3 Verstehen: Absichten; Ausprägung 2 (N=17+15=32)	0.72	0.28	0.01
M4 Verstehen: Informations-verarbeitung; Ausprägung 1 (N=26)	0.63	0.23	0.01
M4 Verstehen: Informations-verarbeitung; Ausprägung 2 (N=13)	0.98	0.29	0.00
M5 Textpassage: Sprechgeschwindigkeit und Artikulation, Ausprägung 2 (N=25+10=35)	0.25	0.27	0.37

Tabelle 2: Schwellenwerte und Merkmalskombinationen der Kompetenzniveaus in Englisch Hörverstehen. Die schattierten Felder zeigen an, auf welchem Niveau eine Merkmalsausprägung erstmalig auftritt. Merkmalsausprägungen in Klammern sind bei der Schätzung der erwarteten Schwierigkeiten im Regressionsmodell nicht mit einbezogen.

Niveau	Logit	M1	M3	M4	M5
KN A	-0.59	0	0	0	0
KN A+	0.04	0	(1)	1	(1)
KN B	0.20	1	(1)	1	(1)
KN B+	0.39	0	(1)	2	(1)
KN C	1.16	1	2	1	2
KN C+	1.54	2	2	2	2

Legende

Logit: Erwarteter Schwierigkeitswert der Aufgaben mit der angegebenen Merkmalsausprägung

M1 Aufgabe: Inhaltlicher Fokus

M3 Verstehen: Absichten

M4 Verstehen: Informationsverarbeitung

M5 Textpassage: Sprechgeschwindigkeit

Die Merkmalsausprägungen der Aufgaben, deren erwarteter Schwierigkeitswert einem Schwellenwert entspricht, beschreiben somit die Anforderungen, die beim Übergang von einem Kompetenzniveau in das nächst höhere bewältigt werden können. Die Festlegung von Schwellenwerten bedeutet, dass Testteilnehmer einem Kompetenzniveau zugeordnet werden können, da ihre Testergebnisse einem Fähigkeitswert auf der Kompetenzskala entsprechen.

Nach der Bestimmung von Schwellenwerten wurden alle charakteristischen Merkmalsausprägungen innerhalb der durch die Schwellenwerte abgegrenzten Niveaus identifiziert. Merkmalsausprägungen wurden als „charakteristisch" eingeschätzt, wenn mehr als drei Aufgaben innerhalb eines Niveaus die gleiche Ausprägung bzgl. der in Tabelle 2 angegebenen Merkmale aufwiesen. Solche Ausprägungen wurden schließlich in Kann-Beschreibungen in Anlehnung an die Deskriptoren des Gemeinsamen Europäischen Referenzrahmens umformuliert. Hierbei wurden die Deskriptoren der Merkmalsausprägung auf Situationen der Sprachverwendung ausserhalb der Testsituation generalisiert. Das hier gewählte Verfahren zur Bestimmung von Niveaus beruht auf einer anderen Vorgehensweise als diejenige, welche bei der Entwicklung des Referenzrahmens verwendet wurde. Dies impliziert zugleich, dass die Beschreibungen der Kompetenzniveaus *KN A* bis *KN C* nicht als völlig deckungsgleich mit den Niveaus A1 bis B2 des GERS zu betrachten sind. Eine exakte Zuordnung der zwei Arten von Niveaus erfordert zusätzliche Analysen im Sinne des vom Europarat herausgegebenen *Manual* (vgl. Schneider in diesem Band; Council of Europe 2003).

Hörverstehen Kompetenzniveau A
- Kann konkrete Einzelinformationen aus Kontexten alltäglicher Kommunikation (Erzählungen, Radioberichte, Gespräche) hörend verstehen, wenn diese Informationen langsam, deutlich gesprochen und in einfacher Sprache explizit präsentiert werden.

Hörverstehen Kompetenzniveau A+
- Kann konkrete Einzelinformationen aus Kontexten alltäglicher Kommunikation (Erzählungen, Radioberichte, Gespräche) hörend verstehen und eindeutige Umschreibungen dieser Informationen erschließen, auch wenn diese mit einer etwas breiteren Auswahl sprachlicher Mittel sowie in normaler Sprechgeschwindigkeit präsentiert werden.
- Kann eine geringe Anzahl konkreter Informationen beim Hören verknüpfen, um Hauptaussagen zu verstehen.

Hörverstehen Kompetenzniveau B
- Kann ein Verständnis von konkreten Informationen entwickeln, indem implizite Informationen erschlossen (Schlussfolgern) oder explizite Informationen interpretiert werden.

Hörverstehen Kompetenzniveau B+
- Kann abstraktere Informationen in alltäglichen Kontexten (z.B. Äußerungen über Emotionen) verstehen, auch wenn diese sprachlich komplexer und in normaler Sprechgeschwindigkeit präsentiert werden.

Hörverstehen Kompetenzniveau C
- Kann abstrakte Informationen ohne direkten Alltagsbezug (z.B. Gegensätze, Unterscheidungen, Textstrukturen) verstehen, indem implizite Informationen erschlossen oder inhaltlich komplexe Einzelinformationen interpretiert werden, auch wenn diese sprachlich komplex und in partiell schnellerer Sprechgeschwindigkeit präsentiert werden, wie Muttersprachler dies in natürlicher Interaktion tun.

Hörverstehen Kompetenzniveau C+
- Kann mehrere Informationen beim Hören verknüpfen, um die Hauptaussage zu verstehen, auch wenn diese Informationen über eine längere Äußerung hinweg verteilt sind.

Itembeispiele

Die folgenden Itembeispiele sollen illustrieren, welche Anforderungen für ausgewählte Kompetenzniveaus charakteristisch sind. Zu diesem Zweck werden jeweils drei Elemente präsentiert: Die Merkmalsausprägung der Aufgabe, die Textpassage (*NI*), die verstanden werden muss, um das Item sicher lösen zu können, und die entsprechende Multiple-Choice Aufgabe. Die Zeichen „[…]" repräsentieren hier Textteile, die nicht zur *necessary information* gehören.

Kompetenzniveau A

Aufgabe		Verstehen		Textpassage (*NI*)	
M1	M2	M3	M4	M5	M6
0	0	0	0	0	0

[…]
Woman: You were supposed to meet me at the entrance at *three*.
Man: What? I thought we had agreed to meet at three-thirty.
Woman: Well, it's four now so that's no excuse. I just can't count on you. You're always late.
[…]

		Why is the woman angry with the man?
A	☐	He was not at the entrance at four.
B	☒	He has been late many times.
C	☐	He didn't wait for her.

Kompetenzniveau A+

Aufgabe		Verstehen		Textpassage (*Nl*)	
M1	M2	M3	M4	M5	M6
0	0	1	1	1	1

Woman: Wow! Where did you get that CD from? Do shops already have it?
Man: My brother works at a record store in the city and he gave it to me on my birthday last week.
[…]

		How did the man get the CD?
A	☐	He bought it at a store.
B	☒	He got it as a present.
C	☐	He took it from his brother.

Kompetenzniveau B

Aufgabe		Verstehen		Textpassage (*Nl*)	
M1	M2	M3	M4	M5	M6
1	0	1	1	1	1

Man: I'm not really looking forward to that party.
Woman: You aren't?
Man: Well, I've been to parties like this one before, and I just think that - there will be too many people who go on and on about how wonderful they are, and they think they're so important. […] they, errm, well, they make me feel uneasy. I never know what to say.
[…]

		How does the man feel about the party?
A	☒	He is nervous.
B	☐	He doesn't know what to expect.
C	☐	He thinks it will be boring.

Kompetenzniveau C

Aufgabe		Verstehen		Textpassage (*Nl*)	
M1	M2	M3	M4	M5	M6
2	2	2	2	1	2

A language expert
David Salo is an expert in languages that exist only in the imaginary world of hobbits and elves. He has immersed himself in Quenya and Sindarin, languages created by author J.R.R. Tolkien for the inhabitants of Middle-earth and featured in his Lord of the Rings trilogy.

> So when filmmakers adapting the fantasy epic wanted to translate parts of their script from English into the two Elvish languages, they turned to Salo, a graduate student in linguistics at the University of Wisconsin-Madison.
> [...]
> "I found the script in my mailbox two weeks later, and it was only then that I realised I was really involved in the making of the movie."
> For Salo, a die-hard fan of Tolkien's books, this must have been a dream come true.

		What is the topic of this radio report?
A	☐	David Salo's life.
B	☒	How a student was able to use his special language skills.
C	☐	The movie version of The Lord of the Rings.

Die ausgewählte Beispielaufgabe gehört zu einer Gruppe von Aufgaben, die etwas oberhalb der Einstiegsschwelle zu *KN C* liegt, wie aus der oben angeführten Tabelle der Merkmalsausprägungen ersichtlich ist. Die Tatsache, dass sich bei dieser Aufgabe erwarteter und tatsächlicher Schwierigkeitswert nur minimal unterscheiden, ließ sie dennoch als aussagekräftige Illustration für Anforderungen auf *KN C* erscheinen. Bei der Bewertung dieses Items stellt sich unter anderem die Frage, welche Rolle das Weltwissen bei der Beantwortung der Verstehensfrage spielt. Da erfolgreiches Hörverstehen jedoch stärker von der Fähigkeit automatisierter Informationsverarbeitung abhängig ist als von der Aktivierung bereichsspezifischen Weltwissens (vgl. Kintsch 1998; Buck 2001), kommt der Frage, ob die Testteilnehmer mit dem Inhalt von Tolkiens *Lord of the Rings* vertraut sind, auf diesem Kompetenzniveau eine untergeordnete Rolle zu.

Abschließende Bemerkungen

Die Ausführungen zur Kompetenz im Bereich des Hörverstehens der Fremdsprache Englisch haben verdeutlicht, dass die entwickelten Testaufgaben faktisch eine Sammlung verschiedener Muster von Anforderungen darstellen, die Aspekte des Testkonstrukts operationalisieren. Mit Hilfe der Aufgabenmerkmale ist es möglich, diese Anforderungsprofile mit den Schwierigkeitswerten der Aufgaben in Beziehung zu setzen und somit die Grundlage für Beschreibungen von Kompetenzniveaus zu schaffen, die inhaltlich eng mit den Aufgaben und zugleich mit dem erfassten Testkonstrukt verknüpft sind.

Literatur:

Alderson, J.C./Figueras, N./Kuijper, H./Nold, G./Takala, S./Tardieu,C. (2006): Analysing tests of reading and listening in relation to the Common European Framework of Reference: The experience of the Dutch CEFR Construct Project. In: Language Assessment Quarterly 3 (1) (im Druck).

Bachman, L.F./Palmer, A. (1996): Language Testing in Practice. Oxford: OUP.

Bae, J./Bachman, L.F. (1998): A latent variable approach to listening and reading: Testing factorial invariance across two groups of children in the Korean/English Two-Way Immersion Program. In: Language Testing 15 (3), S. 380–414.

Brindley, G./Slatyer, H. (2002): Exploring task difficulty in ESL listening assessment. Language Testing 19 (4), S. 369-394.

Brown, G. (1995): Dimensions of difficulty in listening comprehension. In: Mendelsohn, D.J./Rubin, J. (Hrsg.): A guide for the teaching of second language listening. Carlsbad: CA: Dominie Press, S. 59-73.

Buck, G. (1991): The testing of listening comprehension: An introspective study. In: Language Testing 8 (1), S. 67–91.

Buck, G. (2001): Assessing Listening. Cambridge: CUP.

Buck, G./Tatsuoka, K. (1998): Application of the rule-space procedure to language testing: Examining attributes of a free response listening test. Language Testing 15 (2), S. 119–157.

Celce-Murcia, M. (1995): Discourse analysis and the teaching of listening. In: Cook, G./Seidlhofer, B. (Hrsg.): Principle and practice in applied linguistics. Oxford: OUP, S. 363-377.

Council of Europe (2003): Relating Examinations to the Common European Framework of Reference for Languages: Learning, Teaching, Assessment (CEF). Verfügbar unter: http://www.coe.int/T/E/Cultural_Cooperation/education/Languages/Language_Policy/Manual/Manual.pdf?L=E

Dell, G.S./Gordon, J.K. (2003): Neighbors in the lexicon: Friends or foes? In: Schiller, N. O./Meyer, A.S. (Hrsg.). Phonetics and Phonology in Language Comprehension and Production. Berlin: Mouton de Gruyter, S. 9-37.

Europarat (2001): Gemeinsamer europäischer Referenzrahmen für Sprachen: Lernen, lehren, beurteilen. Berlin: Langenscheidt.

Freedle, R./Kostin, I. (1999): Does the text matter in a multiple-choice test of comprehension? The case for the construct validity of TOEFL's minitalks. In: Language Testing 16 (1), S. 2–32.

Grotjahn, R. (2000): Determinanten der Schwierigkeit von Leseverstehensaufgaben: Theoretische Grundlagen und Konsequenzen für die Entwicklung des TESTDAF. In: Bolton, S. (Hrsg.): TESTDAF: Grundlagen für die Entwicklung eines neuen Sprachtests. Beiträge aus einem Expertenseminar. München: Goethe-Insitut, S. 7-56.

Hagtvet, B. (2003): Listening comprehension and reading comprehension in poor decoders: Evidence for the importance of syntactic and semantic skills as wells as phonological skills. In: Reading and Writing 16, S. 505-539.

Hermes, L. (1998): Hörverstehen. In: Timm, J.-P. (Hrsg.): Englisch lernen und lehren. Berlin: Cornelsen, S. 221-228.

Kintsch, W. (1998): Comprehension: A paradigm for cognition. Cambridge: Cambridge University Press.

Nold, G./Rossa, H. (2004): Applying the GRID to the EFL listening tests in DESI. In: Alderson, J.C./Figueras, N./Kuijper, H./Nold, G./Takala, S./Tardieu, C.(Hrsg.): The Development of Specifications for Item Development and Classification within The Common European Framework of Reference for Languages: Learning, Teaching, Assessment: Reading and Listening. Final Report of The Dutch CEF Construct Project. Amsterdam: Unveröffentlichtes Dokument, S. 133-137.

O'Malley, J.M./Chamot, A.U./Küpper, L. (1989): Listening Comprehension Strategies in Second Language Acquisition. In: Applied Linguistics, 10 (4), S. 418-437.

Rost, M. (1990): Listening in Language Learning. New York: Longman.

Rost, M. (2002): Teaching and Researching Listening. London: Pearson Education.

Rubin, J. (1994): A Review of Second Language Listening Comprehension Research. In: The Modern Language Journal, 78 (2), S. 199-221.

Shohamy, E./Inbar, O. (1991): Validation of listening comprehension tests: The effect of text and question type. In: Language Testing 8 (1), S. 23-40.

Solmecke, G. (2000): Faktoren der Schwierigkeit von Hörtests. In: Bolton, S. (Hrsg.): TESTDAF: Grundlagen für die Entwicklung eines neuen Sprachtests. Beiträge aus einem Expertenseminar. München: Goethe-Insitut, S. 7-56.

Solmecke, G. (2003): Das Hörverstehen und seine Schulung im Fremdsprachenunterricht. In: Der Fremdsprachliche Unterricht Englisch, 37 (4+5), S. 4-10.

Tsui, A.B.M./Fullilove, J. (1998): Bottom-up or Top-down Processing as a Discriminator of L2 Listening Performance.. In: Applied Linguistics 19 (4), S. 432-451.

Vandergrift, L. (2003): Orchestrating Strategy Use: Toward a Model of the Skilled Second Language Listener. In: Language Learning 53 (3), S.463-496.

Weir, C.J. (1993): Understanding and Developing Language Tests. New York: Prentice Hall.

Weir, C.J. (2005): Language Testing and Validation. An Evidence-Based Approach. New York: Palgrave Macmillan.

Wolff, D. (1990): Zur Bedeutung des prozeduralen Wissens bei Verstehens- und Lernprozessen im schulischen Fremdsprachenunterricht. In: Die Neueren Sprachen 89 (6), S. 610-625.

Wolff, D. (2003): Hören und Lesen als Interaktion: Zur Prozesshaftigkeit der Sprachverarbeitung. In: Der Fremdsprachliche Unterricht Englisch, 37 (4+5), S. 11-16.

Günter Nold / Henning Rossa

Leseverstehen

Leseverstehen beruht wie das Hörverstehen auf einer rezeptiven Sprachkompetenz, die auf Informationsverarbeitungs- und Verstehensprozesse ausgerichtet ist. Neben deutlichen Übereinstimmungen zwischen den beiden Arten der Sprachrezeption gibt es jedoch auch unübersehbare Unterschiede. Sie liegen insbesondere in den verschiedenen Dekodierprozessen. So stützen sich Leser ausgehend von den grafischen Zeichen von Texten auf eine visuell orientierte Verarbeitungsweise und konstruieren Bedeutung. Dabei setzen sie ihre sprachliche Kompetenz ein, um sprachliche Formen und Strukturen über die grafischen Zeichen hinaus zu erkennen. Ferner aktivieren sie thematisch-inhaltliche Aspekte ihres allgemeinen und domänenspezifischen Weltwissens und integrieren sie im Verstehensprozess mit den sprachlichen Anteilen des Leseprozesses. Schließlich setzen sie ihre strategische Kompetenz ein, um diese Prozesse möglichst entsprechend den Anforderungen einer Lesesituation oder den eigenen Zielsetzungen beim Lesen anzupassen und zu steuern. Bei einem Vergleich mit dem Hörverstehen fällt auf, dass beim Lesen strategisch anders vorgegangen werden kann, da der schriftlich vorliegende Text eine größere Vielfalt im Zugriff auf den Text zulässt. So werden Texte gelesen, um schnell einen Überblick zu gewinnen, sei es beim Lesen zum Vergnügen oder in einer Testsituation. Das Überfliegen eines Textes (*skimming*) bietet sich hier als besondere Leseform zur Gewinnung eines ersten Eindrucks an. In anderen Fällen kommt es auf das Auffinden eines Wortes im Text oder eines inhaltlichen Textdetails an, wobei das gezielte Suchen durch *scanning* helfen kann. In wieder anderen Situationen hängt der Leseerfolg vom genauen Verständnis eines Textes ab, sodass das intensive Lesen (*close reading*) sich empfiehlt. Die verschiedenen Lesearten und Zielsetzungen sind darüber hinaus auch als eine Antwort auf die große Vielfalt von Texten und Textsorten zu sehen.

Dementsprechend spielen im Leseverstehensprozess in unterschiedlicher Intensität die verschiedenen Kompetenzen zusammen, um strategisch gezielt Wörter und Sätze möglichst schnell zu erkennen und zu verarbeiten (Dekodieren), die Bedeutung sprachlicher Strukturen und textueller Zusammenhänge zu erschließen (*data-driven processing*) und interaktiv mit den Sprachdaten passendes Weltwissen zur Bedeutungskonstruktion zu aktivieren (*schema-driven processing*) mit dem Ziel, ein mentales Modell eines Textes im Detail und Gesamtzusammenhang zu entwickeln (vgl. Kintsch 1998; Alderson 2000; siehe ferner die Darstellung zur Theorie des Lesens im Beitrag Nold/Willenberg in diesem Band).

Im besonderen Fall des Leseverstehens in der Fremdsprache unterliegen die angesprochenen Verarbeitungs- und Verstehensprozesse unvermeidlichen Einschränkungen in der Quantität und Qualität des Lesens. Ferner können sie in allen angesprochenen Elementen so beeinträchtigt werden, dass Missverstehen die Folge ist.

Wenn nach den Hauptursachen gefragt wird, geht die Zweit- und Fremdsprachenleseforschung inzwischen zunehmend davon aus, dass die Fremdsprachenlerner eine nicht generell für alle Texte gleiche sprachliche Schwelle überschreiten müssen, um ihre Lesefähigkeiten aus dem muttersprachlichen Erstleseprozess in die Fremdsprache übertragen zu können. Allerdings ist diese Schwelle nicht für alle Texte gleich. Alderson zieht daher den vorsichtigen Schluss, dass Probleme beim fremdsprachlichen Leseverstehen in erster Linie auf einem Sprachproblem, nicht einem Leseproblem beruhen (vgl. Alderson 2000).

Beim Testen von Leseverstehen sind in Einklang mit diesen Feststellungen nicht nur die beteiligten Kompetenzen zu berücksichtigen, sondern auch die Textebene im Besonderen. Im Gemeinsamen Europäischen Referenzrahmen für Sprachen (Europarat 2001), der in den DESI-Modulen zum Englischen eine zentrale Rolle spielt, spiegeln sich diese unterschiedlichen Elemente des Leseverstehens in den verschiedenen Kompetenzskalen zum Lesen wider. Im DESI-Testmodul zum Leseverstehen Englisch sind sie konstitutiv für das Messkonzept insgesamt.

Messkonzept

Um die Kompetenzen der Schülerinnen und Schüler im Bereich des Leseverstehens im Englischen einschätzen zu können, bedarf es eines Messkonzepts, das auf die erreichbaren Kompetenzniveaus und die verschiedenen Facetten des Leseverstehens abgestimmt ist. In Einklang mit der Item-Response-Theorie (vgl. Roskam 1996) beruht das entsprechend entwickelte Messkonzept auf der Annahme, dass durch Tests Anforderungen mit unterschiedlich gewichteten Teilkomponenten festgelegt werden, die durch den Einsatz von spezifischen Kompetenzen der Schülerinnen und Schüler bewältigt werden können.

Die Anforderungen wurden durch Experteneinschätzung als Aufgabenmerkmale konkretisiert; im Mittelpunkt stehen dabei Merkmale der Aufgabe, des Verstehens und der Texte (vgl. Abbildung 1; siehe auch im Abschnitt Aufgabenmerkmale). Der Dekodierprozess wird in den Aufgabenmerkmalen indirekt berücksichtigt, insofern die Grapheme, Wörter und Strukturen einen Teilaspekt der sprachlichen Anforderungen der Texte und Testaufgaben darstellen. Diese Fokussierung auf die linguistischen Merkmale ist im Kontext fremdsprachlichen Dekodierens sinnvoll, da die linguistischen Besonderheiten einen entscheidend neuen Faktor für den Dekodierprozess darstellen. In den Überlegungen wurde schließlich berücksichtigt, dass Einschätzungen nur Annäherungen an die tatsächlich ablaufenden Prozesse darstellen können (vgl. die kritischen Darlegungen in Alderson 2000).

In Anlehnung an Forschungsergebnisse zum fremdsprachlichen Leseprozess wurde ferner angenommen, dass drei Typen von Kompetenzen zur Lösung der Aufgaben erforderlich sind: Sprachliche Kompetenzen, strategische Kompetenzen sowie auf Weltwissen beruhende Kompetenzen. Dabei wird davon ausgegangen, dass diese Kompetenzen miteinander interagieren (siehe Abbildung 1). Auf eine Aufschlüsselung in Kategorien von Lesefähigkeiten wird zu Gunsten von Aufgabenmerkmalsbeschreibungen verzichtet, da die Forschung im Bereich der Teilkompetenzen zum Lesen bislang zu keinen befriedigenden Ergebnissen geführt hat (vgl. Alderson 2000). Die sprachliche Kompetenz besteht aus graphemischen, morphologischen, syntaktischen, semantischen sowie textgrammatischen Komponenten. Ferner schließt sie auch soziolinguistisches Wissen über Textsorten und textpragmatisches Wissen ein (vgl. Bachman/Palmer1996). Die strategische Kompetenz ist ausgerichtet auf Steuerungs- und Kontrollprozesse einerseits (metakognitive Lesestrategien wie Wahl von Leserarten oder Kontrolle der Plausibilität von Sinnkonstruktion) und spezifische Prozesse der Verarbeitung von schriftlichen Daten (kognitive Lesestrategien wie Antizipieren von Bedeutungen, Erschließen aus dem Kontext) sowie der damit verbundenen Sinnkonstruktion andererseits (vgl. Chamot u.a. 1999). Das Weltwissen umfasst bereichsspezifische Schemata und allgemeines Wissen wie beispielsweise die Kenntnis von Zusammenhängen und Situationen. Die durch die Aufgaben gestellten Anforderungen werden weiter unten näher erläutert.

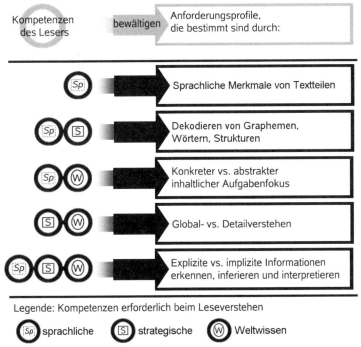

Abbildung 1: Messkonzept Leseverstehen.

Der Einsatz der jeweiligen Kompetenzen ist erforderlich, um die Anforderungen von Aufgabe und Text zu bewältigen. Je nach der quantitativen und qualitativen Ausprägung der Kompetenzen fällt die Bewältigung unterschiedlich erfolgreich aus (vgl. die quantitativen und qualitativen Merkmale in den Niveaubeschreibungen des Gemeinsamen Europäischen Referenzrahmens, Europarat 2001).

Leseverstehen Englisch: Testkonstrukt

Das Testkonstrukt legt das Augenmerk auf die Kompetenzen, die für die Bewältigung der Tests im Modul Leseverstehen Englisch entsprechend den theoretischen Überlegungen sowie curricularen Analysen (siehe Nold/Willenberg in diesem Band) und den Feststellungen zum Messkonzept benötigt werden. Den erforderlichen Kompetenzen zufolge stehen folgende Fähigkeiten im Mittelpunkt: Die Fähigkeit, in narrativen Texten/Berichten, Erzählungen und Dramentexten mit unterschiedlichen sprachlichen und textpragmatischen Niveaus
- explizit und implizit präsentierte Informationen (Ereignisse, Emotionen, Meinungen) mit curricular voraussetzbarem Weltwissen zu verknüpfen, um diese zu erkennen, zu erschließen und zu interpretieren,
- Einzelinformationen (lokal) zu verstehen und
- inhaltliche Aspekte (global) zu integrieren, um Hauptaussagen zu verstehen,
- mentale Modelle zu bilden, um dadurch die Kohärenz des Gesamttextes und von Textteilen herzustellen,
- unbekannte sprachliche Elemente aus dem Kontext zu erschließen.

Im Testkonstrukt Leseverstehen Englisch kommt damit zum Ausdruck, dass die Schülerinnen und Schüler, die an den Tests teilnehmen, in ihrem Leseprozess Elemente des Textes aktiv verarbeiten und interaktiv mit abrufbaren Wissensbeständen verbinden, um die Bedeutungen des Textes im Detail sowie in Hinsicht auf ein mentales Modell zu erschließen. Die Anforderungen der Testaufgaben schränken dabei die theoretisch erschließbaren Bedeutungen ein. Allerdings bleibt die Bedeutungserschließung nicht auf die lokale, sprachlich geprägte Textebene beschränkt, sondern geht weit darüber hinaus, ohne jedoch alle denkbaren Bedeutungsimplikationen eines Textes berücksichtigen zu können. Im Sinne von Buck (2001) handelt es sich hier um einen Kompromiss zwischen den theoretischen Erkenntnissen zum kreativen Konstruktionsprozess des Lesens und den Möglichkeiten und Erfordernissen einer Testsituation.

Für das Testkonstrukt ist es ferner von Bedeutung, dass von allen Schülerinnen und Schülern jeweils zwei von insgesamt vier Texten mit den entsprechenden Testaufgaben bearbeitet wurden. Drei unterschiedliche Testhefte wurden eingesetzt. Testheft 1 (für die Hauptschule und die entsprechenden Kurse der Gesamtschule) enthielt einen narrativen Text und einen berichtenden Sachtext, Testheft 2 (für die Realschule und die entsprechenden Kurse der Gesamtschule) einen berichtenden Sachtext und einen Dramenausschnitt, Testheft 3 (für das Gymnasium und die entsprechenden Kurse der Gesamtschule) einen Dramenausschnitt und einen narrativen Text.

Dadurch wurde gewährleistet, dass zumindest zwei verschiedene Textsorten mit einem unterschiedlichen Inhalt in jedem Testheft vorkamen, so dass trotz einer sehr beschränkten Zeit bei der Testdurchführung die unverzichtbare Vielfalt der Texte erhalten blieb. Es ist darüber hinaus zu bedenken, dass im Testkonstrukt auf Grund zeitlicher Beschränkungen unterschiedliche Lesearten nicht systematisch erfasst werden können. Allerdings ist davon auszugehen, dass es strategisch umso günstiger ist, verschiedene Lesearten einzusetzen, je mehr die Aufgabenstellungen nach Textverknüpfung, Inferieren oder Interpretieren verlangen. In jedem Fall setzt ein großer Teil der Lesetests intensives Lesen voraus.

Wie die Abbildung in dem Thesenpapier zum Lesen oben (siehe Nold/Willenberg in diesem Band) zeigt, stehen der Prozess des Erkennens, des Verknüpfens und des Inferierens (siehe dritte Ebene unterhalb „Leseverstehen") und damit das Verstehen, Interpretieren und Reflektieren im Zentrum, auch wenn die Möglichkeit des Detailverstehens ohne Verknüpfen (siehe senkrechte Pfeilrichtung auf der linken Seite der Abbildung) nicht ausgeschlossen wird. Erkennen, Verknüpfen und Inferieren sind Prozesse, die auf verschiedenen Stufen und sowohl auf globaler als auch lokaler Ebene des Leseprozesses erforderlich sein können.

Der Aufgabenpool Englisch Leseverstehen

Die Testaufgaben zum Leseverstehen bestehen aus vier Texten von 270-400 Wörtern, zu denen jeweils zwischen neun bis zwölf Multiple-Choice-Aufgaben gehören (insgesamt 46 MC Aufgaben). Es handelt sich um authentische Texte, wobei einer leicht adaptiert ist. Hinsichtlich der Textsorten werden Erzählung, berichtender Sachtext und Dramenausschnitt berücksichtigt. Die Texte können als Ganzes typischerweise von Lesern der Kompetenzniveaus A2+ bis B2 des Europäischen Referenzrahmens für Sprachen (Europarat 2001) verstanden werden, während die Testaufgaben zu den Texten jeweils etwas unter und über den entsprechenden Schwierigkeitsniveaus der Texte liegen können. Diese Einstufung beruht auf einer Einschätzung mit Hilfe der Deskriptoren des Referenzrahmens und der Anwendung des „Dutch CEF GRID" (Alderson u. a. 2006).

Das etwas über A2+ liegende Schwierigkeitsniveau des einfachsten Textes wurde bei der Auswahl der Tests im Anschluss an die Pilotierungsphase auch für die Hauptschule bewusst in Kauf genommen. Einerseits wurden in den Testaufgaben deutlich weniger anspruchsvolle Forderungen an die Schülerinnen und Schüler gestellt, und andererseits wurde die motivierende Kraft eines inhaltlich ansprechenderen Textes auf Grund der Pilotierungsergebnisse beim Lesen höher eingeschätzt als die möglicherweise demotivierende Wirkung durch die sprachlich etwas höheren Anforderungen.

Testdurchführung Leseverstehen

Bei einer kritischen Bewertung des Testkonstrukts Leseverstehen sowie der Lesetexte und des gewählten Testformats ist zu berücksichtigen, dass die Zeit zur Durchführung des Leseverstehenstests auf 15 Minuten beschränkt ist. In der zur Verfügung stehenden Zeit erhielten alle Schülerinnen und Schüler Gelegenheit, jeweils zwei Texte mit entsprechenden Testaufgaben zu bearbeiten. Auf die wünschbare Verwendung von unterschiedlichen Aufgabenformaten wurde zugunsten der Testökonomie verzichtet. Der Textvielfalt wurde dagegen ein großes Gewicht zugemessen. Die Testsituation in einer umfassenden Studie wie DESI, bei der Daten nicht nur für verschiedene sprachliche Kompetenzen in der Mutter- und Fremdsprache erhoben werden, sondern auch umfangreiche Hintergrunddaten erfasst werden, zwingt zu einer deutlichen Einschränkung der zur Verfügung stehenden Gesamttestzeit. Dadurch konnte dem Lesetest keine zusätzliche Zeit eingeräumt werden, um etwa verschiedene Lesestrategien an Hand von umfangreicheren Texten isoliert zu erfassen.

Aufgabenmerkmale

Anders als im Deutschen sind für die schwierigkeitsbestimmenden Merkmale der Testaufgaben nicht nur Kriterien aus der Leseforschung und den Curricula bestimmend, sondern zusätzlich auch Kriterien aus dem Europäischen Referenzrahmen für Sprachen (2001). Damit wird eine Außensicht auf das Testkonstrukt und seine Umsetzung in den Testaufgaben eröffnet.

In den Aufgabenmerkmalen spiegeln sich nicht nur Gemeinsamkeiten mit Hörverstehen wider, sondern auch deutliche Unterschiede. So ist es ersichtlich, dass die Dekodierprozesse in beiden Arten der Sprachrezeption einen verschiedenen strategischen Zugriff auf die Texte zulassen. In den Aufgabenmerkmalen kommt daher beim Lesen dem Text als Ganzem eine ebenso bedeutende Funktion zu wie dem Zugriff auf Textpassagen, die bedingt durch die Testaufgaben aufzusuchen sind.

Folgende Merkmale werden als schwierigkeitsbestimmend für das Lesen im Englischen in DESI erachtet, und zwar jeweils in einer Stufung von weniger bis stärker fordernd und schwierig:

M 1: Aufgabe – Inhaltlicher Fokus,
M 2: Aufgabe – Sprachliche Anforderungen der Testaufgaben,
M 3: Verstehen – Absichten,
M 4: Verstehen – Informationsverarbeitung,
M 5: Eigenschaften des Textes insgesamt – sprachlich und textpragmatisch,
M 6: Eigenschaften der zu fokussierenden Textpassage(n) – Sprachliche Anforderungen.

Dabei beziehen sich die Merkmale M1, M3, M4, M6 auf die Interaktion von Text und Aufgabe, wobei hier Aufgabe im Sinne von *Item,* wie beispielsweise *Multiple-Choice Item*, verstanden wird. Im Gegensatz dazu werden mit dem Merkmal M2 die sprachlichen Anforderungen der Aufgabe im Sinne von *Item* unabhängig vom Text angesprochen. Das Merkmal M5 ist ausgerichtet auf die sprachlichen und textpragmatischen Anforderungen des Texts unabhängig von den Aufgaben/*Items*. Im Einzelnen werden die Merkmale in ihrer Stufung wie folgt definiert:

M1: Aufgabe – Inhaltlicher Fokus
Bezug auf konkrete bis abstrakte Aspekte in unterschiedlichen Kontexten.

Ausprägung	Deskriptoren
0	Bezug auf konkrete Aspekte in alltäglichen Kontexten (z.B. Ereignisse)
1	Bezug auf abstraktere Aspekte des Alltags (z.B. emotionale Reaktionen, Wertungen)
2	Bezug auf abstrakte Aspekte (z.B. Meinungen, Einstellungen, Gegensätze, Unterscheidungen, Textstrukturen)

M2: Aufgabe – Sprachliche Anforderungen
Das in den Testitems verwendete Englisch unterscheidet sich im Wortschatz und der Grammatik (drei Stufen der Komplexität).

Ausprägung	Deskriptoren
0	Wortschatz: hochfrequente Wörter; Grammatik: einfache syntaktische Strukturen (Parataxe, Verzicht auf komplexe Strukturen und Passiv)
1	Wortschatz: auch weniger frequente Wörter; Grammatik: hauptsächlich einfache Strukturen
2	Wortschatz: erweitert; Grammatik: begrenzte Anzahl komplexer Strukturen

M3: Verstehen – Absichten
Zur erfolgreichen Bewältigung der Aufgabe ist es nötig, ein Detail zu verstehen (Detailverstehen) oder mehrere inhaltliche Aspekte zu integrieren (Globalverstehen).

Ausprägung	Deskriptoren
0	Verstehen eines inhaltlich und sprachlich einfachen Details
1	Wenige inhaltliche Aspekte integrieren, die in einem begrenzten Abschnitt des Textes enthalten sind, oder in mehreren Abschnitten redundant präsentierte Informationen integrieren (Globalverstehen) oder Verstehen einer lexikalisch und syntaktisch komplexer versprachlichten Einzelinformation (Detailverstehen)
2	Mehrere Aspekte integrieren, die über den gesamten Text verstreut sind (Globalverstehen) oder Verstehen einer inhaltlich und sprachlich komplexen Einzelinformation (Detailverstehen)

M4: Verstehen – Informationsverarbeitung
Die Verarbeitung reicht von dem Erkennen eindeutig im Text dargebotener Informationen bis zum Inferieren und Interpretieren von nur angedeuteten Inhalten.

Ausprägung	Deskriptoren
0	Erkennen von mehr oder weniger wörtlich dargebotenen Informationen (vor allem anhand von Schlüsselwörtern) in Text und Aufgabe
1	Inferieren (erkennen und erschließen) eindeutiger Umschreibungen und Synonyme in Text und Aufgabe
2	Inferieren (Schlussfolgern) impliziter Informationen, um inhaltliche Lücken zu schließen, oder Interpretieren expliziter Informationen bei konkurrierenden Informationen

M5: Texteigenschaften – sprachlich und textpragmatisch

Die zu bearbeitenden Texte lassen sich bestimmten Niveaus des Europäischen Referenzrahmens (von A2+ bis B2) in dem Sinne zuordnen, dass sie dem sprachlichen und textpragmatischen Anforderungsprofil dieser Stufen mehr oder weniger entsprechen.

Ausprägung	Deskriptoren
0	(A2+) Wortschatz: im Wesentlichen frequente Wörter, curricularer Kernbereich; Grammatik: weitgehend gebräuchliche und frequente Basisstrukturen (Parataxe, wenige komplexe Strukturen); Textpragmatik: kohärenter Text mit deutlichen textverknüpfenden Elementen
1	(B1) Wortschatz: auch weniger frequente Wörter; Grammatik: weitgehend gebräuchliche und frequente Strukturen; Textpragmatik: kohärenter Text mit deutlichen textverknüpfenden Elementen
2	(B2) Wortschatz: erweitert, auch Spezialvokabular; Grammatik: begrenzte Anzahl von komplexen Strukturen; Textpragmatik: weniger kohärente Darstellung, Text mit weniger textverknüpfenden Elementen

M6: Textpassage – Sprachliche Anforderungen

Das Englisch der durch die Aufgabenstellung zu fokussierenden Textpassagen unterscheidet sich im Wortschatz und in der Grammatik (drei Stufen der Komplexität).

Ausprägung	Deskriptoren
0	Wortschatz: hochfrequente Wörter, Grammatik: einfache syntaktische Strukturen (Parataxe, Verzicht auf komplexe Strukturen und Passiv)
1	Wortschatz: auch weniger frequente Wörter; Grammatik: hauptsächlich einfache Strukturen
2	Wortschatz: erweitert; Grammatik: begrenzte Anzahl komplexer Strukturen

Die kritische Frage, ob auch Personen, die weder die Aufgabenmerkmale noch die einzuschätzenden Aufgaben entwickelt haben, das oben beschriebene System der Aufgabenmerkmale sinnvoll und vergleichbar (konsistent) verwenden können, wird zur Zeit in einer Validierungsstudie untersucht, an der Mitarbeiter des DPC Hamburg teilgenommen haben. Die Ergebnisse weisen wie vergleichbare Studien (vgl. Alderson et al. 2006) darauf hin, dass ein zufriedenstellender Grad an Übereinstimmung nur erreicht werden kann, wenn in der Gruppe der Einschätzer (*Rater*) eine intensive

Diskussion über die Bedeutung der Aufgabenmerkmale statt gefunden hat. Darüber hinaus wurden die Testaufgaben des Leseverstehens (im Sinne von test tasks und test items) in einer eigenen Untersuchung von Nold/Rossa (2004) mit Hilfe des „Dutch CEF GRID" (Alderson u.a. 2006) analysiert und auf den Europäischen Referenzrahmen für Sprachen bezogen.

Skalenbeschreibung

Um eine Kompetenzskala für das Modul Leseverstehen zu entwickeln, wurden die Aufgabenmerkmale aller Testaufgaben (*Items*) mit Hilfe von multiplen linearen Regressionsanalysen (siehe Hartig in diesem Band) untersucht, um herauszufinden, wie stark ihr jeweiliger Einfluss auf die empirischen Schwierigkeitswerte ist. Diese Analysen geben Hinweise, welche Aufgabenmerkmalsausprägungen in Kombination die bestmögliche Vorhersage der empirischen Schwierigkeitswerte zulassen. Von den sechs definierten Merkmalen erwiesen sich die Merkmale inhaltlicher Fokus (M1), Absichten (M3), Texteigenschaften: Sprachlich und textpragmatisch (M5) sowie Textpassage: Sprachliche Anforderungen (M6) als am vorhersagestärksten. Dies bedeutet jedoch nicht, dass die übrigen schwierigkeitsbestimmenden Merkmale unbedeutend sind. Die engen Zusammenhänge zwischen den Merkmalen, beispielsweise zwischen dem Verstehen von Hauptaussagen (M3) und den verschiedenen Formen der Informationsverarbeitung (M4) sind dafür verantwortlich, dass nicht alle Merkmale in das Regressionsmodell integriert werden können. Die Analysen legten zudem nahe, nur zwei Ausprägungen je Merkmal zu differenzieren, d.h. es wurden entweder die leichteste und die mittlere Kategorie zusammengefasst (M1 und M5), oder die mittlere und schwerste Ausprägung (M3 und M6). In Tabelle 1 sind die im endgültigen Modell resultierenden Regressionsgewichte der genannten Aufgabenmerkmale bei der Vorhersage der Aufgabenschwierigkeiten aufgelistet. Das Regressionsmodell erklärt mit $R^2 = .45$ knapp die Hälfte der beobachteten Unterschiede zwischen den Aufgabenschwierigkeiten.

Tabelle 1: Regressionsgewichte bei der Vorhersage von Aufgabenschwierigkeiten mit den Aufgabenmerkmalen M1, M3, M5 und M6.

Merkmale		Regressionsgewicht	Standardfehler	Irrtumswahrscheinlichkeit
Regressionskonstante		-0.60	0.22	.010
M1	Aufgabe: Inhaltlicher Fokus; Ausprägung 2	0.36	0.49	.468
M3	Verstehen: Absichten; Ausprägung 1 oder 2	0.85	0.21	.003
M5	Textlevel: Sprachlich und textpragmatisch; Ausprägung 2	0.39	0.27	.072
M6	Textpassage: Sprachliche Anforderungen; Ausprägung 1 oder 2	0.23	0.29	.423

Niveaus und Schwellen

Auf Basis der Regressionsanalyse lässt sich jeder Testaufgabe ein Wert entsprechend ihrer erwarteten Schwierigkeit zuweisen, der sich aus der Summe der Regressionsgewichte ihrer Merkmalsausprägungen ergibt. In einem weiteren Schritt wurden charakteristische Merkmalsausprägungen genutzt, um Kann-Beschreibungen (analog zu den *CAN-DO* Beschreibungen des Gemeinsamen Europäischen Referenzrahmens) im Sinne von Schwellenwerten für die Bestimmung von Kompetenzniveaus zu entwickeln. Schwellenwerte geben jeweils an, welche Merkmalsausprägung für den Übergang von einem Kompetenzniveau zum nächst höheren entscheidend ist. Die Kompetenzskala Leseverstehen Englisch besteht aus vier Niveaus (*KN A-D*), deren Schwellenwerte durch die Aufgabenmerkmale M1, M3, M5 und M6 bestimmt werden. Mit Hilfe der Schwellenwerte wurden Kompetenzniveaus gebildet, auf die die Testergebnisse der Schülerinnen und Schüler bezogen werden. Tabelle 2 gibt eine Übersicht über die für Leseverstehen gebildeten Kompetenzniveaus, die zugehörigen Schwellenwerte und die jeweils charakteristischen Merkmalskombinationen der vier ins Regressionsmodell eingeflossenen Merkmale.

Tabelle 2: Schwellenwerte und Merkmalskombinationen der Kompetenzniveaus in Englisch Leseverstehen. Die schattierten Felder zeigen an, auf welchem Niveau eine Merkmalsausprägung erstmalig auftritt. Merkmalsausprägungen in Klammern sind bei der Schätzung der erwarteten Schwierigkeiten im Regressionmodell nicht mit einbezogen.

Niveau	Logit	M1	M3	M5	M6
KN A	-0,59	0	0	0	0
KN B	-0,36	(1)	0	0	1
KN C	0,49	(1)	1	(1)	1
KN D	0,87	(1)	1	2	(2)
	1,23	2	(2)	2	(2)

Legende
Logit: Erwarteter Schwierigkeitswert der Aufgaben mit der angegebenen Merkmalsausprägung
M1 Aufgabe: Inhaltlicher Fokus
M3 Verstehen: Absichten
M5 Textlevel: Sprachlich und textpragmatisch
M6 Textpassage: Sprachliche Anforderungen

Die Kompetenzniveaus Leseverstehen: Kann-Beschreibungen

Leseverstehen: KN A
- Kann konkrete Einzelinformationen in alltäglichen Kontexten (narrative Texte/Berichte) anhand von expliziten Hinweisen im Text (Schlüsselwörter und Umschreibungen) erkennen, wenn die fokussierten Textteile im Wesentlichen in einfacher Sprache und inhaltlich deutlich kohärent abgefasst sind.

Leseverstehen: KN B
- Kann abstraktere Einzelinformationen (z.B. Emotionen) in alltäglichen Kontexten erkennen, auch wenn einzelne Textpassagen weniger frequente Wörter und einige komplexere Strukturen enthalten.

Leseverstehen: KN C
- Kann eine begrenzte Anzahl abstrakterer Informationen (z.B. Emotionen) verknüpfen und interpretieren, um Hauptaussagen zu verstehen, wenn die Texte Grundwortschatz, weitgehend gebräuchliche Strukturen sowie deutlich textverknüpfende Elemente enthalten.

Leseverstehen: KN D
- Kann abstrakte Informationen (z.B. Meinungen, Textstrukturen) mit Hilfe von Inferieren impliziter Informationen verknüpfen oder inhaltlich komplexe Einzelinformationen interpretieren, auch wenn die Texte insgesamt einen erweiterten Wortschatz und eine begrenzte Anzahl von komplexen Strukturen sowie wenige textverknüpfende Elemente enthalten.

Itembeispiele

Die ausgewählten Aufgabenbeispiele (*test items*) verdeutlichen, wie die entwickelten Leseverstehensaufgaben konkret aussehen, wenn sie den Anforderungsausprägungen der Schwellenwerte auf vier Kompetenzniveaus entsprechen. Zunächst wird jeweils der Bezugstext für die Aufgabenbeispiele präsentiert. Danach folgt eine Darstellung der Merkmalsausprägung auf einem der Niveaus von *KN A* bis *KN D*. Schließlich wird die jeweilige Multiple-Choice Aufgabe, die dieser Ausprägung entspricht, vorgestellt.

Arrested (273 Wörter)

In Washington, DC, a policeman arrested and handcuffed a 14-year-old girl because she was eating a cheeseburger in a Metro underground station. Does that sound too strange to be true? It really happened to Anne Hedgepeth.
[…]
Ray Feldman, a Metro representative, said: "We had to take action because it's illegal to eat and drink in the Metro system, and we are tired of people who eat and drink on the train, spill things, and leave food and cans".
[…]
Hedgepeth's mother later wrote a letter to complain to Mr. Hewitt. He answered: "I am sorry that it was necessary to arrest your daughter. I hope you understand the responsibility we have to keep public transport safe and clean".
[…]

Kompetenzniveau A

Aufgabe		Verstehen		Text	
M1	M2	M3	M4	M5	M6
0	0	0	0	0	0

		Anne Hedgepeth was eating a cheeseburger
A	☐	at a bus station.
B	☐	in front of the police station.
C	☒	in an underground station.
D	☐	on the train.

Kompetenzniveau B

Aufgabe		Verstehen		Text	
M1	M2	M3	M4	M5	M6
1	1	0	1	0	1

		The police arrest people who eat and drink in the Metro because
A	☐	they think it is dangerous.
B	☐	mothers complain about the mess.
C	☒	they want to keep the trains clean.
D	☐	they think it is unhealthy.

Alicia Keys (386 Wörter)

She's 20 years old and she's the new voice of R&B soul. Her album *Songs in a Minor* was number one in the US charts. Her single *Fallin* was number one in the single charts. But Alicia Keys isn't falling. She's rising, and she's rising fast.

How did beautiful Alicia get so big so fast? First, she started writing some of the songs from her album when she was 14. When she was sixteen she already had her high school diploma and was going to Columbia University in her home city, New York. "I was so deep into music, I didn't want to be in high school cliques and gossip," Alicia explains. But soon after she got to university she left because she knew she wanted to concentrate on music. […]

Kompetenzniveau C

Aufgabe		Verstehen		Text	
M1	M2	M3	M4	M5	M6
1	1	1	0	1	1

		Alicia became big very fast because
A	☐	she went to Columbia University.
B	☐	she lived in New York.
C	☒	she concentrated completely on music.
D	☐	she was in high school cliques.

Top Girls (401 Wörter)

A comfortless flat in Manchester. Enter Helen and Jane, loaded with baggage.
HELEN: Well, this is the place.
JANE: And I don't like it.
HELEN: When I find somewhere for us to live I have to consider far more important things than your feelings… the rent. It's all I can afford.
[…]

JANE: Can't be soon enough for me. I'm cold and my shoes let water ... what a place ... and I'm supposed to be living off her earnings. HELEN: I'm careful. Anyway, what's wrong with this place? Everything in it is falling apart, it's true but there's a lovely view of the gasworks, we share a bathroom with the community and this wallpaper's contemporary. What more do you want?

Kompetenzniveau D

Aufgabe		Verstehen		Text	
M1	M2	M3	M4	M5	M6
1	1	1	2	2	2

		It seems that Helen and Jane
A	☐	don't mind living in this flat.
B	☒	are not very happy to be in this place.
C	☐	have lived in better places before.
D	☐	like the flat because of its nice view.

Abschließende Bemerkungen

Lesen in der Fremdsprache ist erwartungsgemäß stark von sprachlichen Kompetenzen der Schülerinnen und Schüler abhängig, wie aus den Aufgabenmerkmalen des Testmoduls und insbesondere der Bestimmung von Schwellenwerten zu ersehen ist. Die deutliche Rolle der Schwierigkeit eines Gesamttextes fällt dabei unter anderem auf. Sie zeigt, dass beim Lesen der Gesamttext zusätzlich zu Textteilen, die durch die Testaufgaben fokussiert werden, im Mittelpunkt des Leseprozesses steht. Beim Hörverstehen sieht dieser Prozess etwas anders aus, wie aus den entsprechenden Aufgabenmerkmalen abgelesen werden kann. Bei Kurztexten kommt dieses Merkmal nicht zum Tragen. Daher ist auch bei weiteren Testentwicklungen darauf zu achten, dass die Textlänge als unterscheidendes Merkmal in Hör- und Leseverstehensaufgaben berücksichtigt wird.

Literatur:

Alderson, J.C. (2000): Assessing Reading. Cambridge: Cambridge University Press.
Alderson, J.C./Figueras, N./Kuijper, H./Nold, G./Takala, S./Tardieu, C. (2006): Analysing tests of reading and listening in relation to the Common European Framework of Reference: The experience of the Dutch CEFR Construct Project. In: *Language Assessment Quarterly 3* (1) (im Druck).
Bachman, L.F./Palmer, A. (1996): Language Testing in Practice. Oxford: OUP.
Buck, G. (2001): Assessing Listening. Cambridge: CUP.

Chamot, A.U./Barnhart, S./Beard El-Dinary, P./Robbins, J. (1999): The Learning Strategies Handbook. White Plains, N.Y.: Longman.
Europarat (2001): Gemeinsamer europäischer Referenzrahmen für Sprachen: Lernen, lehren, beurteilen. Berlin: Langenscheidt.
Kintsch, W. (1998): Comprehension. Cambridge: Cambridge University Press.
Nold, G./Rossa, H. (2004): Applying the GRID to the EFL listening tests in DESI. In: Alderson, J. C./Figueras, N./Kuijper, H./Nold, G./Takala, S./Tardieu, C. (Hrsg.): The Development of Specifications for Item Development and Classification within The Common European Framework of Reference for Languages: Learning, Teaching, Assessment: Reading and Listening. Final Report of The Dutch CEF Construct Project. Amsterdam: Unveröffentlichtes Dokument, S. 133-137.
Roskam, E.E. (1996): Latent-Trait-Modelle. In: Erdfelder, E./Mausfeld, R./Meiser, T./Rudinger, G. (Hrsg.): Handbuch Quantitative Methoden. Weinheim: Beltz, S. 431-458.

Claudia Harsch / Konrad Schröder

Textrekonstruktion: C-Test

Im DESI-Projekt werden in je eigenen Modulen verschiedene Teilkompetenzen in der Fremdsprache Englisch geprüft: Hörverstehen, Leseverstehen, Sprachbewusstheit, kommunikative Schreibfertigkeit, Sprechfertigkeit und interkulturelle Kompetenzen. Zusätzlich soll der generelle Sprachstand der Schülerinnen und Schüler ganzheitlich erfasst werden. Dazu wird der C-Test eingesetzt. Der C-Test ist ein gut erforschtes Testinstrument, mit dessen Hilfe auf die allgemeine Kompetenz in der Fremdsprache rückgeschlossen werden kann (vgl. Grotjahn 2002).

Messkonzept

Ein C-Test besteht aus kurzen, in sich geschlossenen Texten, in denen zweite Worthälften nach bestimmten Prinzipien getilgt werden, wobei der erste und letzte Satz jeweils unverändert bleiben. Der Test basiert auf dem Prinzip der reduzierten Redundanzen: Im natürlichen Sprachgebrauch tragen verschiedene Aspekte der Sprache dazu bei, die Bedeutung einer Mitteilung zu konstituieren, so etwa Wortbedeutungen, syntaktische Aspekte oder Kollokationen. Die Redundanzen sichern die sprachliche Verständigung. Je kompetenter ein Sprachnutzer ist, desto weniger Redundanzen werden zur Sprachverarbeitung benötigt (vgl. Coleman 1996). Das integrative C-Test-Format wird dem bei der Sprachverarbeitung notwendigen komplexen Zusammenspiel von sprachlichen Fertigkeiten, kognitiven und metakognitiven Strategien und Wissensbeständen (sprachliches, strategisches und textuelles Wissen, Weltwissen) gerecht: Erfasst wird der Grad der Fähigkeit, Wortschatz-, Grammatik- und textuelles Wissen verschränkt anzuwenden: "A C-test measures the ability to apply and integrate contextual, semantic, syntactic, morphological, lexical and orthographic information and knowledge pertaining to a particular written language" (Hastings 2002, S. 66). Den Bezug zur Realität sehen Grotjahn/Klein-Braley/Raatz (1992, S. 6) wie folgt:

> „Die Notwendigkeit der Rekonstruktion gestörter Sprache kommt in der realen Welt ziemlich oft vor, z.B. am Telefon, wenn die Leitung schlecht ist, oder am Bahnhof bei Lautsprecherdurchsagen. Auch bei geschriebenen Texten findet man das Phänomen des unvollständigen bzw. beschädigten Textes, z.B. durch schlechtes Fotokopieren."

Das Testkonstrukt eines C-Tests ist nach Sigott (2004) hoch komplex: Grundsätzlich umfasst es neben generellem sprachlichen Wissen textcharakteristisches Wissen um

Kohäsion und Kohärenz. Darüber hinaus wird die Fähigkeit erfasst, Sprache auf allen Ebenen ("from the individual letter to the text", S. 189) zu verarbeiten. Da es sich beim C-Test um Texte handelt, die rekonstruiert werden müssen, werden auch Lesestrategien und die Interpolationsfähigkeit erfasst. Letztere bezieht sich auf die Fähigkeit, einen Text vorwärts wie rückwärts zu lesen, um dessen Bedeutung zu (re)konstruieren. Hohe Reliabilität und hinreichende Validität dieses Testformats haben sich in zahlreichen Untersuchungen erwiesen (vgl. etwa Klein-Braley 1985; Raatz/Klein-Braley 1985; Grotjahn 1987 u.a.).

Das dem C-Test im DESI-Projekt zugrunde gelegte Kompetenzkonzept geht davon aus, dass umso mehr und umso anspruchsvollere Lücken gefüllt werden können, je kompetenter die Schülerinnen und Schüler in der Fremdsprache sind: Durch Wortelisionen reduzierte sprachliche Redundanzen können durch antizipatorische Sprachverarbeitung aufgelöst und die fehlenden Worthälften mittels sprachlichen und außersprachlichen Wissens rekonstruiert werden. Je automatisierter die Sprachverarbeitung abläuft, desto schneller dürften die Lücken zu füllen sein. (Vgl. Lehmann/Gänsfuß/Peek 1999). Daher kann der C-Test als Instrument zur Messung des globalen Sprachstands eingesetzt werden.

Sigott (2004, S. 189) weist auf den Zusammenhang zwischen Probandenfähigkeit und Testschwierigkeit hin: "[T]he extent to which the[se] different aspects of the construct are tapped by the individual C-Test passage is likely to be a function of personal ability and passage difficulty, and therefore not easily predictable." Schwächere Lerner können oft assoziative Ergänzungen vornehmen (Welches Wort fällt mir als erstes zu „ju…" ein?) oder Lücken aus dem direkten Kotext ergänzen. Es ist davon auszugehen, dass die vorhandenen Sprachverarbeitungskapazitäten mit Lese- und Dekodierprozessen ausgelastet sind, so dass für anspruchsvollere Prozesse wenig bis keine Kapazitäten frei sind. Darüber hinaus sind anspruchsvollere sprachliche Phänomene (noch) nicht vorhanden. Nach Sigott (ebd.) benötigen schwächere Lerner mehr Kontext, um fehlendes sprachliches Wissen und noch nicht automatisierte Sprachverarbeitungsfähigkeiten zu kompensieren. Je fortgeschrittener die Lerner sind, desto weniger Kontext werde benötigt. Stärkere Lerner verfügen vermutlich über mehr freie Kapazitäten durch ausgeprägtere Wissensbestände und die Automatisierung bestimmter Prozesse, so dass anspruchsvollere Lücken in schwierigen Texten gelöst werden können. Die Schwierigkeit ergibt sich unter anderem dadurch, dass „… schwierigere Texte (…) seltenere und längere Wörter und längere Sätze enthalten, die an die Verarbeitungskapazität, das Weltwissen, die Fähigkeit zu schlussfolgerndem Denken usw. andere Ansprüche stellen als leichtere Texte" (vgl. Freese 1994, S. 310). Daneben tragen die Thematik der Texte und ihre Struktur zur Schwierigkeit bei. Die Lücken selbst stellen unterschiedliche sprachliche Ansprüche, die die Schwierigkeit mitbestimmen. Auch die Anzahl der möglichen Schließungsalternativen (vgl. Stemmer 1991) ist schwierigkeitsbestimmend: Wenn nämlich der gesamttextuelle Zusammenhang genutzt werden muss, um den semantischen Kern einer Lücke zu erkennen, spielen andere psychologische Vorgänge eine Rolle als wenn dieser semantische Kern intuitiv gefasst werden kann. Die

Schwierigkeit eines C-Tests wird nun einmal bestimmt durch den Zusammenhang zwischen Text und Lücken; auch die Platzierung der Lücken bestimmt das benötigte Maß von Lese- und Sinnerschließungsstrategien.

Das Schaubild in Abbildung 1 verdeutlicht die Zusammenhänge zwischen den Kompetenzen, die bei dieser Testform eingesetzt werden müssen, und den Anforderungen, die an die Probanden gestellt werden.

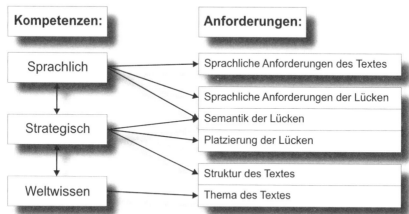

Abbildung 1: Messkonzept des C-Tests in DESI.

Die sprachliche Kompetenz umfasst orthographisches, lexikalisches, semantisches, morphologisches, syntaktisches, grammatisches, pragmatisches und textuelles Wissen (vgl. auch Bachman/Palmer 1996). Die strategische Kompetenz bezieht sich auf Prozesse des Texterschließens, auf Lesestrategien und Interpolation. Die durch einen C-Test gestellten Anforderungen werden im Abschnitt *Aufgabenmerkmale* beschrieben.

Die C-Tests des DESI-Projekts wurden im Hinblick auf die 9. Klassen des deutschen Schulsystems entwickelt: Sie basieren in ihren linguistischen und textuellen Anforderungen auf Curriculumsanalysen, sind auf den Horizont der Zielgruppe hin abgestimmt und erfassen eine möglichst große Bandbreite von Themen. Eingesetzt wurden zwölf didaktisierte Kurztexte, in denen nach einem modifizierten Tilgungsprinzip (vgl. dazu auch Arras/Eckes/Grotjahn 2002) die zweite Hälfte jedes dritten Wortes elidiert wurde; Ausnahmen davon wurden gemacht, um die Trennschärfe zu erhöhen; auch wenn es sich bei dem zu tilgenden Wort um Eigennamen oder um Wiederholungen handelte, wurde vom Tilgungsprinzip abgewichen: Wenn dasselbe Lexem (beispielsweise das hochfrequente Lexem *the*) aufeinander folgend getilgt werden sollte, wurde stattdessen das nächstfolgende Wort getilgt. Insgesamt hat jeder Text 25 Lücken. Die korrekte Lösung und mögliche Alternativen wurden vorab durch *native speakers* validiert. Zur Erzielung angemessener Trennschärfe wurden Orthographiefehler als nicht korrekt gewertet (vgl. dazu auch Arras/Eckes/Grotjahn 2002). Die C-Tests wurden in Präpilotierungen und in der Pilotierung aller DESI-Instrumente auf ihre Güte hin geprüft. Auf Basis der in der Pilotierung ermittelten Schwierigkeiten wurden einige C-Tests ausgewählt, die nur in bestimmten Schulformen eingesetzt wurden (z.B. leichte Tests für die Hauptschule), zusätzlich wurden zur Verankerung schulformübergreifende C-Tests verwendet. Dadurch wird eine schulformübergreifende Skalierung ermöglicht. Jede Schülerin und jeder Schüler bearbeitete zu beiden Testzeitpunkten jeweils vier Texte mit insgesamt 100 Lücken, für die 20 Minuten zur Verfügung standen.

Aufgabenmerkmale

Um dem erwähnten Zusammenhang zwischen Probandenfähigkeit und Testschwierigkeit Rechnung zu tragen, wurden a priori Aufgabenmerkmale aus den gerade genannten Testanforderungen entwickelt. Im Rahmen des DESI-Projekts ist es jedoch aus zeitlichen und finanziellen Gründen nicht möglich, diese Merkmale empirisch zu validieren. Die Beschreibung der Aufgabenmerkmale soll helfen, die Tests in ihren Anforderungen und Schwierigkeiten zu charakterisieren. Zugleich sind diese Merkmale bei der Schwellenfindung der Kompetenzskalen dienlich (vgl. dazu den Abschnitt Kompetenzskala).

Der C-Test ist hinsichtlich seiner Merkmale auf zwei Ebenen zu beschreiben: Einmal müssen die *Texte*, die als Testgrundlage dienen, in ihren Merkmalen gesichtet werden, und zum anderen müssen die *Lücken*, d.h. die einzelnen Items, in ihren charakteristischen Merkmalen beschrieben werden.

Aufgabenbeschreibung auf Textebene

Thema

Die Thematik eines Textes wird hier in drei Klassen eingeteilt: *konkret*, *komplex* und *abstrakt*. Ein *konkretes* Thema oder ein Thema aus der Lebenswelt der Jugendlichen, das ihnen unmittelbar zugänglich ist, ist leichter zu verstehen und zu rekonstruieren als eine *komplexere* Darstellung oder eine Darstellung, die nicht unmittelbar im Zentrum der Lebenswelt der Schüler steht, wenn sie auch ohne Spezialwissen zu erfassen ist. Eine *abstrakte* Thematik, die den Lernenden ferner steht und zu deren Verständnis auch außersprachliches Wissen aktiviert werden muss, ist am schwierigsten zu erfassen. Das Merkmal „Thema" wird wie folgt eingestuft:
  0 direkter Zugang: aufgrund konkreter Darstellung und bekannter Textstrukturen Aktivierung bekannter Schemata;
  1 inferierender Zugang: kein Spezialwissen nötig, doch müssen z.B. Strukturen oder Sachverhalte interpretiert, schlussgefolgert werden; bestimmte Abschnitte verlangen mentale Modelle; Darstellung mittlerer Komplexität oder Abstraktheit;
  2 rekonstruktiver Zugang: teils Spezialwissen erforderlich; mentale Modellbildung zum Verständnis notwendig; Strukturen oder Sachverhalte müssen teils rekonstruiert, teils ergänzt werden; abstrakte Darstellung; vertraute Schemata im Regelfall nicht dazu vorhanden.

Textniveau

Das Merkmal „Textniveau" bezieht sich auf die sprachlichen Anforderungen an den Text, auf den lexikalischen und grammatischen Schwierigkeitsgrad der Texte. Die Einschätzung der Schwierigkeiten nach Klein-Braleys Vorgehen über die Nutzung der *type-token ratio* und der durchschnittlichen Satzlänge (vgl. Klein-Braley 1985) zeigte keinen signifikanten Zusammenhang mit dem Schwierigkeitsgrad der Tests. Deshalb wurde folgende, an den Curricula orientierte Schwierigkeitsabstufung hinsichtlich des Textniveaus vorgenommen:

Leicht: Allgemeinsprachlicher Wortschatz aus dem curricularen Kernbereich; parataktische Strukturen; einfache Satzverknüpfungen; weitgehender Verzicht auf komplexe Zeiten und Zeitgefüge sowie auf Passivformen.

Mittel: Wortschatz nicht nur aus dem curricularen Kernbereich, doch weitgehender Verzicht auf spezialisiertes Vokabular; para- und hypotaktische Strukturen; Satzverknüpfungen, die über die einfachsten Mittel hinausgehen; gebräuchliche komplexe Zeiten und Zeitgefüge; frequente Passivformen.

Schwer: Spezialisiertes Vokabular; komplexe Satzstrukturen; alle Arten von Satzverknüpfungen; keine Einschränkung im Bereich der grammatikalischen Phänomene.

Allerdings lässt diese Einschätzung allein keineswegs direkte Rückschlüsse auf die Schwierigkeit des Tests zu, denn dabei spielen weitere Faktoren wie die Thematik (siehe oben), die benötigten Lösestrategien oder die Schwierigkeit der individuellen Lücken eine Rolle. Das Merkmal „Textniveau" wird wie folgt kodiert:

0 leicht: Wortschatz – Strukturwörter, curricularer Kernbereich; Grammatik – Basisstrukturen (Parataxe, Verzicht auf komplexe Strukturen);

1 mittelschwer: Wortschatz – auch jenseits Grundwortschatz, doch kein Spezialvokabular; Grammatik – gebräuchliche und frequente Strukturen und Phänomene;

2 fortgeschritten: Wortschatz – auch Spezialvokabular, Kollokationen, Idiomatik; Grammatik – komplexe Strukturen, ungewöhnliche Phänomene.

Lösestrategien

Das Merkmal „Lösestrategien" bezieht sich auf die Komplexität des Lösungsprozesses und der dabei anzuwendenden Strategien. Auch wenn der C-Test überwiegend im Bereich der Reproduktion (automatisierte Prozesse) und der Verknüpfung von Text und Kontext angesiedelt ist, so spielen Wissenstransfer und Interpolation doch eine nicht zu vernachlässigende Rolle (vgl. auch Stemmer 1991).

Unter „Lösestrategien" verstehen wir einerseits den Rekurs auf jenes *Weltwissen*, das benötigt wird, um eine Lücke zu schließen, und andererseits den Einsatz von *Interpolationstechniken*: Sie ermöglichen es, eine Lücke unter Zuhilfenahme aller im Text gegebenen Informationen zu schließen. Items, die eine Reproduktion von deklarativem Wissen oder das Abspulen von Routinen verlangen, dürften einfacher zu lösen sein also solche, die eine Verknüpfung von Fakten, textuellen Informationen und Wissensbeständen voraussetzen; am schwierigsten dürften Items zu lösen sein,

die Verallgemeinerungen und Transfer von Wissen, Fakten oder Informationen erfordern. Dieses Merkmal ermöglicht es, bestimmte Fertigkeiten im Zusammenhang mit Lesekompetenzen und Texterschließungskompetenzen zu erfassen, es lässt aber auch Rückschlüsse auf die Textschwierigkeit zu. Das Merkmal „Lösestrategien" wird wie folgt eingestuft:
- 0 kein (oder nur beschränktester) Rekurs auf Weltwissen erforderlich, keine Interpolationstechniken nötig;
- 1 geringer Rekurs auf Weltwissen und geringe Nutzung von Interpolationstechniken notwendig;
- 2 mittlerer Bedarf an Weltwissen und Interpolationstechniken;
- 3 starker Bedarf an Weltwissen und hoher Einsatz von Interpolationstechniken notwendig.

Aufgabenbeschreibung auf Itemebene
(bezogen auf die Lücken eines Textes)

Sprachniveau
Der Begriff „Sprachniveau" bezeichnet die sprachlichen Anforderungen an die Items, das Schwierigkeitsniveau der sprachlichen Phänomene, die mit den jeweiligen Lücken erfasst werden sollen. Nicht unter das Merkmal „Sprachniveau" fällt die Schwierigkeit, die z.B. dadurch entsteht, dass zur Schließung komplexe linguistische wie rekursive Prozesse aktiviert werden müssen. Diese Art der Schwierigkeit kann nicht auf Itemebene, wohl aber auf Textebene über das Merkmal „Lösestrategien" (siehe oben) erfasst werden. Die jeweilige Lücke wird hinsichtlich des Niveaus ihrer sprachlichen Phänomene auf drei Schwierigkeitsstufen eingeschätzt:
- 0 leicht: Wortschatz des curricularen Kernbereichs (Grundwortschatz); grammatikalische und textuelle Basisphänomene;
- 1 mittelschwer: Aufbauwortschatz; grammatikalische und textuelle Phänomene mittleren Schwierigkeitsniveaus;
- 2 fortgeschritten: Spezialwortschatz und komplexe grammatikalische wie textuelle Phänomene gehobenen Schwierigkeitsniveaus.

Semantik
Bei dem Merkmal „Semantik" soll eingeschätzt werden, ob die Bedeutung des gesuchten Lexems, seine Semantik, direkt zugänglich ist oder ob sie erschlossen oder unter Zuhilfenahme eines mentalen Modells konstruiert werden muss. Im einfachsten Fall ergibt sich die Bedeutung assoziativ aus den angegeben Buchstaben, so dass weder Kontext noch weiterführende Überlegungen zu Hilfe genommen werden müssen (etwa "I loved my rabbit; her na... was Gillian"). Schwieriger dürften Lücken sein, deren Bedeutung aus dem Kontext erschlossen werden muss (beispielsweise "It ne... sounds right when I use an American word"). Am schwierigsten sind Lücken zu schließen, deren Semantik erst konstruiert werden muss, sei es unter Zuhilfenahme aller textuellen Informationen, die zur korrekten Inferenz führen können, oder sei es

durch den Einsatz von Weltwissen oder mentalen Modellen (etwa "A fi... broke out in the hotel and nearly killed all tourists": Hier fand sich in der Pilotierung häufig die inkorrekte Lösung *fish* statt der gesuchten Lösung *fire* – um auf die korrekte Lösung zu kommen, muss vermutlich erst der größere semantische Kontext konstruiert werden und ein Modell der Vorgänge im Hotel gebildet werden). Die Semantik der Items wird auf drei Schwierigkeitsstufen eingeschätzt:

    0   Semantik der Lücke direkt zugänglich, meist assoziativ;
    1   Semantik muss erschlossen werden aus Kotext oder Kontext;
    2   Schwierige semantische Zusammenhänge: Bedeutung des Lexems muss konstruiert werden.

Itemfokus

Der „Itemfokus" dient der Abschätzung, auf welche sprachlichen Teildimensionen die betreffende Lücke „vorwiegend" fokussiert. Damit wird versucht, den C-Test als integrativen Test in seinen Einzeldimensionen besser zu fassen. Auf diese Weise entsteht „angereichertes Material": Gruppierungen von Items, die annähernd die gleichen Teilfertigkeiten messen. Insofern ist eine Aussage, welche Teildimensionen die Lücke tatsächlich misst, nicht eindeutig möglich, denn dazu müsste man zusätzlich die Prozesse im Kopf der Schüler erfassen und die aufgetretenen Fehler analysieren. Dies ist jedoch im Rahmen des DESI-Projekts wie gesagt nicht möglich.

Es wird einerseits eingeschätzt, ob die Items vorwiegend auf lexikalische, grammatische oder textstrukturierende Phänomene fokussieren, oder ob sie auf komplexe Konfigurationen fokussieren: Letztere erfordern komplexe Operationen seitens der Probanden, wenn beispielsweise die Bedeutung des gesuchten Lexems erschlossen werden und gleichzeitig eine grammatische Endung – etwa eine Zeitform, die sich aus dem Kontext ergibt – angefügt werden muss.

Andererseits wird erfasst, ob zur Schließung einer Lücke der unmittelbare Kotext oder der textuelle wie außertextliche Kontext genutzt werden muss, oder ob es zur Schließung komplexer Informationsverarbeitung bedarf. Wenn eine Lücke nur mit Hilfe des unmittelbaren Kotexts zu schließen ist, so dürfte dies leichter fallen als wenn es zur Schließung der Zuhilfenahme eines größeren Kontexts bedarf (Assoziationen vs. kurzfristige Informationsspeicherung und -verarbeitung). Am schwersten dürfte die Schließung einer Lücke fallen, wenn dazu komplexe Informationsverarbeitung wie beispielsweise die Nutzung anderer, von der gesuchten Lücke abhängiger Items nötig ist. Es wird vermutet, dass textstrukturierende Phänomene nicht kotextuell zu schließen sind, da sie sich immer aus dem (Kon-)Text ergeben. Das Merkmal „Itemfokus" wird wie folgt eingestuft:

    0   Kotextuell zu schließende Lücken, die auf lexikalische oder grammatische Phänomene fokussieren;
    1   Kontextuell oder textuell zu schließende Lücken, die auf Lexik, Grammatik oder auf Phänomene der Textstrukturierung fokussieren;

2 Lücken, zu deren Schließung es komplexer Informationsverarbeitung bedarf (etwa weil sie von anderen Items abhängig sind); Items, die auf komplexe linguistische wie außersprachliche Konfigurationen fokussieren.

Die schwierigkeitsbestimmenden Aufgabenmerkmale wurden a priori durch das Augsburger DESI-Team eingeschätzt; Divergenzen wurden diskutiert. Analog zu den anderen DESI-Modulen wird darüber hinaus zurzeit beim Modul C-Test untersucht, ob das hier beschriebene System der Aufgabenmerkmale von Personen, die weder die Aufgabenmerkmale noch die einzuschätzenden Aufgaben entwickelt haben, sinnvoll und vergleichbar angewandt werden kann. An dieser Validierungsstudie nehmen Mitarbeiter des DPC Hamburg teil.

Kompetenzskala: Niveaus, Schwellen und Beispielitems

Die Items der eingesetzten C-Tests wurden Rasch-skaliert. Die so gewonnene Skala wurde in Kompetenzniveaus eingeteilt, um auf probabilistischer Basis eine inhaltliche Rückmeldung über die im C-Test erreichten Leistungen geben zu können. Diese Niveaus beschreiben inhaltlich, über welche Kompetenzen die Schüler und Schülerinnen auf dem jeweiligen Niveau verfügen.

Die Niveaueinteilungen gründen einerseits in den im vorangegangenen Abschnitt beschriebenen schwierigkeitsbestimmenden Merkmalen auf Text- und Itemebene. Mittels Regressionsanalysen wurden die Merkmale identifiziert, die am besten zur Vorhersage der Schwierigkeiten geeignet sind (vgl. Hartig in diesem Band). Die in das Regressionsmodell eingeflossenen Merkmale sind die folgenden: auf Itemebene die Merkmale „Sprachniveau" (im Folgenden SN abgekürzt), „Semantik" (SE) und „Itemfokus" (IF); auf Textebene das Merkmal „Textniveau" (TN). In Tabelle 1 sind die Regressionsgewichte dieser genannten Aufgabenmerkmale bei der Vorhersage der Aufgabenschwierigkeiten aufgelistet. Das Regressionsmodell erklärt mit $R^2 = .51$ etwas mehr als die Hälfte der beobachteten Unterschiede zwischen den Aufgabenschwierigkeiten.

Die aus dem Regressionsmodell abgeleiteten erwarteten Schwierigkeiten bestimmter Merkmalskombinationen wurden benutzt, um Schwellen zwischen den Kompetenzniveaus zu definieren. Hierbei wurden Merkmalskombinationen gewählt, die bei vielen der C-Test Lücken tatsächlich realisiert sind.

Andererseits gründen die Niveaueinteilungen in inhaltlichen Itemanalysen: Die Items wurden nach der Skalierung in ihren Anforderungen und Schwierigkeiten beschrieben, um sie in ihren Charakteristika auch von empirischer Seite zu erfassen. Diese Beschreibungen wurden auch für die endgültige Schwellenziehung herangezogen: Die Schwellen wurden bei den erwarteten Schwierigkeiten vielfach realisierter Merkmalskombinationen gesetzt, bei denen die inhaltlichen Analysen eine solche Schwelle ebenfalls nahe legten.

Tabelle 1: Regressionsgewichte bei der Vorhersage der Aufgabenschwierigkeiten mit den Aufgabenmerkmalen Sprachniveau (SN), Sematik (SE), Itemfokus (IF) und Textniveau (TN) ($R^2 = .51$).

	Merkmale	Regressionsgewicht	Standardfehler	Irrtumswahrscheinlichkeit
	Regressionskonstante	-0.77	0.18	< .001
SN=1	Sprachniveau der Lücke mittelschwer	1.02	0.15	< .001
SN=2	Sprachniveau der Lücke fortgeschritten	2.41	0.30	< .001
SE=1	Semantik der Lücke muss erschlossen werden	0.76	0.16	< .001
SE=2	Schwierige semantische Zusammenhänge der Lücke	1.74	0.32	< .001
IF=1	Itemfokus: Kontextuell oder textuell zu schließende Lücken	0.54	0.16	.001
IF=2	Itemfokus: Komplexe Informationsverarbeitung	1.12	0.24	< .001
TN=1	Textniveau mittelschwer	0.45	0.19	.022
TN=2	Textniveau fortgeschritten	0.67	0.21	.001

Die Kompetenzskala zum C-Test Englisch besteht aus fünf Niveaus (kodiert *KN A* bis *KN E*). Das unterste Niveau wurde nicht aufgrund des Regressionsmodells, sondern aufgrund zusätzlicher inhaltlich-curricularer Erwägungen bestimmt. Kompetenzniveau A kann auch als „Lernstufe" betitelt werden: Die durch die dort angesiedelten Items elizitierten Leistungen sind beschreibbar, doch weit unter dem für Lernende der Klassenstufe 9 erwartbaren Niveau. Die tatsächlichen Schwierigkeiten dieser Items liegen noch unterhalb der aus dem Regressionsmodell resultierenden erwarteten Schwierigkeit für die einfachsten Aufgaben.

Auf der Kompetenzskala können einerseits die Items in ihren Schwierigkeiten und Anforderungen eingeordnet werden, und andererseits die Leistungen der Schülerinnen und Schüler, so dass sie gemäß ihrer Fähigkeiten auf einem bestimmten Niveau verortet werden können.

Tabelle 2 gibt eine Übersicht über die Kompetenzniveaus des Moduls C-Test im DESI-Projekt, die Schwellenwerte (die erwarteten Schwierigkeitswerte der Items aus dem Regressionsmodell) und die jeweils entscheidenden Merkmalskombinationen der vier ins Regressionsmodell eingeflossenen Merkmale:

Tabelle 2: Schwellenwerte und Merkmalskombinationen der Kompetenzniveaus im C-Test. Die schattierten Felder zeigen an, auf welchem Niveau eine Merkmalsausprägung erstmalig auftritt.

Niveau	Logit	SN	SE	IF	TN
KN A	-1.75	0	0	0	0
KN B	-0.77	0	0	0	0
KN C	-0.10	0	0	0	2
KN D	1.20	0	1	1	2
KN E	2.22	1	1	1	2

Legende
Logit: Erwarteter Schwierigkeitswert der Aufgaben mit der angegebenen Merkmalsausprägung
SN Items: Sprachniveau
SE Items: Semantik
IF Items: Itemfokus: ko-, kontextuell, komplex
TN Textniveau

Im Folgenden werden die Kompetenzniveaus und ihre Deskriptoren vorgestellt. Diese beschreiben zum einen den konkreten Umgang der Probanden mit der Aufgabenstellung; zum anderen werden generalisierende Aussagen bezüglich der zugrunde liegenden Fähigkeiten getroffen. Die Deskriptoren wurden wie folgt entwickelt:

Die in die oben erwähnte Regressionsanalyse eingeflossenen Merkmalskombinationen, die nicht in die Regressionsanalyse eingeflossenen schwierigkeitsbestimmenden Merkmale (a priori eingeschätzt) und die inhaltliche Itemanalyse (nach dem ersten Messzeitpunkt) ergeben zusammen die Beschreibung des Umgangs der Probanden mit der konkreten Aufgabenstellung. Zusätzlich werden die zugrunde liegenden Kompetenzen im Bereich des sprachlichen Wissens, der Lesestrategien und der Fähigkeiten der Textrezeption beschrieben. Die in diesem Zusammenhang gewählten Formulierungen lehnen sich, soweit es sinnvoll erscheint, an die can-do-Formulierungen des Gemeinsamen Europäischen Referenzrahmens (GER) an.[1]

---

1 Das Testkonstrukt des C-Tests kann als Ganzes nicht im *GER* verankert werden. Dies ist so angesichts der ganzheitlichen Natur des C-Tests und der Konzeption des Referenzrahmens. Dennoch lassen sich Berührungspunkte bei folgenden Kategorien des *GER* ausmachen: Lesen (74f), Rezeptionsstrategien (78), Texte verarbeiten (98), Lexik (112f), Grammatik (114), Orthographie (118), Kohäsionsmittel (125), Spektrum allgemein (110). Dabei wurde der „Wortlaut der Deskriptoren" der *GER*-Skalen mit den Beschreibungen der DESI-Niveaus verglichen (vgl. dazu auch Europarat 2001, S. 34 und 203). Die DESI-Niveaus A mit E zeigen Berührungspunkte mit den *GER*-Niveaus A1 mit C1, doch im DESI-Projekt kann eine empirische Anbindung, wie sie etwa das *Manual* zum GER (Council of Europe 2003) vorschlägt, nicht erfolgen. Deshalb handelt es sich bei dem hier erwähnten Abgleich lediglich um eine erste qualitative Ein-

Jedes Niveau wird durch ein Beispielitem illustriert, das die für dieses Niveau typischen Merkmale trägt und dessen empirisch ermittelte Schwierigkeit der durch das Regressionsmodell erwarteten Schwierigkeit für diese Merkmalskombination entspricht.

Kompetenzniveau A
- Kann im C-Test vorwiegend Lücken des sprachlichen Basisbereichs assoziativ oder unter Zuhilfenahme des unmittelbaren Kotexts schließen, wobei es sich überwiegend um vertraute Phänomene handelt, die hochfrequent sind oder Parallelen zur Muttersprache aufweisen. Beispielsweise können einfache Strukturwörter oder einfachste, sich aus dem Kotext aufdrängende Inhaltswörter ergänzt werden.
- Verfügt über einen elementaren Vorrat von Wörtern und Basisstrukturen in einem teils auswendig gelernten Repertoire, die sich auf konkrete Situationen beziehen. Kann basales textuelles Wissen anwenden (einfachste Konnektoren wie *and*, *but*).

Beispielitem [σ = -1.21 resp. -1.33 (Schwelle: -1.75)][2]:

[The rabbit] sat un_____ a tree in our gar_____.

Hier muss eine dem Deutschen ähnliche Präposition respektive ein dem Deutschen ähnliches Nomen ergänzt werden in einer bekannten Struktur; beide lexikalischen Items sind Teil des Grundwortschatzes; die Semantik ist unmittelbar zugänglich. Die Items können mittels eindeutigen Kotexts (*tree*) geschlossen werden und befinden sich in einem leichten Text.

Kompetenzniveau B
- Kann im C-Test bei leichten Texten solche Lücken schließen, die sich auf sprachliche Phänomene des curricularen Kernbereichs beziehen und deren Semantik unmittelbar zugänglich ist. Kann in mittelschweren Texten die leichten Items lösen. Zu den leichten Items zählen einfache Inhalts- und frequente Strukturwörter oder die Ausführung einfacherer, frequenter grammatischer Operationen an den Lücken.
- Beherrscht einen begrenzten, hochfrequenten Wortschatz der Alltagssprache sowie ein begrenztes, gebräuchliches Spektrum an grammatischen Mitteln, die sich auf Routinesituationen beziehen. Kann die häufigsten Textkonnektoren wie *there, then, because* verwenden.
- Kann kurze, einfache Texte rezipieren und zum Teil rekonstruieren, wenn sie sich in gängiger, alltagsbezogener Sprache auf alltägliche Themen im Rahmen der eigenen Erfahrungen beziehen und relativ konkret in der Darstellung bleiben.

---

schätzung. Die DESI-Konsorten erheben daher auch nicht den Anspruch, die DESI-C-Test-Niveaus an die Niveaus des *GER* anzubinden.

2 In diesem Fall wurden zwei Beispielitems ausgewählt, da sie das gleiche Phänomen illustrieren und im betreffenden Text hintereinander vorkommen.

Beispielitem [Merkmale 0000[3], σ = -0.65 (erwartet: -0.77 = Schwelle)]:
[She] waited patie<u>ntly</u> for me t_____ come (...).
Hier muss in einer nicht hochfrequenten Struktur das Infinitiv-Partikel *to* ergänzt werden; das Item ist dem sprachlichen Basisbereich zuzuordnen; die Semantik ist eindeutig; das Item kann aus dem Kotext gelöst werden und befindet sich in einem leichten Text.

Kompetenzniveau C
- Kann im C-Test bei leichten Texten sprachlich mittelschwere Items ergänzen, wenn deren Semantik unter Zuhilfenahme des Ko- und Kontexts erschließbar ist. Kann in mittelschweren Texten sprachlich leichte Items lösen, wenn deren Semantik aus dem Ko-/Kontext zu erschließen ist. Kann in mittelschweren Texten sprachlich mittelschwere Items lösen, die kotextuell zu erschließen sind. Kann in schweren Texten sprachlich einfache Items aus dem unmittelbaren Kotext lösen, wenn deren Semantik entweder direkt/assoziativ zugänglich ist oder aus dem Ko-/Kontext erschließbar ist. Kann, soweit erforderlich, gängige grammatische Operationen an den Lücken ausführen.
- Zeigt eine gute Beherrschung des Grundwortschatzes; verfügt über ein Repertoire häufiger Floskeln und Wendungen; zeigt gute Beherrschung der gängigen grammatischen Strukturen. Verfügt über gängige, meist lineare Kohäsionsmittel. Allerdings kommt es bei Unvertrautem zu Fehlern.
- Kann allem Anschein nach Interpolationstechniken und Weltwissen nutzen, um einige schwierigere Lücken zu erschließen. Kann den Sinn des rekonstruierten Textes ansatzweise überprüfen.
- Kann unkomplizierte fiktive Texte oder Sachtexte aus dem eigenen Interessengebiet oder einem erschließbaren Gebiet rezipieren und rekonstruieren, wobei sich die Darstellungen auf einem mittleren Abstraktheitsgrad bewegen.

Beispielitem [Merkmale 0002, σ = -0.03 (erwartet: -0.10 = Schwelle)]:
(...) even t___ strictest chauvinist o<u>r</u> macho has t<u>o</u> accept the fac<u>t</u> [that there are women in almost every trade and profession (...).]
Hier muss ein gängiges grammatisches Element, der Artikel *the*, nach einem emphatischen Lexem ergänzt werden, wobei es nur diese eine korrekte Alternative gibt. Das zu ergänzende Item ist dem sprachlichen Basisbereich zuzuordnen. Die Semantik ist unmittelbar zugänglich. Das Item befindet sich in einem schweren Text.

Kompetenzniveau D
- Kann im C-Test bei mittelschweren Texten sprachlich mittelschwere Items ergänzen, deren Semantik unter Zuhilfenahme des Ko-/Kontexts erschlossen werden muss. Kann in schweren Texten Items des sprachlichen Basisbereichs und des mittleren sprachlichen Niveaus lösen, deren Semantik unter Zuhilfenahme des Ko-/Kontexts zu erschließen ist. Kann, soweit erforderlich, an den Lücken gram-

---
3 Diese Angaben zu den Merkmalsausprägungen der Beispielitems beziehen sich in immer gleicher Reihenfolge auf die o.g. Merkmale *Sprachniveau der Items, Semantik der Items, Itemfokus, Textniveau.*

matische Operationen, bis auf wenige seltene, ausführen. Kann einige komplexe, voneinander abhängige Lücken schließen.
- Verfügt über einen großen Wortschatz zu den meisten allgemeinen Themen und zu eigenen Interessengebieten. Verfügt über eine gute Beherrschung auch komplexerer grammatischer Phänomene. Kann eine Anzahl verschiedener inhaltlicher wie textueller Verknüpfungsmittel hinreichend korrekt verwenden.
- Kann allem Anschein nach Interpolationstechniken und Weltwissen einsetzen, um teils schwierige semantische Beziehungen zu rekonstruieren und den Text zu einem sinnvollen Ganzen zu ergänzen. Kann Überprüfungsstrategien anwenden. Kann allem Anschein nach verschiedenste Wissensbestände integrativ nutzen.
- Kann auch komplexere fiktive und Sachtexte rezipieren und rekonstruieren, wobei deren Thema außerhalb der Lebenswelt der Lernenden liegen kann; die thematische Darstellung ist im Regelfall komplex, sie kann abstrakt sein und ansatzweise Spezialwissen verlangen.

Beispielitem [Merkmale 0112, σ = 1.20 (erwartet: 1.20 = Schwelle)]:
 B_____ they had to do with*out* [them] for two days (...).

Das hier gesuchte Item *but* ist dem sprachlichen Basisbereich zuzuordnen. Seine kontrastive Semantik muss über den unmittelbaren Satz hinaus erschlossen werden, so dass Kotext wie Kontext genutzt werden müssen, um den Konnektor (textuelles Strukturierungsmittel) korrekt zu ergänzen. Das Item befindet sich in einem schweren Text.

Kompetenzniveau E
- Kann im C-Test in allen Arten von Texten solche Items im mittleren sprachlichen Schwierigkeitsbereich lösen, die auf komplexe Konfigurationen fokussieren, wobei deren Semantik über den Ko-/Kontext und das Weltwissen zu erschließen ist. Kann sprachlich schwere Items ergänzen, deren Semantik zu (re-)konstruieren ist. Kann dabei alle notwendigen Informationen aus Kotext, Kontext und Weltwissen zur Schließung von komplex interagierenden Lücken nutzen; kann auch weniger frequente grammatische Operationen an den Lücken ausführen.
- Beherrscht einen umfangreichen Wortschatz, zum Teil auch zu Spezialgebieten; kann idiomatische Ausdrücke und umgangssprachliche Wendungen hinreichend korrekt verwenden. Beherrscht ein umfangreiches Spektrum an grammatischen Strukturen. Kann auch weniger frequente Mittel der Textverknüpfung einsetzen.
- Kann allem Anschein nach Weltwissen, Lesestrategien und Interpolationstechniken einsetzen zur Bedeutungserschließung auch bei anspruchsvollen semantischen Zusammenhängen. Kann den fertigen Text auf Sinnzusammenhang überprüfen.
- Kann auch komplexe, anspruchsvolle Texte verstehen und rekonstruieren; die Thematik kann der Lebenswelt eher fern stehen und teils Spezialwissen verlangen; die Darstellung kann abstrakt sein.

Beispielitem [Merkmale 1112, σ = 2.25 (erwartet: 2.22 = Schwelle)]:
 *The idea (...) began ea_____ in this cent*ury* (...).*

Das Item ist in dieser Struktur einem mittleren Sprachniveau zuzuordnen; die Semantik lässt sich über den Kontext erschließen, wobei ein mentales Modell der Textaussage dabei helfen kann; die Lücke kann kontextuell geschlossen werden. Das Item befindet sich in einem schweren Text.

Literatur

Arras, U./Eckes, T./Grotjahn, R. (2002): C-Tests im Rahmen des 'Test Deutsch als Fremdsprache' (TestDaF): Erste Forschungsergebnisse. In: Grotjahn, R. (Hrsg.): Der C-Test. Theoretische Grundlagen und praktische Anwendungen (Bd. 4). Bochum: AKS, S. 175-209.

Bachman, L.F./Palmer, A.S. (1996): Language testing in practice. Oxford: OUP.

Coleman, J.A. (1996): Studying Languages. A Survey of British and European Students. London: CILT. Insbesondere "Part 2 – Research Procedures. The C-Test", S. 136-161.

Council of Europe (2003): Relating Language Examinations to the Common European Framework of Reference for Languages: Learning, Teaching, Assessment (CEF). Manual. Preliminary Pilot Version. Strasbourg: Language Policy Division (DGIV/EDU/LANG (2003) 5 rev. 1).

Europarat (2001): Gemeinsamer europäischer Referenzrahmen für Sprachen: lernen, lehren, beurteilen. Berlin: Langenscheidt.

Freese, H.-L. (1994): Was misst und was leistet ‚Leistungsmessung mittels C-Tests'? In: Grotjahn, R. (Hrsg.): Der C-Test. Theoretische Grundlagen und praktische Anwendungen (Bd. 2). Bochum: Brockmeyer, S. 305-311.

Grotjahn, R. (1987): How to Construct and Evaluate a C-Test: A Discussion of Some Problems and Some Statistical Analyses. In: Grotjahn, R./Klein-Braley, C./Stevenson, D.K. (eds.): Taking their Measure: The Validity and Validation of Language Tests. Bochum: Brockmeyer 1987, S. 219-253.

Grotjahn, R. (2002): Konstruktion und Einsatz von C-Tests: Ein Leitfaden für die Praxis. In: Grotjahn, R. (Hrsg.): Der C-Test. Theoretische Grundlagen und praktische Anwendungen (Bd. 4). Bochum: AKS, S. 211-225.

Grotjahn, R./Klein-Braley, C./Raatz, U. (1992): C-Tests in der praktischen Anwendung. Erfahrungen beim Bundeswettbewerb Fremdsprachen. In: Grotjahn, R. (Hrsg.): Der C-Test. Theoretische Grundlagen und praktische Anwendungen (Bd. 1). Bochum: Brockmeyer, S. 1-34.

Hastings, A.J. (2002): Error analysis of an English C-test: Evidence for integrated processing. In: Grotjahn, R. (Hrsg.): Der C-Test. Theoretische Grundlagen und praktische Anwendungen (Bd. 4). Bochum: AKS, S. 53-66.

Klein-Braley, C. (1985): Advance Prediction of Test Difficulty. In: Klein-Braley, C./Raatz, U. (Hrsg.): Fremdsprachen und Hochschule 13/14: Thematischer Teil: C-Tests in der Praxis. Bochum: AKS, S. 23-41.

Lehmann, R.H./Gänsfuß, R./Peek, R. (1999): Aspekte der Lernausgangslage und der Lernentwicklung – Klassenstufe 7. Hamburg: Behörde für Schule, Jugend und Berufsbildung.

Raatz, U./Klein-Braley, C. (1985): How to Develop a C-Test. In: Klein-Braley, C./Raatz, U. (Hrsg.): Fremdsprachen und Hochschule 13/14: Thematischer Teil: C-Tests in der Praxis. Bochum: AKS, S. 20-22.

Sigott, G. (2004): Towards Identifying the C-Test Construct. Frankfurt: Lang.

Stemmer, B. (1991): What's on a C-test taker's mind? Mental processes in C-test taking. Bochum: Brockmeyer.

Günter Nold / Henning Rossa

Sprachbewusstheit

Sprachbewusstheit entwickelt sich in der Fremdsprache auf Grund eines aufmerksamen Umgangs mit der neuen Sprache. Sie befähigt Lernende, die fremde Sprache kontrolliert anzuwenden und Verstöße gegen Regelungen im Bereich sprachlicher Formen und Strukturen sowie des Sprachhandelns zu erkennen und gegebenenfalls zu korrigieren. Damit wird jedoch nicht ausgesagt, dass diese Entwicklung in jedem Fall eintritt.

Im englischen Teil von DESI wird untersucht, welche Kompetenzen die Schülerinnen und Schüler auf Grund ihrer unterrichtlichen Lernerfahrungen in Grammatik und sprachlichem Handeln abrufen und einsetzen können. Eine spezifische Teilkompetenz ist dabei die Fähigkeit zur Sprachreflexion. Sie beruht in der Regel auf Wissen über Sprache (explizites/deklaratorisches/verbalisierbares Wissen), während die Teilkompetenz der sprachlichen Korrekturfähigkeit stärker vom Wissen des Sprachgebrauchs oder des Sprachgefühls (vorwiegend implizites und prozedurales Wissen) bestimmt ist (siehe die Ausführungen zu Sprachbewusstheit Deutsch und Englisch im Beitrag von Eichler/Nold in diesem Band).

Sprachbewusstheit: Soziopragmatik

Im Folgenden wird zunächst auf die Sprachbewusstheitskompetenz im Bereich der Soziopragmatik eingegangen. Dabei geht es um Fragen der soziokulturellen und textuellen Angemessenheit von Sprache.

Messkonzept

Wenn Schülerinnen und Schüler zeigen sollen, in welchem Ausmaß sie im Englischen Einsichten in sprachliches Handeln haben, ferner mit soziokulturellen und textuellen Regelungen vertraut sind und Verstöße oder Unregelmäßigkeiten erkennen (vgl. Rose/ Kasper 2001), muss das Messkonzept berücksichtigen, welche spezifischen Aspekte der soziolinguistischen und textpragmatischen Kompetenz (vgl. McKay/Hornberger 1996; Swales 1990; Biber 1989) erfasst werden sollen. Mit Blick auf die Analyse von Lehrplänen und Darstellungen im Gemeinsamen Europäischen Referenzrahmen für Sprachen (vgl. Europarat 2001) wurde im Messkonzept Wert darauf gelegt, einerseits die Implikationen von unterschiedlichen sprachlichen Stilebenen (Sornig 2000; Weber 1995) und von Höflichkeitsformen (Johnstone 2002, S. 124ff; Norton 2000; Brown/Levinson 1987) in den Mittelpunkt zu stellen. Da mit Sprachstil und Höflichkeitsformen wichtige Botschaften im zwischenmenschlichen Diskurs transportiert werden, erwies es sich als sinnvoll, im Messkonzept insbesondere Formen der Anrede, der Kontaktaufnahme und der Gesprächsführung in unterschiedlich formellen Situationen zu fokussieren. Andererseits wurde ein Schwerpunkt im Bereich von Regelungen der Textgrammatik und des sprachlichen Diskurses gelegt. Dem inhaltlichen Zusammenhang von sprachlichen Äußerungen (Kohärenz) und den textgrammatischen Signalen zur Gestaltung von fortlaufendem Diskurs (Kohäsion) wurde dabei eine besondere Bedeutung zugeschrieben (vgl. Johnstone 2002, S. 101ff, 180ff). Als verbindender Kontext wurde für die Mehrzahl der Testaufgaben die Situation des Schul- bzw. Schüleraustauschs gewählt, da dieser Kontext in der 8. und 9. Klasse in vielen Schulen besonders relevant ist. Außerdem bietet dieser Kontext genügend Ansatzpunkte zu einem Transfer in berufsbezogene Situationen.

Das Testkonstrukt Sprachbewusstheit Soziopragmatik

Das Testkonstrukt im Bereich der Soziopragmatik beschreibt, welche Aspekte der Kompetenz der Test erfassen soll. Mit Soziopragmatik ist hier die Fähigkeit gemeint, die fremde Sprache angemessen gebrauchen zu können. Dabei steht weniger im Vordergrund, die sprachlichen Regelungen bewusst durchschauen und in Regeln fassen zu können. Im Mittelpunkt stehen somit die Fähigkeiten,
- die situative Angemessenheit von Sprache zu erkennen und zu bewerten, und zwar vor allem unterschiedliche Stilebenen (z.B. bei der Kontaktaufnahme) und Aspekte der Höflichkeit von Äußerungen,
- Sprechintentionen zu erkennen und gedanklich zuzuordnen,
- die Kohärenz und Kohäsion von sprachlichen Äußerungen im Diskurs unter Berücksichtigung der textgrammatischen Ebene zu erkennen und damit einen textuellen Zusammenhang herzustellen.

Der Aufgabenpool Englisch Soziopragmatik

Der Test zu Sprachbewusstheit Soziopragmatik besteht aus 19 Testaufgaben. Zwei Testformate kommen dabei zur Anwendung. Elf Aufgaben gehören zum Typ Multiple-Choice, acht zu Aufgaben mit jeweils zwei kombinierten Auswahlmöglichkeiten aus vorgegebenen (vier bzw. sieben) Antwortmöglichkeiten. Die Aufgaben fokussieren unterschiedliche Sprechakte: Begrüßen (fünf Aufgaben), sich bedanken (zwei Aufgaben), etwas vorschlagen (zwei Aufgaben), zustimmen und ablehnen (acht Aufgaben), Verärgerung ausdrücken (eine Aufgabe), sich entschuldigen (eine Aufgabe). Hinsichtlich der Kontexte lassen sich die Aufgaben den Bereichen Schule, Freizeit, Arbeitswelt und Schulpartnerschaft zuordnen. An verschiedenen Stellen in den Aufgaben wird durch den Einsatz der deutschen Sprache verhindert, dass die Lösungswege durch Sprachprobleme überlagert werden.

Testdurchführung

Der Test wurde zum ersten Testzeitpunkt durchgeführt. Insgesamt standen den Schülerinnen und Schülern 20 Minuten zur schriftlichen Bearbeitung zur Verfügung.

Aufgabenmerkmale

Die Entwicklung und Bestimmung von Aufgabenmerkmalen der Sprachbewusstheit Soziopragmatik Englisch hat zum Ziel, das Testkonstrukt mit der Einschätzung der Aufgaben kontrolliert zu operationalisieren. Darüber hinaus dient die Festlegung von Aufgabenmerkmalen der Einschätzung von zu erwartenden Schwierigkeitswerten der Aufgaben, mit deren Hilfe schließlich auch Schwellenwerte innerhalb einer Kompetenzskala bestimmt werden können. Mit der Kompetenzskala wird schließlich ein Instrument mit Deskriptoren für künftige Testentwicklungen geschaffen. Fünf schwierigkeitsbestimmende Aufgabenmerkmale wurden mit einer jeweils dreifachen Abstufung entwickelt und empirisch überprüft:

M1 – Inhaltliche Kohärenz;
M2 – Textuelle Verknüpfung;
M3 – Sprachfunktionen intuitiv erkennen bis reflektieren;
M4 – Sprachliche Transfermöglichkeit auf der Basis von Vorerfahrungen;
M5 – Grad der erforderlichen Interpolation bei Aufgabenlösung.

Im Folgenden werden die fünf Merkmale näher beschrieben und durch Beispiele veranschaulicht.

M1: Inhaltliche Kohärenz

Ausprägung	Deskriptoren
0	einfacher/deutlicher,
1	stärker komplexer Zusammenhang,
2	komplexer Zusammenhang, geringe Vorhersagbarkeit

Das Merkmal der inhaltlichen Kohärenz bezieht sich auf die Art des Zusammenhangs der vorhandenen oder entstehenden Texte in den einzelnen Testitems. In Testitems mit nur einer englischen Äußerung und deutscher Kontextbeschreibung oder einer gedanklichen Fortführung in den Distraktoren bezieht sich die Kohärenz auf den gedanklichen Zusammenhang zwischen der englischen Äußerung und der Kontextbeschreibung, bzw. der Fortführung in den Distraktoren. Die Problematik der Einschätzung lässt sich mit dem folgenden Beispiel verdeutlichen:

Du reagierst auf eine Äußerung deines Freundes/deiner Freundin. Dabei kannst du dich zustimmend (z.B. „ich auch") oder auch nicht zustimmend (z.B. „ich nicht") ausdrücken.

Situation 2   BEFORE LUNCH
Friend: I'd like a ham and cheese sandwich.
You:
   A ☐ Never mind!
   B ☐ I didn't like a sandwich.
   C ☐ I'd like one as well.
   D ☐ I'd rather have a burger and fries.

In diesem Text sollen die Schüler/innen zwei mögliche Antworten identifizieren. Die Antworten C und D erweisen sich als richtige Reaktionsmöglichkeiten. Dabei ist der Textzusammenhang zwischen *I'd like a ham and cheese sandwich* und *I'd like one as well* im Sinne einer Zustimmung am deutlichsten zu erkennen, während die ablehnende Reaktion *I'd rather have a burger and fries* auch deutlich, aber dennoch eher indirekt als Vorliebe für etwas anderes ausgedrückt ist. Daher wird angenommen, dass der Testzusammenhang (Kohärenz) im ersten Fall mit 0, im zweiten Fall mit 1 kodiert wird. (Auf die Problematik der Zweifachantwort wird hier nicht näher eingegangen.)

Dieser Text und seine richtigen Antwortmöglichkeiten eignen sich darüber hinaus zur Darlegung, wie die Art der textuellen Verknüpfung unterschiedlich beurteilt werden kann:

M2: Textuelle Verknüpfung

Ausprägung	Deskriptoren
0	sehr geläufige sprachliche Ausdrucksmittel der Verknüpfung (Konnektoren/Lexik)/im Text nicht vorhandener Aspekt auf Grund von Einzelstatement,
1	weniger geläufige Verknüpfungsmittel,
2	vorwiegend nichtgeläufige lexikalische Verknüpfungsmittel

Das Merkmal der textuellen Verknüpfung bezieht sich auf den sprachlichen Zusammenhalt der vorhandenen oder entstehenden Texte in den einzelnen Testitems. In Testitems mit nur einer englischen Äußerung kommt das Merkmal nicht zur Anwendung und wird mit 0 bewertet.

Es zeigt sich hier, dass die Antwort C auf Grund der in der Alltagssprache relativ häufigen Verwendung von „*I'd like…*" sowie „*as well*" durch geläufigere syntaktische und lexikalische Verknüpfungsmittel gekennzeichnet ist als Antwort D „*I'd rather have…*". Da es aber noch geläufigere Antwortmöglichkeiten gibt wie beispielsweise „*Me, too*" oder „*I'd like one, too*", wird die Antwort C mit 1 kodiert, während Antwort D mit 2 kodiert wird. Ein weiteres Beispiel für eine sehr geläufige textuelle Verknüpfung wäre beispielsweise eine Begrüßungsszene wie „*How are you?*" – „*I'm fine, thank you.*", die mit 0 kodiert wird.

Ein weiteres Merkmal zur Bewertung der Schwierigkeit stellt die folgende Fokussierung von Sprachfunktionen dar.

M3: Sprachfunktionen intuitiv erkennen bis reflektieren

Ausprägung	Deskriptoren
0	Es ist erforderlich, eine elementare, häufig verwendete Sprachfunktion im Text der Testitems zumindest intuitiv zu erkennen,
1	Es ist erforderlich, eine weniger geläufige Sprachfunktion im Text zumindest intuitiv zu erkennen,
2	Es ist erforderlich, ein sprachlich komplexeres oder breiteres Spektrum von Sprachfunktionen im Text zumindest intuitiv zu erkennen. Es ist erforderlich, eine Sprachfunktion im Text zu reflektieren.

In Beispielen mit nur einer englischen Äußerung und deutscher Kontextbeschreibung oder einer gedanklichen Fortführung in den Distraktoren bezieht sich das Merkmal auf den gedanklichen Zusammenhang zwischen der englischen Äußerung und der Kontextbeschreibung, bzw. der Fortführung in den Distraktoren;

Bezogen auf eine Begrüßungsszene wie „*How are you?*" – „*I'm fine, thank you,*" kann festgestellt werden, dass es hier auf Grund der Verwendungshäufigkeit in der Umgangssprache kaum nötig ist, sich Gedanken zu machen, um welche Sprachfunktion (Begrüßung/sprachliche Kontaktaufnahme) es sich handelt. Die Kodierung ist daher 0. Bei einer analogen Begrüßungsszene wie „*How have you been lately?*" – „*Couldn't be better,*" ist es auf Grund der sprachlich weniger geläufigen Äußerungen erforderlich, die Sprachfunktion zu erkennen. Hier wird daher mit 1 kodiert. Hinzu kommt, dass mehr oder weniger eindeutige Distraktoren in die Überlegungen einzubeziehen sind. Eine Aufgabe wird für noch schwieriger gehalten, wenn wie in dem Text BEFORE LUNCH die richtige Sprachfunktion *I'd rather have a burger and fries* mit idiomatisch geprägten und/oder inhaltlich komplexeren Distraktoren in Bezug zu setzen ist, so dass ein genaueres Verständnis der Sprachfunktionen erforderlich ist. Dies trifft auf die Distraktoren *Never mind* und *I didn't like a sandwich* zu. Hier wird daher mit 2 kodiert.

M4: Sprachliche Transfermöglichkeit auf der Basis von Vorerfahrungen

Ausprägung	Deskriptoren
0	Transfermöglichkeit von L1/(L2),
1	eingeschränkter Transfer,
2	Interferenzanfälligkeit

Das Merkmal der sprachlichen Transfermöglichkeit bezieht sich darauf, in welchem Maße die sprachliche Angemessenheit der vorhandenen oder entstehenden Texte in den einzelnen Testitems parallel zu Vorerfahrungen z.B. mit entsprechenden deutschen Texten zu bewerten sind.

In Beispielen mit nur einer englischen Äußerung und deutscher Kontextbeschreibung oder einer gedanklichen Fortführung in den Distraktoren bezieht sich das Merkmal auf den gedanklichen Zusammenhang zwischen der englischen Äußerung und der Kontextbeschreibung, bzw. der Fortführung in den Distraktoren.

Bei dem Aufgabenmerkmal M4 wird bewertet, wie stark unter anderem muttersprachliche Vorerfahrungen beispielsweise aus den Bereichen der Höflichkeit, des Stils und der Ausdrucksweise dazu beitragen können, sprachliche Verhaltensweisen als angemessen oder nicht angemessen einordnen zu können. So wäre die Begrüßung eines Schulleiters mit „*Good morning, Mr Headmaster*" auf Grund der andersartigen Regelung im Deutschen mit 2 zu kodieren, da ein positiver Transfer nicht stattfinden kann.

M5: Grad der erforderlichen Interpolation bei Aufgabenlösung

Ausprägung	Deskriptoren
0	in geringem,
1	stärkerem,
2	starkem Umfang

Das Merkmal der Interpolation bezieht sich darauf, in welchem Maße es die Aufgabenstellung nötig macht, bei der Lösung einer Aufgabe im Text und den Antwortmöglichkeiten hin und her zu gehen, um die Zusammenhänge zu erkennen. In dem Beispiel oben ist es bei der Lösung der Aufgabe erforderlich, zwischen den vier Antwortmöglichkeiten und dem Kurztext davor hin- und her zu gehen, um zu prüfen, welche Möglichkeiten am ehesten passen. Da in anderen Aufgaben noch zahlreichere Antwortmöglichkeiten in Betracht zu ziehen sind, wird hier der Wert 1 gegeben.

Skalenbeschreibung

Um eine Kompetenzskala für Sprachbewusstheit Soziopragmatik zu entwickeln, wurden die Aufgabenmerkmale aller Testaufgaben (*Items*) mit Hilfe von linearen Regressionsanalysen daraufhin untersucht, in welchem Maße sie einen Einfluss auf die empirischen Schwierigkeitswerte ausüben. Für den Bereich der Sprachbewusstheit Soziopragmatik erwies sich ein Modell mit den Merkmalen Inhaltliche Kohärenz (M1), Textuelle Verknüpfung (M2), Sprachfunktionen erkennen bis reflektieren (M3) und Sprachliche Transfermöglichkeit (M4) als geeignet, um die beobachteten Unterschiede in den Aufgabenschwierigkeiten zu erklären. Das Merkmal Grad der erforderlichen Interpolation (M5) mit seinem Bezug auf das Testformat leistet bei Berücksichtigung der übrigen Merkmale keinen weiteren Beitrag zur Erklärung der Aufgabenschwierigkeiten. In Tabelle 1 sind die im endgültigen Modell resultierenden Regressionsgewichte der genannten Aufgabenmerkmale dargestellt. Das Regressionsmodell erklärt mit $R^2 = .87$ den größten Teil der beobachteten Unterschiede zwischen den Aufgabenschwierigkeiten. Es ist hierbei jedoch zu berücksichtigen, dass die Anzahl der Aufgaben in Sprachbewusstheit Soziopragmatik verglichen mit anderen DESI-Tests gering ist. Es war daher zu erwarten, dass die

Unterschiede zwischen den Aufgabenschwierigkeiten mit einer relativ großen Anzahl von Aufgabenmerkmalen sehr gut beschrieben werden können.

Tabelle 1: Regressionsgewichte bei der Vorhersage der Aufgabenschwierigkeiten in Sprachbewusstheit Soziopragmatik mit den Aufgabenmerkmalen M1, M2, M3 und M4 (R^2 = .87).

Merkmale		Regressionsgewicht	Standardfehler	Irrtumswahrscheinlichkeit
Regressionskonstante		-0.849	0.336	.028
M1	Inhaltliche Kohärenz	0.844	0.394	.055
M2	Textuelle Verknüpfung; Ausprägung 1	0.788	0.473	.124
M2	Textuelle Verknüpfung; Ausprägung 2	0.803	0.779	.325
M3	Sprachfunktionen erkennen bis reflektieren; Ausprägung 1	0.162	0.473	.739
M3	Sprachfunktionen erkennen bis reflektieren; Ausprägung 2	1.334	0.646	.063
M4	Sprachliche Transfermöglichkeit; Ausprägung 1	0.534	0.410	.219
M4	Sprachliche Transfermöglichkeit; Ausprägung 2	1.533	0.340	.001

Niveaus und Schwellen

In einem weiteren Schritt wurden charakteristische Merkmalsausprägungen genutzt, um Kann-Beschreibungen (analog zu den *CAN-DO* Beschreibungen des Europäischen Referenzrahmens) im Sinne von Schwellenwerten für die Bestimmung von Kompetenzniveaus zu entwickeln. Schwellenwerte geben jeweils an, welche Merkmalsausprägung für den Übergang von einem Kompetenzniveau zum nächst höheren entscheidend ist. Auf Basis der Regressionsanalyse wird jeder Testaufgabe ein Wert entsprechend ihrer erwarteten Schwierigkeit zugewiesen, der sich aus der Summe der Regressionsgewichte ihrer Merkmalsausprägungen ergibt. Diese erwarteten Aufgabenschwierigkeiten für bestimmte Merkmalskombinationen wurden herangezogen, um die Schwellen zwischen den Kompetenzniveaus zu definieren (vgl. Hartig in diesem Band).

Die Kompetenzskala Sprachbewusstheit Soziopragmatik Englisch wurde in drei Niveaus (*KNA-C*) unterteilt, deren Schwellenwerte durch die Aufgabenmerkmale M1, M2, M3, M4 bestimmt werden (siehe Tabelle 1). Das Merkmal M5 (Interpolation bei der Aufgabenlösung erforderlich) kann zusätzlich bei der Beschreibung der Niveaus berücksichtigt werden, ist jedoch für die Schwellenwertbestimmung nicht relevant.

In Tabelle 2 sind die Kompetenzniveaus mit den zugrundeliegenden Merkmalskombinationen und erwarteten Schwierigkeiten dargestellt.

Tabelle 2: Schwellenwerte und Merkmalskombinationen der Kompetenzniveaus in Sprachbewusstheit Soziopragmatik. Die schattierten Felder zeigen an, auf welchem Niveau eine Merkmalsausprägung erstmalig auftritt.

Niveau	Logit	M1	M2	M3	M4
KN A	-0.85	0	0	0	0
	-0.69	0	0	1	0
KN B	-0.15	0	0	1	1
	0.10	0	1	1	0
KN C	1.48	1	1	1	1
	2.67	1	2	2	1

Legende
Logit: Erwarteter Schwierigkeitswert der Aufgaben mit der angegebenen Merkmalsausprägung
M1 Inhaltliche Kohärenz
M2 Textuelle Verknüpfung
M3 Sprachfunktionen erkennen bis reflektieren
M4 Sprachliche Transfermöglichkeit

Der Übergang vom ersten zum zweiten Niveau ist dadurch gekennzeichnet, dass das vertraute Vorwissen (beispielsweise aus der Muttersprache oder einer Zweitsprache) den Schülerinnen und Schülern weniger hilft, soziopragmatische Regelungen des Englischen zu erkennen. Von daher gestalten sich Fragen der Angemessenheit von Sprache schwieriger. Beim Übergang zum dritten Niveau ist die Textkohärenz komplexer und trägt dazu bei, dass der textuelle Zusammenhang schwieriger zu erkennen ist. Innerhalb der Niveaus lassen sich zusätzliche Merkmalskombinationen feststellen, die zu einer weiteren Differenzierung der Niveaus beitragen.

Die Kompetenzniveaus Sprachbewusstheit Soziopragmatik

Die charakteristischen Merkmalsausprägungen der Schwierigkeitsbeschreibungen von Soziopragmatik finden sich in den Niveaus als Kann-Beschreibungen wieder. Hierbei sind die Aufgabenmerkmale auf "*real world tasks*" generalisiert. Folgende Niveaus wurden empirisch abgesichert entwickelt:

Kompetenzniveau A – Ist fähig sprachliches Handeln zu durchschauen, wenn Handlungsablauf und textuelle Verknüpfungsmittel durch vergleichbare Texte vertraut sind.

Kompetenzniveau B – Ist fähig sprachliches Handeln zu durchschauen, auch wenn die Art des Handlungsablaufs und vorhandene textuelle Verknüpfungsmittel es notwendig machen, spezifisch fremdsprachliches Handlungswissens einzusetzen.

Kompetenzniveau C – Ist fähig sprachliches Handeln zu durchschauen, auch wenn der inhaltliche Zusammenhang stärker eigenes Erschließen erfordert. Zusätzlich kann es nötig sein, muttersprachlich bedingte Missverständnisse zu bewältigen und spezifisch fremdsprachliches Handlungswissen erschließend einzusetzen. Ausgewählte Aufgabenbeispiele verdeutlichen, wie die entwickelten Sprachbewusstheitsaufgaben zur Soziopragmatik konkret aussehen, wenn sie den Anforderungsausprägungen der Schwellenwerte auf den drei Kompetenzniveaus entsprechen.

Beispiel Kompetenzniveau A

M1	M2	M3	M4	M5
0	0	0	0	1

Begrüßungsszene in einer Firma 1
Frank: Good morning, Kate.
Kate: Hello, Frank. It's good to see you. How are you?
Frank: A ☐ Fantastic! I just got a new job.
B ☐ I'm O.K.
C ☐ I'm fine, thanks. And you?
D ☐ Couldn't be better.
Kate: I'm O.K. See you later.

In diesem Testitem haben die Schülerinnen und Schüler eine der vier Antwortmöglichkeiten auszuwählen. Dabei kommt die Textkohärenz ebenso zum Zuge wie die Art der Verknüpfung und die Vertrautheit mit der Textsorte. Antwort C ist durch Paralleltexte so geläufig, der Textzusammenhang so vertraut, dass damit das erste Kompetenzniveau zutreffend erfasst wird.

Beispiel Kompetenzniveau B

M1	M	M3	M4	M5
0	0	1	1	1

WAS SAGST DU IN FOLGENDER SITUATION?
Du erledigst deine Einkäufe auf einem Wochenmarkt in Edinburgh (Schottland). Nachdem du viel Obst eingekauft hast, packt der Obst- und Gemüsehändler noch einige Zwiebeln und Karotten oben drauf.

Shop keeper:
Here's something else. And you can make a tasty soup with these.

You: Was würdest du antworten? Welche Antwort passt wohl am besten? Kreuze A, B, C oder D an. (Nur ein Kästchen ist richtig).
A ☐ Thank you. But I don't like onions.
B ☐ Thanks anyway.
C ☐ That's lovely, thanks a lot.
D ☐ Is that usual in Scotland?

Bei der Lösung dieser Aufgabe (Antwort C) werden die Schülerinnen und Schüler aufgefordert, sich in eine Einkaufsituation in Schottland zu versetzen. Vorerfahrungen aus ihnen vertrauten Kontexten und Paralleltexten können ihnen dabei durchaus helfen; sie können jedoch nicht ungeprüft vertraute Handlungsmuster übertragen. Das Aufgabenmerkmal M4 (Sprachliche Transfermöglichkeit auf der Basis von Vorerfahrungen) mit dem Wert 1 bildet hier den Schwellenwert zum nächst höheren Kompetenzniveau. Es ist zusätzlich wie auf dem etwas höheren Niveau innerhalb von *KN A* erforderlich, die Sprachfunktionen präziser zu erkennen, zumal die Distraktoren Anlass zum Nachdenken geben.

Beispiel Kompetenzniveau C

M1	M2	M3	M4	M5
1	2	2	1	1

Situation 2

BEFORE LUNCH

Du reagierst auf eine Äußerung deines Freundes/deiner Freundin. Dabei kannst du dich **zustimmend** (z.B. „ich auch") oder auch **nicht zustimmend** (z.B. „ich nicht") ausdrücken. Wähle die am besten passenden Aussagen (A, B, C oder D) ...aus. Es gibt jeweils **zwei Lösungen**. ...

Friend: I'd like a ham and cheese sandwich.
You:
    A ☐ Never mind!
    B ☐ I didn't like a sandwich.
    C ☐ I'd like one as well.
    D ☐ I'd rather have a burger and fries.

Dies ist eine Aufgabe im oberen Bereich von *KN C*, sofern Antwort D auszuwählen ist – die ebenfalls zutreffende Antwort C gehört dagegen zu *KN B*, wie aus den Ausführungen oben ersichtlich ist. Der komplexere Textzusammenhang von Antwort D (Aufgabenmerkmal M1: Inhaltliche Kohärenz) definiert hier den Schwellenwert im Übergang von *KN B* zu *C*. Zugleich ist diese Aufgabe hinsichtlich der Aufgabenmerkmale M2 (Textuelle Verknüpfung) und M3 (Sprachfunktionen intuitiv erkennen bis reflektieren) stark ausgeprägt und macht sie daher für die Schülerinnen und Schüler zu einer insgesamt schwierigen Aufgabe.

Abschließende Bemerkungen

Die Schülerinnen und Schüler wurden zu Anfang des 9. Schuljahrs mit dem Test Sprachbewusstheit Soziopragmatik konfrontiert. Auf Grund ihrer vielfältigen Vorerfahrungen im Sprachhandeln und angesichts der Pilotierungsergebnisse wurde erwartet, dass dieser Test ihnen die Möglichkeit geben würde, in größerem Umfang ihre

Vorerfahrungen positiv einzusetzen, während für den Bereich der Sprachbewusstheit Grammatik die Erwartungen eher niedriger angesetzt wurden.

Sprachbewusstheit: Grammatik

Sprachbewusstheit im Bereich der Grammatik ist ein Konzept kognitivistischer Sprachlerntheorien. Es sollte nicht mit einer Rückkehr zu sehr traditionellen Unterrichtsmethoden im Fremdsprachenunterricht verwechselt werden. Es ist ferner nicht als ein Plädoyer für mehr Grammatikunterricht in den Schulen misszuverstehen. G. Zimmermann hat schon 1984 belegt, dass in Deutschland der Grammatik im Unterricht ein übermäßiger Stellenwert beigemessen wird (vgl. Zimmermann 1984). Sprachbewusstheit in dem hier verstandenen Sinne ist vielmehr eingebettet in einen kommunikativen Sprachlehr- und lernkontext. Es trägt zu einer lernstrategischen Fähigkeit der Schülerinnen und Schüler bei, insofern sie zu mehr Eigenkorrektur befähigt werden. (*Siehe die Ausführungen zu Sprachbewusstheit Deutsch und Englisch in diesem Band*).

Messkonzept

Das Messkonzept Sprachbewusstheit Grammatik ist darauf ausgerichtet festzustellen, in welchem Ausmaß Schülerinnen und Schüler imstande sind, grammatische Regelungen des Englischen, die zumindest intuitiv verfügbar sind, abzurufen und einzusetzen, um gegebenenfalls sprachliche Verstöße in curricular vertrauten Bereichen der Grammatik zu erkennen und zu korrigieren. Die Fähigkeit zur Sprachreflexion wird dabei als hilfreich im Sinne eines inneren Monitors (vgl. Ellis 1990, in teilweisem Gegensatz zu Krashen 1985) betrachtet. Da jedoch ein Schwerpunkt auf der sprachlichen Korrekturfähigkeit liegt, die stärker vom Wissen des Sprachgebrauchs oder des Sprachgefühls abhängt, ist Sprachreflexion keine unabdingbare Voraussetzung für eine ausgeprägte Sprachbewusstheit im Bereich der Grammatik.

Die Sprachbewusstheit im Sinne der Fähigkeit zur Fehlererkenntnis setzt allerdings voraus, dass die Schülerinnen und Schüler selbst zur Erkenntnis gelangen können, ob eine grammatisch fehlerhafte Äußerung vorliegt oder nicht. Auf Grund der Erfahrungen in der Pilotierungsphase wurde es für notwendig erachtet, diese Kompetenz der selbständigen Fehleridentifizierung durch eine eingeschränkte Fähigkeit zu ergänzen. Danach wird nur erwartet, dass die Schülerinnen und Schüler eine fehlende grammatische Form aus einer Anzahl von Alternativen auswählen und ergänzen können. Der Aspekt der Sprachbewusstheit reduziert sich dadurch bei den entsprechenden Testaufgaben auf ein Minimum.

Testkonstrukt Sprachbewusstheit Grammatik

Im Testkonstrukt Sprachbewusstheit Grammatik Englisch werden curriculare Gesichtspunkte zentral berücksichtigt. Es kommen sowohl Formen und Strukturen vor, die schon sehr früh als auch relativ kurz vor der Durchführung des Tests im Lehrplan vorgesehen sind. Folgende grammatische Lerngegenstände werden dementsprechend vorausgesetzt: Gebrauch von *Determiners* wie Artikel und *some/any*, Tense und Aspekt, Passiv, Modalverben, Wortstellung, Adverb, Nebensätze wie Relativsatz, If-Sätze, Vergleichssätze und Infinitivkonstruktionen.

Im Mittelpunkt stehen die Fähigkeiten,
- die Sprachrichtigkeit und gegebenenfalls die Fehlerhaftigkeit in vorgegebenen grammatischen Strukturen zu erkennen,
- die Fehler zu lokalisieren und zu korrigieren.

Darüber hinaus wird die Fähigkeit erfasst,
- fehlende grammatische Formen zu erkennen und mit Hilfe von vorgegebenen Alternativen zu ergänzen.

Das Sprachbewusstheitskonstrukt Englisch ist demnach insgesamt stärker an der Fähigkeit ausgerichtet, sich sprachlich-formal und sprachlich-kommunikativ selbst korrigieren zu können. Es ist weniger bedeutsam, die sprachlichen Regelungen bewusst zu durchschauen und in Regeln fassen zu können.

Der Aufgabenpool Englisch Grammatik

Der Test zu Sprachbewusstheit Grammatik besteht aus 17 Testaufgaben. Zwei Testformate kommen dabei zur Anwendung. 13 Aufgaben verlangen eine Entscheidung darüber, ob in den Äußerungen an jeweils drei angegebenen Stellen ein Fehler vorliegt. Ferner soll festgestellt werden, an welcher Stelle gegebenenfalls der Fehler liegt, und er soll korrigiert werden. In diesen Aufgaben werden somit bei der Auswertung jeweils zwei Werte gegeben, wenn ein Fehler vorhanden ist; denn der Fehler ist nicht nur zu erkennen, sondern auch zu korrigieren. Fehlerkorrektur zählt dabei zu den schwierigen Lösungsprozessen. Vier Aufgaben gehören zum Typ Multiple-Choice mit dazugehörigem Lückentext. Die 13 Aufgaben sind im engeren Sinne auf Sprachbewusstheit ausgerichtet, während die vier übrigen Aufgaben nur ansatzweise Sprachbewusstheit testen, wie oben dargelegt wurde.

Testdurchführung

Der Test wurde zum zweiten Testzeitpunkt durchgeführt. Insgesamt standen den Schülerinnen und Schülern 20 Minuten zur schriftlichen Bearbeitung zur Verfügung.

Aufgabenmerkmale

Unterschiedliche Arten des Sprachwissens werden im Testinstrument zu Sprachbewusstheit berücksichtigt und durch die Testaufgaben mit ihren Aufgabenmerkmalen operationalisiert.

Sieben schwierigkeitsbestimmende Aufgabenmerkmale wurden mit einer meist dreifachen Abstufung entwickelt und empirisch überprüft. In einigen Fällen ergab die Analyse der Aufgaben, dass eine nur zweifache Abstufung ausreicht. Drei Merkmale qualifizieren die Aufgaben in linguistischer Hinsicht (M1, M2, M3), ein Merkmal fokussiert einen Aspekt des inneren Lösungsprozesses (M4), eines den Lösungsprozess der Aufgabe (M6), ein Merkmal richtet das Augenmerk auf den Zeitpunkt der unterrichtlichen Einführung der grammatischen Strukturen (M5) und ein weiteres Merkmal (M7) berücksichtigt einen Aspekt der Aufgabenstellung. Im Folgenden werden die sieben Merkmale näher beschrieben:

M1: Semantische Funktion

Die semantische Funktion ist unterschiedlich deutlich eine Voraussetzung für den Lösungsprozess. Wenn sie stark lexikalisiert auftritt, stellt sie kein „Hindernis" für die Lösung grammatischer Phänomene dar. Wenn sie abhängig von syntaktischen Regelungen oder kontextuellen Signalen bestimmt wird, müssen diese zunächst erkannt werden, damit die Aufgabe gelöst werden kann.

Ausprägung	Deskriptoren
0	Semantik stark lexikalisiert
1	Semantik abhängig von Syntax
2	Semantik abhängig von kontextuellen Signalen (*fuzzy*)

M2: Morphologisch-syntaktische Aspekte

von *Verb, determiner, noun, pronoun, pro-forms, adverb*:

Ausprägung	Deskriptoren
0	einfache
1	komplexere Regelungen

Zu den einfachen Regelungen wurden beispielsweise *many + people*, Relativpronomen *thing + which/that...* gerechnet, während Regelungen wie das Passiv (*something was taken/was taking*) als komplexer eingestuft wurden.

M3: Syntaktische Aspekte

(*complementation of verb/subordination*):

Ausprägung	Deskriptoren
0	einfache
1	komplexere Regelungen

Hier wurde beispielsweise eine Struktur wie *want s.o. to do ...* als komplexer eingestuft als eine Komparativstruktur wie *heavier than that*.

M4: Transfer bis Interferenz
(Einfluss von L1- oder L2-Regelungen):

Ausprägung	Deskriptoren
0	eher positiv,
1	sowohl positiv als auch negativ,
2	eher negativ

M5: Zeitpunkt der curricularen Einführung

Ausprägung	Deskriptoren
0	früher Zeitpunkt, (5.-6. Klasse)
1	etwas zurückliegend (7. Klasse),
2	vor kürzerer Zeit (8.-9. Klasse)

M6: Erforderliche Lösungsprozesse

Ausprägung	Deskriptoren
0	Auswählen einer passenden Form für eine Satzlücke
1	Erkennen von ggf. ungrammatischen Formen
2	Korrigieren von ggf. ungrammatischen Formen

M7: Aufgabenstellung eng oder weit
In der jeweiligen Aufgabe werden unterschiedlich viele Bereiche der Grammatik fokussiert.

Ausprägung	Deskriptoren
0	eher Konzentration auf einen grammatischen Bereich,
1	mehrere grammatische Bereiche kommen vor.

Die einzelnen Aufgabenmerkmale haben unterschiedliche Funktionen für die Entwicklung einer Kompetenzskala zur Sprachbewusstheit Grammatik, wie die folgenden Ausführungen belegen.

Skalenbeschreibung

Um eine Kompetenzskala für Sprachbewusstheit Grammatik zu entwickeln, wurden die empirischen Daten zu den Aufgabenmerkmalen aller Testaufgaben statistisch ausgewertet. Mittels Regressionsanalysen wurde untersucht, inwieweit sich die Aufgabenschwierigkeiten durch die Aufgabenmerkmale erklären lassen. Es stellte sich heraus, dass sich bereits durch drei der sieben Merkmale der größte Teil der Unterschiede in den Aufgabenschwierigkeiten aufklären lassen ($R^2 = .80$). Die in dieses Modell einbezogenen Merkmale sind Morphologisch-syntaktische Aspekte (M2), Transfer bis Interferenz (M4) und Erforderliche Lösungsprozesse (M6), wobei bei M4 und M6 lediglich berücksichtigt wurde, ob eine Aufgabe hinsichtlich dieser Merkmale als schwer eingestuft worden war. Es ist dabei nicht zu übersehen, dass ein linguistisches Merkmal und zwei Merkmale zum Lösungsprozess zu diesen drei Merkmalen zählen. Die übrigen Merkmale tragen bei Berücksichtigung dieser drei Merkmale nur unwesentlich zur Erklärung der Aufgabenschwierigkeiten bei. In Tabelle 3 sind die im Regressionsmodell resultierenden Gewichte der drei vorhersagestärksten Aufgabenmerkmale aufgelistet.

Tabelle 3: Regressionsgewichte bei der Vorhersage der Aufgabenschwierigkeiten in Sprachbewusstheit Grammatik mit den Aufgabenmerkmalen M2, M4 und M6 (R^2 = .80).

Merkmale		Regressionsgewicht	Standardfehler	Irrtumswahrscheinlichkeit
Regressionskonstante		-1.69	0.37	< .001
M2	Morphologisch-syntaktische Aspekte	2.81	0.42	< .001
M4	Transfer bis Interferenz; Ausprägung 2	1.39	0.33	< .001
M6	Erforderliche Lösungsprozesse; Ausprägung 2	0.83	0.34	.023

Niveaus und Schwellen

In einem weiteren Schritt wurden charakteristische Merkmalsausprägungen genutzt, um Kann-Beschreibungen (analog zu den *CAN-DO* Beschreibungen des Gemeinsamen Europäischen Referenzrahmens) für die Bestimmung von Kompetenzniveaus zu entwickeln. Zur Definition der Schwellen zwischen den Niveaus wurden die erwarteten Schwierigkeiten aus dem Regressionsmodell verwendet. Die Kompetenzskala Sprachbewusstheit Grammatik Englisch wurde in vier Niveaus (*KN A-D*) unterteilt, deren Schwellenwerte durch die Aufgabenmerkmale M2, M4, M6 bestimmt werden. Die Merkmalskombinationen und erwarteten Schwierigkeiten der Niveaus sind in Tabelle 4 dargestellt.

Tabelle 4: Schwellenwerte und Merkmalskombinationen der Kompetenzniveaus in Sprachbewusstheit Grammatik. Die schattierten Felder zeigen an, auf welchem Niveau eine Merkmalsausprägung erstmalig auftritt. Merkmalsausprägungen in Klammern sind bei der Schätzung der erwarteten Schwierigkeiten im Regressionsmodell nicht mit einbezogen.

Niveau	Logit	M2	M4	M6
KN A	-1.69	0	0	0
	-0.29	0	2	(1)
	0.54	0	2	2
KN B	1.13	1	0	(1)
	1.13	1	(1)	(1)
KN C	1.96	1	0	2
	1.96	1	(1)	2
	2.52	1	2	(1)
KN D	3.35	1	2	2

Legende

Logit: Erwarteter Schwierigkeitswert der Aufgaben mit der angegebenen Merkmalsausprägung

M2 Morphologisch-syntaktische Aspekte

M4 Transfer bis Interferenz

M6 Erforderliche Lösungsprozesse

Der Übergang vom ersten zum zweiten Niveau ist durch eine komplexere Morphosyntax in der fokussierten Grammatik (M2) und darüber hinaus auch durch den Lösungsweg des Fehlererkennens (M6) gekennzeichnet. Die Schwelle zu *KN C* ist markiert durch die Ausprägungen der Aufgabenmerkmale M2 und M6 (komplexere Morphosyntax in Verbindung mit Fehlerkorrektur als Lösungsprozess), während der Übergang zu *KN D* durch drei Merkmale geprägt ist (M2, M4, M6: komplexere Morphosyntax in Verbindung mit Interferenzanfälligkeit und Fehlerkorrektur als Lösungsprozess).

Es ist auffallend, dass in *KN A* Ausprägungen auftreten, die nur im Zusammenhang einer einfachen Morphosyntax verständlich sind. Hierzu zählt eine fehlerhafte Struktur wie *the thing who...* im Relativsatz. Sie gehört zu den Strukturen im Englischunterricht, die besonders intensiv geübt und korrigiert werden. In *KN C* wird besonders deutlich, dass es auch auf höheren Kompetenzniveaus unterschiedliche Merkmalsausprägungen gibt.

Die Kompetenzniveaus Sprachbewusstheit Grammatik Englisch

Kompetenzniveau A: Kann im Bereich einfacher morphologisch-syntaktischer Regelungen (*Determiners,* Relativpronomen) Fehler erkennen, wenn deutliche Hinweise gegeben werden. Kann partiell Fehler korrigieren, wenn sich diese auf besonders vertraute Strukturen (*who/which*) beziehen.

Kompetenzniveau B: Kann im Bereich komplexerer morphologisch-syntaktischer (Verbformen, Modalverb, Verb in indirekter Rede) sowie syntaktischer Regelungen (Wortstellung) selbständig Fehler erkennen, vermag sie allerdings nur sehr partiell zu korrigieren.

Kompetenzniveau C: Kann im Bereich komplexerer morphologisch-syntaktischer sowie syntaktischer Regelungen selbständig Fehler korrigieren, wenn die entsprechenden Regelungen der Erstsprache (gegebenenfalls auch der Zweitsprache) parallel liegen. Wenn diese Regelungen nicht parallel liegen (z.B. *Comparison*, Komplementierung des Verbs, *Tense* und *Aspect*), können die Fehler zwar erkannt, jedoch nur sehr partiell korrigiert werden.

Kompetenzniveau D: Kann Fehler in komplexeren syntaktischen Regelungen sowie im Bereich von *Tense* und *Aspect* korrigieren, auch wenn die entsprechenden Regelungen der Erstsprache (gegebenenfalls der Zweitsprache) nicht parallel liegen.

Itembeispiele

Ausgewählte Aufgabenbeispiele (*test items*) verdeutlichen, wie die entwickelten Sprachbewusstheitsaufgaben zur Grammatik konkret aussehen, wenn sie den Anforderungsausprägungen der Schwellenwerte auf den vier Kompetenzniveaus entsprechen.

Beispiel Kompetenzniveau A

M1	M2	M3	M4	M5	M6	M7
1	0	0	0	1	0	0

Fehlt hier nicht etwas?
Vervollständige die folgenden Sätze, indem du eine der vier vorgegebenen Möglichkeiten ankreuzt. Nur eine Möglichkeit ist jeweils richtig.

    I have _____money.

- ☐ every
- ☐ a lot of
- ☐ a few
- ☐ any

Das Beispiel mit seiner Lösung *a lot of* verdeutlicht, dass hier nur sehr rudimentär Sprachbewusstheit gefordert ist, wie dies oben im Messkonzept erläutert wurde. In den Aufgabenmerkmalen wird ersichtlich, dass die Werte generell relativ niedrig ausfallen, wobei jedoch die Merkmale zur Schwellenwertbestimmung (M2, M4, M6) besonders relevant sind.

Beispiel Kompetenzniveau B

M1	M2	M3	M4	M5	M6	M7
2	1	1	0	0	1	1

Anweisungen für 13 Aufgaben:

Kannst Du in den folgenden Äußerungen sprachliche Fehler entdecken?
So gehst Du vor:
- Zuerst überlege, ob du in dem Kurztext der Aufgabe einen sprachlichen Fehler entdeckst. Der Fehler kann nur in einem der mit A, B oder C markierten Teile stecken.
- Wenn du meinst, dass alles richtig ist, kreuze das Richtig-Kästchen an und gehe weiter zur nächsten Aufgabe.
- Wenn Du einen Fehler entdeckst, kreuze eines der Kästchen A, B oder C an, um zu zeigen, wo der Fehler steckt. Dann verbessere den Fehler im Korrekturkasten.

Aufgabe:
Sue: "Justin Timberlake is coming to town. Who [A] want to see him?"
Harry: "We all [B] do. Please [C] don't forget to find out when he is playing!"

Hier ist der Fehler in A zu erkennen. Eine erfolgreiche Korrektur ist auf diesem Niveau noch nicht generell zu erwarten: Daher erscheint M6 mit dem Wert 1 in der Auflistung der Aufgabenmerkmale. Das Beispiel zum Niveau *KN B* ist damit vor allem durch die Kombination M2 und M6 festgelegt (eine komplexere Morphosyntax in der fokussierten Grammatik und der Lösungsweg des Fehlererkennens).

Beispiel Kompetenzniveau C

M1	M2	M3	M4	M5	M6	M7
2	1	1	0	0	2	1

Die *Aufgabe von KN B oben* wird auf dem Niveau *KN C* zusätzlich richtig korrigiert (Siehe M6). Somit wird der Übergang zum Niveau *KN C* durch die Kombination der Aufgabenmerkmale M2 und M6 (komplexere Morphosyntax in Verbindung mit Fehlerkorrektur als Lösungsprozess) charakterisiert.

Beispiel Kompetenzniveau D

M1	M2	M3	M4	M5	M6	M7
0	1	1	2	2	2	1

Sue: "[A] Did you hear that? She [B] wants that we work ten hours today. [C] Isn't that crazy?"

Hier ist der Fehler in B in der gleichen Weise zu erkennen und zu korrigieren wie auf dem Niveau *KN C*. Zusätzlich kommt hier zum Tragen, dass die Struktur *want s.o. to do ...* besonders interferenzanfällig ist. Damit wird das entscheidende Merkmal (M4) für dieses Niveau deutlich.

Abschließende Bemerkungen

Ein Vergleich der beiden Tests zur Sprachbewusstheit Englisch macht deutlich, dass es sich hier um zwei verschiedene Konstrukte handelt, in denen sich systemlinguistische und soziopragmatische Wissensanteile des sprachlichen Lernprozesses von Schülerinnen und Schülern im Englischunterricht widerspiegeln. Es sind nicht die Testformate, die für die Verschiedenheiten verantwortlich gemacht werden können. Vor allem die Aufgabenmerkmale und die Schwellenwerte verweisen auf klare Unterschiede, teilweise auch auf Gemeinsamkeiten. Sie machen die Besonderheiten der beiden Bereiche von Sprache, die hier im Mittelpunkt stehen, besonders verständlich.

Literatur

Biber, D. (1989): A typology of English texts. In: Linguistics 27, S. 3-43.
Brown, P./Levinson, S. (1987): Politeness. Cambridge: Cambridge University Press.
Ellis R. (1990): Instructed second language acquisition. Learning in the classroom. Oxford: Blackwell.
Europarat (Hrsg.) (2001): Gemeinsamer europäischer Referenzrahmen für Sprachen: Lernen, Lehren, Beurteilen. Berlin: Langenscheidt.
Krashen, S.D. (1985): The input hypothesis: issues and implications. New York: Longman.
Johnstone, B. (2002): Discourse Analysis. Malden, Oxford: Blackwell Publishers.
McKay, S.L./Hornberger, N.H. (1996): Sociolinguistics and language teaching. Cambridge: Cambridge University Press.
Norton, J. (2000): Politeness. In: Byram, M. (Hrsg.): Routledge Encyclopedia of language teaching and learning. London: Routledge, S. 472-475.
Rose, K.R./Kasper, G. (Hrsg.) (2001): Pragmatics in language teaching. Cambridge: Cambridge University Press.
Sornig, K. (2000): Stylistic variation. In: Byram, M. (Hrsg.): Routledge Encyclopedia of language teaching and learning. London: Routledge, S. 584-586.
Swales, J.M. (1990): Genre analysis: English in academic and research settings. Cambridge: Cambridge University Press.
Weber, J.J. (Hrsg.) (1995): The stylistics reader. From Roman Jakobson to the present. London: Arnold.
Zimmermann, G. (1984): Erkundungen zur Praxis des Grammatikunterrichts. Frankfurt a.M.: Diesterweg.

Günter Nold / John H. A. L. De Jong

Sprechen

Sprechen in der Fremdsprache Englisch basiert auf einer mündlich-produktiven Kommunikationskompetenz. Im Sprachgebrauch ist sie eng verbunden mit der rezeptiven Kompetenz des Hörverstehens, da Sprechen und Hören für Gesprächssituationen grundlegend sind. Die produktive Kompetenz entwickelt sich interaktiv durch die Verarbeitung und Aneignung eines Sprachangebots, wobei in DESI der Prozess des schulischen Fremdsprachenerwerbs im Vordergrund steht (vgl. Ellis 1991). So kommt es im unterrichtlichen Diskurs zu einem Zusammenspiel verschiedener sprachlicher Teilkomponenten (phonologisch, grammatisch, semantisch, textuell, sozio- und pragmalinguistisch) und allgemeinen Wissenselementen (Weltwissen in Form von beispielsweise Schemata und scripts). Dabei setzen die Schülerinnen und Schüler im Lernprozess unterschiedliche domänenspezifische Lernstrategien (vgl. Rampillon/ Zimmermann 1997; Oxford 1990; O'Malley/Chamot 1990) und im unterrichtlichen Sprachgebrauch bestimmte Kommunikationsstrategien ein (vgl. Kasper/Kellermann 1997).

In der Zweit- und Fremdsprachenerwerbsforschung wird entsprechend den theoretischen Grundkonzeptionen einerseits aus dem Bereich der lernpsychologischen und andererseits linguistisch-psycholinguistischen Richtung von unterschiedlichen Hypothesen ausgegangen. Drei große Strömungen haben dabei bis in neuere Zeit zur Theoriebildung beigetragen. Aus der behavioristischen Tradition stammen Ansätze nach dem *stimulus-response*-Modell, aus der kognitivistischen Tradition der Untersuchung von Lernersprache und Fehleranalyse die Interlanguage-Hypothese sowie sprachfunktionale und interaktive Ansätze. Die Tradition der mentalistischen Position in der Psycholinguistik und in neuerer Zeit des radikalen Konstruktivismus begründete die Hypothese der kreativen Konstruktion von Sprache (vgl. Brown 2000; Ellis 1994). Grob vereinfacht stehen diese theoretischen Ansätze für unterschiedliche Vorstellungen über die Steuerungsprozesse im unterrichtlichen Fremdsprachenlernprozess. Einerseits werden diese Prozesse für durch die Lehrperson steuerbar gehalten (behavioristisches Konzept). Andererseits wird die mehr aktive und eigenverantwortliche Rolle der Lerner betont. Die Vorstellung des aktiven Lerners stammt sowohl aus der Tradition der Interlanguage-Hypothese, in der die positiven Einflüsse des unterrichtlichen Lernens betont werden, als auch aus der mentalistischen Tradition, in der eher die außerunterrichtlichen oder so genannten natürlichen Prozesse des selbstgesteuerten Spracherwerbs in den Vordergrund gestellt werden. Auch wenn eine umfassende Theorie von unterrichtlichem Fremdsprachenerwerb noch nicht verwirklicht ist, so lässt sich dennoch deutlich erkennen, wie komplex die Entwicklung der produktiven Kommunikationskompetenz in den unterschiedlichen Facetten der sich entwickelnden Fremdsprache ist. Dies wird für das Sprechen noch deutlicher, wenn der Vorgang des Sprechens selbst näher beleuchtet wird.

Der Prozess des Sprechens ist gekennzeichnet durch ein Zusammenspiel von drei internen Hauptphasen der inhaltlich-sprachlichen Verarbeitung in einem aktuellen zeitlichen Rahmen (Levelt 1989; Poulisse 1997; Scovel 1998; Bygate 2000). Im Akt des Sprechens wird aus psycholinguistischer Sicht der Inhalt einer Mitteilung geplant (kurze, lange Äußerung[en]), die geplante Mitteilung wird versprachlicht (stilistisch, syntaktisch, lexikalisch) und als hörbare Mitteilung artikuliert. Außerdem ist im dialogischen Gespräch ständig mit Adaptationen an den Gesprächspartner oder die Partnerin zu rechnen (vgl. Johnstone 2002). In jeder dieser internen Phasen kann es zu Problemen kommen. Daher ist es nicht ungewöhnlich, wenn Sprecher auch in der Muttersprache zögern, sich verbessern oder korrigieren (vgl. Van Hest 1996). In der Fremdsprache sind die Probleme noch vielfältiger, da vor allem die Versprachlichung und Artikulation sowie die Adaptationsfähigkeit auf Grund der geringer ausgebildeten oder sich erst entwickelnden Sprachkompetenz sehr fehleranfällig sind.

Beim Sprechen in der fremdsprachlichen Testsituation kann in Einklang mit diesen Darstellungen einerseits mündliche Rede zum Gegenstand eines Tests gemacht werden. Es entsteht ein gesprochener Text, der als ein Ausdruck der sich entwickelnden mündlichen Sprachkompetenz der Schüler/innen verstanden wird. Das entsprechende Sprachprodukt kann in Hinsicht darauf analysiert werden, welche Redemittel verfügbar sind und ausreichen, um bestimmte Sprechakte im Diskurs thematisch, sprachlich und situationsbezogen angemessen zu verwirklichen. Andererseits können jedoch aus einer psycholinguistischen Perspektive sprachliche Teilkomponenten dieser mündlichen Sprachkompetenz in den Mittelpunkt eines Tests zum Sprechen gestellt werden. Die Teilkomponenten werden dabei als Teilfähigkeiten verstanden, die für das Sprechen grundlegend sind. Gewonnene Daten zu den sprachlichen Teilkomponenten geben als indirekte Indikatoren Aufschluss darüber, wie ausgeprägt die mündlich-produktive Kompetenz einer Testperson ist, um angemessen und effektiv sprechen zu können.

Im DESI-Test zum Sprechen wird sowohl ein kommunikativer als auch ein psycholinguistisch orientierter Weg beschritten. So werden einerseits kommunikative Gesprächselemente mit offenen Antwortmöglichkeiten verwendet und andererseits die sprachlichen Teilkomponenten der mündlich-produktiven Kommunikationskompetenz zum Gegenstand von Testaufgaben gemacht. Damit liegen den Testaufgaben einerseits ein kommunikatives Testkonzept und andererseits ein psycholinguistisches Modell der Sprechfähigkeit zu Grunde, wie die folgenden Darlegungen zeigen.

Messkonzept

Kompetenzen im Bereich des Sprechens werden mit dem computergesteuerten Testprogramm des SET-10 Tests (*www.ordinate.com*) erfasst. Dieses Programm kombiniert Testteile, die auf einem psycholinguistischen Testansatz beruhen, mit einem Testteil, der von einem kommunikativen Ansatz bestimmt ist.

Die psycholinguistisch orientierten Testaufgaben konfrontieren die Testpersonen mit konkreten Sprechanforderungen, die von ihnen in Echtzeit hörend und sprechend, jedoch ohne einen Kontextbezug zu bewältigen sind. Sie geben auf Grund ihres psycholinguistischen Ansatzes Aufschluss über entscheidende Komponenten der mündlichen Sprachkompetenz und prognostizieren nachweislich, in welchem Ausmaß die Testpersonen imstande sind, sich mit Sprechern des Englischen in normaler Sprechgeschwindigkeit verständlich und inhaltlich zusammenhängend zu verständigen. Mit den Teilkomponenten wird die Sprechfähigkeit dementsprechend indirekt erfasst. Inhaltlich sind dabei folgende Komponenten der mündlichen Sprechfähigkeit im Englischen im Spiel:

1. Kurzantworten geben;
2. Verständnis signalisieren;
3. Verfügbarkeit von lexikalischen Redemitteln;
4. Aktivierung von mehr oder weniger automatisierten grammatischen Redemitteln;
5. Phonetisch-phonologisch korrekte Artikulation;
6. Flüssigkeit der Rede.

Das computergesteuerte Testprogramm errechnet darüber hinaus für diesen Testteil automatisch Einschätzungen (*scores*) der Testleistungen in den Teilkomponenten (*subscores*) und erstellt zusätzlich eine Gesamteinschätzung (*total score*). Diese Einschätzungen sind auf die Niveaus der Sprechfähigkeit des Gemeinsamen Europäischen Referenzrahmens für Sprachen (GERS) abgestimmt (Europarat 2001).

Der kommunikative Testteil besteht aus Fragen mit offenen Antwortmöglichkeiten (Fragen ausführlich beantworten). Er ergänzt den psycholinguistisch orientierten Testanteil und validiert die automatische Leistungseinschätzung des Computerprogramms, indem hier auf der Basis der Niveaus des GERS ein eigenes Ratingverfahren von Experten durchgeführt wird, um die freien Antworten global einzuschätzen. Die Diskurskompetenz ist damit deutlich auch direkt im Test repräsentiert. Es wird in diesem Teil ein kohärenter interaktiver Text entworfen. In Ansätzen wird auch eine Adaptationsfähigkeit im Rahmen dieser Kompetenz verlangt (vgl. Johnstone 2002), insofern über die Äußerungsgrenze eines Sprechers die Kohärenz gewahrt werden muss. Nur die Initiative zum Sprecherwechsel und zum Bestimmen des Themas liegt nicht in der Hand der Testteilnehmer.

Bezogen auf ein mehr ganzheitliches Konzept von mündlicher Kommunikation werden im SET-10 Test insgesamt in Hinsicht auf Textsorten, Hörerbezug und Interaktionsform zusätzlich folgende Formen des Sprechens verwirklicht:
- Formen des monologischen Sprechens;
- Formen des interaktiven Sprechens.

Diesen Teilkompetenzen können jeweils Textsorten wie Durchsagen, Sportkommentare, Debatten, interpersonale Dialoge u.a. zugeordnet werden. Der Europäische

Referenzrahmen stellt hier eine reiche Sammlung von Beispielen zur Verfügung (vgl. Europarat 2001). Zusammenfassend lässt sich feststellen, dass aus theoretischer Sicht folgende spezifischen Komponenten im Messkonzept berücksichtigt werden:
- Phonetisch/phonologische Komponente (Aussprache, Akzent);
- Grammatische Komponente (Morphologisch-syntaktische Regelungen, Textgrammatik);
- Semantische Komponente (Bedeutung von Wort und von Wortverbindungen in größeren Einheiten);
- Sozio- und pragmalinguistische Komponente (Redeintentionen, Angemessenheit der Sprache in Sprechsituationen, Sprechen im Kontext verschiedener Textsorten).

Das Testkonstrukt Sprechen

Das Testkonstrukt zur Sprechkompetenz Englisch orientiert sich sowohl an pragmalinguistischen Modellen von sprachlichem Diskurs als auch an psycholinguistischen Theorien des Zusammenspiels von sprachlichen Teilkomponenten, die in Gesprächssituationen zum Tragen kommen. Die Situationen der Anwendung der mündlich-produktiven Kompetenz werden in unterschiedlicher Annäherung an reale Gesprächssituationen in den Testaufgaben simuliert.

Da DESI sowohl eine Sprachstandserhebung als auch eine Evaluationsstudie ist, wird der schulische Kontext, in dem diese Kompetenzen erworben wurden, im Testkonstrukt berücksichtigt. Dies wurde erreicht durch die Analyse der Englischcurricula der Bundesländer und eine entsprechende Berücksichtigung in den Testaufgaben.

Die Lehrpläne der Länder in der Bundesrepublik Deutschland kennzeichnet für das Fach Englisch bis zur 9. Klasse eine starke Ausrichtung auf einerseits sprachlich-formale und andererseits sprachlich kommunikative Lernziele, wobei insbesondere lexikalische, grammatische, in verstärktem Maße auch semantisch-pragmatische Teilkompetenzen im Vordergrund stehen. Daneben spielen thematische Festlegungen eine bedeutsame Rolle. Bezüglich der verschiedenen Schultypen ist von einer abgestuften Übereinstimmung in den sprachlichen Kompetenzbereichen auszugehen. Die Grundausrichtung folgt dem kommunikativen Ansatz.

Der Bereich der Themen ist nur in Umrissen analysierbar: Die Kategorienbildung in den einzelnen Lehrplänen folgt unterschiedlichen Rastern und Präzisionsgraden, und Kanonbildung erfolgt in unterschiedlichem Maße. Eine Gesamtschau von 16 Lehrplänen und Lehrplanwerken ergibt als Schnittmenge lediglich die drei Bereiche:
- Familie, Freunde, Schule, Ausbildung;
- Alltagsleben in Großbritannien;
- Alltagsleben in den USA.

Thematische Bereiche mit großer Überlappung sind daneben die Themen Freizeitaktivitäten/Reisen, Probleme der Jugend/soziale Probleme, Beruf und Arbeitsleben, Kultur/Sport/Politik/Medien. Die folgenden curricularen Vorgaben ausgewählter Länder stehen exemplarisch für die spezifischen Darstellungen in den verschiedenen Lehrplänen und Rahmenrichtlinien der Bundesländer insgesamt:
- *flüssiges* und adressatengerechtes Sprechen (Bayern, Gymnasium);
- in einem Gespräch *situationsangemessen* reagieren können (Berlin, Sekundarstufe I);
- *Situationsangemessene* Diskurskompetenz entwickeln (Rheinland-Pfalz, Sekundarstufe I);
- Die Schülerinnen und Schüler sollen *grundlegende Redeabsichten situationsadäquat realisieren,* d.h. sie sollen in alltagsrelevanten Situationen Fragen formulieren sowie *auf Fragen angemessen antworten und kürzere zusammenhängende Aussagen machen* (Saarland, Sekundarstufe I).

Die curricular geforderten Kompetenzen und Teilkompetenzen werden im Testkonstrukt in DESI in Anlehnung an den Gemeinsamen Europäischen Referenzrahmen zusätzlich durch folgende Merkmale der mündlichen Performanz präzisiert:
- Korrektheit der sprachlichen Äußerung;
- Flüssigkeit der sprachlichen Äußerung;
- Funktionale Angemessenheit der Interaktion;
- Kohärenz der Äußerungen.

In Einklang mit den theoretischen und curricularen Vorgaben und dem GERS werden im Testkonstrukt Sprechen folgende Fähigkeiten des Sprechens direkt und indirekt erfasst:

„The SET-10 test measures facility in spoken English – that is, the ability to understand spoken English on everyday topics and to respond appropriately at a native-like conversational pace in intelligible English. Another way to express the construct facility in spoken English is "ease and immediacy in understanding and producing appropriate conversational English." This definition relates to what occurs during the course of a spoken conversation. While keeping up with the conversational pace, a person has to track what is being said, extract meaning as speech continues, and then, on occasion, formulate and produce a relevant and intelligible response." (vgl. *www.ordinate.com/pdf/ SET-10_Test_Desc_Validation.pdf*)

Damit bestimmen folgende Aspekte das Testkonstrukt:
1. Fragen von Sprechern/Sprecherinnen über Alltagsthemen verstehen und mit ausführlichen Meinungsäußerungen angemessen beantworten können,
2. auf den Sprechimpuls eines Sprechers/einer Sprecherin im Gespräch in kurzer Zeit inhaltlich zutreffend und kohärent reagieren können, und zwar mit normaler Sprechgeschwindigkeit,

3. das eigene Verständnis einer gehörten Äußerung durch eine flüssige Wiederholung der Äußerung mitteilen oder durch eine zutreffende Handlung signalisieren können,
4. einen Text verständlich und phonetisch-phonologisch korrekt und flüssig vorlesen können,
5. Lexik und Grammatik als sprachliche Redemittel effektiv einsetzen können,
6. Äußerungen phonetisch-phonologisch korrekt und flüssig formulieren können.
7. Die Mitteilungsfunktion von Sprache und der Bezug auf alltagssprachige Themen stehen dabei im Mittelpunkt.

Der Test zu Sprechen Englisch: SET-10 Test

Sprechen Englisch wird per Telefon durch einen computergesteuerten mündlichen Sprachtest überprüft, und zwar einen leicht modifizierten SET-10 Test von Ordinate aus den Vereinigten Staaten (*www.ordinate.com*). Der Test besteht aus 5 Teilen mit insgesamt 53 Aufgaben, die für jede Testperson aus einem Datenpool zusammengestellt werden. Jeder Testteil konfrontiert die Testprobanden mit einer spezifischen Aufgabe (*Test Task*). Die sprachlichen Anstöße klingen dabei natürlich, da sie auf Aufnahmen von realen menschlichen Stimmen beruhen.

Die Testprobanden werden einzeln für ca. zehn Minuten in ein Telefongespräch verwickelt. In diesem Gespräch befolgen sie mündliche Anweisungen. Sie lesen acht Sätze aus einer Gruppe von zwölf ihnen schriftlich vorliegenden Sätzen nach Anweisung laut vor, wiederholen sechzehn unterschiedlich komplexe Äußerungen wörtlich (auf dem Hintergrund einer Aktivierung von mehr oder weniger automatisierten Redeteilen), geben sechzehn Kurzantworten auf wirkliche Fragen zu Alltagsbegebenheiten, bringen ferner mündlich zehn syntaktisch ungeordnete Redeteile in eine syntaktisch richtige Abfolge. Schließlich beantworten sie drei Fragen mit freien Antworten in einer festgelegten Zeitspanne von jeweils 20 Sekunden.

Wenn in Betracht gezogen wird, wie gering die mündlichen Redeanteile von Schülerinnen und Schülern im Englischunterricht generell sind, stellen diese Aufgaben eine nicht geringe Herausforderung für viele Testprobanden dar. Nach der Pilotierung des SET-10 Tests vor dem ersten Testzeitpunkt des DESI-Projekts ergab die Analyse der Testergebnisse, dass die Fragen des fünften Testteils die curricularen Vorgaben und die Interessen der Altergruppe der Schülerinnen und Schüler nicht genügend berücksichtigten. Der offizielle SET-10 Test wurde darauf hin im fünften Testteil für DESI mit spezifisch auf die Altergruppe und ihre sprachlichen Kompetenzen zugeschnittenen Fragen adaptiert und durch eine Erweiterung von zwei auf drei Fragen modifiziert. Dabei wurden die drei Fragen zugleich in ihrer inhaltlichen und sprachlichen Komplexität entsprechend den Kompetenzniveaus des GERS von A1/A2 über B1 bis B2 gestuft angeordnet. Damit sind allerdings nicht die erreichbaren Niveaus in den Antworten festgelegt.

Die Akzeptanz des Testformats eines computergesteuerten Tests (*face validity*) wurde als ein besonderer Aspekt der Wahl des SET-10 Tests gesehen. Die Tatsache, dass die meisten Schülerinnen und Schüler mit dem Telefon und dem Computer als Kommunikationsmedium vertraut sind, sprach für den Einsatz des Tests. Die Testdurchführung zeigte eindeutig, dass diese Einschätzung berechtigt war. In einer empirischen Pilotstudie (N = 66) wurde in drei Gymnasialklassen außerdem untersucht, ob die Vertrautheit mit dem Testformat einen Einfluss auf die Testergebnisse hat. Mit Hilfe eines Interventionsdesigns konnte festgestellt werde, dass ein Training zum Testformat keinen signifikanten Einfluss auf die Testergebnisse hat (vgl. Hinz u.a. 2005).

Testdurchführung Sprechen

Vor dem Testen wurde jedem Schüler und jeder Schülerin Gelegenheit gegeben, sich mit dem Testformat des SET-10 Tests vertraut zu machen und sich ca. fünf bis zehn Minuten auf den eigenen Test einzustellen. Jede Testperson wählt sich nach dieser Testinformationsphase einzeln am Telefon in das Testprogramm ein und wird damit zugleich registriert. Danach folgen die fünf Testteile. In den ersten vier Teilen sind die Aufgaben wie in einem realen Gespräch ohne Umschweife zu lösen. Im fünften freien Redeteil werden die drei Fragen jeweils zweimal geäußert, um den Schülern und Schülerinnen Zeit zum Planen möglichst umfangreicher Antworten zu geben. Sie werden dabei in kurzer Abfolge mit drei unterschiedlichen Fragen und Themen konfrontiert.

Aufgabenmerkmale

Die Entwicklung und Bestimmung schwierigkeitsbestimmender Aufgabenmerkmale, die für die DESI Tests konstitutiv ist, stellt sich bei einem fertig entwickelten Test wie SET-10 anders. Hier geht es darum festzustellen, mit welchen Merkmalen der Test konzipiert wurde. Der Gestaltung der Testaufgaben im Testprogramm Sprechen von SET-10 liegen folgende Aufgabenmerkmale zu Grunde:
1. Aussprache mit unterschiedlichen Graden der Annäherung an ein Muttersprachenmodell – Grade der Korrektheit von Aussprache und Intonation,
2. unterschiedliche Grade der Sprechflüssigkeit – Grade der Flüssigkeit beim Nachsprechen, bei Kurzantworten,
3. Grade der Korrektheit beim wörtlichen Nachsprechen,
4. Grade der Korrektheit bei der Satzbildung,
5. Qualität von Wortschatzkenntnissen beim Hörverstehen,
6. Inhaltliche Richtigkeit der Kurzantworten,
7. unterschiedliche Qualität der Beantwortung der offenen Fragen.

Diese Aufgabenmerkmale bilden die Grundlage von Einzelbewertungen. Mit Ausnahme der freien Beantwortungen (Nr. 7) gehen die Einzelbewertungen in ein Gesamtergebnis der Bewertung ein, das seinerseits mit den Werten der freien Gesprächsteile in Beziehung gesetzt wird.

Die Einschätzung, in wieweit die Merkmale 1-6 in den jeweiligen Antworten der Testpersonen mehr oder weniger verwirklicht werden, beruht auf einem programmierten Ratingverfahren, das von dem Computerprogramm von SET-10 geleistet wird. Dabei wird mit einer Gewichtung von inhaltlichen und sprachlichen Merkmalen operiert, wobei im Gesamtergebnis sowohl der sprachliche Inhalt der Antworten als auch die sprachliche Gestaltung der Antworten mit jeweils 50 Prozent berücksichtigt werden. Die stärker eigengesteuerte pragmalinguistische Kompetenz im fünften Testteil (Nr. 7) wird separat bewertet auf Grund von:
- Qualität des Inhalts von Antworten zu Fragen zur Alltagswelt,
- Qualität der Sprache im Diskurs.

Die Einschätzung erfolgte mit Hilfe eines Ratingverfahrens, das von geschulten Ratern an Hand der Gesamtskala Sprechen des GERS geleistet wurde. Thematisch orientieren sich die Redebeiträge an alltagsweltlichen Inhalten wie Aussagen zu Personen, ihren Gewohnheiten, Einstellungen, Beziehungen und Tätigkeiten.

Skalenbeschreibung

Das Modul Sprechen wird in Anlehnung an eine Untersuchung von De Jong (2000) auf die Kompetenzskala für Mündliche Produktion allgemein aus dem GERS (Europarat 2001) bezogen. De Jong hat in dieser empirischen Untersuchung Äquivalenzen zwischen den Niveaus des GERS und den Skalen des SET-10 Tests gebildet. Die von dem Computerprogramm bestimmten Skalen sind auf vier Testwerte (*subscores*) bezogen, die zusätzlich in einem Gesamtwert zusammengezogen werden:

Overall score und vier *subscores* für *fluency, pronunciation, vocabulary and sentence mastery*. Die charakteristischen Merkmalsausprägungen des SET-10 Tests finden sich dementsprechend in den Niveaubeschreibungen des GERS mit seinen Kann-Beschreibungen wieder. Hierbei sind die Aufgabenmerkmale zum Sprechen auf "*real world tasks*" generalisiert.

Kompetenzniveaus

Die Kompetenzniveaus beim Sprechen werden entsprechend dem Europäischen Referenzrahmen für Sprachen als einem Außenkriterium bestimmt. Die curricularen Bestimmungen der Länder sind dennoch weitgehend berücksichtigt.
Kompetenzniveaus

Unter Kompetenzniveau A
- Ungenügende Grundlagen für eine Bewertung, z.B. Schweigen, einzelne Wörter ohne erkennbare Bedeutung, irrelevante Antworten, etc.

Kompetenzniveau A (A1)
- Kann sich mit einfachen, überwiegend isolierten Wendungen über Menschen und Orte äußern.

Kompetenzniveau B (A2)
- Kann eine einfache Beschreibung von Menschen, Lebens- oder Arbeitsbedingungen, Alltagsroutinen, Vorlieben oder Abneigungen usw. geben, und zwar in kurzen, listenhaften Abfolgen aus einfachen Wendungen und Sätzen.

Kompetenzniveau C (B1)
- Kann relativ flüssig eine unkomplizierte, aber zusammenhängende Beschreibung zu Themen aus seinen/ihren Interessengebieten geben, wobei die einzelnen Punkte linear aneinander gereiht werden.

Kompetenzniveau D (B2)
- Kann zu einer großen Bandbreite von Themen aus seinen/ihren Interessengebieten klare und detaillierte Beschreibungen und Darstellungen geben, Ideen ausführen und durch untergeordnete Punkte und relevante Beispiele stützen.
- Kann Sachverhalte klar und systematisch beschreiben und darstellen und dabei wichtige Punkte und relevante stützende Details angemessen hervorheben.

Kompetenzniveau E (C1)
- Kann komplexe Sachverhalte klar und detailliert beschreiben und darstellen und dabei untergeordnete Themen integrieren, bestimmte Punkte genauer ausführen und alles mit einem angemessenen Schluss abrunden.

Die hier beschriebenen Kompetenzniveaus können durch weitere Spezifizierungen aus dem GERS (Korrektheit, Flüssigkeit, Interaktion, Kohärenz) ergänzt werden, um die Elemente des Testkonstrukts in den Niveaubeschreibungen noch stärker zu verdeutlichen (Europarat 2001).

Itembeispiele

Die folgenden Itembeispiele illustrieren, welche Aufgaben für die unterschiedlichen Testteile des SET-10 Tests typisch sind. Die Aufgaben stehen nicht für spezifische Kompetenzniveaus, da diese einerseits durch ein internes computergesteuertes Ratingverfahren (Teil 1-4) und andererseits durch ein von Ratern durchgeführtes Ratingverfahren (Teil 5 von SET-10) bestimmt werden.

1. Itembeispiel für Teil 1 – Lautes Vorlesen
   Please read the sentences as you are instructed:
   After dinner, she has a surprise for him.
   Traffic is a huge problem in Southern California.
   …

2. Itembeispiel für Teil 2 – Nachsprechen:
Please repeat each sentence that you hear.
Example: a voice says, "Leave town on the next train"
And you say, "Leave town on the next train".
…

3. Itembeispiel für Teil 3 – Fragen:
Now, please just give a simple answer to the questions.
Example: a voice says, "Would you get water from a bottle or a newspaper?" and you say, "a bottle" or "from a bottle".
…

4. Itembeispiel für Teil 4 – Satzbau:
Now, please rearrange the word groups into a sentence.
Example: a voice says, "was reading" … "my mother" … "her favourite magazine" and you say, "My mother was reading her favourite magazine".
…

5. Itembeispiel für Teil 5 – Offene Fragen (mit einer sprachlich redundanten Form der Frage):
You will have 20 seconds to answer each of three questions. The questions will be about family life or personal choices. You will hear each question twice.
Beispiel: "Where do you live? Tell me something about where you live. Tell me something about your country, your street, and your house."

Abschließende Gedanken

Es ist ein Wagnis, einen fertigen Test aus einem Testkontext, der nicht notwendigerweise mit der eigenen Testsituation übereinstimmt, zu übernehmen. Wenn noch dazu mit einem computergesteuerten Test Neuland betreten wird, ist Überzeugungsarbeit mit dem Nachweis zu leisten, dass die Vorteile des gewählten Tests mögliche Nachteile mehr als ausgleichen. Der SET-10 Test, der in DESI Sprechen Englisch zum Einsatz gekommen ist, hat trotz anfänglichen Zögerns diesen Nachweis erbracht. So war es nach der Pilotierung möglich, das ursprüngliche Testkonzept von SET-10 stärker auf die Bedürfnisse der Altersgruppe und ihre sprachlichen Fähigkeiten auszurichten. Die Kombination von automatisierten und individuellen Ratingverfahren bei der Auswertung der Daten hat sich ebenfalls als ein ökonomisches und zugleich valides Vorgehen bewährt.

Technologisch erwies sich die Durchführung als machbar, da in den Schulen mit der relativ einfachen Technologie des Telefons operiert wurde, während die *high tech-*Komponente auf einen Computer in Kalifornien beschränkt war. Für die Schülerinnen und Schüler war das Testformat nach vielfältigen Rückmeldungen eine sehr positive

Herausforderung, auch wenn die Freisprechphasen für einige Schüler ein Ventil öffnete, um provozierende Mitteilungen von sich zu geben.

Literatur

Brown, H.D. (2000): Principles of Language Learning and Teaching. White Plains, NY: Longman.
Bygate, M. (2000): Speaking. In: Byram, M. (Hrsg.): Routledge Encyclopedia of language teaching and learning. London: Routledge, S. 563-566.
Ellis, R. (1991): Instructed second language acquisition. Oxford: Oxford University Press.
Ellis, R. (1994): The study of second language acquisition. Oxford: Oxford University Press.
De Jong, J.H.A.L. (2000): Relating PhonePass(tm) Reported Scores to the Council of Europe Framework Level Descriptors. (Ms).
Europarat (Hrsg.) (2001): Gemeinsamer europäischer Referenzrahmen für Sprachen: Lernen, Lehren, Beurteilen. Berlin: Langenscheidt.
Hinz, S./Papenberg, S./Rossa, H./Nold, G. (2005): Pilotstudie zu SET-10 Test. (Publ. in Vorber.).
Johnstone, B. (2002): Discourse Analysis. Malden, Oxford: Blackwell Publishers.
Kasper, G./Kellermann, E. (Hrsg.) (1997): Communication strategies. London: Longman.
Levelt, W.J.M. (1989): Speaking: from intention to articulation. Cambridge, Mass.: MIT Press.
O'Malley, J.M./Chamot, A.U. (1990): Learning strategies in second language acquisition. Cambridge: Cambridge University Press.
Ordinate: Validation Summary for PhonePass SET-10. www.ordinate.com/pdf/SET-10_Test_Desc_Validation.pdf
Oxford, R. (1990): Language learning strategies. What every teacher should know. Rowley, Mass.: Newbury House.
Poulisse, N. (1997): Language production in bilinguals. In: de Groot, A.M.B./Kroll, J.F. (Hrsg.): Tutorials in bilingualism: psycholinguistic perspectives. Mahwah, NJ.: Lawrence Erlbaum.
Rampillon, U./Zimmermann, G. (Hrsg.) (1997): Strategien und Techniken beim Erwerb fremder Sprachen. Ismaning: Huber.
Scovel, T. (1998): Psycholinguistics. Oxford: Oxford University Press.
Van Hest, E. (1996): Self-repair in primary and secondary language production.(Dissertation University of Nijmegen) See: http://www.asha.ucf.edu/hest.html und http://www.asha.ucf.edu/vanhest2.html.

Hermann-Günter Hesse / Kerstin Göbel

Interkulturelle Kompetenz[1]

Interkulturelle Kompetenz: Diskrepanz zwischen Bedeutung und begrifflicher Präzision

Interkulturelle Bildung und Erziehung sind vor dem Hintergrund einer globalen Weltwirtschaft, der weltweiten Vernetzung von Menschen und Institutionen sowie vor dem Hintergrund von wirtschaftlich, demografisch und sozial begründeten Migrationsbewegungen und den daraus folgenden kulturell heterogenen Gesellschaften zu einem zentralen fächerübergreifenden Bildungsziel geworden (Ahrends/Nowitzki 1997). Interkulturelles Lernen gilt in Deutschland inzwischen als Kernelement des Englischunterrichts (Sekretariat KMK 1994). Bedingt durch seine zentrale Stellung bei der Vermittlung von Fremdsprachen in der Schule, fällt dem Englischen die Aufgabe zu, Lernmöglichkeiten zur Entwicklung interkultureller Kompetenz (IKK) bereit zu stellen.

Seit der „kommunikativen Wende" der 70er Jahre und der interkulturellen Zielsetzung der 80er und 90er Jahre enthalten die Richtlinien und Lehrpläne der Bundesländer Aussagen zur Umsetzung von kommunikativen und interkulturellen Lernzielen. Die „Bildungsstandards für die erste Fremdsprache für den mittleren Schulabschluss" (KMK-Papier 2003) gehen ausführlich auf die Themen interkulturelle Bewusstheit und interkulturelle Kompetenz ein.

Auch für die Bildungsdiskussion in der Europäischen Gemeinschaft besitzt der Erwerb interkultureller Kompetenz eine hohe Priorität; entsprechend nimmt der für die internationale Verankerung des Fremdsprachenlernens zunehmend bedeutsame Gemeinsame Europäische Referenzrahmen (GER) für Sprachen (Trim/North 2001) hierauf Bezug.

Der fast ausnahmslos großen Bedeutung, die der Vermittlung interkultureller Kompetenz beigemessen wird, steht ein weitgehend diffuses Begriffsverständnis gegenüber. Dies hängt nicht zuletzt damit zusammen, dass Arbeits-, Betriebs- und Organisationswissenschaften, Pädagogische und Sozial-Psychologie, Pädagogik und Fremdsprachendidaktik je verschiedene Ziele auf der Grundlage verschiedener Paradigmen anstreben, ohne den Diskussionsstand der jeweilig anderen Disziplinen immer zur Kenntnis zu nehmen.

Zwar geht der GER davon aus, Sprachenlernen impliziere kulturelles Lernen und führe zu „plurikultureller Kompetenz", aber auch der GER beschreibt, dimensioniert und operationalisiert interkulturelle Kompetenz nur unzureichend (Vollmer 2001).

---

[1] Für die hilfreiche Kommentierung und Kritik bedanken wir uns bei Stefan Schmid, Universität Regensburg.

Die der interkulturellen Kompetenz zuzurechnende Dimension des GER, die „soziolinguistische Angemessenheit", beschränkt sich auf den sprachlichen Umgang mit Redewendungen, Aussprüchen, Registerunterschieden und sozialen Varietäten und lässt darüber hinausgehende Aspekte interkulturellen Lernens im Sprachunterricht außer Betracht.

Die Folge der verschwommenen Begrifflichkeit ist eine breite Vielfalt von Unterrichtsgestaltungen in Abhängigkeit von allgemeinen Überzeugungen und impliziten Modellen der Lehrer. Die weitere Folge ist eine gewisse Beliebigkeit bei der Konzeption dessen, was in einem wie auch immer gearteten interkulturellen Unterricht gelernt werden soll. Da Instrumente zur Erfassung von interkulturellen Kompetenzen, aber auch von anderen Kompetenzdomänen immer nur einzelne Aspekte berühren können, wird man überdies immer Kritiker finden, die das Fehlen der gerade von ihnen für wichtig gehaltenen Aspekte monieren.

Die Argumente gegen den Versuch, ein Instrument zur Erfassung interkultureller Kompetenz zu entwickeln sind zahlreich, dennoch sollen die Schwierigkeiten, die sich in den Weg stellen, nicht als Hinderungsgrund für solche Vorhaben benutzt werden. Denn um den interkulturellen Unterricht zu legitimieren, die Lernergebnisse zu evaluieren, den Lernstand zu diagnostizieren und das Lehren und Lernen zu verbessern, bedarf es der Konzeptualisierung dessen, was unter interkultureller Kompetenz im jeweiligen Zusammenhang verstanden werden soll und in der Folge der Möglichkeit einer möglichst präzisen Erfassung des definierten Konstrukts. Langfristig werden entsprechende Bemühungen zu einer genaueren Definition interkultureller Kompetenz im fremdsprachlichen Kontext führen. Im DESI-Projekt wird versucht, einen integrierenden Ansatz zu verwirklichen und mit der Entwicklung eines Instruments einen Beitrag zur Präzisierung der Begrifflichkeit zu leisten.

Interkulturelle Kompetenz:
Vom statischen zum dynamischen Kulturbegriff

In den USA fallen die besonderen Anstrengungen in den letzten Jahren auf, „*culture as the core*" des Fremdsprachenlernens zu begreifen (Lange/Paige 2003; Philipps 1999), so wie sie in den *Standards for Foreign Language Learning* (1996) sichtbar werden. In früheren Sprachbildungsprogrammen wurde „Kultur" als invariant und statisch betrachtet (Brooks 1997; Nostrand 1974). Unterricht zur „Landeskunde" bedeutete die Einprägung kultureller Fakten der alltäglichen Lebenswelt („*patterns of life*") oder der formalen Kultur („*civilization*"). Die üblicherweise mit der jeweiligen Kulturelite verbundenen Kenntnisse über die sozialen, politischen und ökonomischen Institutionen, die wichtigsten historischen Daten und die Erzeugnisse der Belletristik, der schönen Künste und der Wissenschaft waren Gegenstand der Vermittlung der formalen Kultur. Die früher in den Textbüchern und im Unterricht häufig vernachlässigten Aspekte des Alltags: Wohnen, Kleidung, Werkzeuge, Verkehr, übliches und angemessenes Verhalten kamen hinzu. Allerdings wurden die Themen der alltäglichen Lebenswelt häufig trivialisiert oder übergeneralisiert, während die Themen der formalen Kultur auf der Ebene des bloßen Faktenwissens blieben (Phillips 2003).

Met und Galloway (1992) betonen, wie wichtig es sei, die spezifischen Strukturen des mit der jeweiligen Sprache verbundenen kulturellen Erbes zu kennen. Über das Faktenwissen hinaus gehe es um das Verstehen und Wertschätzen der anderen Kultur und des mit ihr verknüpften Lebensstils mit seinen Gepflogenheiten, Werten und Einstellungen. Es gelte zu begreifen, wie kulturell angemessene Kommunikation auf einem solchen Verständnis aufbaut. Schüler sollten die denotative und konnotative Bedeutung von Wörtern kennen. Sie sollten in der Lage sein, ihre Gedanken und Gefühle in sozial und kulturell angemessener Weise auszudrücken.

Anstelle der älteren statischen Auffassung von Kultur konzeptualisieren neuere Ansätze Kultur als variabel und dynamisch (Moore 1991). Die Lernziele wandelten sich vom Erlernen deklarativen Wissens hin zum anspruchsvolleren Erwerb interkultureller Kompetenz und dem „learning how to learn" über andere Kulturen.

Die Entwicklungen vom statischen zum dynamischen Kulturbegriff und von der Vermittlung von kulturellem Faktenwissen hin zur Forderung nach der konstruktiven Auseinandersetzung mit der anderen und der eigenen Kultur verleihen der *subjektiven Konzeption* der interkulturellen Situation eine herausragende Bedeutung für die Entwicklung interkultureller Kompetenz. Für die interkulturelle Kommunikation bedeutsame Dimensionen sind infolge dieser Entwicklung nicht unmittelbar aus tatsächlich oder vermeintlich objektiven Tatbeständen ableitbar, sondern müssen aus den subjektiven Interpretationen von Ereignissen im Zusammenhang mit interkulturellen Begegnungen erschlossen und systematisiert werden. Diese theoretische Forderung empirisch überprüfbar zu machen, stellt eine neue Herausforderung dar, nämlich die Notwendigkeit einer theoriegeleiteten und *empirischen* Begründung der begrifflichen Fassung interkultureller Kompetenz.

Eine weitere Entwicklung schlägt sich in der Tendenz nieder, interkulturelle Kompetenz *funktional* zu verstehen, wie es sich etwa in der Definition des „Intercultural Project" der Universität von Lancaster niederschlägt: als die Fähigkeit, in potenziell unendlich verschiedenen interkulturellen Situationen *erfolgreich* mit anderen zu interagieren (Toll 2000). Oder etwas ausführlicher: Der Erwerb interkultureller Kompetenz erfolgt im Sinne einer Erfahrungsakkumulation des Umgangs mit kultureller Verschiedenheit, die schließlich dazu führt, interkulturelle Aufgaben in einer Vielfalt von Situationen *erfolgreich* zu bewältigen. Dabei spielt die motivationale, volitionale und soziale Bereitschaft eine Rolle, die interkulturellen Fähigkeiten so einzusetzen, dass die Interaktionen für alle Beteiligten *angenehm* sind (nach Thomas/ Kinast/Schroll-Machl 2000, S. 99).

Fasst man die Überlegungen zur interkulturellen Kompetenz der letzten Jahre zusammen (hierzu Göbel/Hesse 2004), dann lässt sich folgendes Fazit ziehen: Interkulturelle Kompetenz
- ist mehrdimensional;
- impliziert kognitive, affektive und Handlungskomponenten;

- umfasst deklaratives Wissen sowie kommunikative, interaktive Teilkompetenzen;
- bezieht sich auf kulturallgemeine und kulturspezifische Aspekte.

Bezüge und Ablauf der Entwicklung des Instruments zur Erfassung interkultureller Kompetenz

Auf der Grundlage der bisherigen Überlegungen wäre es naheliegend, die Konzeption der Instrumentenentwicklung zur Erfassung interkultureller Kompetenz auf einem Kompetenzmodell aufzubauen. Kompetenzmodelle sind empirisch begründete theoretische Konstruktionen von erwerbbaren Potenzialen, sind an der Ergebnisseite des Lernens orientiert und beziehen sich in der Regel auf die Expertiseforschung (hierzu auch Mandl/Gruber/Renkl 1993; Weinert 2001). Die Konzeption der Kompetenzdomänen im DESI-Projekt ist jedoch am Curriculum, also an den Lehrplänen orientiert. Die Lehrpläne betonen die Angebotsseite des Unterrichts und sind in der Regel nicht theoriegeleitet formuliert, stattdessen beziehen sie sich stärker auf die Lehrinhalte, die im gesellschaftlichen Kontext als bedeutsam erachtet werden. Sie geben die Unterrichtsziele und Inhalte vor, was aber tatsächlich im Unterricht geschieht, liegt im Ermessen der einzelnen Lehrperson. Die Lehrer arbeiten zumeist mit spezifischen Lehrwerken, die eine genauere Einsicht in die im Unterricht behandelten Themen und Texte geben. Lehrwerke entstehen vor dem Hintergrund bestehender Lehrpläne, so dass es in dieser Hinsicht einen Zusammenhang zwischen Lehrwerken und Curricula gibt.

Auf Grund der curricularen Ausrichtung des DESI-Projekts sind demnach die Lehrpläne und damit auch die gesellschaftliche Legitimation und die Intentionen der Lehrpläne in Bezug auf interkulturelles Lernen zu berücksichtigen, sowie die auf der Basis der Lehrpläne entwickelten Lehrwerke. Damit ergibt sich die Frage, inwieweit Lehrpläne und Lehrwerke zu den Aussagen eines aus Forschungen abgeleiteten Kompetenzmodells passen. Wenn gezeigt werden kann, dass die Lehrpläne – und in der Folge die Lehrwerke – Kategorien enthalten, die denen eines Kompetenzmodells entsprechen, dann könnten sich sowohl die Didaktik als auch die Erfassung von interkulturellen Lernleistungen auf ein theoretisch fundiertes, empirisch geprüftes und gesellschaftlich legitimiertes Modell beziehen.

Auf der Basis der bisherigen Argumentation wurde das folgende Vorgehen für die Entwicklung des Instruments zur Erfassung interkultureller Kompetenz gewählt, das in Abbildung 1 schematisch veranschaulicht ist:

Ausgangspunkt der Konzeption interkultureller Aufgaben in DESI ist das Modell zur Entwicklung interkultureller Kompetenz von Milton Bennett (Darstellung folgt später). Aus diesem Modell werden Kategorien zur Inhaltsanalyse abgeleitet.

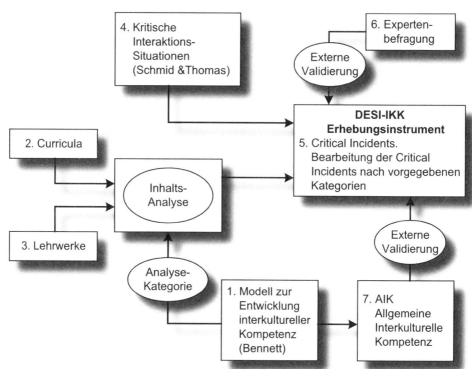

Abbildung 1: Entwicklung der interkulturellen Aufgaben (Erläuterungen im Text).

Die Inhalte der Lehrpläne der 16 deutschen Bundesländer der neunten Jahrgangsstufe werden nach den zuvor entwickelten Analysekategorien im Hinblick darauf ausgewertet, inwieweit die Lehrpläne das Kompetenzmodell reflektieren.

Analog geschieht dies mit den am meisten verbreiteten Englischlehrwerken für die neunte Jahrgangsstufe.

Aus den von Schmid und Thomas gesammelten und komprimierten kritischen Interaktionssituationen deutscher Schüler und Studenten in Großbritannien werden zunächst vier ausgewählt, die sich für die neunte Jahrgangsstufe eignen.

Für die ausgewählten kritischen Interaktionssituationen werden auf der Grundlage der in den Lehrplänen und den Lehrwerken aufgefundenen aus dem Modell von Bennett abgeleiteten Kategorien Fragen entwickelt, die von den Schülern bearbeitet werden sollen.

In einer Expertenbefragung werden die Interaktionssituationen auf ihre Authentizität und Verwendbarkeit für die neunte Jahrgangsstufe geprüft und revidiert.

Auf der Basis des Modells zur Entwicklung interkultureller Kompetenz von Milton Bennett wurde ein kulturallgemeines Inventar (AIK) für die Zielpopulation hergestellt. Die Ergebnisse der Bearbeitung der Critical Incidents durch die Schüler werden anhand des AIK extern validiert.

Für die Hauptstudie resultiert daraus ein Erhebungsinstrument, das aus zwei Critical Incidents und den dazu entwickelten Fragen besteht.

Das „Developmental Model of Intercultural Sensitivity" (DMIS) von Milton Bennett

Während es viele Vorstellungen darüber gibt, was interkulturelle Sensibilität bedeuten könnte, sind Instrumente, die in der Lage wären interkulturelle Sensibilität zu messen, eher rar. Eines der Modelle, das bisher am häufigsten auf einer psychometrischen, empirischen Basis untersucht worden ist, stellt das „Developmental Model of Intercultural Sensitivity" (DMIS) von Milton Bennett dar (Bennett 1993). Unter Bezugnahme auf Kelly (1963) geht Bernett davon aus, dass die Deutungen kultureller Unterschiede auf der Basis von Erfahrungen in kulturellen Begegnungssituationen konstruiert und rekonstruiert werden. Dabei kann es zu einer Progression von Überzeugungen in Bezug auf Orientierungen gegenüber kulturellen Unterschieden auf Grund einer zunehmend reflektierten Erfahrungsakkumulation kommen. Um in einer anderen Kultur erfolgreich zu sein, muss man demzufolge an anderen Kulturen interessiert und sensibel genug sein, um kulturelle Unterschiede wahrzunehmen sowie schließlich bereit sein, das eigene Verhalten aus Respekt vor den anderen zu modifizieren (Bhawuk/Brislin 1992). Entsprechend wird „interkulturelle Sensibilität" als die Fähigkeit bezeichnet, relevante kulturelle Unterschiede zu erkennen. „Interkulturelle Kompetenz" ist in diesem Modell die Fähigkeit, in kulturangemessener Form zu denken und zu handeln. Dem wird die Annahme zu Grunde gelegt, dass interkulturelle Sensibilität mit dem *Potenzial* verknüpft ist, interkulturell kompetent zu handeln. Da sich interkulturell erfolgreiches Handeln als solches nur schwer in ein Messinstrument überführen lässt, kommt der Erfassung interkultureller Sensibilität die Bedeutung zu, im Sinne einer notwendigen Voraussetzung für das Handeln, Auskunft über das Potenzial interkulturell kompetenten Agierens zu geben.

Das DMIS gründet sich auf die Analyse einer Vielzahl von Interviews und Erfahrungen im Zusammenhang interkultureller Trainings sowie die Analyse der Art und Weise, wie Menschen ihre Interpretationen von interkulturellen Situationen konstruieren.

Das Modell besteht aus drei ethnozentrischen Orientierungen, die Bennett als „Denial", „Defense", „Minimization" bezeichnet und drei ethnorelativen Orientierungen „Acceptance", „Adaptation", „Integration". Die ethnozentrischen Orientierungen lassen sich als Vermeidung kultureller Unterschiede charakterisieren, d.h. durch passive oder aktive Ignoranz („Denial"), offensive Abwehr („Defense") oder durch das Herunterspielen der Bedeutung kultureller Verschiedenheit („Minimization"). Die ethnorelativen Orientierungen zeichnen sich durch das Aufsuchen kultureller Unterschiede aus, d.h. durch Akzeptanz ihrer Bedeutung

(„Acceptance"), Berücksichtigung der anderskulturellen Perspektive und Handlungsweise („Adaptation") und die Integration in die Konstruktion der eigenen Identität („Integration"). Dabei spielen jeweils kognitive, affektive und handlungsbezogene Aspekte eine Rolle.

Die Differenzierung in sechs Orientierungen lässt sich empirisch nicht immer replizieren. Paige, Jacobs-Cassuto, Yershova und DeJaeghere (1999) empfehlen, von einer Grundstruktur von nur drei Faktoren auszugehen: einem Faktor „DD", der die Denial- und Defense-Items umfasst und einem weiteren Faktor „AA", der durch die Acceptance- und Adaptation-Items definiert wird mit einem Minimization-Faktor „M" dazwischen. Die Erfassung der Integrationsorientierung stellte sich als schwierig heraus. Eine der offenen Fragen des DMIS ist die Validierung der Aufeinanderfolge der DMIS-Orientierungen (Hammer/Bennett/Wiseman 2003).

Die konstruktivistische Orientierung, die Entwicklung des DMIS auf der Basis von Beobachtungen und Interviews, die psychometrische Ausrichtung, der hohe Differenzierungsgrad, das Vorliegen einer Reihe von empirisch belegten Befunden und die Verknüpfung mit dem Fremdsprachenunterricht (Bennett/Bennett/Allen 1999) stellen die Begründung dar, das DMIS von Bennett als theoretische Grundlage und als Validierungshintergrund für das IKK-Instrument im DESI-Projekt anderen Modellen vorzuziehen (Schritt 1 in Abbildung 1).

Curriculumanalyse

Aus dem DMIS von Bennett wurden Analysekategorien abgeleitet, die für die inhaltsanalytische Bearbeitung der Lehrpläne der 16 Bundesländer für die neunte Jahrgangsstufe und die gebräuchlichsten Lehrwerke eingesetzt wurden. Eine ausführliche Darstellung geben Göbel und Hesse (2004). In Tabelle 1 sind die Häufigkeiten dieser Kategorien zur Interkulturellen Kompetenz, sowie die kognitiven, affektiven und handlungsbezogenen Ebenen, so wie sie in den Englischcurricula vorkommen, dargestellt.

In den Lehrplänen der deutschen Bundesländer lassen sich die herausgearbeiteten Dimensionen des Konstrukts interkultureller Kompetenz auffinden, wenn sich auch nicht jedes Bundesland auf alle genannten Dimensionen bezieht. Es fällt auf, dass ein gewisser Überhang zu Gunsten kognitiver Kategorien vorliegt und deklaratives Kulturwissen sehr betont wird. Insbesondere Empathie, Einsicht in die Affektivität und metakognitive Prozesse spielen in einigen Lehrplänen keine oder nur eine untergeordnete Rolle.

Die empirischen Forschungen zur interkulturellen Sensibilität stellen immer wieder die Bedeutung von *Emotionen und Affekten* im Verlauf von Kulturbegegnungen heraus. Im fremdsprachlichen Zusammenhang geht es um das Erkennen von „Fettnäpfen", nämlich zu bemerken, dass durch unangemessenes Verhalten Angehörige einer anderen Kultur verletzt werden können oder man selbst irritiert werden kann. Die Fähigkeit zur Wahrnehmung der eigenen emotionalen Zustände und die anderer Personen sowie das Verfügen über geeignete sprachliche und soziale Reparaturtechniken, sind im interkulturellen Zusammenhang bedeutsame Kompetenzen.

Tabelle 1: Häufigkeiten der Kategorien zur Interkulturellen Kompetenz in den Englischcurricula der deutschen Bundesländer der Jahrgangsstufe 9.

Analysekategorien für die Auswertung der Lernziele	Ebene	Kommt in wie vielen der 16 Ländercurricula vor?
Deklaratives Wissen über die englische Kultur	Kognitiv	16
Interkulturelle Bewusstheit	Kognitiv	14
Akzeptieren, Respektieren kultureller Unterschiede	Affektiv	13
Interkulturelle Handlungsfähigkeit	Handeln	12
Wahrnehmung eigenkultureller Selbstverständlichkeit	Kognitiv	11
Aneignung von prozeduralem interkulturellem Wissen	Kognitiv	10
Interesse an der anderen Kultur fördern	Affektiv	9
Empathie	Affektiv	4
Metakognitives selbstreflexives Wissen und angemessene Versprachlichung	Kognitiv	2
Einsicht in die Affektivität interkultureller Kommunikation	Affektiv	1

Der reflektierte Umgang mit *metakognitiven Prozessen* spielt ebenfalls eine entscheidende Rolle. Hier geht es um die Reflexion fremd- und eigenkultureller Eigenheiten und das Wissen über den eigenen Umgang mit unvertrauten Ereignissen und den vertrauten „Selbstverständlichkeiten". Ohne sie dürfte die Konstruktion einer eigenen, kognitiv vermittelnden Position zwischen Ausgangs- und Fremdkultur kaum denkbar sein.

Bei der Durchsicht der Lehrpläne wird ferner deutlich, dass die Teile *allgemeiner* Lehrziele und die Teile *spezifischer* Lehrinhalte weitgehend unverbunden nebeneinander stehen. Kulturspezifische Lehrziele sind etwa die Fähigkeit sich in einer spezifischen Kultur angemessen zu verhalten oder Wissen über die Weltsicht und die Verhaltensorientierungen dieser Kultur zu erwerben. Kulturallgemeine Lehrziele sind beispielsweise die Überwindung des Ethnozentrismus, die Entwicklung kultureller Selbstbewusstheit, der Wertschätzung, des Interesses und des Respekts für kulturelle Verschiedenheit. Mit welchen konkreten Lehrinhalten die Lehrpersonen die allgemeinen Lehrziele vermitteln, bleibt ihnen in vielen Lehrplänen selbst überlassen. Die Beschäftigung mit einer spezifischen Kultur stellt sicher die Voraussetzung für das weiterführende kulturallgemeine Lernen dar. Wie im Spezifischen das Allgemeine vermittelt werden kann, dürfte aber noch sehr im Unklaren sein.

Noch weniger als das didaktisch sinnvolle Verhältnis von kulturspezifischen und kulturallgemeinen Inhalten wird in den Lehrplänen eine etwaige *Abfolge* von interkulturellen Kompetenzniveaus berücksichtigt.

Aus der Lehrplan- und Lehrwerksanalyse – deren Ergebnisse in etwa vergleichbar sind – auf der Grundlage der aus dem DMIS abgeleiteten Kategorien folgt, dass die Beschränkung auf eine Abfrage bloß deklarativen Wissens über die englische Kultur zur Kompetenzerfassung zu kurz gegriffen wäre (hierzu Göbel/Hesse 2004).

Da das DESI-Instrument „IKK" möglichst nahe am Unterricht orientiert sein soll, müssen also unterrichtsspezifische Inhalte in das Instrument eingehen. Laut Lehrplananalyse wird in der neunten Jahrgangsstufe auf die englische Kultur in allen Schulformen in allen Bundesländern eingegangen, so dass die Schüler mit einer hohen Wahrscheinlichkeit entsprechende Inhalte angeboten erhielten (Göbel/Hesse 2004).

Aus den Ergebnissen der Inhaltsanalysen kann das Fazit gezogen werden, dass sich zwar die aus dem DMIS abgeleiteten Kategorien in den Lehrplänen und Lehrwerken auffinden lassen, aber nicht in jedem Ländercurriculum und dies mit jeweils unterschiedlicher Gewichtung und Häufigkeit. In der Gesamtheit betrachtet, kann davon ausgegangen werden, dass die Lehrpersonen mit einer gewissen Wahrscheinlichkeit entsprechende Lehrziele im Unterricht der neunten Jahrgangsstufe in allen Schulformen anbieten. Damit lässt sich festhalten, dass das DMIS nicht im Widerspruch zu den schulischen Lehrzielen steht. Wir gehen damit davon aus, dass das DMIS als Analysemodell für das schulische interkulturelle Lernen im Fremdsprachenunterricht eine legitime Basis darstellt (Schritte 2 und 3 in Abbildung 1).

Kritische Interaktionssituationen („Critical Incidents")

In Untersuchungen zur Erfassung interkultureller Sensibilität (Göbel 2001; Hesse 2001) stellte sich heraus, dass sich *spezifische* interkulturelle Bewusstheit sehr gut mit Hilfe von tatsächlichen oder vorgestellten interkulturellen Konflikten aktualisieren lässt. Allerdings beschränken die Besonderheiten des DESI-Projekts die in Frage kommenden Erhebungsverfahren. Kommunikation und Interaktion können nur in Form von Simulationen berücksichtigt werden. Das Instrument muss ein „Papier-und-Bleistift"-Format haben.

Ursprünglich als Material zum Training interkultureller Kompetenz konzipiert, erscheinen die Materialien, die im Zusammenhang mit dem *„Culture Assimilator"* entwickelt worden sind, als Basis für ein solches Instrument geeignet. Kernelemente dieser Trainingsverfahren sind *„Critical Incidents"* (CI) (Brislin u.a. 1986; Thomas/ Wagner 1999). Ereignisse werden als kritisch bezeichnet, wenn sie für eine Person unerwartet eintreten, unerklärlich sind, zu Missverständnissen und Konflikten führen und wahrscheinlich mit Enttäuschung und Verärgerung enden. Das entscheidend Wichtige an diesem Verfahren ist, dass die Ereignisse empirisch ermittelt und nicht von vermeintlich „typischen" kulturellen Merkmalen hermeneutisch abgeleitet werden. Es interessiert vielmehr die *Art und Weise*, wie die Schüler bestimmte Ereignisse im Zusammenhang mit Kulturbegegnungen deuten und dies ist Gegenstand des Instruments zur Erfassung interkultureller Kompetenz im DESI-Projekt.

Empirische Untersuchungen zur Interpretation von Ereignissen im Zusammenhang mit interkulturellen Begegnungen zeigen, dass die Deutungen der Personen nicht beliebig sind, sondern konsistenten psychologischen Mustern folgen. Schmid und Thomas (2003) sammelten eine Vielzahl von Situationen, die von deutschen Austauschschülern und -studenten in England als „kritisch" berichtet worden sind, um die Situationen anschließend zu einigen wenigen prototypischen Critical Incidents zu kondensieren.

Entwicklung der Aufgaben

Aus dem von Schmid und Thomas systematisierten Pool kritischer Interaktionssituationen deutscher Schüler und Studenten in Großbritannien wurden vier ausgewählt, die sich für die neunte Jahrgangsstufe eignen (Schritt 4 in Abbildung 1). Die Auswahl der kritischen Interaktionssituationen für das DESI-Instrument erfolgte zusätzlich durch Expertenbefragung in Bezug auf die kulturelle Angemessenheit der Interaktionssituationen als Teil der externen Validierung (Schritt 6 in Abbildung 1).

Anders als bei Schmid und Thomas (2003) wurden Fragen an die Schüler konzipiert, die sich auf die kognitive und affektive Situationsanalyse sowie die antizipierten Handlungsstrategien beziehen, wobei die Kategorien des DMIS, die sich in den Lehrplänen und Lehrwerken widerspiegeln zu Grunde gelegt wurden (Schritt 5 in Abbildung 1). Anhand der Daten der Pilotierung wurden von den ursprünglichen vier Critical Incidents zwei für die Hauptuntersuchung ausgewählt. Die Konzeption der interkulturellen Aufgaben ist in Abbildung 2 dargestellt.

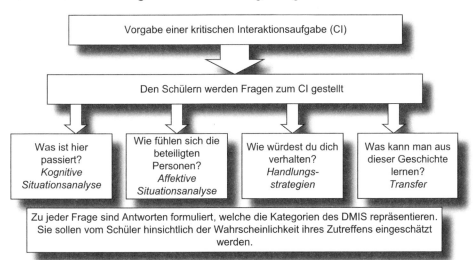

Abbildung 2: Konzeption der interkulturellen Aufgaben.

Konzeption der externen Konstruktvalidierung des DESI-IKK Instruments auf der Grundlage des DMIS

Die externe Validierung erfolgte – neben der Expertenbefragung – durch die Prüfung der Korrespondenz zwischen allgemeiner und spezifischer interkultureller Kompetenz. Hierzu sind zwei Aufgabentypen zur Erfassung spezifischer und allgemeiner interkultureller Kompetenz erforderlich. Aus dem DMIS lassen sich hypothetische Antwortmuster ableiten, die jeweils eine der interkulturellen Kompetenzklassen repräsentieren. Das DESI-IKK Instrument wird dann als konstruktvalide angesehen, wenn sich die Profile der kulturspezifischen (CI) Antworten den kulturallgemeinen DMIS-Personen-Klassen (AIK) systematisch zuordnen lassen (Schritt 7 in Abbildung 1).

Instrumente

Zur Erfassung *spezifischer* interkultureller Kompetenz (DESI-IKK) wurden zwei Critical Incidents ausgewählt und insgesamt 42 Items konstruiert, die allen Schülern zum Zeitpunkt 2 der Hauptuntersuchung vorgelegt wurden. Zur Erfassung allgemeiner interkultureller Kompetenz (AIK) wurden 20 Items auf der Basis des DMIS formuliert. Die AIK-Items wurden den Schülern mit Ausnahme der Hauptschüler zum Zeitpunkt 1 der Hauptuntersuchung eingesetzt.

Die Erfassung von DESI-IKK und zur allgemeinen interkulturellen Kompetenz (AIK) zu zwei unterschiedlichen Zeitpunkten und der teilweise Verzicht auf die Hauptschüler erfolgte ausschließlich auf Grund projektorganisatorischer Überlegungen. Unter der Annahme, dass sich die Überzeugungen allgemeiner interkultureller Kompetenz nur träge verändern, wird hier davon ausgegangen, dass die zeitliche Trennung in Kauf genommen werden kann. Aussagen über die Gruppe der Hauptschüler können in diesem Zusammenhang nicht gemacht werden. Die AIK-Fragen wurden von 7657 Schülern, die Critical Incidents (DESI-IKK) von 9623 Schülern bearbeitet. Von 7206 Schülern liegen Daten sowohl in Bezug auf die Instrumente zur allgemeinen (AIK) als auch zur spezifischen interkulturellen Kompetenz (DESI-IKK) vor.

Ungeordnete Klassifizierung statt Sequenz der DMIS-Stufen

Da die Reihenfolge der Stufen des DMIS nicht abschließend geklärt ist (Hammer/Bennett/Wiseman 2003) wurde für das DESI-IKK-Instrument eine vorsichtige Vorgehensweise gewählt. Die interkulturellen Orientierungen werden als Klassifikationen interkultureller Kompetenz verstanden ohne Annahmen über deren Reihenfolge zu machen. Es geht also um die Zuordnung der Schülerantworten zu den Klassifikationen des DMIS ohne das Zugrundelegen einer Entwicklungssequenz, da diese sich zwar theoretisch nahe legt, aber empirisch noch nicht hinreichend gesichert ist.

Berechnung interkultureller Orientierungen

Die Entwicklung von Kennwerten zur Bestimmung interkultureller Orientierungen verfolgt das Ziel, möglichst prägnante Profile der individuellen Antwortmuster zu erzeugen, welche die Korrespondenz zwischen den kulturallgemeinen und den kulturspezifischen Instrumenten deutlich repräsentieren (Hesse/Göbel/Jude 2003).

Zur Darstellung der Vorgehensweise sollen zunächst einige Begriffe definiert werden:

DMIS-Item-Klasse (AIK) – In einer DMIS-Item-Klasse (AIK) sind die einer DMIS-Klasse zugeordneten Items der AIK-Fragen zusammengefasst.

DMIS-Personen-Klasse (AIK) – In einer DMIS-Personen-Klasse sind die Personen zusammengefasst, die auf Grund der AIK-Analyse einer der fünf DMIS-Klassen zugeordnet werden.

DMIS-Item-Klasse (CI) – In einer DMIS-Item-Klasse (CI) sind die a-priori einer DMIS-Klasse zugeordneten Items der Critical Incidents zusammengefasst.

DMIS-spezifische CI-Skalen – Für jede DMIS-Item-Klasse (CI) wird eine eigene Skala erzeugt.

Sowohl für die Items der DMIS-Item-Klasse (AIK) als auch für die Items der DMIS-Item-Klasse (CI) wurde folgende Vorgehensweise gewählt. Für die Antworten auf die Items, welche jeweils eine Klassifikation des DMIS (AIK oder CI) indizieren, wurden die standardisierten Mittelwerte berechnet. Für jeden Schüler existiert somit ein Vektor mit fünf standardisierten Mittelwerten bezüglich seiner Antworten auf die AIK-Fragen und weiteren fünf standardisierten Mittelwerten bezüglich seiner Antworten auf die CIs.

Um die Zugehörigkeit eines Schülers zu einer der DMIS-Personen-Klassen (AIK) zu bestimmen, wurde jeder Schüler derjenigen DMIS-Personen-Klasse (AIK) zugeordnet, für die sich ein Maximum in Bezug auf die fünf Mittelwerte der AIK-Fragen ergibt. Diese Zuordnung wurde für den kulturallgemeinen Aspekt interkultureller Kompetenz vorgenommen.

Innerhalb jeder DMIS-Item-Klasse (CI) sind die individuellen *Abweichungen* vom standardisierten DMIS-Item-Klassenmittelwert die Interpretationsgrundlage. Der individuelle Wert drückt in diesem Fall die Abweichung von dem auf Null gesetzten Gesamtmittelwert aus. Die individuellen Werte sind in Bezug auf die Gesamtheit der Schülerantworten normiert und nicht auf die Antwortausprägungen als solchen. Ein hoher Wert drückt damit nicht aus, dass ein Schüler eine Antwort mit hoher Zustimmung gegeben hat, sondern dass seine Antwort im Vergleich zu allen anderen Schülern eine überdurchschnittlich hohe Zustimmung repräsentiert. Diese Vorgehensweise ist notwendig, da die Antworten nicht an einer Referenzstichprobe geeicht werden konnten. Schwierigkeitsunterschiede und eventuelle Antworttendenzen (durchgängig hohe oder niedrige Werte anzukreuzen) in Bezug auf die Fragen, unabhängig von ihrer Eigenschaft, DMIS-Klassen zu repräsentieren, werden so korrigiert. Die Standardisierung bedeutet eine Normierung der Aussage in Hinblick auf die erhobene Stichprobe an Schülern. Die Ergebnisse sind also stichprobenabhängig.

Da die Stichprobe repräsentativ im Sinne des Designs des DESI-Projekts und hinreichend groß ist, erscheint dies als unproblematisch.

Ergebnis der externen Konstruktvalidierung: Die Korrespondenz allgemeiner und spezifischer interkultureller Kompetenz

Stellt man die standardisierten DMIS-itemklassenspezifischen Mittelwerte aus den Antworten zu den Critical Incidents nach Zugehörigkeit eines Schülers zu einer Klasse auf Grund der AIK-Fragen dar, so ergibt sich das Diagramm, das in Abbildung 3 dargestellt ist.

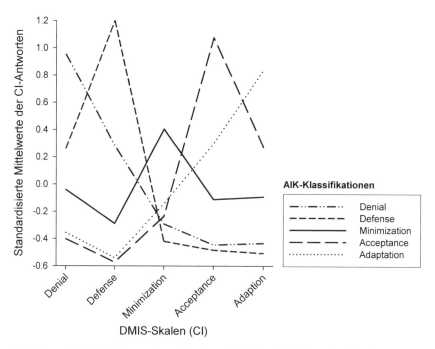

Abbildung 3: Verteilung der standardisierten Mittelwerte der kulturspezifischen CI-Antworten in Bezug auf die kulturallgemeinen AIK-Klassen (Erläuterung im Text).

Schüler, die auf Grund der AIK-Ergebnisse der kulturallgemeinen „Denial"-Personen-Klasse (AIK) zugeordnet werden erreichen im Durchschnitt auch die höchsten Werte bei den Antworten auf die kulturspezifischen Denial-Fragen im Verhältnis zu den Fragen der anderen DMIS Orientierungen der Critical Incidents. Auf diejenigen CI-Fragen, die eine „Minimization"-Orientierung provozieren, reagieren Schüler mit einer auf Grund des AIK-Fragebogens festgestellten „Denial"-Orientierung mit niedrigen Werten. Die Schüler, die auf Grund der AIK-Fragen der

DMIS-Personen-Klasse „Minimization" zugeordnet werden, zeigen erwartungsgemäß im Verhältnis zu den anderen DMIS Orientierungen den höchsten Mittelwert bei Antworten zu den Fragen, welche die „Minimization"-Orientierung provozieren und die niedrigsten Werte zu den Fragen der „Denial"- und „Defense"-Orientierungen. Schüler, die der „Acceptance" DMIS-Personen-Klasse (AIK) zugeordnet werden haben ihr Mittelwertsmaximum im Verhältnis zu den anderen DMIS Orientierungen bei den CI-Items zu „Acceptance", niedrige Werte bei „Minimization", „Denial" und „Defense". Es fällt auf, dass die Linien für die „Denial"- und „Defense"-Personen-Klassen für „Minimization", „Acceptance" und „Adaptation" fast zusammenfallen. Dies ist der Fall für die „Acceptance"- und „Adaptation"-Personen-Klassen in Bezug auf „Denial", „Defense" und „Minimization". Dieses Ergebnis entspricht weitgehend den Befunden von Paige, Jacobs-Cassuto, Yershova und DeJaeghere (1999) sowie von Hammer, Bennett und Wiseman (2003) der teilweisen Überlappungen von „Denial" und „Defense" einerseits und von „Acceptance" und „Adaptation" andererseits.

Es lässt sich festhalten, dass sich klar voneinander verschiedene Antwortprofile ergeben. Die Graphik der Abbildung 3 zeigt, dass die CI-Antworten der Schüler mit den AIK-Personen-Klassenzuordnungen korrespondieren. Dieser Sachverhalt wird als Bestätigung der Konstruktvalidität des DESI-IKK Instruments zur Erfassung von interkultureller Kompetenz im DESI-Projekt gewertet.

Die Zuordnung der Profile zu den Antworten auf die Aufgaben des DESI-IKK Instruments zu drei Klassen interkultureller Kompetenz mittels der Analyse latenter Klassen

Wegen der teilweisen Überlappungen von „Denial" und „Defense" und von „Acceptance" und „Adaptation" sowie aus Gründen der Darstellungsökonomie werden im Folgenden die beiden erstgenannten Klassen zu einer Klasse „DD" und die beiden letztgenannten Klassen zu einer Klasse „AA" zusammengefasst, so dass drei Klassen interkultureller Kompetenz weiter analysiert werden sollen. Jedoch ist für weitere vertiefende Analysen geplant, die Einteilung in fünf Klassen zu verwenden, weil sie eine höhere inhaltliche Validität gerade bei den ethnozentrischen Klassen aufweist. Aus psychometrischer Sicht steht dem nichts entgegen, weil die Güte der psychometrischen Eigenschaften der Einteilung in drei Klassen mit der in fünf Klassen vergleichbar ist.

Inwieweit es gelingt, individuelle Antwortmuster DMIS-Personen-Klassen zuzuordnen, lässt sich mit Hilfe der hypothesentestenden Analyse latenter Klassen (Rost 2004) entscheiden. Hypothetische typische Antwortmuster werden dann durch die erhobenen Daten gut repräsentiert, wenn jedes Muster zu einer Klasse mit sehr hoher, zu den restlichen Klassen mit sehr niedriger Wahrscheinlichkeit gehört. Das hierfür formulierte latente Klassenmodell geht davon aus, dass die beobachteten individuellen Antwortvektoren aus kontinuierlichen Variablen drei Kategorien einer latenten Klassenvariablen indizieren, welche den Klassen „DD", „M" und „AA" interkultureller Kompetenz entsprechen. Die resultierenden Zuordnungswahrscheinlichkeiten – berechnet mit MPlus (Muthén/Muthén 2004) – sind in der Tabelle 2 dargestellt.

Tabelle 2: Mittlere Zuordnungswahrscheinlichkeiten zu einer DMIS-Klasse auf Grund der geschätzten Modellparameter.

DMIS-KLasse	Typisches Antwortmuster für		
	DD	M	AA
Denial/Defense (DD)	**0.81**	0.10	0.09
Minimization (M)	0.15	**0.69**	0.16
Acceptance/Adaptation (AA)	0.05	0.07	**0.88**

Es zeigt sich, dass die Antwortmuster mit einer weitgehend hohen Treffsicherheit den drei DMIS-Klassen zugeordnet werden können. Oder: ein Schüler, der einer bestimmten DMIS-Klasse zugehört, produziert mit der angegebenen Wahrscheinlichkeit genau das entsprechende hypothetische Antwortmuster. Die Koeffizienten in der Diagonale sind als Maß für die Zuordnungsgenauigkeit interpretierbar, ähnlich dem Reliabilitätsmaß. Obwohl die Zuordnungsgenauigkeit für Minimization etwas niedrig ausgefallen ist, sprechen alle Koeffizienten für eine akzeptable Treffsicherheit mit niedrigen Risiken einer falschen Zuordnung.

Schlussfolgerung

Die externe Konstruktvalidierung und die latente Klassenanalyse ergeben prägnante, mit dem DMIS-Modell konforme Antwortmuster verbunden mit einer hohen Zuordnungswahrscheinlichkeit zu den DMIS-Klassen. Das DESI-IKK Instrument erfüllt damit die Kriterien eines validen und reliablen Messverfahrens.

Literatur

Ahrends, A./Nowitzki, W. (1997): Interkulturelles Lernen in den Lehrplänen. Anregungen für Schule und Unterricht. Kiel: Ministerium für Bildung, Wissenschaft, Forschung und Kultur des Landes Schleswig-Holstein.

Bennett, M.J. (1993): Towards ethnorelativism: A developmental model of intercultural sensitivity. In: Paige, M.R. (Ed.): Education for the intercultural experience. Yarmouth, MN: Intercultural Press S. 21-71.

Bennett, J.M./Bennett, M.J./Allen, W. (1999): Developing intercultural competence in the language classroom. In: Paige, R.M./Lange, D.L./Yershova, Y.A. (Eds.): Culture as the core: Integrating culture into the language curriculum. CARLA working paper #15. Minneapolis, MN: University of Minnesota, Centre for Advanced Research on Language Acquisition, S. 13-45.

Bhawuk, D.P.S./Brislin, R.W. (1992): The measurement of intercultural sensitivity using the concepts of individualism and collectivism. In: International journal of intercultural relations 16, S. 413-436.

Brislin, R.W./Cushner, K./Cherrie, C./Yong, M. (1986): Intercultural interactions: A practical guide. Beverly Hills: Sage.

Brooks, N. (1997): Teaching culture in the foreign language classroom. In: Heusinkveld, P.R. (Ed.): Pathways to culture: Readings on teaching culture in the foreign language class. Yarmouth, Maine: Intercultural Press, S. 11-37.

Göbel, K. (2001): Die Bedeutung der Analyse interkultureller Konfliktlösestrategien für die interkulturelle Erziehung an Schulen: Forschungsergebnisse einer Akkulturationsstudie in Chile. In Auernheimer, G./van Dick, R./Petzel, T./Wagner, U. (Hrsg.): Interkulturalität im Arbeitsfeld Schule. Empirische Untersuchungen über Lehrer und Schüler. Opladen: Leske + Budrich. S. 161-175.

Göbel, K./Hesse, H.-G. (2004): Vermittlung interkultureller Kompetenz im Englischunterricht – eine curriculare Perspektive. In: Zeitschrift für Pädagogik 50(6), S. 818-834.

Hammer, M.R./Bennett, M.J. (1998): The Intercultural Development Inventory Manual. Portland, OR: Intercultural Communication Institute.

Hammer, M.R./Bennett, M.J./Wiseman, R. (2003): Measuring intercultural sensitivity: The intercultural development inventory. In: International journal of intercultural relations 27, S. 421-443.

Hesse, H.-G. (2001): Zur Aktualgenese interkultureller Konflikte: Eine Unterrichtsbeobachtung zur Dimension des „Individualismus-Kollektivismus". In: Auernheimer, G./van Dick, R./Petzel, T./ Wagner, U. (Hrsg.): Interkulturalität im Arbeitsfeld Schule. Empirische Untersuchungen über Lehrer und Schüler. Opladen: Leske + Budrich, S. 141-160.

Hesse, H.-G./Göbel, K./Jude, N. (2003): Interkulturelle Kompetenzen. In: Klieme, E./Eichler, W./Helmke, A./Lehmann, R.H./Nold, G./Rolff, H.G./Schröder, K./Thomé, G./Willenberg, H. (Hrsg.): DESI-Bericht über die Entwicklung und Erprobung der Erhebungsinstrumente. Frankfurt a.M.: DIPF, S. 123-128.

Kelley, G.A. (1963): A theory of personality: The psychology of personal constructs. New York, NY: Norton.

Kultusministerkonferenz (2003): KMK Beschluss Bildungsstandards für die erste Fremdsprache (Englisch/Französisch) für den mittleren Schulabschluss.

Lange, D.L./Paige, M.R. (Eds.) (2003): Culture as the core: Perspectives on culture in second language learning. Greenwich, Connecticut: Information Age Publishing.

Mandl, H./Gruber, H./Renkl, A. (1993): Kontextualisierung von Expertise. In: Mandl, H./Kornadt, H.-J. (Hrsg.): Entwicklung und Denken im kulturellen Kontext. Göttingen: Hogrefe, S. 203-228.

Met, M./Galloway, V. (1992): Research in foreign language curriculum. In: Jackson, P.W. (Ed.): Handbook of Research on Curriculum. New York: Macmillan, S. 852-890.

Moore, J. (1991): An analysis of the cultural content of post-secondary textbooks for Spanish: Evidence of information processing strategies and types of learning in reading selections and post-reading adjunct questions. Unpublished doctoral dissertation, University of Minnesota, Minneapolis.

Muthén, L.K./Muthén, B.O. (2004): Mplus user's guide. Version 3. Los Angeles, CA: Muthén & Muthén.

National Standards in Foreign Language Education Project (1996): Standards for foreign language learning: Preparing for the 21st century. Yonkers, NY: ACTFL.

Nostrand, H.L. (1974): Empathy for a second culture: Motivations and techniques. In: Jarvis, G.A. (Ed.): Responding to new realities. The American Council on the Teaching of Foreign Language Education Series. Skokie; IL: National Textbook, S. 263-327.

Paige, M.R./Jacobs-Cassuto, M./Yershova, Y.A./DeJaeghere, J. (1999): Assessing intercultural sensitivity: A validation study of the Hammer and Bennett (1998) Intercultural Development Inventory. Paper presented at the International Academy of Intercultural Research conference, Kent State University, Kent OH.

Philipps, J.K. (2003): National Standards for foreign language learning: Culture the driving force. In Lange, D.L./Paige, M.R. (Eds.): Culture as the core: Perspectives on culture in second language learning. Greenwich, Connecticut: Information Age Publishing, S. 161-172.

Rost, J. (2004): Lehrbuch Testtheorie, Testkonstruktion. Bern: Huber.

Schmid, S./Thomas, A. (2003): Beruflich in Großbritannien. Trainingsprogramm für Manager, Fach- und Führungskräfte. Göttingen: Vandenhoeck & Ruprecht.

Sekretariat der Ständigen Konferenz der Kultusminister der Länder (1994): Überlegungen zu einem Grundkonzept für den Fremdsprachenunterricht mit Gutachten zum Fremdsprachenunterricht in der Bundesrepublik Deutschland. Bonn: Sekretariat der Ständigen Konferenz der Kultusminister.

Thomas, A./Kinast, E.-U./Schroll-Machl, S. (2000): Entwicklung interkultureller Handlungskompetenz von international tätigen Fach- und Führungskräften durch interkulturelle Trainings. In Götz, K. (Ed.): Interkulturelles Lernen / Interkulturelles Training. München: Rainer Hampp, S. 97-122.

Thomas, A./Wagner, K.H. (1999): Von der Fremdheitserfahrung zum interkulturellen Verstehen. Kulturpsychologische Grundlagen für den Einsatz interkultureller Trainingsprogramme. In: Praxis des neusprachlichen Unterrichts 46, 227-236.

Toll, S. (2000): Acquiring intercultural competence within the context of the period of residence abroad (Sub-project report for The Intercultural Project): University of Central Lancashire. http://www.lancs.ac.uk/users/interculture/about.htm

Trim, J.L.M./North, B. (2001): Gemeinsamer Europäischer Referenzrahmen für Sprachen: lernen, lehren, beurteilen. Berlin: Langenscheidt.

Vollmer, H.J. (2001): Wissenschaftlich fundierte Kompetenzmodelle im Bereich der Sprachen und deren Niveaudifferenzierung/Skalierung (am Beispiel des „Referenzrahmens" des Europarats). Manuskript.

Weinert, F.E. (2001): Concept of competence: A conceptual clarification. In: Rychen, D.S./ Salganik, L.H. (Eds.): Defining and selecting key competencies. Seattle: Hogrefe, S. 45-66.

Günther Schneider

Auf dem Weg zu Skalen für die rezeptiven Kompetenzen im Bereich des Englischen

In den Bildungsstandards der deutschen Kultusministerkonferenz für die erste Fremdsprache (KMK 2004) wurde der Weg gewählt, die Standards von Expertengruppen durch eine Anpassung und Ergänzung von Kompetenzbeschreibungen des „Gemeinsamen europäischen Referenzrahmens für Sprachen" (Europarat 2001) formulieren zu lassen und die verbalen Kompetenzbeschreibungen durch Testbeispiele zu illustrieren. Dabei handelt es sich sowohl um Übernahmen aus bestehenden internationalen Sprachdiplomprüfungen als auch um Aufgaben aus Lehrwerken und neu entwickelten Aufgaben.

Für die Teile aus Diplomprüfungen ist festzuhalten, dass die vorgenommene Zuordnung zu einem bestimmten Referenzniveau zunächst nur eine Hypothese ist. Denn bisher beruhen solche Zuordnungen noch nicht auf kontrollierten Verfahren, wie sie das Handbuch des Europarats für die Zuordnung von Prüfungen zum Referenzrahmen vorsieht (Council of Europe 2003). Bei den aus Lehrwerken zusammengestellten Aufgaben und den „neuen" Aufgaben im KMK-Entwurf erhält man den Eindruck, dass die Aufgabenbeispiele allzu schnell zusammengestellt wurden. In den einleitenden Bemerkungen zu den Aufgabenbeispielen heißt es: „Hinsichtlich der Orientierung am Gemeinsamen europäischen Referenzrahmen und ggf. auch im Lichte der Erfahrungen von künftigen Vergleichsuntersuchungen sind sie (die Aufgaben) zu überprüfen und weiter zu entwickeln" (KMK 2004, S. 22-23).

Mit DESI wurde ein anderer, wissenschaftlich abgestützter Weg beschritten, indem theoriebasiert und durch empirische Analyse von Aufgaben Kompetenzmodelle und Niveaubeschreibungen entwickelt wurden, die dann generalisierend mit den Niveaubeschreibungen des Referenzrahmens verknüpft werden.

Zu den großen Vorteilen des Projekts gehört u.a., dass die Entwicklung der Kompetenzmodelle für verschiedene Fertigkeitsbereiche auf einem gemeinsamen Konzept und einer gemeinsamen Methodologie beruht, dass beträchtliche Ressourcen vorhanden waren und eine sehr große Stichprobe zur Verfügung stand. Sowohl die verwendete Entwicklungsmethode wie die Ergebnisse sind potentiell relevant für die Konkretisierung vorliegender Bildungsstandards und auch für die Entwicklung von Bildungsstandards in anderen Ländern.

So hat z.B. die Schweizerische Konferenz der kantonalen Erziehungsdirektoren den Auftrag erteilt, im Rahmen eines Projekts zur Harmonisierung der obligatorischen Schule (HarmoS) u.a. für die Muttersprachen und die Fremdsprachen, die in den verschiedenen Sprachregionen der Schweiz Unterrichtsfächer sind, Bildungsstandards auszuarbeiten und dazu ein Kompetenzmodell mit verschiedenen Kompetenzniveaus zu entwickeln, wobei der „Gemeinsame europäische Referenzrahmen für Sprachen" als Grundlage dienen soll (Schneider 2005).

Solche nachfolgenden Projekte sind in der günstigen Lage, auf den Erfahrungen, die im DESI-Projekt gemacht wurden, aufbauen zu können. Aus dieser Optik empfiehlt sich eine kritische Auseinandersetzung mit den Methoden und Resultaten des DESI-Projekts. Ich gehe auf folgende Aspekte des DESI-Projekts im Bereich des Englischen ein und konzentriere mich auf den Bereich der rezeptiven Kompetenzen:
- das Testkonstrukt und die DESI-Testaufgaben im Vergleich zu Tests für internationale Sprachdiplome;
- die schwierigkeitsbestimmenden Merkmale;
- die Formulierung der Skalen und ihre Beziehung zum Referenzrahmen.

Gerade in Bezug auf die rezeptiven Kompetenzen sind die Erwartungen an das DESI-Projekt groß. Denn die Kompetenzmodelle zum Hör- und Leseverstehen sind im Referenzrahmen, wie verschiedentlich kritisiert wurde, zu wenig ausgebaut (z.B. Alderson u.a. 2004; Vollmer 2003). Anders als im Literacy-Modell von PISA werden kognitive Prozesse im Kompetenzmodell des Referenzrahmens zwar mitbedacht, sind dort aber nicht stufenbildend.

Ich beziehe mich auf die Arbeiten zu den rezeptiven Kompetenzen, die an der DESI-Fachtagung 2004 in der Arbeitsgruppe für den Bereich des Englischen vorgestellt wurden, und auf die Beiträge von Nold/Rossa, Nold/Willenberg und Harsch/Schröder in diesem Band. Ich greife dabei auch kritische Einwände auf, die in den Diskussionen an der Fachtagung vorgebracht wurden.

Die DESI-Tests in der Testlandschaft

In internationalen Sprachdiplomprüfungen (z.B. Cambridge-Prüfungen, IELTS, dem neuen TOEFL-Test) ist es inzwischen selbstverständlich, dass Tests zum Lese- und Hörverstehen mehrere Subtests, Textsorten und Aufgabenformate enthalten. Deutlich erkennbar ist dabei das Bemühen, bei der Gestaltung der Aufgaben realen Anwendungssituationen nahe zu kommen und deren relevante Merkmale zu berücksichtigen. Dazu gehört z.B., dass versucht wird, durch die Angabe einer Lese- bzw. Hörsituation entsprechende Lese- bzw. Hörintentionen zu stimulieren (oder wenigstens zu simulieren) und Fertigkeiten auch kombiniert zu überprüfen. Im Vergleich dazu sind die DESI-Tests überraschend traditionell und konservativ.

DESI folgt einer klassischen Aufteilung in Fertigkeiten. Es gibt anders als etwa beim neuen TOEFL keinen Versuch, Fertigkeiten auch kombiniert zu testen. Auch die interkulturellen Kompetenzen werden separat erfasst. Kulturelle und soziokulturelle Aspekte bleiben in den Aufgabenstellungen zum Leseverstehen und zum Hörverstehen ausgeklammert. Der Verzicht auf Fertigkeitskombinationen und die Ausklammerung der interkulturellen Aspekte ist sowohl vom Ziel, Kompetenzmodelle für das Lese- und Hörverstehen zu entwickeln, als auch aus methodischen Gründen verständlich und vertretbar. Aber trifft das auch für die anderen „konservativen" Entscheidungen zu?

Die Testhefte zum Leseverstehen enthalten jeweils nur zwei Texte mit Aufgaben. Alle Lesetexte gehören zum Typ der narrativen Texte, und es gibt nur ein einziges Aufgabenformat: Multiple-Choice-Aufgaben. Beim Hörverstehen ist die Auswahl beschränkt auf Audiotexte; Videoaufzeichnungen oder Filme werden nicht verwendet (vgl. Buck 2001). Die Hörtexte liegen, wie die Autoren selbst angeben, am „literate end" des Kontinuums von Schriftlichkeit/Mündlichkeit (Nold/Rossa in diesem Band). Die Hörtexte werden alle zweimal abgespielt. Einziges Aufgabenformat sind auch hier Multiple-Choice-Aufgaben.

Die Autoren berufen sich für das Testkonstrukt und die Aufgabenentwicklung auf die relevanten Curricula, auf die einschlägige Forschung und auf den Referenzrahmen. Es ist daher gerechtfertigt, die im Vergleich zu anderen neueren Tests sehr traditionelle Ausrichtung der DESI-Tests von diesen drei Bezügen her zu beurteilen. Ich gehe zunächst etwas ausführlicher auf die Tests zum Leseverstehen ein.

Leseverstehen: Textsorten, Leseabsichten und Lesearten

Das DESI-Modul zum Leseverstehen berücksichtigt die Textsorten Erzählung, berichtender Sachtext, Brief und Dramenausschnitt, die alle zum Typ der narrativen Texte gezählt werden. Dies ist, wie die Untersuchungen von Nold/Willenberg (in diesem Band) zeigen, nur ein kleiner Ausschnitt aus dem Spektrum von Texttypen und Textsorten, das die Curricula der Länder vorsehen. Natürlich können Tests immer nur einen Ausschnitt erfassen. Aber man muss sich bewusst machen, was bei dieser Auswahl alles unberücksichtigt bleibt. Es fehlen völlig alle Arten von nichtkontinuierlichen Texten wie Schilder, Listen, Anzeigen, Tabellen oder Grafiken. Solche Textsorten finden sich (wie in der Realität) auch recht häufig in Lehrwerken. Im PISA-Aufgabenpool betrug der Anteil von Leseaufgaben in Verbindung mit nichtkontinuierlichen Texten immerhin fast 40% (Artelt u.a. 2001). Von den übrigen knapp über 60% der Leseaufgaben zu kontinuierlichen Texten entfielen nur rund 12% auf narrative Texte, den einzigen Texttyp bei DESI, wo Textsorten der Typen Darlegung, Beschreibung, Argumentation und Anweisung völlig fehlen.

In der Forschung zum Leseverstehen in der Fremdsprache gibt es einige Hinweise darauf, dass Texte je nach Zugehörigkeit zu einem Diskurstyp eher schwieriger oder leichter zu lesen sind. So gelten expositorische Texte tendenziell als schwieriger als narrative Texte (Alderson 2000). Wichtiger aber ist der in der Literatur hergestellte Zusammenhang zwischen Textsorte und Texttyp auf der einen Seite und Leseabsichten sowie Lesearten auf der anderen Seite (Urquhart/Weir 1998; Weir 2005). Wir lesen z.B. Gebrauchsanweisungen nicht in den gleichen Situationen, nicht mit den gleichen Intentionen und nicht auf die gleiche Art wie Erzählungen oder Dramentexte. Eine Leseart wie das suchende selektive Lesen ist für narrative Texte eher untypisch. Weir schreibt zum Zusammenhang von Texttyp und Lesearten:

„The relationship between text type and operations being assessed is important. In reading tests for example, if scanning is the focus then collection of description texts containing lots of factual detail are likely to be more suitable than argumentative. Conversely if main ideas are the focus then argumentative texts are likely to contain more macro-propositions than texts full of specific details, i.e., descriptive." (Weir 2005, S. 69)

Alderson, auf den sich die Autoren des Leseverstehenstests für ihr Testkonstrukt beziehen, stellt zwar fest, dass in der Forschung bisher nicht eindeutig nachgewiesen werden konnte, ob Leseziele und Lesearten einen wesentlichen Einfluss haben, rät aber: „Despite the lack of firm evidence of a substantial effect of varying readers' purposes, I would argue that test developers need to consider carefully the tasks they set readers, or the purposes with which their test-takers read (…)." (Alderson 2000, S. 52)

Für Alderson ist die Nähe zu Leseabsichten in realen Lebenssituationen ein wichtiges Kriterium der Validität (ebd.).

Wenn Nold/Rossa (in diesem Band) darauf hinweisen, es sei für das Testkonstrukt von Bedeutung, dass alle Schülerinnen und Schüler zwei Texte (zwei Textsorten) mit Aufgaben bearbeiten und dadurch die „unverzichtbare Vielfalt der Texte" gewährleistet werde, so klingt das recht euphemistisch angesichts des schmalen Ausschnitts aus dem Spektrum der Texttypen und Textsorten. Wenn es dann weiter heißt, dass „im Testkonstrukt auf Grund zeitlicher Beschränkungen unterschiedliche Lesearten nicht systematisch erfasst werden" konnten (ebd.), dann stellt sich die Frage, welche Kriterien für die Auswahl von Lesearten bestimmend waren. Hat die Entscheidung für die Beschränkung auf narrative Texte die Auswahl der berücksichtigten Lesearten bestimmt? Oder wurden bestimmte Lesearten als besonders relevant angesehen und daher Textsorten des narrativen Typs gewählt? Nold/Willenberg (in diesem Band) relativieren die „unverzichtbare Vielfalt der Texte" des Tests im Verhältnis zu derjenigen der curricularen Vorgaben: „Im DESI-Leseverstehensmodul wird allerdings hinsichtlich der Verstehensprozesse (Textdetails oder Hauptaussagen erkennen, erschließen, interpretieren) systematischer und deutlicher differenziert, während die Breite der Textsorten eingeschränkter ist."

Würde man bei der Testentwicklung vom Referenzrahmen ausgehen, dann wäre am Anfang des Auswahlprozesses die Frage zu beantworten, in welchen Situationen bzw. Lebensdomänen Texte gelesen werden können sollen (Europarat 2001). Die Benutzer des Referenzrahmens werden dann aufgefordert zu berücksichtigen und transparent zu machen, „mit welchen Absichten Lernende lesen werden müssen" und „auf welche Art und Weise Lernende lesen werden müssen" (ebd., S. 76).

Während PISA den Ansatz des Referenzrahmens übernimmt und systematisch von den vier Lebensdomänen als Variablen ausgeht, beschränkt sich DESI auf Lesen im privaten Lebensbereich. Der Verzicht auf Lesesituationen des Berufslebens ist bezogen auf die Zielgruppe plausibel. Dagegen ist der Ausschluss von Texten und Lesezwecken des öffentlichen Lebens und des Bildungsbereichs (Lesen, um zu lernen) in

Anbetracht der Präsenz des Englischen im öffentlichen Raum und seiner Rolle für Information und Wissenstransfer über Medien schwer nachzuvollziehen.

Auch wenn, wie bei DESI, das Hauptinteresse auf Verstehensprozesse gerichtet ist, sollte ein möglichst breites Spektrum relevanter Texte als Basis dienen. Alderson konstatiert in seinem Standardwerk „Assessing reading": „Good tests of reading and good assessment procedures in general will ensure that readers have been assessed on their ability to understand a variety of texts in a range of different topics." (Alderson 2000, S. 83).

Leseverstehen: Aufgabenformat

Im DESI-Leseverstehenstest kommt nur ein einziges Aufgabenformat vor, nämlich die Multiple-Choice-Aufgabe. Diese Beschränkung steht nicht nur im Widerspruch zur Vielfalt der Aufgabenformen, die in Lehrplänen und Lehrwerken vorkommen und daher den Lernenden vertraut sind, sondern auch zum Standard, der in der Testliteratur gefordert wird. Alderson formuliert dies sehr deutlich:

> „It is now generally accepted that it is inadequate to measure the understanding of text by only one method, and that objective methods can usefully be supplemented by more subjectively evaluated techniques. Good reading tests are likely to employ a number of different techniques, possibly even on the same text, but certainly across the range of texts tested." (Alderson 2000, S. 206)

Alderson konstatiert eine deutliche Tendenz, MC-Aufgaben wenn irgend möglich zu vermeiden (ebd.). Er ist mit der Skepsis keineswegs allein. In der PISA-Untersuchung wurde nur ein geringer Prozentsatz Multiple-Choice-Aufgaben eingesetzt. Weir (2005) referiert oft vorgebrachte Kritikpunkte wie die Schwierigkeit, gute Items zu schreiben, die Ratewahrscheinlichkeit und den problematischen Backwash-Effekt. Er weist auf eine wesentliche Schwäche hin, die gerade für eine Untersuchung bedeutsam ist, die auf die Erfassung von Verstehensprozessen und schwierigkeitsbestimmenden Merkmalen zielt: Aus den Resultaten der MC-Aufgaben ist nicht ersichtlich, ob die richtige Antwort gefunden wurde, indem falsche Antworten ausgeschlossen wurden oder indem die richtige Antwort gewählt wurde. Das bedeutet, dass wir nicht wissen können, ob die richtige Lösung auch ohne die Hilfe durch falsche Distraktoren gefunden worden wäre. Das wichtigste Argument gegen dieses Aufgabenformat ist jedoch die fragliche Testvalidität.

> „It would seem likely that the cognitive processing involved in determining an answer in this format bears little resemblance to the way we process texts for Information in real life, and to the extent that this is the case, they may be considered deficient in terms of theory-based validity." (Weir 2005, S. 63)

Wie sehr Multiple-Choice-Aufgaben ein normales Lesen verunmöglichen können, lässt sich leicht in einem Selbstversuch nachvollziehen. In krasser Form wird dies deutlich, wenn man die Aufgaben zum Text „Alicia Keys" aus dem DESI-Aufgabenpool zu lösen versucht. Meine persönliche Erfahrung, die mir von einem Kollegen bestätigt wurde, war, dass man durch die Reihenfolge und die Art der MC-Aufgaben nicht nur zu mehrfachem Lesen, sondern zu einem merkwürdigen Hin- und Her-Lesen gezwungen wird. Das erste Item setzt die Lektüre des ganzen Textes voraus. Die folgenden Items beziehen sich dann mehr oder weniger auf einzelne Abschnitte in der Reihenfolge des Textes, bis dann mit Frage 8 wieder der ganze Text gelesen werden muss, worauf die folgenden Fragen den Leser wieder in die ersten Abschnitte des Textes schicken, um schließlich zu den Schlussabschnitten zu springen. Man ist zwar sicher, den relativ einfachen Text verstanden zu haben, fühlt sich durch die Distraktoren aber verunsichert und zu einem kontrollierenden Vor- und Rückwärts-Lesen genötigt. Man wird zu einer speziellen Art von selektivem Lesen gedrängt, dem nicht eine echte Leseabsicht oder -aufgabe zu Grunde liegt (Suche nach dieser oder jener wichtigen Information), sondern die Suchaufgabe wird durch das Testformat erzeugt: Suche nach der Stelle im Text, welche den Distraktor bestätigt oder falsifiziert. Es ist nicht nur sehr mühsam, sondern auch äußerst zeitaufwändig, die Aufgaben zu lösen.

Abgesehen von der Qualität der einzelnen Multiple-Choice-Aufgaben und ihrer Distraktoren, ist allein schon die Quantität ein Problem. Ich ziehe als Beispiel wieder den Testteil „Alicia Keys" heran. Der Lesetext umfasst 386 Wörter (1666 Zeichen ohne Leerschläge). Der Text der Multiple-Choice-Aufgaben umfasst 326 Wörter (1569 Zeichen). Durch die Aufgaben werden also rund 90% der Textmenge hinzugefügt. Bei einem zweiten Test aus dem Pool, dem Dramentext, ist die durch die Aufgaben hinzugefügte Textmenge nicht ganz so hoch, liegt aber immerhin noch bei über 70%.

Spolsky (1994), der die verschiedenen Textebenen beschreibt, die in einem Lesetest u.a. durch Anweisungen und Aufgaben zum eigentlichen Lesetest hinzugefügt werden, insistiert darauf, dass der durch Aufgaben hinzugefügte zweite Text von einem anderen Autor, einem anderen Sprecher, stammt. Hinzuzufügen ist, dass der umfangreiche Text der Multiple-Choice-Aufgaben nicht in gleicher Weise ein authentischer Text ist wie der eigentliche Lesetext.

Wie die Aufgabenformate internationaler Diplome und auch die Forschung zeigen, gibt es durchaus Alternativen zu Multiple-Choice-Aufgaben. Andere Aufgabenformen sind vor allem unter dem Aspekt der Validität vorzuziehen[1]:

> „The superiority of the short-answer and Information transfer techniques over all others is that texts can be selected to match performance conditions and test operations appropriate to any level of student, and the techniques are likely to activate almost all the processing elements we discussed earlier in our model

---

[1] Wie der Text von Schröder/Nold zur Rahmenkonzeption von 2002 zeigt, waren die Autoren der DESI-Tests sich durchaus der Problematik von MC-Aufgaben und der höheren Validität anderer Aufgabenformate bewusst. Warum dennoch nicht wie ursprünglich intendiert auch andere Aufgabenformate verwendet wurden, geht aus den mir bekannten Texten nicht hervor.

of reading. They are accordingly likely to generate the clearest evidence of context- and theory-based validity." (Weir 2005, S. 131)

Ähnlich fordert Alderson den Verzicht auf Multiple-Choice-Aufgaben zu Gunsten anderer Aufgabenformate:

> „The challenge for the person constructing reading tests is how to vary the reader's purpose by creating test methods that might be more realistic than cloze tests and multiple-choice techniques. Admittedly, short-answer questions come closer to the real world (…)." (Alderson 2000, S. 249)

Nold/Rossa (in diesem Band) erklären mit Hinweis auf den knappen Zeitrahmen, auf die „wünschbare Verwendung von unterschiedlichen Aufgabenformaten" werde „zugunsten der Testökonomie" verzichtet. Sicher wäre mehr Zeit für einen Leseverstehenstest wünschenswert. Aber auch in dem begrenzten Zeitrahmen wäre eine Verbindung von Textvielfalt und Vielfalt von Aufgabenformaten zu erreichen. Zum einen könnte Zeit gewonnen werden, indem die extrem zeitraubenden Multiple-Choice-Aufgaben vermieden würden. Zum anderen könnte bei einer so großen Stichprobe wie bei DESI ein Untersuchungsdesign mit mehr durch gemeinsame Aufgaben verankerten Testheften gewählt werden.

Leseverstehen und Textrekonstruktion

Anfänglich wurde im DESI-Projekt der Teil „Textrekonstruktion" explizit auch als ein Test des Leseverstehens betrachtet (Schröder/Harsch 2002). Dies wurde zwar inzwischen zu Recht revidiert, denn C-Test-Spezialisten stellen in Frage, dass Ergebnisse aus C-Tests nicht nur als Maß allgemeiner Sprachkompetenz, sondern auch als Maß der Lesekompetenz interpretiert werden könnten (z.B. Grotjahn/Klein-Braley/Raatz 2002; Grotjahn 1987, 2002). Aber weiterhin werden auf der Basis der DESI-C-Tests Aussagen zur Fähigkeit der Textrezeption und zu Lesestrategien gemacht (Schröder/Harsch in diesem Band). Auf die Problematik, den Lücken im C-Test bestimmte Prozesse oder Strategien zuzuschreiben, werde ich später noch eingehen.

Hörverstehen

Auch in Bezug auf die Hörverstehenstests lässt sich ähnlich wie beim Leseverstehen feststellen, dass sich die Autoren zwar einerseits bei der Definition des Konstrukts auf neuere Forschung berufen – für das Leseverstehen besonders Alderson (2000), für das Hörverstehen Buck (2001) –, aber dass sie die dort postulierten Konsequenzen für die praktische Testkonstruktion nicht nachvollziehen.

Buck sucht mit seinem Konzept eines „default listening construct" einen Kompromiss zwischen einem Kompetenz-basierten und einem Task-basierten Ansatz. Mit dem Task-orientierten Ansatz kommt neben den zugrundeliegenden Sprachkompetenzen auch die Rolle des Anwendungskontexts ins Spiel. Nold/Rossa (in diesem Band) rechtfertigen mit Bezug auf dieses Konzept meiner Meinung nach zu Unrecht die konventionelle Ausrichtung der DESI-Hörverstehenstests, indem sie argumentieren, DESI müsse als Sprachstandserhebung und als Evaluationsstudie die „Situationen der unterrichtlichen Sprachverwendung" im Testkonstrukt als bestimmendes Moment berücksichtigen. Da in den Lehrplänen und im Englischunterricht das Verstehen von „Texten" (wohl verstanden als Gegensatz zu Hörverstehen in Handlungszusammenhängen) im Vordergrund stehe und vor allem didaktisierte, schriftnahe Hörtexte eingesetzt würden, müsse auch der DESI-Test sich an diesem Kontext orientieren. Auch wenn es so sein sollte, dass im Unterricht vor allem nichtauthentische, didaktisierte, schriftnahe Texte für die Förderung des Hörverstehens eingesetzt werden, besagt das noch nicht, dass der Erfolg der didaktischen Bemühungen ebenfalls mit Instrumenten überprüft werden sollte, welche die gleichen Merkmale haben wie die Übungsinstrumente. Zumindest müssten auch reale Anwendungssituationen nach bzw. außerhalb der Schule die Auswahl der Hörtexte und der Aufgaben mitbestimmen.

Dass die Texte der DESI-Hörverstehenstests eher zum „literate end" des „oral/literate continuum" gehören (Nold/Rossa in diesem Band), ist keine notwendige Konsequenz aus dem theoretischen Konstrukt in der Kompromissform, die Buck propagiert. Buck selbst postuliert, dass in Hörverstehenstests gerade solche Texte verwendet werden sollten, welche die typischen Merkmale gesprochener Sprache haben (Buck 2001). Er definiert explizit sein „default listening construct" als die Fähigkeit „to process extended samples of realistic spoken language, automatically and in real time" (ebd. S. 114).

In Bezug auf das Aufgabenformat betont Buck, dass Multiple-Choice-Aufgaben schwierig zu schreiben sind und dass es deutliche Hinweise darauf gibt, dass sie einen starken Methodeneffekt haben. Er empfiehlt, bei einer Testpopulation mit gleicher Ausgangssprache, die Aufgaben in der Erstsprache zu geben. Dies garantiere wahrscheinlich am besten, dass die Resultate für das Hörverstehen nicht durch andere Fertigkeiten „kontaminiert" würden (Buck 2001, S. 143).

Viele internationale Sprachprüfungen sehen anders als die DESI-Tests im Hörverstehensteil nur ein einmaliges Hören vor, andere, z.B. die Cambridge Prüfungen, ein zweimaliges Hören (Brindley/Slatyer 2002). Zweimaliges Hören wird vielfach gefordert, um den Stress in der Testsituation zu mildern. Buck macht darauf aufmerksam, dass zweimaliges Hören die Höraufgabe erleichtert, aber auch wesentlich das Testkonstrukt verändern kann (Buck 2001; vgl. auch Brindley/Slatyer 2002). Es fragt sich, ob bei generellem zweimaligem Hören noch wirklich der Anspruch erhoben werden kann, es werde erfasst, wie der Hörtext „in Echtzeit" verarbeitet wird (Nold/Rossa in diesem Band).

Zwar gibt es widersprüchliche Forschungsergebnisse zur Frage, ob die Schwierigkeit der Aufgabe und das Testresultat dadurch beeinflusst werden (Buck 2001; Brindley/Slatyer 2002), dass die Fragen vor oder nach dem Hören gegeben werden. Aber das seltsame für die DESI-Tests gewählte Verfahren, den Hörtext zunächst einmal ohne Steuerung der Hörintention durch Fragen hören zu lassen und dann vor dem zweiten Hören die Fragen zu geben, ist kaum eine Lösung des Problems. Denn aus den Resultaten ist nicht ersichtlich, ob das Hören ohne oder mit Frage oder ob einfach das erste oder das zweite Hören die Lösung der Aufgabe ermöglicht hat.

Bei einmaligem Abspielen der Hörtexte könnte Zeit für den Einsatz einer größeren Textvielfalt gewonnen werden. Von realen Anwendungssituationen als auch vom Referenzrahmen her, der für das Hörverstehenskonstrukt herangezogen wird, wäre zu empfehlen, die dialogischen und monologischen Hörtexte zu ergänzen durch Hörtextsorten wie öffentliche Durchsagen oder Anweisungen.

Bei den verwendeten Kurzdialogen wird das Verstehen aus der Lauscherposition, nicht aber das Hörverstehen in der Interaktion erfasst. Inwieweit dies in Zusammenhang mit dem mündlichen Test valide geschieht, lässt sich auf der Basis der vorliegenden Informationen nicht sagen.

Schwierigkeitsbestimmende Merkmale

Die Beschreibung der Merkmale

Die DESI-Untersuchungen sind (nicht nur) für die Forschung besonders interessant, weil für Lese- und Hörverstehen bei der Beschreibung der Aufgabenmerkmale und bei der Ermittlung ihres Einflusses auf die Schwierigkeit gleich vorgegangen wurde. Das erleichtert Vergleiche und die Betrachtung von Gemeinsamkeiten und Unterschieden. Da wo die Formulierung von Aufgabenmerkmalen unterschiedlich ist, fragt sich, ob es sich nur um eine bloße Variation in der Darstellung handelt oder ob es um echte, z.B. fertigkeitsspezifische Unterschiede geht. Dazu einige Beispiele.

Beispiel 1: Beim Leseverstehen sind in den Ausprägungen für den *Textlevel* die Niveaus des Gemeinsamen europäischen Referenzrahmens (Europarat 2001) genannt (A2, B1 usw.). Diese Zuordnung und die Redeweise von der „Kompetenzstufe des Textes" (Leseverstehen) bzw. der „Schwierigkeitsniveaus der Dialoge" sind problematisch. Im Handbuch des Europarats für die Zuordnung von Prüfungen zu den Referenzniveaus heißt es deutlich:

> „A text does not have a ‚level'. It is the competence of the test takers as demonstrated by their responses to the items that can be related to a CEF level. The most that can be said about a text is that it is suitable for inclusion in a test aimed at a particular level." (Council of Europe 2003, S. 84)

Beispiel 2: Die sprachlichen Merkmale des Textes sind unter der Bezeichnung Textlevel für Leseverstehen und Textniveau für Textrekonstruktion beschrieben. Man würde für die Abstufungen die gleiche Füllung erwarten. Aber es gibt abgesehen von Formulierungsunterschieden auch Unterschiede, die wohl Einfluss auf die Kodierung haben dürften. Idiomatik ist beispielsweise nur für Texte im Teil Textrekonstruktion ein Kriterium für die Ausprägung fortgeschritten. Während für diese höchste Schwierigkeitsstufe bei Textrekonstruktion das Kriterium „alle Arten von Satzverknüpfungen" mit bestimmend ist, ist es beim Leseverstehen das Kriterium „Text mit weniger textverknüpfenden Elementen". Beim Hörverstehen ist das Merkmal Textlevel aus guten Gründen weggelassen worden. Allerdings gingen damit auch die beim Leseverstehen unter Textlevel berücksichtigten textpragmatischen Aspekte ganz verloren, die es ja auch auf der für das Hörverstehen berücksichtigten Ebene der Textpassage gibt. Es fehlen in der Merkmalsbeschreibung Charakteristika der Mündlichkeit wie Sprecher- und Hörersignale, Gliederungssignale, Wiederholungen, Sprecherwechsel, Simultansprechen usw.

Beispiel 3: Im Vergleich zu Hör- und Leseverstehen sind ausgerechnet in den Merkmalsbeschreibungen für Textrekonstruktion durch C-Tests viel ausführlicher und umfassender differenzierende Ausprägungen von Verstehensprozessen und Strategien aufgeführt. Neuere empirische Forschungen (z.B. Sigott 2004) lassen mehr Vorsicht angeraten sein in Bezug auf die Interpretation der Anwendung von Strategien, Nutzung des Kontexts, lower-level und higher-level processing beim Lösen von C-Tests. Die Lernenden verhalten sich danach beim Füllen der C-Test-Lücken sehr viel unterschiedlicher als in diesen Merkmalsbeschreibungen angenommen wird. Die „Merkmalsbeschreibungen" sind Hypothesen über mögliche, aber nicht unbedingt notwendige oder wahrscheinliche Prozesse und Strategien. Da nicht klar ist, welches Verhalten die Lücken evozieren, lässt sich auch nicht auf eine latente Disposition schließen. Außerdem sind die Formulierungen teilweise sehr vage und problematisch, z.B. „bestimmte Abschnitte verlangen mentale Modelle", „mentale Modellbildung zum Verständnis notwendig" oder „mittlerer Bedarf an Weltwissen und Interpolation nötig" oder gar „Lücken, zu deren Schließung es komplexer Informationsverarbeitung bedarf" (Harsch/Schröder in diesem Band).

Eine präzise und griffige Beschreibung der Aufgabenmerkmale ist eine wichtige Voraussetzung für eine verlässliche Zuschreibung der Ausprägungsstufen zu den Items und damit für die Kodierung[2]. Die zweite Voraussetzung ist ein intensives Training derjenigen, die diese Einschätzung vornehmen. Das zeigt auch die Erfahrung im so genannten „Grid-Projekt" (Alderson u.a. 2004). Ausgehend von der Kritik, dass die holistischen Könnens-beschreibungen des Referenzrahmens für Testautoren zu wenig präzise seien, wurde in diesem Projekt ein Raster zur analytischen Beschreibung von Texten und Aufgaben für die rezeptiven Fertigkeiten entwickelt. Bei der Anwendung des Rasters zeigte sich dann, dass selbst Testexperten auch bei der Verwendung eines solchen analytischen Instrumentariums (oder gerade wegen des analytischen und nicht holistischen Zugriffs) sehr unterschiedlich einschätzen, was bestimmte Aufgaben prüfen und welchem Niveau sie zuzuordnen sind. Daher wird ein intensives Rater-Training postuliert.

---

2   Die Formulierung der Aufgabenmerkmale und ihrer Ausprägungen hat sich offenbar im Verlauf des DESI-Projekts weiterentwickelt. Mir ist nicht recht klar, ob die in diesem Band enthaltenen schlanken Formulierungen für die Merkmalsausprägungen Zusammenfassungen darstellen und mit Anweisungen für die Kodierung identisch sind oder ob für die Kodierung andere, differenziertere Deskriptoren verwendet wurden.

Man darf deshalb gespannt sein auf die Ergebnisse der angekündigten Validierungsstudien, in denen untersucht wird, ob auch andere Personen als die Autoren, welche sowohl die Testaufgaben als auch die Aufgabenmerkmale formuliert haben, die Aufgaben in vergleichbarer Weise interpretieren (kodieren) können (Nold/Rossa; Harsch/Schröder in diesem Band).

Die schwierigkeitsbestimmenden Faktoren

Die zahlreichen Untersuchungen zur Ermittlung von Faktoren, welche die Schwierigkeit von Aufgaben beeinflussen, haben teilweise unterschiedliche Faktoren und Faktorenbündel identifiziert (Bygate/Skehan/Swain 2001; Bachman 2002; Brindley/Slatyer 2002). Die Ergebnisse der DESI-Untersuchungen, welche Merkmale wesentlichen Einfluss auf die empirischen Schwierigkeitswerte haben und die daher bei der Bestimmung der Schwellenwerte für die Kompetenzniveaus berücksichtigt wurden, bestätigen teilweise frühere Untersuchungen, sind teilweise aber auch unerwartet. So erstaunt es, dass Hörverstehen und Leseverstehen nur zwei – zweifellos wichtige – schwierigkeitsbestimmende Merkmale gemeinsam haben: M1 – den inhaltlichen Fokus der Aufgabe (konkret vs. abstrakt) und M3 – die Verstehensabsichten.

Ohne die Kenntnis aller Aufgaben, der vorgenommenen Kodierungen, der Daten und aller je Niveau vorkommenden Merkmalskombinationen lassen sich die Resultate schwer beurteilen. Aber man darf vermuten, dass die Ergebnisse in Bezug auf die Dimensionen und Stufen der Skalen zu einem gewissen Teil auch dadurch zu erklären sind, dass der Aufgabenpool für Lese und Hörverstehen relativ klein war und wenig Variation in Bezug auf Text- und Aufgabentyp wie auf Text- und Aufgabenschwierigkeit enthielt.

Skalen mit Kompetenzbeschreibungen

Die für das Leseverstehen und Hörverstehen entwickelten vier Kompetenzniveaus erscheinen nicht zuletzt deshalb attraktiv und interessant, weil die Niveauabgrenzung erstens auf einer Kombination von Merkmalsausprägungen beruht und zweitens weil es sich um eine überschaubare Zahl von relevanten schwierigkeitsbestimmenden Merkmalen handelt. Allerdings wird noch viel zusätzliche Erklärungs- und Interpretationsarbeit nötig sein, um die Kompetenzniveaus (Tabelle 2 der Beiträge von Nold/Rossa in diesem Band) auch für die verschiedenen Interessentengruppen wie Bildungspolitiker, Lehrerinnen und Lehrer, Curriculumentwickler, Lehrwerkautoren oder gar die Schülerinnen und Schüler verständlich zu machen. Fragen, die Leser stellen werden, sind z.B.: Wie ist es zu interpretieren, dass die (in Logits ausgedrückten) Abstände zwischen den Niveauschwellen so unterschiedlich groß sind – innerhalb der Skala für Lese- bzw. Hörverstehen und unterschiedlich im Vergleich der zwei Skalen? Wie ist es zu interpretieren, dass abgesehen vom untersten Niveau *KN A* (viermal die Ausprägung 0) und vom obersten Rand des Niveaus *KN D* (viermal die Ausprägung 2) die Kombinationen der Merkmalsausprägungen beim Leseund Hörverstehen doch recht unterschiedlich sind? Inwieweit handelt es sich um fertigkeitsspezifische Unterschiede oder um Effekte des Testdesigns? Eine Hilfe für das Verständnis der Kompetenzniveaus sind die Kann-Beschreibungen.

Ein Ziel des DESI-Projekts war es, zu anschaulichen Beschreibungen von Kompetenzniveaus zu kommen. Die Beiträge zu den rezeptiven Fertigkeiten münden denn auch in Kann-Beschreibungen zu den ermittelten Kompetenzniveaus.

Kann-Beschreibungen sind durch den Gemeinsamen europäischen Referenzrahmen (Europarat 2001) und durch das Europäische Sprachenportfolio vertraut geworden. Dass diese Kompetenzbeschreibungen offensichtlich für eine sehr große Zahl von Lernenden und Lehrenden plausibel sind und von ihnen sinnvoll verwendet werden können, liegt wahrscheinlich an einigen charakteristischen Eigenschaften der Deskriptoren des Referenzrahmens. Als „gut" und gut skalierbar erwiesen sich nach Schneider/North (2000, S. 89) Kompetenzbeschreibungen, die folgende Bedingungen erfüllen: Das Können ist positiv formuliert; sie machen für sich allein genommen Sinn; ihre Interpretation ist nicht abhängig von anderen Beschreibungen des gleichen Niveaus oder von Beschreibungen angrenzender Niveaus; Niveauunterschiede sind nicht nur ausgedrückt durch verbale Abstufungen; sie enthalten wenig Jargon und Fachterminologie; sie sind konkret, klar und kurz.

Diese Eigenschaften machen die Kompetenzbeschreibungen für die Betroffenen, d.h. auch für Laien, verständlich und attraktiv. Einzelne der positiven Merkmale erscheinen jedoch möglicherweise für bestimmte Benutzergruppen, besonders Fachleute wie Testspezialisten, als Nachteil. In kurzen Deskriptoren beispielsweise können nicht viele der Faktoren aufgeführt werden, die einen Handlungsbereich und ein Niveau mitbestimmen. So enthalten z.B. die einzelnen Deskriptoren des Referenzrahmens zum Leseverstehen nicht jeweils systematisch Angaben zu Leseintention, Lesesituation, Textsorte, Diskurstyp, Textlänge, Themenbereich, Informationsdichte, sprachlichen Merkmalen der Texte usw., sondern sie fokussieren Schlüsselmerkmale und nennen nur das, was für die sprachliche Handlungskompetenz auf dem entsprechenden Niveau ganz besonders typisch ist.

Testautoren, die Prüfungsaufgaben zu den Deskriptoren des Referenzrahmens entwickeln, möchten jedoch die Faktoren kontrollieren, welche die Schwierigkeit einer Aufgabe beeinflussen. Für sie stellt sich die Aufgabe, die Deskriptoren zu interpretieren, für ihre Zwecke anzupassen und als Anweisungen für die Ausarbeitung von Test-Items systematisierend zu erweitern (Alderson u.a. 2004).

Der Referenzrahmen und entsprechend das Sprachenportfolio enthalten sowohl aufgabenorientierte als auch beurteilungs- bzw. diagnoseorientierte Deskriptoren. In vielen Deskriptoren sind die Aufgabenbeschreibungen mit qualitativen Aussagen verbunden. Denn Checklisten und Skalen für die kontinuierliche Beurteilung durch Lehrende oder für die Selbstbeurteilung funktionieren am besten, wenn sie nicht nur aussagen, was Lernende tun können (aufgabenorientiert), sondern auch, wie gut sie es können (Europarat 2001). Rein aufgabenorientierte Skalen sind in erster Linie für

Testautoren bestimmt. Sie beschreiben Aufgaben, welche die Lernenden lösen können sollen. Der Akzent liegt darauf, was die Lernenden tun können.

Während die Kompetenzbeschreibungen des Referenzrahmens empirisch kalibriert wurden, beruhen Erweiterungen und Anpassungen von Skalen des Referenzrahmens in der Regel nur auf Expertenurteilen ohne empirische Validierung. Bei vorsichtigen Bearbeitungen wurden möglichst viele Elemente aus kalibrierten Deskriptoren des jeweiligen Niveaus unverändert übernommen und neu kombiniert (Schneider/Lenz 2001; Lenz/Schneider 2004). Auch die neuen Raster und Skalen im „Manual" für die Zuordnung von Sprachprüfungen zu den Referenzniveaus (Council of Europe 2003) wurden alle durch eine Kompilation von skalierten Deskriptoren gewonnen, die in verschiedenen Einzelskalen des Referenzrahmens enthalten sind.

Für die Zuordnung von Testaufgaben zu den Referenzniveaus sieht das „Manual" ein anspruchsvolles Verfahren vor. Die an der Zuordnung Beteiligten sollten sich durch verschiedene Aktivitäten intensiv mit den Niveaubeschreibungen vertraut machen, die eigenen Tests differenziert in Bezug auf Kategorien des Referenzrahmens beschreiben und sich in einem Verfahren der Standardsetzung in der Einschätzung von Musteraufgaben zum Lese- und Hörverstehen eichen, um dann die eigenen Testaufgaben in Beziehung zu den Musteraufgaben zu setzen. Erst wenn diese Musteraufgaben für die Referenzniveaus vorliegen, wird es möglich sein, die eingeschätzten DESI-Aufgaben über einen Vergleich mit den Musteraufgaben zu den Skalen des Referenzrahmens in Beziehung zu setzen.

Schon jetzt kann man der Frage nachgehen, welchen Status die DESI-Skalen haben und in welcher Beziehung sie zum Referenzrahmen stehen. Hier ist kein Raum für eine eingehende Analyse. Einige Hinweise sollen genügen.

Es wird der Anspruch erhoben, dass die Kann-Beschreibungen die Aufgabenmerkmale „auf Situationen der Sprachverwendung außerhalb der Testsituation" hin generalisieren (Nold/Rossa in diesem Band). Ich möchte dazu stichwortartig einige Beobachtungen mit kurzen Kommentaren zusammenstellen:

- Die Kann-Beschreibungen zu Hörverstehen, Leseverstehen und Textrekonstruktion unterscheiden sich in der Ausführlichkeit und teilweise im Stil der Formulierungen; am kürzesten sind diejenigen zum Lesen, ausführlicher, in Punkte gegliedert und teilweise einfacher formuliert die zum Hören und am längsten und stark (fach-)jargonhaft die zur Textrekonstruktion.
- Die Kann-Beschreibungen beschränken sich nicht nur auf diejenigen Aufgabenmerkmale und Ausprägungen der Merkmale, die auf der Regressionsanalyse basierend als wesentliche schwierigkeitsbestimmende Merkmale für die Festlegung der Niveauschwellen dienten. Die Analysen legten nach Nold/Rossa (in diesem Band) nahe, teilweise nur zwei Ausprägungen je Merkmal zu unterscheiden, weshalb entweder die beiden unteren Ausprägungen (Kodierungen 0 und 1) oder die oberen Ausprägungen (Kodierungen 1 und 2) zusammengefasst wurden. In den Kann-Beschreibungen jedoch sind wieder die nicht zusammengelegten Ausprägungen in die Formulierungen der Niveaucharakterisierung eingegangen. Es fragt sich, inwieweit verbale Abgrenzungen

zwischen „abstraktere Einzelinformationen", „eine begrenzte Anzahl abstrakterer Informationen" und „abstrakte Informationen" tatsächlich auf reale Unterschiede verweisen. Oder: Was ist der reale Unterschied zwischen einem Text mit „weniger frequentem Wortschatz" und einem Text mit „erweitertem Wortschatz"?
- Die Kann-Beschreibungen bleiben unterschiedlich nahe an den Deskriptoren für die Aufgabenmerkmale.
- Während nach den Kann-Beschreibungen für die beiden ersten Niveaus des Leseverstehens das unterscheidende Merkmal darin besteht, dass man auf dem ersten Niveau (*KN A*) „konkrete Einzelinformationen" verstehen kann, dagegen auf dem zweiten Niveau (*KN B*) „abstraktere Einzelinformationen in alltäglichen Kontexten", sollen beim Hörverstehen solche „abstraktere Einzelinformationen in alltäglichen Kontexten" erst ein Charakteristikum für das dritte Niveau (*KN C*) sein. Bei diesen und ähnlichen Unterschieden in den Kann-Beschreibungen für das Lese- und Hörverstehen fragt es sich, ob es sich hier um reale fertigkeitsspezifische Unterschiede oder um Effekte des Testdesigns handelt.
- In die Kann-Beschreibungen zu Textrekonstruktion sind 1. viele Hypothesen zu denkbarem Lösungsverhalten eingegangen, was allerdings noch keinen Rückschluss auf dieses oder jenes Können erlaubt; 2. sind in diese Kann-Beschreibungen viele Elemente aus Formulierungen der Skalen des Referenzrahmens teils wörtlich, teils abgeändert eingebaut worden, allerdings in m.E. problematischer Verallgemeinerung, beispielsweise wenn Formulierungselemente aus Skalen des Referenzrahmens zum Leseverstehen übernommen werden wie „Kann auch komplexere fiktive Texte und Sachtexte rezipieren" oder „Kann auch komplexe, anspruchsvolle Texte verstehen" (Harsch/ Schröder in diesem Band).

Die vorliegenden Kann-Beschreibungen sind wohl als „Work in Progress" zu sehen. Es müsste klar kommentiert und begründet werden, welchen Status sie beanspruchen: den einer auf konkrete Tests bezogenen Beschreibung oder den von verallgemeinerten, auf Realsituationen ausgelegten Kompetenzbeschreibungen. Wenn die Kompetenzbeschreibungen nicht nur für den Kreis der Spezialisten bestimmt sein sollen, müssten sie verständlicher und leserfreundlicher umformuliert werden. Die vorliegenden Kompetenzbeschreibungen lassen sich nicht leicht in Kann-Beschreibungen für die Selbstbeurteilung umformulieren. Ich vermute, dass sich viele Lehrerinnen und Lehrer und erst recht viele Schülerinnen und Schüler wenig vorstellen können unter Formulierungen wie „Kann abstrakte Informationen (z.B. Meinungen, Textstrukturen) mit Hilfe von Inferieren impliziter Informationen verknüpfen oder sehr komplexe Einzelinformationen interpretieren (…)". In einem nächsten Schritt sollte – möglichst mit Anwendung von Verfahren des „Manual" – aufgezeigt werden, in welcher Beziehung die Kompetenzbeschreibungen zu den Niveaus des Referenzrahmens stehen.

Einige Schlussfolgerungen

Welche Konsequenzen wären für nachfolgende Projekte zu ziehen?
- Die Kompetenzbeschreibungen des Referenzrahmens sollten nicht erst in der Phase der Generalisierung ins Spiel gebracht werden, sondern als Ausgangspunkt für die Planung der Text- und Aufgabenauswahl genutzt werden. Als Hilfe für eine begründete und transparente Testspezifikation können die Checklisten im „Manual" des Europarats dienen (Council of Europe 2003).
- Es wäre zu überlegen, ob die Testaufgaben sich an den klassischen vier Fertigkeiten ausrichten sollten oder ob dem Referenzrahmen folgend Interaktion und damit die Fertigkeitskombination stärker betont werden und auch Aufgaben zur Sprachmittlung mit einbezogen werden sollen.
- Es empfiehlt sich, die Deskriptoren des Referenzrahmens, die auf die Welt der Erwachsenen hin ausgelegt sind, vor der Ausarbeitung der Tests dem Alter der Zielgruppe entsprechend zu adaptieren und die adaptierten Deskriptoren mit den im Referenzrahmen beschriebenen Verfahren zu validieren.
- Um die Validität der Tests zu gewährleisten sollten verschiedene relevante Texttypen und Aufgabenformate vorgesehen werden. Ein breiteres Spektrum und damit ein größerer Aufgabenpool (Klieme u.a. 2003) ist auch bei begrenzt zur Verfügung stehender Testzeit möglich, wenn mehr unterschiedliche, durch gemeinsame Aufgaben verankerte Testhefte eingesetzt werden.
- Es sollte möglichst mehr Zeit eingeplant werden als bei den DESI-Tests. Es kann aber auch Zeit gewonnen werden, wenn beim Leseverstehen nicht so zeitaufwändige Multiple-Choice-Aufgaben verwendet werden und wenn beim Hörverstehen nur einmaliges Hören vorgesehen wird.
- Die Auswahl der Aufgaben soll in Kenntnis der Lehrpläne vorgenommen werden, aber das Spektrum der Textsorten und -aufgaben darf nicht übervorsichtig auf das beschränkt bleiben, was in allen Lehrplänen enthalten ist. Nachuntersuchungen zu PISA haben deutlich gezeigt, dass die Ergebnisse nur sehr geringfügig anders ausgefallen wären, wenn nur lehrplanvalide Aufgaben eingesetzt worden wären (Kunter u.a. 2002; Moser/Berweger 2003). Wenn möglich sollten Relevanz und Akzeptanz der gewählten Texte und Aufgaben mit Fachdidaktikern und Praktikern z.B. in Form von Workshops geklärt werden.
- C-Tests sollten nicht als Messinstrument für Lesestrategien eingesetzt werden. Als Tests allgemeiner Sprachkompetenz, die mit fertigkeitsbezogenen Tests teilweise hoch korrelieren, könnten sie vielmehr zur Verankerung von Testteilen und in der Entwicklungsphase zur Kalibrierung von Aufgaben verwendet werden (vgl. Arras/Grotjahn 2002).
- Die aus den Beschreibungen von Aufgabenmerkmalen und den Testresultaten gewonnenen Könnensbeschreibungen sollten mit einer größeren Gruppe von Praktikern und Experten validiert werden, und zwar nicht allein durch Stellungnahmen, sondern auch z.B. durch Sortieraufgaben oder ähnliche Aktivitäten.

- Die Zuordnung von Testaufgaben zu den Niveaus des Referenzrahmens kann nicht nur Sache der Testautoren sein, sondern sollte, wie es das „Manual" des Europarats empfiehlt, in einer größeren Gruppe intensiv eingeübt und mit Verfahren der kontrollierten Standardsetzung vorgenommen werden.

Auch wenn die DESI-Tests als Forschungsinstrument gedacht sind und nicht als Instrumente, die in den Unterricht gehören, sollte die Gefahr von Rückwirkungen auf die Einstellung von Verantwortlichen für den Fremdsprachenunterricht, auf Lehrpersonen und auf den Unterricht selbst nicht unterschätzt werden.

Literatur

Alderson, J.C. (2000): Assessing Reading. Cambridge: CUP (= Language Assessment).
Alderson, J.C./Figueras, N./Kuijper, H./Nold, G./Takala, S./ Tardieu, C. (2004): Reading and Listening. Final Report of The Dutch CEF Construct Project. Online: http://www.ealta.eu.org/
Arras, U./Grotjahn, R. (2002): TestDaF: Aktuelle Entwicklungen. In: Fremdsprachen und Hochschule 66, S. 65-88.
Artelt, C./Baumert, J./Klieme, E./Neubrand, M./Prenzel, M./Schiefele, U./Schneider, W./Schümer, G./Stanat, P./Tillmann, K.-J./Weiß, M. (Hrsg.) (2001): PISA 2000. Zusammenfassung zentraler Befunde. Berlin: Max-Planck-Institut für Bildungsforschung. Online: www.pisa.oecd.org.
Bachman, L.F. (2002): Some reflections on task-based language performance assessment. In: Language Testing 19, S. 453-476.
Brindley, G./Slatyer, H. (2002): Exploring task difficulty in ES Listening assessment. In: Language Testing 19, S. 369-394.
Buck, G. (2001): Assessing Listening. Cambridge: University Press.
Bygate, M./Skehan, P./Swain, M. (Hrsg.) (2001): Researching Pedagogic Tasks. Second Language Learning, Teaching and Testing. Harlow: Pearson Education (= Applied Linguistics and Language Study).
Council of Europe (2003): Relating Language Examinations to the Common European Framework of Reference for Languages: Learning, teaching, assessment (CEF). Manual, Preliminary Pilot Version. Strasbourg: Language Policies. http://www.coe.int/T/E/Cultural_Co-operation/education/Languages/Language_Policy/Manual/
Europarat (2001): Gemeinsamer europäischer Referenzrahmen für Sprachen: lernen, lehren, beurteilen. Berlin u.a.: Langenscheidt. Online-Version: http://www.goethe.de/referenzrahmen
Grotjahn, R. (1987): Ist der C-Test ein Lesetest? In: Addison, A/Vogel, K (Hrsg.): Lehren und Lernen von Fremdsprachen im Studium. Bochum: AKS, S. 230-248.
Grotjahn, R. (2002): Konstruktion und Einsatz von C-Tests: Ein Leitfaden für die Praxis. In Grotjahn, R. (Hrsg.): Der C-Test. Theoretische Grundlagen und praktische Anwendungen. Band 4. Bochum: AKS (= FLF Fremdsprachen in Lehre und Forschung 32), S. 211-221.
Grotjahn, R./Klein-Brayley, C./Raatz, U. (2002): C-Tests: an overview. In Coleman, J.A./Grotjahn, R./Raatz, U. (Hrsg): University Language Testing and the C-Test. Bochum: AKS (= FLF Fremdsprachen in Lehre und Forschung 31), S. 93-114.
Klieme, E./Avenarius, H./Blum, W./Döbrich, P./Gruber, H./Prenzel, M./Reiss, K./Riquarts, K./Rost, J./Tenorth, H.-E./Vollmer, H. J. (2003): Zur Entwicklung nationaler Bildungsstandards. Eine Expertise. Hrsg. Bundesministerium für Bildung und Forschung. Bonn: BMBF.
KMK, Sekretariat der Ständigen Konferenz der Kultusminister der Länder in der Bundesrepublik Deutschland (Hrsg.) (2004): Bildungsstandards für die erste Fremdsprache (Englisch/Französisch) für den Mittleren Schulabschluss. Neuwied: Luchterhand. Online: http://www.kmk.org/doc/beschl/aschulw.htm

Kunter, M./Schümer, G./Artelt, C./Baumert, J./Klieme, E./Neubrand, M./Prenzel, M./Schiefele, U./ Schneider, W./Stanat, P./Tilmann, K.-J./Weiß, M. (Hrsg.) (2002): PISA 2000. Dokumentation der Erhebungsinstrumente. Berlin: Max-Planck-Institut für Bildungsforschung. Materialien aus der Bildungsforschung Nr. 72.

Lenz, P./Schneider, G. (2004): A bank of descriptors for self-assessment in European Language Portfolios. Strasbourg: Council of Europe, Language Policy Division. Online www.coe.int/portfolio

Moser, U./Berweger, S. (2003): Lehrplan und Leistungen. Thematischer Bericht der Erhebung PISA 2000. Hrsg. Bundesamt für Statistik (BFS) und Schweizerische Konferenz der kantonalen Erziehungsdirektoren (EDK). Neuchâtel. Online: www.pisa.admin.ch.

Schneider, G. (2005, im Druck): Der „Gemeinsame europäische Referenzrahmen für Sprachen" als Grundlage von Bildungsstandards für die Fremdsprachen – Methodologische Probleme der Entwicklung und Adaptierung von Kompetenzbeschreibungen. In: Schweizerische Zeitschrift für Bildungswissenschaften 1.

Schneider, G./Lenz, P. (2001): Guide for Developers of a European Language Portfolio. Strasbourg: Council of Europe. Online: www.coe.int/portfolio >Documentation

Schneider, G./North, B. (2000): Fremdsprachen können – was heißt das? Skalen zur Beschreibung, Beurteilung und Selbsteinschätzung der fremdsprachlichen Kommunikationsfähigkeit. Chur/Zürich: Rüegger.

Schröder, K./Harsch, C. (2002): Rahmenkonzeption zur Erfassung sprachlicher Kompetenzen. Teil II: Testkonzeptionen im Englischen. Einordnung in das Rahmenkonzept. Online: http://www.philhist.uni-augsburg.de/lehrstuehle/anglistik/didaktik/forschung/desi/

Schröder, K./Nold, G. u.a. (2002): Rahmenkonzeption zur Erfassung sprachlicher Kompetenzen. Teil I: Theoretische Grundlegung zur Konzeptualisierung sprachlicher Kompetenzen und ihrer Operationalisierung im Englischen. Online: www.philhist.uni-augsburg.de/lehrstuehle/anglistik/didaktik/forschung/desi

Sigott, G. (2004): Towards Identifying the C-Test Construct. Bern u.a.: Lang (= Language Testing and Evaluation 1).

Spolsky, B. (1994): Comprehension testing, or can understanding be measured? In: Brown, G./Malmkjaer, K./Pollitt, A./Williams, J. (eds.): Language and understanding. Oxford: University Press, S.141-152.

Urquhart, S.A.H./Weir, C.J. (1998): Reading in a second language: process, product and practice. London/New York: Longman (= Applied Linguistics and Language Study).

Vollmer, H.J. (2003): Ein gemeinsamer europäischer Referenzrahmen für Sprachen: Nicht mehr, nicht weniger. In: Bausch, K.-R./Christ, H./Königs, F.G/Krumm, H.-J. (Hrsg.): Der Gemeinsame europäische Referenzrahmen in der Diskussion. Tübingen: Narr, S. 192-206.

Weir, C.J. (2005): Language Testing and Validation: An Evidence-Based Approach. Basingstoke: Palgrave Macmillan (= Research and Practice in Applied Linguistics)

Konrad Schröder

Kompetenz, Bildungsstandards und Lehrerbildung aus fachdidaktischer Sicht

Kompetenz

Das Begriffspaar Kompetenz – Performanz geht auf die Linguistik der 50er bis 70er Jahre (Chomsky 1957; Hymes 1971; u.a.) zurück und ist seither in aller Munde. Kompetenz ist dabei das, was „hinter" der Performanz angesiedelt ist, ihre Grundlage, die aber nicht unmittelbar beobachtbar ist und von der Performanz her erschlossen werden muss.

Kompetenz in der klassischen modernen Linguistik eines Chomsky ist eine Fähigkeit primär grammatisch-syntaktischer Natur, ein sehr formales, statisches Konstrukt, dem zunächst, gerade in soziolinguistischer Perspektive, entscheidende Facetten kommunikativer Sprachlichkeit fehlten. Da sich jedoch schon früh soziologisch inspirierte Disziplinen des Begriffspaares annahmen, wurde dieser Mangel spätestens in den frühen 70er Jahren, etwa von Hymes, korrigiert. In der Frankfurter Schule der späten 60er Jahre beispielsweise wurde kommunikative Kompetenz als die Befähigung zum herrschaftsfreien Diskurs gesehen und damit als ein Schlüssel zur Emanzipation der Gesellschaft (Habermas 1981). In der Fremdsprachendidaktik eines Eberhard Piepho (1974) wurde sie zum übergeordneten Lernziel alles Fremdsprachenunterrichts; der Begriff wurde zum Fanal für einen neuen Ansatz im Fremdsprachenlernen, für einen Ansatz, der abrückt von der bloßen grammatischen, phonetischen und orthographischen Akkuratesse als alleinigem Parameter sprachlichen Könnens, indem er weitere kommunikativ bedeutsame Faktoren einbezieht (Flüssigkeit, pragmatische Angemessenheit, kulturelle Adäquanz), der ein neues Verhältnis zum Phänomen Fehler impliziert und in Anlehnung an Selinker (1987) das Prozesshafte am Spracherwerb („Interlanguage, Interimssprache") in den Vordergrund rückt.

Heute, vierzig Jahre nach seiner Einführung, durchzieht das Begriffspaar Kompetenz – Performanz viele Zweige der Humanwissenschaften, es hat Karriere gemacht und ist dabei verändert worden; funktionale Sichtweisen auf Sprache haben im linguistischen und sprachdidaktischen Bereich zu Brückenschlägen geführt.

Wer heute von „Kompetenzmodellen" redet, der muss sagen, was er unter Kompetenz versteht. Das DESI-Projekt zielt auf die Fähigkeit (das Können) von *native speakers* (Deutsch-Untersuchung) und *non-native speakers* (Englisch-Untersuchung), Sprache in kommunikativen Handlungsspielen so zu rezipieren und produzieren, dass ein Höchstmaß an nicht-spezialisierter Alltagskommunikation – *true to life* – ermöglicht wird.

Die Autoren der DESI-Tests hatten daher bei der Entwicklung der Testkonstrukte die vier großen Bereiche sprachlichen Könnens im Blick, die eben schon summarisch angesprochen wurden:
1. *Grammatische, prosodische, lexikalische Akkuratesse* – Dafür tut die Schule klassischerweise eine ganze Menge, besonders was die Bereiche Grammatik und Lexikon angeht. Zugleich ist dies der Bereich, der mit der geringsten Schüler-Motivation im Sprachlernprozess auskommen muss.
2. *Flüssigkeit der Rezeptions- und Produktionsprozesse (fluency)* – Dass *fluency* in besonderen Unterrichtssequenzen trainiert werden muss und dabei eine modifizierte Einstellung zum Phänomen Fehler bedeutsam ist, gilt mittlerweile als Gemeingut. Im schulischen Trainingsprozess wird jedoch oft vergessen, dass Flüssigkeit in der Rezeption und Produktion von Sprache im wahrsten Sinne des Wortes Schlüsselqualifikationen im Bereich sprachlicher Handlungskompetenz sind.
3. *Pragmatische Adäquanz* im Bereich der mündlichen und schriftlichen Produktion von Sprache, aber auch in der Reaktion auf sprachliche Äußerungen – Dies ist ein weiter, in der Schule eher unterbewerteter Bereich, der von der fremdsprachlichen Lehrkraft hohes kommunikatives Können erfordert. Hierher gehören die Synchronisierung von Sprache, Mimik und Gestik, sodann Fragen des Stils, des Sprachniveaus, schließlich die Verwirklichung und Durchschauung von sprachlichen Strategien, die Überzeugungskraft der Darstellung und der kommunikative Erfolg.
4. *Kulturelle Angemessenheit* – Dieser Bereich ist mit dem pragmatischen eng verwoben; auch er wird in der Schule eher stiefmütterlich behandelt. Alltagskulturelle, prozedurale Komponenten spielen eine Rolle, das Vorhandensein von kuluradäquaten Elizitierungs- und Reparaturtechniken, aber auch eine Kenntnis systematischer und kultureller historischer Zusammenhänge, wie sie nicht in allen Schultypen in gleicher Intensität vermittelt werden können.

Dass für die Bereiche (2) bis (4) in der Schule klassischerweise wenig geschah (und geschieht), hängt zumindest partiell mit der Ideologie zusammen, die unser Schulwesen 200 Jahre lang getragen hat: Spracherwerb wurde als Bildungserwerb in einem engen, durch das 19. Jahrhundert geprägten Sinne verstanden; Grammatikorientierung galt als Bildungsorientierung, nämlich als denkschulendes Element, besonders dort, wo der neusprachliche Unterricht seit etwa 1850 in zunehmendem Maße den älteren Lateinunterricht ersetzte (vgl. u.a. Schröder 1975; Schröder 2001).

Jenseits dieser vier Komponenten ging in die Kompetenzdiskussion bei DESI ein, dass
1. Fehler ein notwendiger Begleitumstand des Lernens (besonders von Fremdsprachen) sind (positives Herangehen);
2. Fehler nach ihrer kommunikativen Wirkung zu beurteilen sind: Schwere Fehler haben negative affektive Wirkungen, leichtere Fehler behindern die Kommunikation in geringerem Maße, da sie auf kognitivem Wege ohne Schwierigkeiten richtig gestellt werden können. Daher sind Grammatikfehler in vielen Fällen leichte Fehler, Kulturfehler aber schwere Fehler;

3. das Vorhandensein von Fehlern und Formen des Unvermögens Reparaturtechniken impliziert. Auch diese müssen trainiert werden, damit sie in der Krisensituation vorhanden sind. Reparaturtechniken können primär auf die sprachliche Äußerung, oder aber auf deren zielsprachenkulturelle Einbettung bezogen sein;
4. die Interimssprache des Schülers kommunikative Fehlleistungen geradezu zwingend erscheinen lässt. Fehler können vor diesem Hintergrund durchaus als *attempts* gesehen werden, als Versuche, das noch nicht Ausdrückbare auszudrücken, und sie sind dann geradezu positiv zu werten.

Die Kompetenzmodelle im DESI-Projekt sind auf Neuntklässler aller Schultypen bezogen. Die Kompetenz ist damit, wie schon mehrfach angedeutet, eine interimssprachliche. Sie ist noch nicht voll ausgebildet, weder im Deutschen noch im Englischen. Daher kann die Modellbildung nicht ausschließlich auf systematischen linguistischen bzw. kommunikativen Begebenheiten beruhen. Im DESI-Projekt wurden Lehrpläne, Lehrwerke und didaktische Expertenmeinungen zur Modellbildung mit herangezogen, um die Frage zu klären: Was kann erwartet werden, was muss erwartet werden?

Bildungsstandards

Schulfächer haben Ziele auf drei Ebenen, einer fachlegitimierenden, einer fächerübergreifenden und einer allgemeinen schulischen Ebene (bezogen auf den Englischunterricht, vgl. Schröder 1971/1979).

Ein Englischunterricht, in dem kein Englisch gelernt wird – z.B. weil Shakespeare auf Deutsch gelesen wird (einen solchen Unterricht hat es früher durchaus gegeben), annulliert sich als Schulfach selbst. Fachlegitimierende Zielsetzung des Englischunterrichts ist der Erwerb einer wie auch immer gearteten kommunikativen Kompetenz in der Sprache Englisch, was auch eine gewisse kulturelle Kompetenz impliziert.

Die Zahl der Schulfächer ist begrenzt; viele wichtige Bereiche des Lebens finden keine Entsprechung als Schulfach. Diese Bereiche müssen von einzelnen Fachgruppen abgedeckt werden, so etwa die Befassung mit den Phänomenen Sprache, Kultur, Literatur, aber beispielsweise auch fachgruppenspezifische instrumentelle Ziele wie etwa die Benutzung von Wörterbüchern.

Die dritte, allgemeinste Zielebene ist die der nicht mehr an einzelne Fächer gebundenen, dennoch aber unabdingbaren Erziehungsziele: Sie sind in erster Linie gesellschaftlicher, aber auch instrumenteller Natur (Erziehung zur Mündigkeit, Kritikfähigkeit, zu den Grundwerten überhaupt, Einsicht in den sozialen Sinn des Lernens, Erwerb von Lernkompetenzen).

Die drei hier genannten Zielebenen sind im Bildungsprozess gleich bedeutsam, sie sind in den einzelnen Schulfächern auf möglichst fachspezifische Weise zu verwirklichen. Alle drei Bereiche sind daher Gegenstand der jeweils zuständigen Fachdidaktiken. Dies bedeutet aber: Die Fachdidaktiken sind nicht nur für die

Verwirklichung der fachlegitimierenden Zielsetzung zuständig, sondern auch für die fächerübergreifenden und fachunabhängigen Zielsetzungen, die sie gemeinsam (es handelt sich ja um Gruppen von Fächern, da sind Kooperationen erforderlich) und in engem Kontakt mit den Erziehungswissenschaften verwirklichen müssen.

Damit erfolgt zugleich ein erster Hinweis auf die zentrale Rolle der Fachdidaktiken in einer zukünftigen, professionalisierenden Lehrerbildung.

Die Festschreibung von Bildungsstandards im Rahmen der Kulturhoheit der Länder ist ein zentraler Schritt auf dem Weg von der *input-* zur *output-*orientierten Schule. Möge die derzeit vorherrschende *Output-*Euphorie den Verantwortlichen nicht den Blick auf die Tatsache verstellen, dass der *Output* nur stimmen kann, wenn der *Input* stimmt, und der stimmt eben derzeit, wenn man beispielsweise an die Lehrerausbildung denkt, in vielerlei Hinsicht nicht. Dass dem so ist, ist allerdings nur sehr bedingt die Schuld der Kultusverwaltungen. Sie sollen hier keineswegs zum Sündenbock gestempelt werden. Die angestammte Struktur der Universität selbst ist das Grundproblem.

Immerhin: eine *Output-*Orientierung des Systems anstelle der bisher vorherrschenden, empirischer Überprüfung gegenüber unzugänglichen *Input-*Orientierung ist von zentraler Bedeutung. Bildungsstandards sind verbindliche Messlatten, denen genügt wird oder aber eben nicht. Sie können durch Messungen, wie im DESI-Projekt angelegt, im Sinne der Dichotomie von Bildungsziel und Bildungswirklichkeit auf ihren Realitätsgehalt hin überprüft und entsprechend weiterentwickelt werden.

Dennoch müssen Bildungsstandards sehr viel mehr reflektieren als die bloßen fachlegitimierenden Zielsetzungen, so wie sie in einem Projekt wie DESI im Vordergrund stehen. Sonst geht den Bildungsstandards die Bildung verloren, oder zumindest doch ein wichtiger, integrativer Bestandteil jenes komplexen Geflechts von Bildungszielen, die in jedem Schulfach – wie oben dargelegt: auf jeweils fachspezifische Weise – zu vermitteln sind.

Eine Lektüre der derzeit vorhandenen Bildungsstandards zeigt, dass die Gefahr einer mangelnden fachdidaktischen Reflexion der Aussagen bei allem Bemühen um erziehungswissenschaftliche Nachvollziehbarkeit der Texte durchaus gegeben ist. So wird beispielsweise die Sprachenpolitik der europäischen Union, die ja eine ganz elementare politische Voraussetzung für den langfristigen Bestand unseres polylingualen und multikulturellen Erdteils ist, in ihren Konsequenzen für den Englisch- und auch für den Deutschunterricht an unseren Schulen (Stichwort Europatauglichkeit) in den bisher vorliegenden Standards wenig reflektiert, geschweige denn im Sinne von konkreten Benchmarks für fachliches Können ausgebracht.

DESI basiert auf einem zeitgemäßen, fachdidaktisch und erziehungswissenschaftlich gleichermaßen reflektiertem Konzept von Sprachkönnen, in das neben der Akkuratesse auch die Flüssigkeit, die pragmatische Angemessenheit und die kulturelle Adäquanz sowie Aspekte von Sprachbewusstheit und sogar interkultureller Kompetenz eingehen. Die kommunikative Verankerung der Testkonstrukte ermöglicht wichtige Impulse für die weitere Ausgestaltung und Revision der Bildungsstandards im sprachlichen und fremdsprachlichen Bereich. Zugleich ermöglicht DESI über die Analyse der Ausbildungs- und Bildungshintergründe unserer Schülerinnen und Schüler konkrete Hinweise auf die sozialen, geistigen und kulturellen Kompetenzen, die in die Bildungsstandards als fächerübergreifende bzw. fachunabhängige Qualifikationen mit eingehen und dort auch in ihren einzelfachlichen Ausprägungen präzise benannt werden müssen – eben damit den Bildungsstandards die Bildung nicht ausgeht.

An dieser Stelle sei auf eine Gefahr hingewiesen, die in der gegenwärtigen bildungspolitischen Diskussion der Schulfächer im Rahmen einer *output*-orientierten Schule angelegt zu sein scheint: Eine Reduktion der Schulfächer auf ihre jeweiligen fachlegitimierenden Komponenten kann zu einer Fungibilisierung der Schule im Lichte der Interessen der jeweiligen Abnehmer führen, zu einer neuen Form von Bildungsverarmung, die sich freilich durch Fortschritte in den fachlichen Basisqualifikationen und vielleicht auch in einigen überfachlichen Schlüsselqualifikationen trefflich kaschieren lässt. Gerade der Fremdsprachenunterricht an unseren Schulen, und insbesondere der Englischunterricht, läuft Gefahr, nach Jahrzehnten mangelnder sprachpraktischer Effizienz nun umgekrempelt zu werden zu einer bloßen Vorbereitung auf sprachpraktische Zertifikate (Cambridge, TOEFL, TOEIC, DELF, DALF, DELE, DELI), Zertifikate, wie sie sich die Eltern, die Schüler, die Universität und die Arbeitgeber als sprachpraktische Qualifikationen und Karrierebausteine wünschen und die in den Augen all dieser Zielgruppen sehr viel aussagekräftiger sind als beispielsweise Abiturnoten. Damit aber erfährt Schule nach Jahrhunderten der weitgehenden Selbstbestimmung eine zunehmende Fremdbestimmung, der sie sich stellen muss, die aber nicht unproblematisch ist, da Bildungsaspekte innerhalb dieser Fremdbestimmung nicht automatisch einen hohen Stellenwert besitzen.

DESI kann dem Deutsch- und Englischunterricht Signale geben im Bereich performativer Zielsetzungen. Die Inhalte und Verfahrensweisen der tangierten Fächer aber müssen aus den Fachdidaktiken als jenen Disziplinen kommen, die auf der Basis einer eigenständigen Theoriebildung die Erziehungs- und die Fachwissenschaften gleichermaßen für die Implementation des Fachunterrichts nutzen können. Auf dieser Basis muss dann auch – aus dem didaktisch reflektierten pädagogischen Handeln in den einzelnen Schulfächern heraus – eine neue Evaluationskultur entstehen, die repräsentative Erhebungen wie DESI einbezieht und als Benchmark nutzt, im übrigen aber die Ansätze des positiven Herangehens an Schulleistung und die Wege einer Ausbildung zur Selbstevaluation, wie sie vom Europarat entwickelt worden sind (Referenzrahmen, Portofolio), einbezieht. In seiner reflektierten Ausrichtung am Referenzrahmen und über die videographische Auswertung von Lehrer- und Schülerverhalten im Englischunterricht vermag DESI in diesen innovativen Bereichen Anregungen zu geben.

Lehrerbildung

Ein *output*-orientiertes Bildungswesen bedarf einer entsprechend ausgebildeten Lehrerschaft. Veränderungen gegenüber dem alten System ergeben sich dabei für die sprachlichen Fächer nicht nur im Bereich der schulischen Sprachpraxis (mehr kommunikative Mündlichkeit, mehr Pragmatik und Stilistik, mehr schriftsprachliches Formempfinden, mehr kulturelle Adäquanz und interkulturelles Lernen), sondern auch im Bereich der Inhalte, der Verfahren, der evaluativen Maßnahmen. Die Verknüpfung einer breiter als früher angelegten Sprachpraxis mit bildungsfördernden Elementen impliziert keineswegs, dass die überkommenen Inhalte (im Englischen etwa: literarische Texte, die teilweise recht zweifelhafte sprachliche Vorbilder sind, Texte aus dem notorischen *Time Magazine*, enge modisch-schematische Selektionen, angesiedelt zwischen Randgruppenproblematik, Initiationsliteratur und Northern Ireland) weiterhin in gleichem Maße wie jetzt im Mittelpunkt stehen können. Auch der Übergang auf eine neue Evaluationskultur, die Leistung fördert und den sozialen Sinn des Lernens zu vermitteln vermag (anstelle von 40 Jahren permissiver Pädagogik und zuweilen gar leistungsverweigernder Kumpanei von Lehrern und Schülern) impliziert neue Ausbildungsinhalte und wohl auch neue Formen der Darbietung im Bereich der Lehrerbildung (vgl. hierzu, aus bayerischer Perspektive, Schröder 1997).

Die an die Schulfächer Deutsch und Englisch geknüpften Anforderungen sind zu Beginn des 21. Jahrhunderts von Grund auf verschieden von denen des 19. Jahrhunderts. Die Zielsetzungen sind verschieden, die Inhalte, die Methoden und die Formen der Evaluation. Auch die Schülerschaft ist grundverschieden und das schulische Umfeld hat sich völlig verändert. Doch unsere Lehrer und Lehrerinnen bilden wir in den philologischen Fächern immer noch so aus, wie wir es im 19. Jahrhundert getan haben. Noch, denn die nächsten Jahre und Jahrzehnte werden und müssen in diesem Bereich drastische Veränderungen bringen, nicht in Richtung auf einen billigen, vorschnellen Praxisbezug nach dem Motto „Aus der Praxis für die Praxis", sondern in Richtung eines höheren Grades der Professionalisierung des Lehrberufs überhaupt, von der geistigen Durchdringung fachlichen Unterrichtens bis hin zu einer souverän gehandhabten Handlungskompetenz (*best practice*) und zu Beratungskompetenzen.

Wir leben am Ausgang jener Epoche der Lehrerbildung, die 1810 mit der Gründung der Humboldt-Universität Berlin begann und in der ein Berufsbezug in der ersten Ausbildungsphase aus wissenschaftsideologischen Gründen tabuisiert wurde (zur Historie des Problems vgl. Schröder 2002). Gerade die philosophischen Fakultäten des 19. Jahrhunderts traten an, um fernab von jeder Berufspropädeutik Wissenschaft zu betreiben, da musste jede Form von Brotstudium ein ungeliebter Fremdkörper sein. Was Fachwissenschaftler präsentierten, wurde unflektiert in die Schule übernommen, „umgesetzt" eben, von wissenschaftlicher Breitspur auf schulische Schmalspur. Die Berufsferne der ersten Ausbildungsphase implizierte eine zweite Ausbildungsphase als berufspraktische Meisterlehre, klassischerweise ohne allzu viel kritischen Geist, denn der war im Beamtentum vor Ende der 60er Jahre des 20. Jahrhunderts nicht gefragt.

Die Vorherrschaft der philologischen Fachwissenschaften in der Lehrerbildung hat 200 Jahre lang gehalten; die nach 1970 etablierte universitäre Fachdidaktik – als Trockenschwimmkurs – ist ein Schritt in die richtige Richtung, zugleich aber doch auch Ergebnis eines wenig befriedigenden Kompromisses.

Es versteht sich von selbst, dass nach einem solchen Vorlauf, mehrfach gebrochen durch den Wechsel politischer Systeme, eine gründliche Reflexion der Lehrerbildung längst überfällig ist. Sie ist von fremdsprachendidaktischer Seite in den 70er Jahren des vergangenen Jahrhunderts und dann wieder in den letzten Jahren (gerade auch über die Arbeit von Verbänden wie DGFF oder FMF) und neuerdings über die Dachorganisation der fachdidaktischen Fachgesellschaften vorangetrieben worden. Doch alle Bemühungen haben bisher lediglich zu Patchwork-Reformen geführt, ein bisschen hier, ein bisschen dort, das Ganze weitgehend ohne Konzept, wobei die Fachdidaktiken als stets existenzbedrohte Zwerge neben den übermächtigen Fachwissenschaften und auch den mächtiger werdenden Erziehungswissenschaften überleben mussten.

Die Lehrerausbildung in den sprachlichen Fächern verläuft auch heute noch in den meisten Bundesländern ohne kulturelle, geschweige denn interkulturelle Bezüge, mit angeklebten, nicht aber wirklich integrierten, zuweilen völlig ungenügend ausgestatteten Didaktikanteilen. Ausnahmen bestätigen die Regel; die Bilanz insgesamt ist nicht sehr positiv.

Die neuen Reform-Ansätze der allerjüngsten Zeit sind wiederum formaler Natur: Der Bologna-Prozess regelt die Dinge formal, auf einer Ebene, die eher unterhalb des in Deutschland erreichten Diskussionsstandes angesiedelt ist. Das Tauziehen um formale Modelle entbindet – so steht zu befürchten – die politische Ebene davon, die überfälligen inhaltlichen Entscheidungen zu treffen, Entscheidungen in Richtung auf eine universitäre, aber eben doch berufsvorbereitende und berufsreflektierende Lehrerbildung.

Im DESI-Projekt haben empirisch ausgerichtete Erziehungswissenschaftler und Fachdidaktiker inzwischen fünf Jahre lang auf gleicher Augenhöhe und vertrauensvoll zusammengearbeitet. Auch in dieser Hinsicht ist das Projekt ein Stück Pionierarbeit. Die Rückfütterung der im Rahmen des Projektes abgelaufenen Lernprozesse, der Problemstände, der entwickelten Strategien und natürlich auch der Ergebnisse in akademischen Unterricht ist ein Stück neue Lehrerbildung.

Wenn allerdings Projekte wie DESI einen dauerhaften geistigen Widerhall in der Schule finden sollen, als Bestandteil etwa einer neuen Evaluationskultur, die nicht einfach Moden nachahmt, sondern innovative Ansätze zu durchdenken und zu durchschauen vermag, dann muss Lehrerausbildung von Grund auf verändert werden. Wenn im Anschluss an DESI ein besserer Sprachunterricht und Fremdsprachenunterricht verwirklicht werden soll, wenn die Bildungsstandards mit ihrem – idealiter – hermeneutisch durchaus komplexen und in zunehmenden Maße empirisch-validierten Ansatz verwirklicht werden sollen, dann muss Lehrerausbildung von Grund auf verändert werden.

Welche Anstöße gibt DESI für die Lehrerausbildung und Lehrerfortbildung in den Fächern Deutsch und Englisch? Zwar ist es heute noch nicht angezeigt, empirische Ergebnisse einfließen zu lassen, doch fest steht schon jetzt, dass DESI weit über das rein Fachliche hinausreichende Massnahmen anregen wird. Für das Englische sind beispielsweise zu nennen:

1. eine bessere sprachpraktische Ausbildung der Lehrerinnen und Lehrer im Sinne der oben dargestellten Komponenten von Kommunikation,
2. eine fundierte Ausbildung in classroom discourse (sie liegt derzeit praktisch überall im Argen, mit katastrophalen Konsequenzen für den Spracherwerb der Schülerinnen und Schüler),
3. eine Ausbildung der Lehrerschaft in Richtung auf einen „europatauglichen" Englischunterricht (Fenster öffnen zu anderen Sprachen, Umgang mit nicht-anglophoner Nachbarkultur usw.),
4. eine fachdidaktische Ausbildung mit dem Ziel, Englischunterricht durchschauen zu lernen,
5. eine Ausrichtung der sprach- und literaturwissenschaftlichen Anteile nach fachdidaktischen Kriterien (Frage: Was ist warum wichtig, was weniger?),
6. die Etablierung kultureller Bezüge im philologischen Studium,
7. eine Einführung in die Methodik des empirischen Arbeitens (nicht nur für den Bereich der Leistungserhebung und Leistungsmessung),
8. eine Ausbildung im Bereich der Grundwerte-Erziehung (Wiederentdeckung des sozialen Sinnes des Lernens, Abrücken von billigen Formen einer „Fun-Pädagogik"),
9. der Aufbau einer alltagsunterrichtlichen Handlungs- und Beratungskompetenz,
10. eine Ausbildung in Kompensatorik und Kompetenz im Umgang mit schwierigen Lernenden.

Die Auflistung ist nicht vollständig; da die Studienzeiten begrenzt sind, müssen die Komponenten auf möglichst effiziente Weise miteinander verzahnt werden. Dies impliziert vermutlich bei Lehrenden und Lernenden ein weiteres Stück Abschied von akademischer Freiheit, einer Freiheit, die von manchen heutigen Dozenten und Studierenden ohnehin eher fehlgedeutet wird.

Man mag dem Verfasser an dieser Stelle einen neuen Idealismus vorwerfen und damit einen Rückfall in Fehlentwicklungen der Vergangenheit. Die Dinge sind zu diskutieren, Patentlösungen gibt es vermutlich nicht. Mit Sicherheit aber können Projekte wie DESI eine Katalysatorenfunktion übernehmen, sie können Lernstände empirisch erhellen, damit Stärken und Schwächen der komplexen fachlichen und schulischen Systeme aufdecken und zu einer breiten öffentlichen Diskussion der Probleme sprachlicher und kultureller Bildung führen, so wie das – bezogen auf die Schlüsselqualifikation des Leseverstehens – bereits im Anschluss an PISA geschehen ist.

Literatur

Chomsky, N. (1957): Syntactic Structures. Den Haag: Mouton.
Habermas, J. (1981): Theorie des kommunikativen Handelns. Frankfurt a.M.: Suhrkamp.
Hymes, D. (1971): Competence and performance in linguistic theory. In: Huxley, R./Ingram, E. (eds.): Language Acquisition: Models and Methods. London: Academic Press, S. 3-28.
Piepho, E. (1974): Kommunikative Kompetenz als übergeordnetes Richtziel im Englischunterricht. Dornburg-Frickhofen: Frankonius.
Selinker, L. (1987): Interlanguage. New York: Pergamon Press.
Schröder, K. (1971): Englisch als Schulfach. In: Neusprachliche Mitteilungen aus Wissenschaft und Praxis 24, S. 144-152. Wiederabdruck bei Hüllen, W. (Hrsg.) (1979): Didaktik des Englischunterrichts. Darmstadt: Wissenschaftliche Buchgesellschaft, S. 358-375.
Schröder, K. (1975): Fremdsprachenunterricht in der Sekundarstufe II. Stuttgart: Klett.
Schröder, K. (1997): Englischdidaktik. Ein Umriss in 18 Thesen. In: Hunfeld, H./Schröder, K. (Hrsg.): Was ist und was tut eigentlich Fremdsprachendidaktik? 25 Jahre Fachdidaktik Englisch in Bayern. Eine Bilanz. Augsburg: Universität, S. 18-28.
Schröder, K. (2001): Thesen zur überfälligen Reform des Englischunterrichts der gymnasialen Oberstufe und zu einem fachspezifischen Kerncurriculum. In: Tenorth, H.-E. (Hrsg.): Kerncurriculum Oberstufe. Mathematik – Deutsch – Englisch. Expertisen – im Auftrag der Ständigen Konferenz der Kultusminister herausgegeben. Weinheim, Basel: Beltz, S. 162-194.
Schröder, K. (2002): Lehrerausbildung in der Diskussion. In: Fremdsprachen lehren und lernen 31, S. 10-21.

Günter Nold

DESI im Kontext des Gemeinsamen Europäischen Referenzrahmens für Sprachen

Der Gemeinsame Europäische Referenzrahmen für Sprachen (GERS) wurde im Auftrag des Europarats entwickelt, um in Europa zu einer größeren Gemeinsamkeit in der Gestaltung von Curricula, schulischen Lehrwerken, Unterrichtskonzeptionen und von Sprachprüfungen beizutragen (Europarat 2001). Von daher enthält der GERS eine umfassende Darstellung der Elemente, die beim Sprachlehren und -lernen von Bedeutung sind. Der GERS bezieht sich auf Kompetenzen
- allgemeine und kommunikative,
- sprachliche Handlungen und Prozesse,
- Text und Kontext,
- Domänen des Sprachgebrauchs,
- strategisches Verhalten sowie
- sprachbezogene Aufgaben

und berücksichtigt die Qualität des entsprechenden sprachlichen Verhaltens.

Das Hauptaugenmerk liegt dementsprechend auf einer Beschreibung der Gesichtspunkte, die für den kommunikativen Gebrauch einer Sprache im situativen Kontext vonnöten sind. Ferner wird beschrieben, welche Rolle Texten bei der Kommunikation zukommt und welche Kompetenzen eingesetzt werden müssen, um sprachlich handeln zu können. Schließlich wird darauf eingegangen, welche strategischen Vorgehensweisen zum kommunikativen Erfolg beitragen. In Einklang mit dieser kommunikativ-handlungsorientierten Ausrichtung sind mit Hilfe von Deskriptoren oder Merkmalsbeschreibungen sprachliche Niveauskalen, Niveauprofile für die verschiedenen Kompetenzbereiche von Sprachen konzipiert worden (vgl. Trim 2000). Tabelle 1 gibt einen allgemeinen Überblick über die Kompetenzniveaus des GERS.

Tabelle 1: Kompetenzniveaus des Gemeinsamen Europäischen Referenzrahmens für Sprachen.

C 2	Mastery	Comprehensive Operational Proficiency could include: intercultural competence
C 1	Effective Operational Proficiency	Advanced level of competence suitable for more complex work and study tasks
B 2	Vantage	Limited Operational Proficiency, adequate response to situations normally encountered
B 1	Threshold	Ability to maintain interaction in a range of contexts, able to cope flexibly with problems in everyday life
A 2	Waystage	Able to cope with social functions (e.g. greetings) and transactions (e.g. shopping)
A 1	Breakthrough	Formulaic Proficiency, lowest level of generative langage use, able to interact in a simple way, very familiar topics

Auf diese Niveauskalen und ihre Beschreibungen konnte bei der Testentwicklung in DESI Bezug genommen werden. Wie jedoch nicht zuletzt die Analysen im *Dutch CEF Construct Project* (Alderson u.a. 2004) zeigen, eignen sich die Niveauprofile des GERS nur bedingt zur Festlegung von Testspezifikationen. Dafür gibt es mehrere Gründe:

- Da der GERS nur eingeschränkt theoriegeleitet entwickelt wurde, enthält er Lücken und Unstimmigkeiten und ist von Einseitigkeiten gekennzeichnet, die bei der Entwicklung von Testspezifikationen irritieren. So sind beispielsweise die Darstellungen der Niveaus im Bereich der Sprachproduktion sehr viel umfassender als in der Sprachrezeption.
- Terminologisch erweist sich eine Reihe von Deskriptoren als problematisch, da nicht ersichtlich ist, ob es sich bei verschiedenen ähnlichen Deskriptoren um tatsächliche sachliche Unterschiede handelt oder nur um stilistische Varianten.
- Obgleich sich der GERS auf *task-based-language teaching* und damit auf Aufgaben oder *tasks* bezieht, fehlen in einer Reihe von Beschreibungen der Niveauprofile systematische Hinweise, wodurch eine Aufgabe in kommunikativer Hinsicht schwieriger oder leichter wird. Sind beispielsweise Aufgaben wie ‚Anweisungen verstehen' oder ‚Radiosendungen zuzuhören' per se in ihrer Schwierigkeit festgelegt?

Eine pragmatische Lösung wurde in dem *Dutch CEF Construct* Projekt erarbeitet. Sie besteht darin, die Testaufgaben möglichst einheitlich mit Hilfe eines Rasters vergleichbar zu machen, um sie schließlich empirisch in Hinsicht auf ihre Schwierigkeit überprüfen zu können. Die Elemente dieses Rasters oder *GRID* basieren auf Beschreibungen des GERS, mit denen *Test Tasks* systematisch dargestellt werden können. Sie sind aus der Darstellung *Grid for analysis of Reading/Listening Items* im Anhang ersichtlich. Es werden Merkmale des Ausgangstextes (bei Hör- und Leseverstehen) ausgewählt und mit einer Einschätzung verbunden, die sich auf typische Deskriptoren einer bestimmten Niveaustufe (bei Hör- und Leseverstehen) beziehen.

Ferner werden Merkmale der Testaufgaben auf der Ebene der Testitems, die zu einer *Test task* gehören, festgelegt sowie Feststellungen zu den Testformaten getroffen. Schließlich werden die erforderlichen Operationen zur Bewältigung der Aufgabe spezifiziert, und die Niveaustufe einer Testaufgabe (Bezug der Testaufgabe auf den Text beim Hör- und Leseverstehen) wird mit Hilfe der Niveauskalen des GERS eingeschätzt. Die Elemente dieses *GRID* stellen einerseits schwierigkeitsbestimmende Merkmale dar, andererseits Merkmale, die sich vorwiegend eignen, um die Breite der in den Tests repräsentierten Inhalte oder Kontexte zu dokumentieren. Beispielsweise werden im Rahmen der Beschreibung der erforderlichen Operationen Aussagen gemacht wie: Die Testaufgabe macht es erforderlich, ein Textdetail zu erkennen. Oder: Die Testaufgabe ist darauf ausgerichtet, dass die Hauptaussage des Textes aus implizit im Text vorhandenen Informationen erschlossen wird. Die Zugehörigkeit zu einem Niveau wird damit noch nicht ausgedrückt. Jedoch kann eine solche Feststellung in Verbindung mit anderen Merkmalen wie beispielsweise der Komplexität der Sprache schwierigkeitsbestimmend sein. Ein Vergleich mit den Deskriptoren auf den Niveaus des GERS kann schließlich genutzt werden, um die Niveaustufe eines Testitems und letztlich auch einer *Test Task* einzuschätzen, bevor sie empirisch überprüft wird.

Das *GRID* im Anhang entspricht dem Stand der Entwicklung im Jahr 2004. Eine leichte Überarbeitung findet auf Grund von Diskussionen im Europarat und auf der Basis von Erfahrungen in der Anwendung des *GRID* im Jahr 2005 statt. Die entsprechenden Veränderungen werden in der im Internet zugänglichen Fassung ersichtlich sein.

Die Einschätzung der Niveaustufe, die für ein Testitem anzunehmen ist, ergibt sich in der Darstellung des *GRID* aus der Kombination der Merkmale, die in einem Prozess des Abgleichens mit den Deskriptoren des GERS eine Festlegung auf ein angenommenes Niveau erlauben. Wie die Entwicklung von Aufgabenmerkmalen in DESI jedoch belegt, sind über den Rahmen des Rasters hinaus weitere differenzierte Testspezifizierungen nötig, um Kompetenzniveaus analytisch zu erfassen und empirisch abgesichert zu definieren. Die Vorgehensweise in DESI entspricht hier weitgehend den Vorschlägen des Manual zum GERS (Council of Europe 2003), in dem dargelegt wird, auf welchem Weg in der Testentwicklung oder Testinterpretation sichergestellt werden kann, dass die für die Tests angenommenen Niveaus empirisch nachgewiesenermaßen den Niveaus auch tatsächlich entsprechen. Der Weg in DESI, von Aufgabenmerkmalen über Regressionsanalysen von empirischen Testdaten zu Schwellenwerten von Niveaustufen zu gelangen, ist zukunftsweisend.

Literatur:

Alderson, J.C./Figueras, N./Kuijper, H./Nold, G./Takala, S./Tardieu, C. (2004): The Development of Specifications for Item Development and Classification within The Common European Framework of Reference for Languages: Learning, Teaching, Assessment: Reading and Listening. www.ealta.eu.erg/conference/2004/ppt/alderson14may2.ppt; www.ling.lancs.ac.uk/cefgrid

Europarat (2001): Gemeinsamer europäischer Referenzrahmen für Sprachen: Lernen, lehren, beurteilen. Berlin: Langenscheidt.

Council of Europe (2003): Relating Language Examinations to the Common European Framework of Reference for Languages: Learning, Teaching, Assessment: Manual, Preliminary Pilot Version. Strasbourg: Council of Europe. www.coe.int/lang .

Trim, J-L.M. (2000): Common European Framework. In: Byram, M. (Hrsg.): Routledge Encyclopedia of language teaching and learning. London: Routledge, S. 122-124.

Anhang: Grid for analysis of Reading / Listening Items

Item number:

Item Level claimed

Task level claimed

Skill Tested

Section II - Input Text

Text source Reading:	Personal	Public
	☐ Teletext	☐ Public announcements & notices
Educational	☐ Guarantees	
☐ Authentic texts	☐ Recipes	☐ Labels & packaging
☐ Textbooks, readers	☐ Instructional material	☐ Leaflets, graffiti
☐ Reference books	☐ Novels, magazines	☐ Tickets, timetables
☐ Blackboard text	☐ Newspapers	☐ Notices, regulations
☐ OP text	☐ Junk mail	☐ Programmes
☐ Computer screen text	☐ Brochures	☐ Contracts
	☐ Personal letters	☐ Menus
☐ Videotext	☐ Broadcast & recorded spoken text	☐ Sacred texts, sermons, hymns
☐ Exercise materials		
☐ Journal articles	☐ Occupational Business letter	
☐ Abstracts	☐ Report, memorandum	
☐ Dictionaries	☐ Life safety notices	
	☐ Instructional manuals	
	☐ Regulations	
	☐ Advertising material	
	☐ Labeling and packaging	
	☐ Job description	
	☐ Sign posting	
	☐ Visiting cards	

Also note whether source is:		
☐ Authentic	☐ Pedagogic	☐ Abridged, adapted, simplified

2. Discourse types	Examples (discourse types) Source = DIALANG Assessment Specifications	
☐ Mainly Descriptive	☐ impressionistic descriptions	e.g. travel accounts, sports commentaries
	☐ technical descriptions	e.g. presentation of a product
☐ Mainly Narrative	☐ stories, jokes, anecdotes	
	☐ reports	e.g. news reports, features, documentaries
☐ Mainly Expository	☐ definitions	brief definitions
	☐ explications	broader accounts of (especially) abstract phenomena e.g. lectures, talks
	☐ outlines	e.g. programme listings on the radio, time-tables
	☐ summaries	e.g. an oral account of the plot of a book, summarising minutes of a meeting
	☐ interpretations	e.g. describing a book, an article etc.
☐ Mainly Argumentative	☐ comments	by any individual in any situation
	☐ formal argumentation	e.g. formal debate
☐ Mainly Instructive	☐ personal instructions	e.g. announcements, ads, propaganda, routine, commands

3. **Domain** Source = CEF, page 45

- ☐ **Personal:** Domain in which the person concerned lives as a private individual, centres on home life with family and friends and engages in individual practices such as reading for pleasure, keeping a personal diary, pursuing a special interest or hobby, etc.
- ☐ **Public:** Domain in which the person concerned acts as a member of the general public or of some organisation and is engaged in transactions of various kinds for a variety of purposes.
- ☐ **Occupational:** Domain in which the person concerned is engaged in his or her job or profession.
- ☐ **Educational:** Domain in which the person concerned is engaged in organised learning, especially but not necessarily within an educational institution.

Nb. In many situations, more than one domain may be involved

| 4. **Topic** Source = CEF page 52
☐ 1. Personal identification
☐ 2. House and home, environment
☐ 3. Daily life
☐ 4. Free time, entertainment
☐ 5. Travel
☐ 6. Relations with other people
☐ 7. Health and bodycare
☐ 8. Education
☐ 9. Shopping
☐ 10. Food and drink
☐ 11. Services
☐ 12. Places
☐ 13. Language
☐ 14. Weather
☐ only concrete content
☐ mostly concrete content
☐ fairly extensive abstract content
☐ mainly abstract content | 5. **Text Length**
☐ in words *(reading)*
☐ in seconds *(listening)*
6. **Vocabulary**
☐ only frequent vocabulary
☐ mostly frequent vocabulary
☐ rather extended
☐ extended
7. **Grammar**
☐ Only simple structures
☐ Mainly simple structures
☐ Limited range of complex structures
☐ Wide range of complex structures
8. **Readability (for reading)**

9. **Text speed (for listening)** | 10. **Number of participants**
☐ One
☐ Two
☐ More than two
11. **Accent/standard**
☐ Standard pronunciation
☐ Slight regional accent
☐ Strong regional accent
12. **Clarity of articulation**
☐ artificially articulated
☐ clearly articulated
☐ normally articulated
☐ sometimes unclearly articulated
13. **How often played**
☐ played once
☐ played twice
☐ played three times
☐ played more than three times |

Section III - Items

| 14. **Item type**
Selected response
☐ 1. Multiple-choice
  2. Banked multiple choice
☐ 3. True False
☐ 4. Multiple matching
☐ 5. Sequencing / ordering (jumbled text)
☐ 6. Citing | **Constructed response**
☐ 6. Short answer question
☐ 7. Cloze (every nth)
☐ 8. Gap filling (one word)
☐ 9. C-Test
☐ 10. Summary completion | **Extended response (creative, etc)**
☐ 11. Essay
☐ 12. Summary
☐ 13. Report in own words
☐ 14. Justify
☐ Other |
| 15. **Part of testlet?**
☐ Yes
☐ No | 16. **Number of items in testlet** | 17. **Time to do total task in seconds** |

18. Operations			
☐ Recognise and Retrieve ☐ Make inferences ☐ Evaluate	☐ Main idea/gist ☐ Detail ☐ Opinion ☐ Speaker's/Writer's attitude/mood ☐ Conclusion ☐ Communicative Purpose ☐ Text Structure / Connections between parts	☐ Explicit ☐ Implicit	
Item Level estimated			
☐ A1	☐ A2	☐ B1	☐ B2	☐ C1	☐ C2
Task level estimated			
☐ A1	☐ A2	☐ B1	☐ B2	☐ C1	☐ C2

Sauli Takala

Relating Examinations to the Common European Framework

Introduction

A cornerstone in the domain of language learning, teaching and testing in Europe is undoubtedly the Common European Framework of Reference for Languages: Learning, teaching, assessment (Council of Europe 2001), henceforth referred to as "the CEF". The CEF has been the central theme of many discussions and development work among test providers and individual language testers throughout Europe. Such discussions have contributed to getting a better grasp of a number of existing problems and facilitated movement towards transparency and convergence in language testing, examinations and certification.

The CEF draws on fifty years of cultural co-operation under the aegis of the Council of Europe. After a number of medium-term projects, a symposium in Rüschlikon in November 1991 produced a recommendation for developing a European Framework of Reference for language teaching and learning and for a study to be made of the feasibility of a European Language Portfolio (ELP) for reporting achievement in language skills in relation to that Framework.

Several internal drafts of the CEF were produced in 1995-6 and a first version was circulated in March 1997 for a wide-scale round of consultation before being submitted to the final conference of the project in April 1997. Feedback from piloting in the years that followed led to the publication of the Framework in English, German, French in 2001 to mark the European Year of Languages. (For a detailed account of development work related to the scales, see North 2000; North/Schneider 1998; Schneider/North 2000; a set of case studies in using the CEF is available in Alderson 2002).

The CEF as framework in testing and assessment in Europe

There has been a strongly growing interest in Europe (and indeed increasingly elsewhere) in linking examinations to the CEF. While the CEF is designed to serve as a tool for those involved in the development of syllabuses, curriculum guidelines, textbooks, teacher education, etc. (cf. p. 1), it is also specifically concerned with testing and examinations:

„One of the aims of the Framework is to help partners to describe the levels of proficiency required by existing standards, tests and examinations in order to facilitate comparisons between different systems of qualifications. For this purpose the Descriptive Scheme and the Common Reference Levels have been developed. Between them they provide a conceptual grid, which users can exploit to describe their system." (p. 21)

It appears that the calibrated Common Reference Levels have attracted more attention than the other key element of the CEF, the descriptive scheme. They provide a qualitatively new tool for the needs of transparency in testing and examinations. Figueras et al. (2005) have characterized the CEF as a structured collection of descriptors for a very broad range of communicative language activities and aspects of language proficiency. The structure should be understood in a qualitative and a quantitative way. Qualitatively, six main categories are distinguished in 3 x 2 setup: reception, production and interaction in the modes 'spoken' and 'written'. Each of these six cells are then further subdivided. In the 2001 edition, there are 54 sets of such descriptor scales. Quantitatively, the categories for communicative language activities, strategies and aspects of language proficiency have been defined at a series of 6 levels A1, A2, (Basic User); B1, B2 (Independent User); C1, C2 (Proficient User). The CEF suggests (pp. 31-33) that more specific sub-levels can and should be distinguished if the assessment purpose and context requires this.

Since the Council of Europe Symposium in Rüschlikon, in 1991, which launched the process that led to the CEF and the ELP, there has been more and more demand for coherence and transparency in language certification from Member States both within the Council of Europe and the European Union. Figueras et al. (2005) note that this means that the CEF is increasingly referred to as the obvious basis for the mutual recognition of language qualifications in Europe. Language testing and assessment in Europe is known (even without empirically documented studies) to display a wide range of traditions, institutional infrastructure, resources and professionalism. Figueras et al. (2005) suggest that:

„Therefore it is not surprising that following the publication of the CEF, there have been calls on several occasions for the Council of Europe to take a more active role in assisting examination providers in their efforts to situate their examinations within the Common European Framework, and in validating – in one form or another – language examinations that claim such linkage."

In response to the expressed need for guidance to assist examination providers to relate their examinations to the CEF, the Council of Europe produced in September 2004 a preliminary pilot version of a Manual for Relating language Examinations to the Common European Framework of Reference (Council of Europe 2003) - referred to from now on as "the Manual" (*www.coe.int*). A reference supplement with more technical information is also available on the website.

The Manual: Procedures proposed for linking examinations to the CEF

The primary aim of the Manual is to help the providers of examinations to develop, apply and report transparent, practical procedures in order to relate their examination(s) to the CEF. The approach developed offers guidance to users to:
- describe the examination coverage, administration and analysis procedures;
- relate results reported from the examination to the "Common Reference Levels" presented in Chapter 3 of the CEF;
- provide supporting evidence that reports the procedures followed to do so.

The Manual has wider aims to actively promote and facilitate co-operation among relevant institutions and experts in member countries. The Manual aims to:
- contribute to competence building in the area of linking assessments to the CEF;
- encourage increased transparency on the part of examination providers;
- encourage the development of both formal and informal national and international networks of institutions and experts.

Relating an examination or test to the CEF is a complex endeavour. The existence of such a relation is not a simple observable fact, but is an assertion for which the examination provider needs to provide both theoretical and empirical evidence. The procedures by which such evidence is put forward can be summarized by the term "validation of the claim". It is important to note that while the Manual covers a broad range of activities, its aim is limited:
- It provides a guide specifically focussed on procedures involved in the validation of a claim that a certain examination or test is linked to the CEF.
- It does not provide a general guide how to construct good language tests or examinations. There are several useful guides that do this and they should be consulted. Relating examinations to CEF makes sense only if the examinations are of good quality.
- It does not prescribe any single approach to constructing language tests or examinations. While the CEF espouses an action-oriented approach to language learning and use, being comprehensive it accepts that different examinations reflect various goals ("constructs"). Before embarking on relating an examination to CEF, it is the prior responsibility of the examination providers to demonstrate the validity of their examination by showing that it assesses the constructs intended.

Relating examinations to the CEF can best be seen as a process of "building an argument" based on a theoretical rationale. As noted above, the central concept within this process is "validity", and this can be seen in a graphical representation of the process (Figure 1).

The Manual presents four inter-related sets of procedures that users are advised to follow in order to design a linking scheme in terms of a set of required activities. A fundamental prior requirement is that the examination has been shown to produce reliable scores and yield valid interpretations. The activities carried out in all four sets of procedures contribute to the validation process.

Familiarisation: a selection of activities designed to ensure that participants in the linking process have a detailed knowledge of the CEF. This familiarisation stage is necessary at the start of both the Specification and the Standardisation procedures. In terms of validation, these procedures are an indispensable starting point. An account of the activities taken and the results obtained is an essential preliminary component of the validation report.

Specification: a self-audit of the coverage of the examination (content and tasks types) profiled in relation to the categories presented in CEF Chapter 4 "Language use and the language learner" and CEF Chapter 5 "The user/learner's competences." As well as serving a reporting function, this exercise also has a certain awareness-raising function that may assist in further improvement in the quality of the examination concerned. These procedures assure that the definition and production of the test have been undertaken carefully, following good practice.

Standardisation: suggested procedures to facilitate the implementation of a common understanding of the "Common Reference Levels" presented in CEF Chapter 3. Standardised exemplars will be provided to assist training in the standardisation of judgements.

These procedures assure that judgements taken in rating performances reflect the constructs described in the CEF, and that decisions about task and item difficulty are taken in a principled manner on the basis of evidence from pre-testing as well as expert judgement.

Empirical Validation: the collection and analysis of test data and ratings from assessments to provide evidence that both the examination itself and the linking to the CEF are sound. Suggestions and criteria are provided for adequate and credible validation appropriate for different contexts. These procedures assure that the claims formulated through Specification and Standardisation ("test-under-construction") can indeed be confirmed when the examination is administered in practice ("test-in-action") and data on how persons belonging to the target population behave when the test is so administered becomes available.

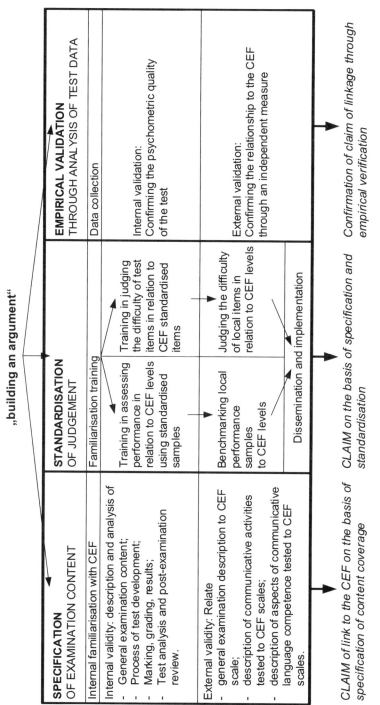

Figure 1: Visual representation of the procedures to relate examinations to the CEF: theoretical rationale ("building an argument").

Since the Manual concerns linking examinations to the CEF, the issue of standard setting – the setting of performance standards – is central to the endeavour. Standard setting is the process of setting and validating the "cut off score(s)" for the different grades reported from a test. In the context of the Manual, this means using standard-setting procedures to allocate the cut off scores for the CEF level(s) reported by the test (in Standardisation) and then validating and if necessary refining the cut-offs through analysis of test data, preferably in connection with an external criterion (in Empirical Validation).

While standard setting in language education is relatively new in a European context, it is not a new development. In fact, systematic standard setting in education has been a topic of interest for 50 years, as the first article on this theme was published by Nedelsky in 1954. Since then dozens of methods have been proposed (for a good review of the developments in standard setting, see Cizek 2001; Kaftandjieva 2004). The growing interest in using content and performance standards and the high stakes involved are also reflected in the profession's growing concern with the criteria for standard-setting. In the two consecutive editions of the Standards for Educational and Psychological Testing (American Educational Research Association, American Psychological Association, and National Council on Measurement in Education 1985, 1999) the standards related to standard setting have increased from 6 to 13. The linkage between language examinations and the CEF can be established in at least three different ways:

- Direct linkage to the CEF scales of language proficiency (as discussed so far).
- Indirect linkage via linkage to a local scale of language proficiency, which has itself already been linked to the CEF scales (so far, such scales have been constructed at least in Finnish and Catalan).
- Indirect linkage via equation to an existing test that has already been linked to the CEF scales.

Irrespective of the approach adopted in the particular concrete situation, the linkage always requires some form of standard-setting. In other words, standard-setting is in the core of the linkage process (Kaftandjieva 2004).

Some issues to be addressed

In spite of the fact that the CEF offers considerably greater explicitness than most curricular documents, the CEF is still quite an abstract descriptive system. Thus to answer the following basic question is not an easy task:

By which procedures can a person be assigned to one of the described levels on the basis of his/her test performance in such a way that the assigned level corresponds to the level as meant by the descriptions in the CEF?

Another challenge is posed by the commonly put question:

"How can I be sure that your B1 (in country A for language L with test X) is my B1 (in country B for language M using test Y)?"

The questions do not stop here. Further issues to be resolved include e.g. these:
- How many items at a given level do test takers need to get right, and/or what proportion of the descriptors at a given level need to apply to a test taker for them to be assigned to a particular level?
- What standard-setting strategies would be the most appropriate in setting cut-off scores (compensatory, conjunctive, mixed/hybrid, disjunctive; Kaftandjieva 2004) and what external validation procedures are necessary to corroborate their results?
- How should scores from different sections and sub-tests be summarized in order to produce one score for each skill, and report an overall global CEF level?

A special issue of the journal of Language Testing to appear in the autumn of 2005 deals with such issues and some preliminary clarifications are provided by Figueras et al. (2005).

References

Alderson, J.C.A. (Ed.) (2002): Case Studies in applying the Common European Framework. Strasbourg, Council of Europe.

American Educational Research Association, American Psychological Association, and National Council on Measurement in Education. (1985): Standards for Educational and Psychological Testing. Washington, DC: American Psychological Association.

American Educational Research Association, American Psychological Association, & National Council on Measurement in Education. (1999): Standards for educational and psychological testing. Washington, DC: American Educational Research Association.

Cizek, G.J. (Ed.) (2001): Setting Performance Standards: Concepts, Methods, and Perspectives. Mahwah, N.J.: Erlbaum, pp 3-17.

Council of Europe (2001): Common European Framework of Reference for Languages: Learning, teaching, assessment. Cambridge. Cambridge University Press. (www.coe.int).

Council of Europe (2003): Relating Language Examinations to the Common European Framework of Reference for Languages: Learning, Teaching, Assessment (CEF). Manual, Preliminary Version. http://www.coe.int/T/e/Cultural_Co-operation/Education/Languages/Language_Policy/Manual/Manual.pdf

Figueras, N./North, B./Takala, S./Verhelst, N./Van Avermmaet, P. (2005): Relating Examinations to the Common European Framework: A Manual. Language Testing, 22, 3, pp 261-279.

Kaftandjieva, F. (2004): Standard setting. Section B in the Reference Supplement to the Manual (www.coe.int).

Nedelsky, L. (1954): Absolute grading standards for objective tests. Educational and Psychological Measurement 14, pp 3-19.

North, B. (2000): The development of a common framework scale of language proficiency. New York, Peter Lang.

North, B./Schneider, G. (1998): Scaling descriptors for language proficiency scales. Language Testing 15, 2, pp 217–262.

Schneider, G./North, B. (2000): Fremdsprachen können: was heißt das? Skalen zur Beschreibung, Beurteilung und Selbsteinschätzung der fremdsprachlichen Kommunikationsfähigkeit. Nationales Forschungsprogramm 33: Wirksamkeit unserer Bildungssysteme. Chur/Zürich, Verlag Rüegger.

Hermann Lange

Abschließendes Statement

Auf der DESI-Fachtagung „Konzeptualisierung und Messung sprachlicher Kompetenzen" am 9./10. September 2004 in Frankfurt/Main

In wenigen Minuten eine Bewertung dieser beiden Tage zu versuchen, ist nicht leicht. Wenn man die Dinge in einem Satz zusammenfassen wollte, so müsste man sagen: Das Projekt DESI ist ganz offenkundig auf einem sehr guten Weg, der zu großen Hoffnungen berechtigt. Dies gilt für den zu erwartenden wissenschaftlichen Ertrag wie für dessen Relevanz für Bildungspolitik und Schulen gleichermaßen. Im Grunde hat Herr Takala dieses Fazit bereits in seinem Vortrag gestern Vormittag formuliert, als er sagte, er wünsche sich, dass die Ergebnisse von DESI in stärkerem Maße auch auf internationaler Ebene präsentiert und für die jetzt anstehenden Arbeiten zur Gestaltung und Operationalisierung des „Europäischen Referenzrahmens" genutzt werden. Dies zeigt, dass die hier geleistete Arbeit von Bildungsforschern und Fachdidaktikern (1) wissenschaftlich international bedeutsam und konkurrenzfähig ist und dass sie (2) ferner eine große praktische Bedeutung hat. Der Verlauf dieser beiden Tage hat die Berechtigung dieser Feststellung mehr als bestätigt: Wir haben Wissenschaft in einer theoretisch anspruchsvollen aber zugleich auch höchst praktischen Weise erlebt. Dies ist für diejenigen, die die keineswegs einfache, mit schwierigen Diskussionen verbundene Entstehungsgeschichte dieses Projekts kennen, alles andere als selbstverständlich, aber gerade darum in hohem Maße befriedigend.

Für die Qualifizierung des Projekts wie für die Vorbereitung der Rezeption und Weiterverarbeitung seiner Ergebnisse gleichermaßen wichtig ist der Dialog, welcher sich als roter Faden in mehrfacher Hinsicht durch diese zwei Tage zog, als innerdisziplinärer Dialog zwischen den Trägern des Projekts und außenstehenden Wissenschaftlern, als methodenorientierter Dialog zwischen den unterschiedlichen Leistungsstudien, die in jüngerer Zeit realisiert wurden und noch realisiert werden, sowie als Dialog zwischen den am Projekt beteiligten Wissenschaftlern und ihren „Abnehmern", die das Projekt in Auftrag gegeben haben und die seine Ergebnisse für die Fundierung bildungspolitischer Entscheidungen nutzen wollen. Ich möchte einige Aspekte dieses Dialogs herausgreifen:

1. Von zentraler Bedeutung ist zunächst der Dialog zwischen der empirischen Bildungsforschung, der Psychometrie und den Fachdidaktiken. Er ist ein kennzeichnendes Strukturmerkmal des DESI-Projekts. Dies heißt nicht, dass es diesen Dialog nicht auch in anderen Projekten gibt. Er hat aber in DESI eine neue Stufe der Intensität erreicht und dabei mit der Deutschdidaktik und der Englischdidaktik Domänen einbezogen, mit denen dieser Dialog nicht einfach zu beginnen war. Sie erinnern sich vielleicht der befreienden Bemerkung im Rahmen der Diskussion des Vortrags zu den „Methoden der Skalierung und der Formierung von Kompe-

tenzniveaus", dass die Fachdidaktiken allmählich beginnen, die Methoden der Arbeit von empirischer Bildungsforschung und Psychometrie zu verstehen, und dass dieses Verständnis die Arbeitsergebnisse des Projekts wirklich anschlussfähig für die Fachdidaktiken macht. In dieselbe Richtung weist die in diesen beiden Tagen mehr als einmal formulierte Aussage, dass insbesondere die genaue und empirisch abgesicherte Analyse der schwierigkeitsgenerierenden Merkmale von Aufgaben, wie sie bei PISA und DESI erfolgt, die Ergebnisse dieser Projekte in hervorragender Weise für die Lehrerfortbildung geeignet sein lässt. Die Kooperation zwischen Bildungsforschern, Psychometrikern und Fachdidaktikern ist für die Arbeit in anderen Projekten und nicht zuletzt auch für die Arbeit in den Hochschulen selbst beispielgebend, wo sich inzwischen an der einen oder anderen Stelle ähnliche interdisziplinäre Kooperationen anbahnen. Die hiervon zu erhoffenden Impulse für die Forschung und vor allem auch für die Lehrerausbildung werden möglicherweise die stärksten Antriebskräfte für eine Veränderung der Realität von Schule und Unterricht sein. Insbesondere wird sich eine Evaluationskultur in den Schulen und in der Bildungsverwaltung kaum entwickeln können, wenn nicht das Verständnis für Strategien und Methoden der empirischen Bildungsforschung als professioneller Standard in der Lehrerausbildung und in der täglichen Arbeit der pädagogischen Praxis verankert wird.
2. An diesen beiden Tagen waren – wie man sehen und hören konnte – nicht nur die Akteure und Sympathisanten des Desi-Projekts unter sich. Als Diskutanten eingeladen und ausdrücklich zu Kritik und Anregungen aufgefordert waren vielmehr auch Wissenschaftler, deren Außensicht nicht von vornherein Zustimmung zu Fragestellungen und Methodik derartiger Untersuchungen erwarten ließ. In den Gesprächen am Rande dieser Veranstaltung tauchte gelegentlich die Frage auf, ob es nicht riskant sei, den damit eröffneten innerwissenschaftlichen Dialog im Angesicht der Abnehmer der Produkte des Projekts, d.h. der Bildungsverwaltung, zu führen. Könnte doch der Eindruck entstehen, dass auf schwankendem Boden steht, was verlässliche Grundlage bildungspolitischer Entscheidungen werden soll. Indessen ist sehr davor zu warnen, solchen Gedanken Raum zu geben. Denn einerseits ist nur im kritischen Dialog der Wissenschaftler eine Qualifizierung der Arbeit möglich. Es gibt keinen anderen Weg. Die gewählte Form der „Qualitätssicherung" der Arbeit des Projekts liegt auch im Interesse der Auftraggeber. Sich dessen zu vergewissern, ist mithin auch ihre Aufgabe. Andererseits ist es auch für die schulische und bildungspolitische Praxis wichtig zu verstehen, was hier geschieht, um rechten Gebrauch davon machen zu können. Wer sich auf Wissenschaft einlässt, muss sich auch mit den Geltungsbedingungen wissenschaftlicher Aussagen und damit notwendigerweise auch mit den ihnen zugrundeliegenden Konstrukten und den damit verbundenen Grenzen möglicher Aussagen auseinandersetzen. Dies gilt nicht zuletzt für die Diskussion um „Bildungsstandards". Man kann sich von Bildungsstandards durchaus einen wesentlichen Beitrag zur Qualifizierung von Schule und Unterricht erhoffen. Indessen muss, wer für Bildungsstandards plädiert, auch die kompetenztheoretischen und fachdidaktischen

Grundlagen solcher Standards ernst nehmen. Hier ist die Diskussion noch keineswegs abgeschlossen. Dies gilt z. B. für die Frage, ob man bei Bildungsstandards wirklich von einfachen Stufenmodellen ausgehen kann oder ob die Unterscheidung unterschiedlicher Kompetenzniveaus sich an komplexeren Vorstellungen und mehrdimensionalen Modellen orientieren muss. Dies heißt nicht, dass sich die Praxis in alle technischen Details der Untersuchung hineinbohren und sie verstehen muss. Aber sie sollte den grundsätzlichen Gang solcher Untersuchungen in seiner Tragweite und Bedeutung abschätzen können.

3. Im Verlaufe dieser beiden Tage war ferner ein Dialog zwischen den verschiedenen Leistungsuntersuchungen wahrzunehmen, die in der letzten Zeit durchgeführt wurden bzw. noch in Arbeit sind. Es wurde permanent eine Methodendiskussion geführt, die projektübergreifend von großer Bedeutung ist und die zur wechselseitigen Qualifizierung der Projekte beitragen wird. Erinnert sei in diesem Zusammenhang insbesondere an das grundlegende Referat zu Strategien und Methoden der Skalierung oder auch an die Überlegungen zur Konzeptualisierung von „Lesekompetenz", die bekanntlich sowohl bei PISA als auch bei DESI eine wichtige Rolle spielt. Man hätte befürchten können, dass hier eine nicht auflösbare Spannung zwischen PISA und DESI entstehen könnte. Indessen zeigte sich, dass die Überlegungen zur Lesekompetenz im Rahmen von DESI, in deren Rahmen vor allem auch der Leseprozess stärker thematisiert wurde, eine wichtige Ergänzung und Weiterführung der entsprechenden Überlegungen bei PISA sind. Diese Weiterführung wird – so ist zu hoffen – für die fachdidaktische Arbeit und damit auch für die Lehreraus- und fortbildung von hoher Bedeutung sein.

4. In der „Wissensgesellschaft" kommt auch die Bildungspolitik nicht mehr mit den traditionellen pragmatischen Methoden des „trial and error" aus. Sie bedarf einer eigenen Theorie, an denen sie ihre Entscheidungen orientieren kann. Diese Theorie kann sich nicht in spekulativen Modellbildungen und normativen Aussagen erschöpfen. Erforderlich ist vielmehr auch die systematische und valide Überprüfung der tatsächlich erreichten Ergebnisse. Dabei bleibt politisches Handeln auch unter den Bedingungen der Wissensgesellschaft ein Handeln unter Unsicherheit. Es kann sich seiner Ergebnisse nie sicher sein und muss sich deshalb dieser Ergebnisse stets erneut vergewissern und für sie Verantwortung übernehmen. Dies ist, wie sich zeigt, ohne Hilfe durch die Wissenschaft und die Auseinandersetzung mit ihr nicht möglich. Der für die Tagung abgesteckte Rahmen schuf ausgezeichnete Bedingungen auch für den Dialog zwischen Wissenschaft und bildungspolitischer Praxis. Der Rahmen spannte sich von dem Einleitungsreferat zu „Modellen sprachlicher Kompetenzen" bis zu den abschließenden Referaten zu „Kompetenzmodellen, Bildungsstandards und Lehrerbildung" bzw. zum „Beitrag des DESI-Projekts zur Gestaltung des europäischen Referenzrahmens". Sichtbar wurde der Bezug der theoretischen Überlegungen zu den Problemen der pädagogischen Praxis nicht zuletzt auch in den vielen Diskussionsbeiträgen, welche explizit und implizit bohrende Rückfragen an das Projekt nach der Bedeutung seiner Erkenntnisse für die Gestaltung von Lehrplänen und Lehrwerken, für

die Lehrerfortbildung und für das unterrichtspraktische Handeln von Lehrerinnen und Lehrern stellten. Es wäre gut, der Dialog zwischen Wissenschaft und Praxis würde sich auch nach Abschluss des Projekts fortsetzen. Hierfür ist die Form der Berichterstattung wichtig, die im Rahmen der Diskussion an verschiedenen Stellen thematisiert wurde, nicht zuletzt in der Frage nach den Rückmeldungen an die Schulen. Die Berichterstattung ist mit Vorlage des schriftlichen Berichts keineswegs abgeschlossen. Die Adressaten der Berichte müssen Gelegenheit erhalten, sich im Diskurs mit den Autoren auch aktiv mit den Ergebnissen auseinander zu setzen. Man muss hierfür geeignete Organisations- und Präsentationsformen schaffen und die entsprechende Planung rechtzeitig beginnen. Hier ist vor allem auch die Kultusministerkonferenz gefordert, die ihre eigenen Vorstellungen dazu klar artikulieren muss.

Eine abschließende Bemerkung sei einem besonders erfreulichen Aspekt dieser beiden Tage gewidmet: In den Vorträgen kamen oft auch die jungen Leute zu Wort. Ihre Darlegungen waren nach Präsentation und Inhalt durchweg von hoher Qualität. Es machte Spaß, ihnen zuzuhören. Dies zeigt, dass DESI bei allen übrigen Vorzügen auch ein hervorragender Ort der Nachwuchsbildung ist. Sie ist auf dem Feld der empirischen Bildungsforschung wie der Fachdidaktiken äußerst wichtig. Wir brauchen den qualifizierten Nachwuchs dringend, wenn fortgeführt und in die Breite entwickelt werden soll, was hier so hervorragend begonnen worden ist.

Die Autorinnen und Autoren

Dr. habil. *Bärbel Beck*, Deutsches Institut für Internationale Pädagogische Forschung, Schloßstraße 29, 60486 Frankfurt am Main

Prof. Dr. *Albert Bremerich-Vos*, Universität Hildesheim, Fachbereich II, Institut für deutsche Sprache und Literatur, Marienburger Platz 22, 31141 Hildesheim

Dr. *John H.A.L. de Jong*, Language Testing Services, SG Velp, Niederlande

Prof. Dr. *Wolfgang Eichler*, Carl-von-Ossietzky-Universität Oldenburg, Fachbereich Literatur- und Sprachwissenschaften, Institut für Germanistik, Ammerländer Heerstraße 114 – 118, 26111 Oldenburg

Steffen Gailberger, Universität Hamburg, Fachbereich Erziehungswissenschaft, Institut für Didaktik der Sprachen, Von Melle Park 8, 20146 Hamburg

Dr. *Kerstin Göbel*, Bergische Universität Wuppertal, Fachbereich Bildungswissenschaften, Gaußstraße 20, 42119 Wuppertal

Prof. Dr. *Rüdiger Grotjahn*, Ruhr-Universität Bochum, Fakultät für Philologie, Seminar für Sprachlehrforschung, Universitätsstraße 150, 44780 Bochum

Jens Gomolka, IEA Data Processing Center, Mexikoring 37, 22297 Hamburg

Dr. *Claudia Harsch*, Universität Augsburg, Philologisch – Historische Fakultät, Institut für Europäische Kulturgeschichte, Lehrstuhl für Didaktik des Englischen, Universitätsstraße 10, 86135 Augsburg

Dr. *Johannes Hartig*, Deutsches Institut für Internationale Pädagogische Forschung, Schloßstraße 29, 60486 Frankfurt am Main

Dr. *Hermann-Günter Hesse*, Deutsches Institut für Internationale Pädagogische Forschung, Schloßstraße 29, 60486 Frankfurt am Main

Nina Jude, Deutsches Institut für Internationale Pädagogische Forschung, Schloßstraße 29, 60486 Frankfurt am Main

Prof. Dr. *Eckhard Klieme*, Deutsches Institut für Internationale Pädagogische Forschung, Schloßstraße 29, 60486 Frankfurt am Main

Michael Krelle, Universität Hamburg, Fachbereich Erziehungswissenschaft, Institut für Didaktik der Sprachen, Von Melle Park 8, 20146 Hamburg

Dr. h.c. *Hermann Lange*, Staatsrat a.D. Hamburg, Falkentaler Weg 17, 22587 Hamburg

Prof. Dr. Dr. *Rainer H. Lehmann*, Humboldt-Universität Berlin, Philosophische Fakultät IV, Institut für Allgemeine Pädagogik, Abteilung Empirische Bildungsforschung, Geschwister-Scholl-Straße 7, 10099 Berlin

Dr. *Astrid Neumann*, Humboldt-Universität Berlin, Philosophische Fakultät IV, Institut für Allgemeine Pädagogik, Abteilung Empirische Bildungsforschung, Geschwister-Scholl-Straße 7, 10099 Berlin

Prof. Dr. *Günter Nold*, Universität Dortmund, Fakultät Kulturwissenschaften, Institut für Anglistik und Amerikanistik, Emil-Figge-Straße 50, 44227 Dortmund

Henning Rossa, Universität Dortmund, Fakultät Kulturwissenschaften, Institut für Anglistik und Amerikanistik, Emil-Figge-Straße 50, 44227 Dortmund

Prof. Dr. *Jürgen Rost*, Leibniz-Insitut für die Pädagogik der Naturwissenschaften, IPN, Olshausenstraße 62, D-24098 Kiel

Prof. Dr. *Günther Schneider*, Universität Freiburg, Lern- und Forschungszentrum Fremdsprachen, Criblet 13, CH 1700 Freiburg

Prof. Dr. *Konrad Schröder*, Universität Augsburg, Philologisch – Historische Fakultät, Institut für Europäische Kulturgeschichte, Lehrstuhl für Didaktik des Englischen, Universitätsstraße 10, 86135 Augsburg

Prof. Dr. *Sauli Takala*, Research Professor, University of Jyväskylä, Centre for Applied Language Studies, P.O.Box 35, 40351 JYVÄSKYLÄ

Prof. Dr. *Günther Thomé*, Universität Osnabrück, Fachbereich Sprach- und Literaturwissenschaft, Neuer Graben 40, 49069 Osnabrück

Prof. Dr. *Heiner Willenberg*, Universität Hamburg, Fachbereich Erziehungswissenschaft, Institut für Didaktik der Sprachen, Von Melle Park 8, 20146 Hamburg